SCHÄFFER
POESCHEL

Patrik Luzius

Die erfolgreiche Steuerkanzlei

Wie Sie Ihre Kanzlei sicher durch den Wandel steuern

2018
Schäffer-Poeschel Verlag Stuttgart

Bibliografische Information der Deutschen Nationalbibliothek
Die Deutsche Nationalbibliothek verzeichnet diese Publikation in der Deutschen Nationalbibliografie; detaillierte bibliografische Daten sind im Internet über <http://dnb.d-nb.de> abrufbar.

Gedruckt auf chlorfrei gebleichtem,
säurefreiem und alterungsbeständigem Papier

Print: ISBN 978-3-7910-4107-0 Bestell-Nr. 13011-0001
ePDF: ISBN 978-3-7910-4105-6 Bestell-Nr. 13011-0150
ePub: ISBN 978-3-7910-4106-3 Bestell-Nr. 13011-0100

www.schaeffer-poeschel.de
service@schaeffer-poeschel.de

Umschlagentwurf: Goldener Westen, Berlin
Umschlaggestaltung: Kienle gestaltet, Stuttgart
Satz: Claudia Wild, Konstanz
Printed in Germany

September 2018

Schäffer-Poeschel Verlag Stuttgart
Ein Unternehmen der Haufe Group

SCHÄFFER POESCHEL myBook

Ihr Online-Material zum Buch
Im Online-Bereich stehen für Buchkäufer die Handlungsempfehlungen aller Kapitel als Checklisten zur Verfügung.

So funktioniert Ihr Zugang

1. Gehen Sie auf das Portal sp-mybook.de und geben den Buchcode ein, um auf die Internetseite zum Buch zu gelangen.
2. Oder scannen Sie den QR-Code mit Ihrem Smartphone oder Tablet, um direkt auf die Startseite zu kommen.

SP myBook:
www.sp-mybook.de
Buchcode: 4107-estka

Vorwort

Auf die Frage: »Was fällt Ihnen zum Beruf des Steuerberaters ein?« kommt fast immer die gleiche Antwort: »Das ist aber ein ganz schön trockener Beruf.« Es kommen nicht Adjektive wie »uninteressant«, »nervig« oder »doof«, nein, es kommt immer »trocken«. Trockener Beruf, trockene Kanzleien, trockenes Image. Das ist sehr schade, denn der Beruf des Steuerberaters ist viel besser als sein Ruf. Ein Steuerberater ist natürlich in erster Linie Steuerberater, aber auch Unternehmensberater, Vermögensberater, Anwalt, Psychologe und Paartherapeut. Er ist manchmal Superman und James Bond in einem, veranlasst Scheidungen und Versöhnungen und rettet Menschen vor der »Krake Finanzamt«. Als völlig unterschätztes Multitalent müsste er eigentlich mit Held, Retter und Kämpfer beschrieben werden. Aber sein Image ist trocken und verstaubt. Woher kommt diese Diskrepanz?

Vielleicht rührt sie daher, dass unsere Branche ein Monopol auf die lukrative Erstellung von Steuererklärungen und Jahresabschlüssen in Deutschland hat. Und das Problem mit allzu mächtigen Monopolen ist, dass sie die Preise erhöhen und die Leistungen senken, arrogant und träge werden, altmodisch bleiben und sich nicht erneuern. Niemand strengt sich mehr richtig an, Mitarbeiter, Kunden und Lieferanten zu begeistern.

Leider verhalten sich viele meiner Berufskollegen so, als hätten sie wirklich ein Monopol und das auch noch für immer. Staatlich garantiert und unerschütterlich. Deshalb verhalten sich Steuerberater oft nicht wie professionelle Unternehmer, die sich jeden Auftrag erkämpfen müssen. Professionelle Unternehmer machen sich selbst und ihr Unternehmen möglichst attraktiv, um möglichst viele Mitarbeiter, Kunden und Lieferanten zu binden und neue zu gewinnen. Aber viele Steuerberater tun das nicht. Warum auch? Die Kunden kommen aus Angst vor dem Finanzamt von selbst, die Mitarbeiter sind zu träge zum Wechseln, die EDV-Anlage aus dem Jahr 2010 läuft noch und die Steuerberatervergütungsverordnung des Staates sorgt noch immer für enorme Gewinne.

In solch einem Wunderland bewegen wir uns. Ist das nicht herrlich? Und die meisten Kollegen sind der Meinung, dass sich dies niemals ändern wird, weil das Steuerrecht so kompliziert ist und wir gebraucht werden. Doch ich denke nicht mehr so. Denn die Zukunft der Steuerberatung in Deutschland sieht alles andere als rosig aus:

- Digitalisierung und Automatisierung führen zu stark sinkenden Umsätzen in den Geschäftsbereichen Finanzbuchhaltung, Lohnbuchhaltung, Einkommensteuererklärungen und Jahresabschlüsse.
- Der drohende Wegfall der Steuerberatervergütungsverordnung, die Öffnung des deutschen Steuerberatungsmarktes für ausländische Berater und der mögliche Wegfall der Kapitalbindung führen zu sinkenden Umsätzen. Insbesondere der Wegfall der Kapitalbindung kann zur Folge haben, dass sich große gewerbliche Konzerne an deutschen Steuerkanzleien beteiligen und deren Arbeitsweise und Produktangebot grundlegend verändern werden.
- Die Bürokratie und die Verkomplizierung des Steuerrechts werden weiter zunehmen und unerträgliche Haftungsrisiken nach sich ziehen. In Folge dessen werden die Haftpflichtversicherungsprämien stark ansteigen.
- Kunden wechseln ihren Steuerberater viel schneller, als das früher der Fall war. Dies reduziert ebenfalls die Gewinne.
- Niemand wird altmodisch geführte und unattraktive Steuerkanzleien mehr kaufen wollen. Damit fällt die Altersvorsorge dieser Kollegen in sich zusammen. In Zukunft werden nur noch modern geführte und attraktive Kanzleien für einen ordentlichen Wert gekauft und verkauft werden.

Diese Veränderungen kommen als riesige Welle auf uns zu, die alles und jeden mitreißen wird, der sich nicht professionell auf die Zukunft eingestellt hat.

Mit diesem Buch und meiner Akademie für Steuerkanzleioptimierung (AFS, s. www.patrikluzius.com) möchte ich helfen, meinen geliebten Beruf Steuerberater zu retten. Ich möchte Ihnen helfen, das Hamsterrad zu verlassen und Ihre berufliche und private Freiheit zurückzugewinnen, die Sie früher hatten. Ich möchte mithelfen, dass sich alle Steuerberater wie professionelle Unternehmer verhalten und die über 500.000 Arbeitsplätze in unserer Branche sichern. Denn wir Steuerberater in Deutschland beraten vier Millionen deutsche Unternehmen und tragen so dazu bei, Deutschland zu mehr Wohlstand zu verhelfen.

Bitte lesen und arbeiten Sie dieses Buch unbedingt von vorne nach hinten durch, da die Reihenfolge entscheidend für Ihren Erfolg ist. Betrachten Sie es als Leitfaden und erstellen Sie einen individuellen Plan, wie Sie was in welcher Zeit mit welchen Personen in Ihrer Kanzlei ändern können. Damit werden Sie beim Thema Digitalisierung und Automatisierung auf der Gewinnerseite stehen.

Und starten Sie nicht erst, wenn Sie eine zu 100 % perfekte Lösung haben. Sondern schon dann, wenn Sie nur eine zu 60 % perfekte Lösung haben. Fassen Sie den Mut, jetzt zu handeln!

Mainz, im Juli 2018
Ihr Patrik Luzius

Geleitwort

Steuerberater sind schon ganz spezielle Menschen. Jeder braucht sie, niemand wertschätzt sie richtig. Sie sind fachlich brillant, betrachtet man jedoch ihre unternehmerischen Qualitäten, stellt man fest, dass hier noch Luft nach oben ist.

Um diese Qualitäten zu verbessern und Deutschlands Steuerkanzleien systematisch zu optimieren, ist einer von ihnen angetreten. Ein Praktiker seit über 20 Jahren, der weiß, wovon er spricht, der kein Blatt vor den Mund nimmt, der alles selbst ausprobiert hat und der seine Kolleginnen und Kollegen weiterbringen will. Patrik Luzius ist Steuerberater mit ganzem Herzen, so habe ich ihn kennen- und schätzen gelernt. Man spürt sofort, dieser Mann will etwas bewegen.

Ich wünsche ihm, dass ihm mit seiner Energie und Leidenschaft gelingt, wovon Deutschland nur profitieren kann, nämlich dass Deutschlands Unternehmer nicht nur von fachlich brillanten, sondern auch von unternehmerisch exzellenten Steuerberatern beraten werden.

Im Juli 2018
Hermann Scherer

Inhaltsverzeichnis

1 Vergangenheitsverklärung

ERFOLGSIMPULS

Arbeiten Sie konsequent an der Zukunft Ihrer Kanzlei, tappen Sie nicht in die Vergangenheits-Falle!

Stimmt Ihre Blickrichtung?

Kennen Sie das amerikanische Journal, die einfachste Form der doppelten Buchführung? Das waren noch Zeiten, als wir damit arbeiteten! 11 Konten auf 48 Seiten, und fertig war der Jahresabschluss. Bei Ebay für 50 Euro heute noch erhältlich. Abteilung: Antiquariat. Ja, es existiert noch, das amerikanische Journal. Aber wer braucht es noch in Zeiten moderner Rechnungswesen-Programme, die auf Knopfdruck eine Bilanz ausspucken? Hoffentlich keine deutsche Steuerkanzlei mehr – steht das amerikanische Journal der digitalisierten Steuerkanzlei doch diametral entgegen.

Für mich ist es vielmehr ein Sinnbild für eine vergangene Einfachheit und Transparenz, die es im früheren deutschen Steuerrecht durchaus gab. Kinder wurden im Mantelbogen der Einkommensteuererklärung in wenigen Zeilen verarbeitet. Heute muss es schon die zweiseitige »Anlage Kind« sein. Auch die Umsatzsteuer war noch durchschaubar. Heute verstehen sie nur noch wenige Experten in Gänze.

Wie konnte es dazu kommen? Ich sehe die Ursache im Gerechtigkeitswahn der Politiker. Sie wollen alles für jeden Einzelnen gerecht machen. Aber Einzelfallgerechtigkeit bleibt ein Wunschtraum. Mit ein paar Gesetzen lassen sich niemals über 80 Millionen Bürger in Deutschland gerecht besteuern. Jeder Fall ist anders gelagert. Dennoch versucht der Gesetzgeber seit dem Ersten Weltkrieg, die Gesetze für jeden Einzelfall gerecht zu machen. Dadurch werden sie immer komplexer. Hinzu kommen zahlreiche Durchführungsverordnungen, Richtlinien, OFD-Verfügungen, die Finanzgerichts-Rechtsprechung, BFH-Rechtsprechung, EUGH-Rechtsprechung, Urteile des Bundesverfassungsgerichts und überdies so manches Reichsfinanzhofsurteil, das die Zeiten überdauert hat.

Orientierung in Richtung Zukunft

Aber war es denn zu Zeiten des amerikanischen Journals wirklich so viel besser? Meine Antwort darauf ist eindeutig: Nein, das war es nicht. Und die Vergangenheit zu verklären und ihr hinterherzutrauern, ist der falsche Weg. Kanzleiinhaber, die an der »guten alten Zeit« festhalten und sich nicht an die Moderne anpassen, werden auf kurz oder lang ihren Kanzleiwert erheblich reduzieren und dann vom Markt verschwinden.

Digitalisierung beispielsweise ist *das* zentrale Thema für die deutschen Steuerkanzleien, eine IT-Ausstattung auf der Höhe der Zeit wird von Jahr zu Jahr wichtiger. Mit verstaubten Hilfsmitteln und manuellen Arbeitstechniken lassen sich Kanzleien nicht mehr wettbewerbsfähig halten. Alle Kanzleien hängen am Tropf des technischen Fortschritts.

Untrennbar damit verbunden sind weitere Bereiche, in denen Sie tätig werden müssen: Mit einer Kanzleiorganisation etwa, die Sie vor zehn Jahren aufgesetzt haben, werden Sie die nächsten zehn Jahre nicht überleben. Und auch Ihre Mitarbeiter müssen Sie ins Boot holen: Stetes Weiterlernen, die Umsetzung neuer Prozesse und das Arbeiten am digitalisierten Arbeitsplatz sollten in Ihrer Kanzlei selbstverständlich sein. Ihre Anregungen dazu und Impulse zu konkreten Themen holen Sie sich bei der Konkurrenz. Rufen Sie dort an und fragen, ob Sie sie besuchen können: Benchmarking und Best Practise werden Ihnen zeigen, wie es die Besten der Branche machen. Warum sollten Sie das nicht auch können?

Lassen Sie sich und Ihre Mitarbeiter in der Zeit des Wandels einige Monate begleiten, bis die ersten Erfolge eintreten, die sich wiederum selbst verstärken. Das macht Ihnen Lust auf Wandel! Die Kosten für Coaches und Coachingprogramme sind Investitionen in Ihre beste Geldanlage, die Sie haben – Ihre Kanzlei.

Trauern Sie also nicht einer vermeintlich schöneren Vergangenheit hinterher, sondern stellen Sie die Weichen für die Zukunft Ihrer Kanzlei!

Handlungsempfehlungen

- Akzeptieren Sie den technischen Fortschritt und die zunehmende Digitalisierung. Beides ist nicht aufzuhalten.
- Stellen Sie Ihre Kanzleiorganisation neu auf.
- Entwickeln Sie Ihre Mitarbeiter weiter. Auch sie müssen beim Fortschritt dabei sein und den stetigen Wandel mittragen.
- Stellen Sie Ihre Kanzlei allgemein auf den Prüfstand. Hinterfragen Sie alles. Jede Tätigkeit sollte so ausgeübt werden, wie es moderne Kanzleien heute schon tun. Erfinden Sie sich permanent neu.

- Interessieren Sie sich für neue Erfindungen, neue Software, neue Techniken, neue Arbeitsweisen und für die modern arbeitende Konkurrenz. Best Practice heißt die Devise. Lernen Sie von den Besten.
- Holen Sie sich für die Modernisierung Ihrer Kanzlei erfahrene externe Coaches oder buchen Sie ein Coachingprogramm.

2 Breiter aufstellen – vom Steuerberater zum Unternehmensberater

ERFOLGSIMPULS

Ein fachlich guter Steuerberater ist nicht automatisch auch ein guter Unternehmer. Aber Steuerkanzleien sollten sich zu Unternehmensberatungskanzleien weiterentwickeln, da im Kanzleiportfolio die Steuerberatung ab- und die Unternehmensberatung zunehmen wird. Die Wirtschaft braucht gute Unternehmer, die andere Unternehmer gut beraten können. Und das nicht nur steuerlich, sondern in der gesamten Bandbreite der Betriebswirtschaftslehre.

Viele Steuerberater sind schlechte Unternehmer

Wer ist eigentlich ein Unternehmer? Für einen Steuerberater ist die Antwort sonnenklar – und nachzulesen in § 2 Abs. 1 UStG: »Unternehmer ist, wer eine gewerbliche oder berufliche Tätigkeit selbständig ausübt. Das Unternehmen umfasst die gesamte gewerbliche oder berufliche Tätigkeit des Unternehmers. Gewerblich oder beruflich ist jede nachhaltige Tätigkeit zur Erzielung von Einnahmen, auch wenn die Absicht, Gewinn zu erzielen, fehlt oder eine Personenvereinigung nur gegenüber ihren Mitgliedern tätig wird.«

Diese Definition aus dem Umsatzsteuerrecht kennen alle Steuerberater nicht nur auswendig, sondern die meisten von ihnen nehmen sie auch für sich selbst in Anspruch: »Ja, ich bin ein Unternehmer«, sagen sie sich. »Ich bin selbständig und Freiberufler und habe viele treue Kunden, also bin ich auch ein guter Unternehmer.«

Um aber ein guter Unternehmer zu sein, braucht es sehr viele Fähigkeiten – die ein Steuerberater, wenn überhaupt, nur an der Universität oder der Fachhochschule gelernt haben kann. Dazu gehören: Führung, Management, Personalwesen, Marketing, Steuerlehre, Rechnungswesen, Kostenrechnung, Controlling, Risikomanagement, Kommunikation, Vertrieb, Informatik, Recht, Mathematik, Einkauf, Prozesse, Finanzierung, Vermögensschutz und -mehrung, Planung, Organisation, Kontrolle, Innovationsmanagement, Change-Management, Ethik, Umweltschutz,

Soziologie, Psychologie und Unternehmertum (Entrepreneurship). Das ist eine beeindruckende, wenn nicht gar furchteinflößende Aufzählung. In der Vorbereitung zur Steuerberaterprüfung wurden nur 2 der oben genannten 28 Fähigkeiten gelehrt. Das sind gerade einmal 7 %!

Meine provokante These lautet daher: Die meisten Steuerberater sind sehr gute Steuerberater, aber schlechte Unternehmer.

Unternehmer brauchen Ihre betriebswirtschaftliche Beratung

Bevor Sie mir eine böse E-Mail schreiben oder dieses Buch gleich in den Müll werfen, möchte ich Ihnen gerne erläutern, wie ich auf diese These komme. Zunächst einmal: Wir sitzen alle in einem Boot. Ich möchte nicht Sie oder unseren Berufsstand beleidigen, sondern einfach auf die oben genannte Tatsache hinweisen. Nehmen Sie das bitte nicht persönlich! Ich möchte auch nicht behaupten, dass Sie alle 28 Fähigkeiten sehr gut beherrschen müssen, um ein sehr guter Unternehmer zu sein. Allerdings sollten Sie die Mehrzahl der oben genannten Fähigkeiten gut bis sehr gut beherrschen, um Ihre Kunden sehr gut beraten zu können. Denn Ihre größten und wichtigsten Kunden sind wiederum Unternehmer, die Ihre Beratung dringend benötigen.

Ihre Unternehmenskunden suchen zunächst die klassische steuerliche Beratung: Sie wollen, dass Sie das zu versteuernde Einkommen durch steuerliche Gestaltung reduzieren und alles Dazugehörige mit dem Finanzamt regeln. Die steuerliche Beratung macht allerdings lediglich den kleineren Teil Ihrer Aufgaben aus – denn sie hat nur kleinere Effekte auf die Entwicklung der Unternehmen Ihrer Kunden.

Wesentlich größere Effekte hat die betriebswirtschaftliche Beratung Ihrer Unternehmenskunden. Wie Ihre Kunden den Umsatz steigern, Kosten sparen, die interne Kommunikation verbessern, die Organisation optimieren, Unternehmens- und Personalführung verbessern – darum geht es.

Betriebswirtschaftliche Beratung ist wichtiger als steuerliche Beratung

Ich wette mit Ihnen: Auch Sie realisieren gerade, dass diese betriebswirtschaftliche Beratung wesentlich wichtiger als die rein steuerliche Beratung ist. Nichtsdestoweniger führt sie in deutschen Steuerkanzleien ein Schattendasein. Nahezu jede Kanzlei bietet sie zwar auf der Homepage an, führt sie aber in der Praxis eher selten durch. Jede Kanzlei weiß aber auch, dass eine betriebswirtschaftliche Beratung öfter notwendig wäre – und scheitert dennoch immer wieder daran.

Dies hat folgende Gründe:

- Die Kanzleileitung und die Mitarbeiter haben wenig bis keine betriebswirtschaftlichen Fähigkeiten.

- Die vorhandenen betriebswirtschaftlichen Fähigkeiten werden nicht besonders geschult, somit können sie sich nicht entwickeln und werden auch nicht eingesetzt.
- Die Kanzleileitung erwartet von den Mitarbeitern, dass sie die Unternehmenskunden betriebswirtschaftlich beraten, geht jedoch nicht mit gutem Beispiel voran.
- Die meisten Unternehmenskunden bzw. deren Unternehmen sind zu klein für die betriebswirtschaftliche Beratung.
- Viele Unternehmenskunden wollen keine betriebswirtschaftliche Beratung, weil sie es dem Steuerberater nicht zutrauen, sie zu teuer erscheint oder sie nicht genau wissen, was sie bekommen werden und welchen Erfolg die Beratung haben wird.
- Viele Unternehmenskunden wissen nicht, dass ihr Steuerberater sie betriebswirtschaftlich beraten kann – und suchen sich für diese Art der Beratung eher einen Unternehmensberater.

So bleiben viele Beratungsmöglichkeiten ungenutzt und die Kanzleien bieten sie gar nicht aktiv an. Schließlich verdienen sie in den klassischen Beratungsfeldern Finanzbuchführung, Lohnbuchführung, Steuererklärungen und Jahresabschlüsse genug Geld. Noch sind sie nicht auf die betriebswirtschaftliche Beratung von Unternehmenskunden angewiesen. Noch!

Wandeln Sie sich vom Steuerberater zum betriebswirtschaftlichen Berater

Innerhalb der nächsten zehn Jahre wird sich dies radikal verändern, da die Digitalisierung die Geschäftsbereiche Finanzbuchführung und Steuererklärungen massiv angreifen wird. Weil in diesen beiden Geschäftsbereichen heute mehr als 50 % des Kanzleiumsatzes erzielt wird, ist hier Vorsicht geboten! Die Kanzleien in Deutschland sollten es innerhalb der nächsten zehn Jahre schaffen, den Wandel von der klassischen Steuerberatung zu mehr betriebswirtschaftlichen Beratungen zu meistern, wenn sie keine Umsatzverluste oder gar Insolvenzen riskieren wollen. Dies setzt allerdings viel mehr unternehmerische Fähigkeiten der Kanzleileitungen und der Mitarbeiter voraus – wer diese Fähigkeiten nicht hat, kann weder jetzt noch in Zukunft betriebswirtschaftliche Beratung im großen Stil anbieten.

Fortbildung zu betriebswirtschaftlichen Themen wird deshalb in den nächsten Jahren das Maß der Dinge für Kanzleileitung sowie Mitarbeiter sein. Diese Fortbildung kann durch Beauftragung externer Berater und Coaches, Anschaffung von Fachliteratur, Nutzung von Datenbanken, externe Kanzleivergleiche (Benchmarking) und interne Teamgespräche und/oder Seminare erfolgen. Um ein fundiertes betriebswirtschaftliches Wissen aufzubauen, wird es meines Erachtens circa zwei bis drei Jahre intensiver Fortbildung bedürfen. Die Kanzleileitung sollte mithilfe externer Berater ein Fortbildungskonzept erstellen, das sie dann Stück für Stück umsetzt. Darin sollen neue Dienstleistungsangebote im betriebswirtschaftlichen Bereich entwickelt werden, abgestimmt auf die Bedürfnisse, Größe und Rechtsformen der Unternehmenskunden.

Beispiele für neue betriebswirtschaftliche Dienstleistungen sind:

- Einführung Digitalisierung im Unternehmen des Kunden
- Finanzierungsberatungen innerhalb und außerhalb des Bankensystems
- Vermögenssicherungsberatung
- Immobilienberatung
- Nachfolgegestaltungen
- Beratung zur Kassenführung für bargeldintensive Kunden
- Einhaltung der GOBD im Unternehmen des Kunden
- Rechtsformwechsel
- Notfallkoffer

Fragen Sie Ihre Kunden, was sie brauchen

Wenn Sie nun das Thema »Recherche nach passenden betriebswirtschaftlichen Seminaren« auf die Agenda des nächsten Kanzlei-Meetings gesetzt haben – warten Sie noch einen Moment. Der allerwichtigste und erste Schritt sollte hier nämlich sein: Fragen Sie Ihre Kunden, was sie außerhalb der Steuerberatung noch von Ihnen benötigen. Wenn Sie die Antworten auf diese Frage nicht kennen, laufen Sie Gefahr, ein Dienstleistungsangebot an den Kunden vorbei zu entwickeln.

Ich verspreche Ihnen, dass Sie überrascht sein werden von den Antworten, die Sie auf Ihre Fragen bekommen! Die Kunden verlangen in allen Umfragen und Statistiken nämlich immer mehr aktive Beratung von ihrem Steuerberater, als diese es sich je vorstellen können. Ganz nebenbei können Sie sich als Top-Berater beweisen: Wenn Sie die Frage nach den Kundenbedürfnissen stellen, werden einige Kunden Sie zunächst verwundert anschauen, dann aber angenehm überrascht sein, von Ihnen umfassend beraten werden zu können.

Ein Wort zur Honorierung der neuen Angebote:

- Es gilt in fast allen Fällen nicht die Steuerberatungsvergütungsverordnung, folglich können Sie völlig frei abrechnen. Trotzdem ist grundsätzlich ein schriftlicher Vertrag empfehlenswert.
- Sie können wertebasiert abrechnen: Multiplizieren Sie den Wert des Vorteils der Beratung mit einem bestimmten Prozentsatz. Diese Berechnungsart ist fair für beide Seiten, insbesondere für den Kunden. Besonders wichtig ist es, klare Regelungen zu dem genauen Wert des Vorteils zu treffen. Sonst ist die Gefahr groß, dass der Kunde einen zu geringen Vorteil angibt oder die Kanzlei zu viel Zeit unproduktiv verbraucht.

- Sie können nach Zeit abrechnen, d. h. nach Beratungsstunden: das ist fair für die Kanzlei, aber unklar für den Kunden. Er weiß nämlich nicht, wie viel Zeit die Kanzlei benötigen wird. Empfehlenswert wäre eine Obergrenze an Beratungsstunden zu vereinbaren.
- Sie können pauschal je Dienstleistung abrechnen. Dazu wird ein Fixpreis für beide Seiten vereinbart. Problem hierbei ist, dass die Dienstleistung sehr genau beschrieben werden muss.
- Wenn Sie sich nicht sicher über die Honorierung Ihrer Dienstleistung sind, empfiehlt es sich zunächst, eine Geld-zurück-Garantie zu vereinbaren. Wenn der Kunde nicht zufrieden ist, zahlen Sie ihm einfach sein Geld zurück, ohne Wenn und Aber. Das veranlasst den einen oder anderen Kunden, die Dienstleistung einfach einmal auszuprobieren und zu sehen, ob sie sich für ihn lohnt.

Handlungsempfehlungen

- Erstellen Sie eine Stammdatenliste, in der alle Unternehmenskunden mit den wichtigsten Informationen aufgelistet werden: zum Beispiel Rechtsform, Gewinnermittlungsart, Branche, Jahresumsatz, Jahresgewinn, Unternehmertyp, Unternehmerhobbys, Gründungsjahr usw.
- Besprechen Sie diese Liste mit Ihren Mitarbeitern, da sie noch wichtige Informationen über die jeweiligen Unternehmen haben könnten. Ergänzen Sie dann die Liste um die weiteren Informationen.
- Befragen Sie Ihre Kunden, was sie zusätzlich zur klassischen Steuerberatung noch benötigen. Dies kann durch eine schriftliche Umfrage oder besser durch eine persönliche Befragung geschehen.
- Entwickeln Sie zusammen mit Ihren Mitarbeitern neue Dienstleistungsangebote, die sich aus der Kundenbefragung ergeben haben. Gründlichkeit geht hier vor Schnelligkeit.
- Wählen Sie Pilotkunden aus, die zusammen mit Ihnen die neuen Dienstleistungsangebote testen wollen. Kommunizieren Sie offen, dass sie Pilotkunden sind und dass sie dafür kein Honorar bezahlen müssen. Halten Sie immer wieder Rücksprache mit den Kunden und den Mitarbeitern, wie erfolgreich oder erfolglos die neuen Dienstleistungen sind.
- Beenden Sie erfolglose Dienstleistungen schnell und bieten Sie sie nicht mehr an. Rollen Sie dann die erfolgreichen Angebote aus und bieten Sie sie allen relevanten Unternehmenskunden aktiv an. Erster Anbieter ist immer die Kanzleileitung, nicht die Mitarbeiter. Die Mitarbeiter müssen die Dienstleistungen später ausführen, aber nicht zuerst anbieten.

- Die neuen Angebote werden an immer mehr Kunden verkauft, getestet und verfeinert, bis sie für den jeweiligen Einzelfall optimal laufen.
- Durch diese aktive und hoffentlich erfolgreiche betriebswirtschaftliche Beratung werden immer mehr Unternehmenskunden zu aktiven Weiterempfehlern für die Kanzlei. Das ist ein großer Marketing-Erfolg. Die Weiterempfehlungsquote steigt und die bestehenden Kunden sind zufriedener, manch einer sogar begeistert – eine Win-win-Situation für die Kanzlei, die Bestandskunden und neue Kunden.

3 Leitbild oder Leidbild?

ERFOLGSIMPULS

Wir brauchen ein neues Leitbild für die Steuerkanzlei – kein altes Leidbild. Leiten Sie und leiden Sie nicht, denn dafür ist Ihr Leben zu kurz!

Ein Blick in die Zukunft des Steuerberatungsmarktes

»Die fetten Jahre sind vorbei« – unter diesem Titel formulierte das Steuerberatermagazin (NWB-Verlag, 30.11.2015) fünf Thesen, wie sich der Steuerberatungsmarkt bis 2025 vermutlich entwickeln könnte:

- **1. These:**
  - Das Honorarniveau für Deklarationsleistungen sinkt dramatisch.
  - Der Zugang für ausländische Steuerberater kommt.
  - Die Steuerberatungsvergütungsverordnung entfällt.
  - Die Umsätze stagnieren.
  - Die Mandantenbasis bröckelt.
  - Die Mandanten wechseln schneller ihren Steuerberater.
- **2. These:**
  - Gewerbliche Anbieter übernehmen vermehrt Buchführung und Lohnabrechnungen und sind insgesamt günstiger als Steuerkanzleien.
  - Die Kapitalbindung entfällt. Das bedeutet, dass sich gewerbliche Firmen an Steuerkanzleien beteiligen können – was bisher verboten ist.
  - Die Vorbehaltsaufgaben des Steuerberaters entfallen, z. B. gewerbliche Anbieter senden Umsatzsteuer-Voranmeldungen – was ebenfalls bisher verboten ist.
- **3. These:**
  - Die Technik verändert sich elementar.
  - Die Digitalisierung verändert alles tiefgründiger und schneller als gedacht.
  - Das Dateiformat »ZUGFeRD« kommt vermehrt.
  - Die vorausgefüllte Steuererklärung wird Realität.
  - Die meisten Buchhalter- und Lohnsteuer-Hilfe-Vereine fallen weg.

- **4. These:**
  - Der Mitarbeiterstamm besteht überwiegend aus Assistenz- und hochqualifizierten Kräften. Die Assistenzkräfte erledigen die billigen und anspruchslosen Tätigkeiten (z. B. Buchhaltung oder Deklaration) und die Hochqualifizierten z. B. Beratung.
- **5. These:**
  - Es gibt eine 3-Klassen-Beraterschaft: Einzelkämpfer, Beratungsfabrik oder spezialisierte Sozietät.

Niemand weiß, wo die Reise der Steuerberatungsbranche hingeht – aber jeder ahnt, dass kein Stein auf dem anderen bleiben wird. Jeder Steuerberater, der noch keine 60 Jahre alt ist, wird sich nicht mehr so wie früher schadlos in die Rente retten können. Ein »Weiter so wie bisher!« wird ab sofort nicht mehr funktionieren, denn die Digitalisierung wird alles verändern. Und das wird schneller passieren, als wir heute vermuten. Dagegen hilft nur eins: das Geschäftsmodell »Steuerberatung« permanent an die Realität anzupassen. Und dafür wiederum braucht es dreierlei: ein neues Leitbild, konkrete Ziele und eine gute Strategie. Damit werden wir den Wandel schaffen!

Zuerst kommen die Werte

Alles beginnt also mit einem neuen Leitbild für die Steuerkanzlei. Aber was ist das überhaupt – ein Leitbild?

»Ein Leitbild ist eine schriftliche Erklärung einer Organisation über ihr Selbstverständnis und ihre Grundprinzipien. Es formuliert einen Zielzustand (Realistisches Idealbild). Nach innen soll ein Leitbild Orientierung geben und somit handlungsleitend und motivierend für die Organisation als Ganzes sowie auf die einzelnen Mitglieder wirken. Nach außen (Öffentlichkeit, Kunden) soll es deutlich machen, wofür eine Organisation steht.« (Seite »Unternehmensleitbild«, in: Wikipedia, Die freie Enzyklopädie, abgerufen am 23.07.2018)

Die »Organisation« in dieser Definition ist in unserem Fall die Kanzlei. Sie ist ein eigenständiger Organismus, quasi eine fremde Person – so wie eine GmbH, die eigenständig lebt und rechtsfähig ist. Das gilt auch für die inhabergeführte Einzelkanzlei. An diesen Gedanken muss man sich erst gewöhnen, aber er hilft dabei, die Kanzlei als lebendiges Lebewesen und Organismus zu sehen – nicht zuletzt, um ihr weniger bzw. keinen Schaden zuzufügen.

Wie schafft es nun die Kanzleileitung konkret, ein Leitbild zu entwickeln?

Wenn man etwas Großes und Wichtiges verändern möchte, dann sollte man dies nicht in der gewohnten Umgebung, hier also der Kanzlei, beginnen. Gehen Sie in ein schönes Hotel oder Seminarhaus oder an einen anderen Ort, an dem Ruhe, Störungsfreiheit und Kreativität herrschen. Handy aus, Mailprogramm aus, alles aus. Dann erarbeiten sich die Mitglieder der Kanzleileitung ein neues Leitbild für ihre Kanzlei – eine externe Moderatorin oder Moderator ist dabei sehr zu empfehlen.

Der erste Schritt: Machen Sie sich zunächst Gedanken über Ihr persönliches Wertesystem und danach über das für Ihre Kanzlei. Hier ein paar praktische Beispiele der wichtigsten Werte, für die meine Kanzlei und ich stehen; sie sind so auch auf unserer Internetseite veröffentlicht:

- Ehrlichkeit: Wir sind immer offen und ehrlich zu unseren Kunden. Wir lügen unsere Kunden nicht an, um Fehler zu verheimlichen. Wir sind kritikfähig und nehmen Kritik stets als Verbesserungsvorschlag an.
- Zuverlässigkeit: Wir wollen die Erwartungen unserer Kunden treffen oder übertreffen. Wir sind pünktlich, termintreu und nachhaltig. Wir sind immer für unsere Kunden da.
- Vertrauen: Wir sind absolut verschwiegen, unabhängig und seriös. Wir arbeiten für unsere Kunden, nicht für das Finanzamt. Wir sind familiär, bodenständig und fair.

Wenn wir übrigens von »Kunden« anstelle von »Mandanten« sprechen, so ist das ein gutes Beispiel für eine bereits umgesetzte Veränderung in meinem Wertesystem: Dem Wort »Kunde« wohnt bewusst und unbewusst eine höhere Wertschätzung inne. »Der Kunde ist König!« Diese Aussage passt in ein modernes, unternehmerisch handelndes Steuerberatungsunternehmen, das wir sind.

So entwickeln Sie eine Vision

Nachdem Sie nun Ihre Werte formuliert haben, schließen Sie die Augen und stellen Sie sich Ihre Kanzlei in zehn Jahren vor. Wo werden die Kanzleiräume sein? Werden Sie überhaupt noch Räume brauchen? Welche Mitarbeiter werden dort arbeiten? Wie groß wird die Kanzlei sein? Welche Technik werden Sie nutzen? Welche Kunden werden Sie haben und welche nicht? Wie viel werden Sie in der Woche arbeiten? Welche Leistungen bieten Sie an und welche nicht? Welche Werte werden Sie vertreten?

Denken Sie völlig frei und verrückt! Alles ist erlaubt! Schreiben oder malen Sie alles auf! Übertreiben Sie maßlos! Seien Sie wie ein Kind! Seien Sie grenzenlos! Lassen Sie Ihre zukünftige Kanzlei vor Ihrem inneren Auge entstehen! Sehen Sie das große Bild, das »Big Picture«? Das ist Ihre Vision! Schreiben Sie alles ins Leitbild!

Unser Altkanzler Helmut Schmidt sagte einmal fast schon patzig in einem Interview: »Wer Visionen hat, der soll zum Arzt gehen.« Ich widerspreche ihm ausdrücklich! Eine Kanzlei ohne Vision weiß nicht, wohin ihre Reise führt. Wenn sie keine Vision haben, gehen Kanzleileitung und Mitarbeiter im Klein-

klein des Tagesgeschäfts unter und schaffen sich planlos zu Tode. Lassen Sie das nicht zu!

Wenn Sie als Kanzleileitung in den Kanzleialltag zurückgekehrt sind, berufen Sie am besten sofort ein Teamgespräch mit dem gesamten Team ein. Stellen Sie darin die Werte und das Leitbild allen Mitarbeitern vor. Diskutieren und verbessern Sie es. Regeln Sie Konsequenzen bei Verstößen. Verabschieden Sie das Leitbild und lassen Sie es von allen unterschreiben.

Danach integrieren Sie die ausformulierten Werte und das Leitbild in die schriftliche Unternehmenskultur der Kanzlei; auf sie komme ich in einem späteren Kapitel noch ausführlich zurück. Schließlich sollte das Leitbild auf der Internetseite der Kanzlei veröffentlicht werden. Das Leitbild gibt Kanzleileitung, Mitarbeitern, Kunden und Lieferanten Orientierung darüber, wofür die Kanzlei steht. Das Leitbild soll ab dann in der täglichen Praxis gelebt werden.

Was haben Sie nun erreicht? Sie haben ein schriftliches Wertesystem und ein schriftliches Leitbild – es ist der erste Schritt Ihrer neuen Strategie hin zu einem modernen, unternehmerisch handelnden Steuerberatungsunternehmen. Herzlichen Glückwunsch!

Angst ist ganz normal

Doch auf diesem Weg in Ihre Kanzleizukunft funkt jetzt manchmal ein Gefühl der Angst dazwischen, lässt Sie nachts nicht schlafen, macht Sie unsicher… Das kennen wir alle und es ist durchaus möglich, dass auch Sie vor dieser großen Veränderung gewisse Ängste entwickeln. Das ist völlig normal und genau deswegen thematisiere ich es hier.

Ängste haben immer eine Warnfunktion, treiben uns aber auch an. Ich möchte mich in diesem Buch, meinen Webinaren und Coachings nur auf das Positive konzentrieren und negative Ängste der Leser und Teilnehmer abbauen. Die Angst vor Misserfolg und die Sorge, Fehler zu machen, hält viele Menschen davon ab, ein schönes positives Leben voller Leidenschaft zu führen. Die Folge ist ein Leben mit angezogener Handbremse. Diese Handbremse versuche ich zu lösen. Ängste und Sorgen kosten nur sinnlose Energie, die besser in die Umsetzung der neuen Kanzleistrategie fließen sollte.

Kleine Hilfe: Schreiben Sie auf, was Ihnen in den letzten Monaten den Schlaf geraubt hat und was davon tatsächlich eingetreten ist. In den meisten Fällen werden Sie notieren: »Nichts von meinen Befürchtungen ist eingetreten.« Diese Übung zeigt, dass die meisten Ängste und Sorgen sich nur im Kopf abspielen und niemals real eintreten.

Die Angst vor der Veränderung ist eine der Grundängste der Menschheit. Ich möchte diese positiv nutzen. Dieses Buch kann Auslöser einer sehr großen Veränderung für Ihre Kanzlei sein und es ist verständlich, wenn Sie gewisse Ängste entwickeln. Gehen Sie bitte immer davon aus, dass ich nur das Beste für Sie, Ihre Kanzlei und Ihre Mitarbeiter möchte. Genauso werden Ihre Mitarbeiter Ängste vor einer großen Veränderung haben. Auch deren Ängste müssen durch intensive Kommunikation reduziert und überwunden werden – Angst bekämpft man am besten mit Realität, Kommunikation und indem man sich der Angst stellt. Je weniger Ängste Kanzleileitung und Mitarbeiter haben, desto erfolgreicher wird die Umsetzung einer großen Veränderung gelingen.

> *»Zweifeln Sie niemals daran, dass eine Person oder eine kleine Gruppe von Menschen die Welt verändern kann. Das ist das einzige, was bisher funktioniert hat.«*
>
> Hermann Scherer

Handlungsempfehlungen

- Ziehen Sie sich als Kanzleileitung für ein bis drei Tage an einen schönen Ort außerhalb der Kanzlei zurück.
- Dort formulieren Sie schriftlich Ihr privates und geschäftliches Wertesystem und anschließend das Leitbild der Kanzlei.
- Berufen Sie ein bis zwei Teamgespräche mit allen Mitarbeitern ein, in denen Sie Wertesystem und Leitbild diskutieren, anpassen und verabschieden.
- Machen Sie Wertesystem und Leitbild zu einem Teil der Unternehmenskultur der Kanzlei.
- Veröffentlichen Sie Wertesystem und Leitbild auf der Internet-Seite der Kanzlei.
- Begegnen Sie Unsicherheit und Angstgefühlen Ihrer Mitarbeiter gegenüber den Veränderungen mit intensiver Kommunikation.

4 Ohne Ziel ist jeder Schuss kein Treffer

ERFOLGSIMPULS

Mit einer professionellen Zielplanung erreichen Sie mehr Erfolg für Ihre Kanzlei, als Sie sich heute vielleicht vorstellen können. Haben Sie konkrete Ziele visualisiert, landen Sie mit jedem Schuss einen Treffer!

Ziele machen glücklich

Wer sich keine Ziele setzt, ist ständig auf der Suche, immer auf dem Weg, aber oft in der falschen Richtung. Das heißt im Umkehrschluss: Je konkreter seine Ziele sind, desto erfolgreicher und glücklicher wird ein Mensch. Und das wiederum ist keine Vermutung von mir, sondern Ergebnis einer wissenschaftlichen Untersuchung: Die Harvard-Universität hat 1979 in einer Studie zu Schulabgängern über einen Zehnjahreszeitraum folgende Ergebnisse ermittelt: 83 % der Abgänger hatten keine konkreten Ziele für ihre Zukunft. 14 % der Abgänger hatten zwar Ziele, diese aber nicht schriftlich fixiert. Diese 14 % erzielten zehn Jahre später das dreifache Einkommen der ersten Gruppe. Nur 3 % der Abgänger hatten schriftlich fixierte Ziele. Diese 3 % erzielten zehn Jahre später das zehnfache Einkommen der ersten Gruppe.

Das sind beeindruckende Zahlen, wie ich finde – und das beste Argument dafür, konkrete schriftliche Ziele für Ihre Kanzlei zu entwickeln. Ihr Nutzen aus der besseren Zielerreichung wird mehr Geld, mehr Zufriedenheit und mehr Lebensqualität sein. Ohne Ziele geht im Leben nichts voran, es herrscht Stillstand. Erreichte Ziele machen Menschen glücklich und bringen uns weiter.

Hier einige Beispiele für gängige Ziele:

- Mehr Umsatz
- Mehr Produktivität
- Mehr Gewinn
- Neueinstellung von Mitarbeitern
- Aufnahme von Neukunden
- Kanzleiumzug
- Mehr Lebensqualität

- Fertigstellungsquoten in Prozent
- Alle Zahlen aus dem Benchmarking erreichen

Ziele sollten SMART sein

Als am sinnvollsten hat es sich erwiesen, 5-Jahres-Ziele und 1-Jahres-Ziele festzulegen, da diese Zeiträume noch realistisch einzuschätzen sind. Alles, was jenseits eines Zeitraums von fünf Jahren liegt, befindet sich im Bereich der Vision. Die Ziele sollten zudem in den Bereichen der »7 G« angesiedelt sein. Damit sind die unterschiedlichen sieben Bereiche Ihres Lebens gemeint:

- Gesundheit
- Geheim
- Geschäft
- Geld
- Gesellschaft
- Geil
- Geist

Diese Bereiche Ihres Lebens sollten sich in einer ausgewogenen Balance befinden, damit Sie glücklich sind. Mehr dazu weiter unten.

Aber wie sollten die Ziele nun konkret aussehen, damit sie sich gut in die Tat umsetzen lassen? Hier hat sich die sogenannte SMART-Methode bewährt. Die Großbuchstaben stehen jeweils für eine Eigenschaft eines Ziels:

- **S** = Spezifisch: Jedes Ziel muss klar und konkret formuliert sowie schriftlich fixiert sein, sodass es auch für Dritte eindeutig nachvollziehbar ist. Solche Spezifikationen dienen als roter Faden für die Umsetzung der Ziele (Strategie).
- **M** = Messbar: Jedes Ziel muss messbar sein. Dies kann in Euro, Stunden oder sonstigen Messgrößen erfolgen.
- **A** = Attraktiv: Jedes Ziel muss attraktiv sein. Es muss denjenigen reizen, der das Ziel erreichen will. Wenn man nicht alles für die Zielerreichung geben wird, ist es nicht attraktiv genug.
- **R** = Realistisch: Jedes Ziel muss realistisch und visionär zugleich sein. Setzen Sie sich hohe und fast nicht erreichbare visionäre Ziele. Warum so übertrieben fragen Sie sich? Wenn Sie sich zu kleine Ziele setzen, erreichen Sie diese zu früh und Sie kommen im Leben nicht entscheidend weiter. Sind die Ziele jedoch außerordentlich hoch, dann arbeiten Sie viel länger an ihnen und werden so wesentlich erfolgreicher.
- **T** = Terminiert: Jedes Ziel muss terminiert sein. Es muss ein festes Datum oder Zeitraum vorgegeben sein, bis zu dem das Ziel erreicht werden muss. Ein nicht terminiertes Ziel ist lediglich eine lockere Absichtserklärung, ohne große Chancen erreicht zu werden. Wenn es sich um zu komplexe Ziele handelt, empfehle ich, Zwischen- oder Teilziele zu setzen.

Ich möchte Ihnen ein Beispiel für ein Ziel nach der SMART-Methode geben:

- **S** = Spezifisch: Sie möchten ein Dokumentenmanagementsystem (DMS) neu in Ihrer Kanzlei einführen.
- **M** = Messbar: Sie lassen sich ein Angebot kalkulieren, das sowohl Investitionen in Euro als auch in Zeit beinhaltet. Dazu kalkulieren Sie die erwarteten internen Zeiten, bis das System läuft.
- **A** = Attraktiv: Sie möchten damit die Prozesse Postein- und -ausgang digitalisieren, die Ablagezeiten verringern, die Suchzeiten verringern, viel weniger Büromaterial verbrauchen, eine Menge Platz sparen und die GOBD einhalten.
- **R** = Realistisch: Die DMS-Einführung kann realistisch finanziert und zeitlich in den Kanzleiablauf untergebracht werden, ohne dass große Verzögerungen entstehen.
- **T** = Terminiert: Sie erstellen einen Projektplan, der einen Zeitplan enthält. Sie planen darin auch das geplante Enddatum des Projektes ein, wann das DMS laufen soll.

Jede Kanzlei sollte sich ihre eigenen Ziele erarbeiten, definieren, schriftlich fixieren und mit den Mitarbeitern besprechen. Ohne die Mitarbeiter geht nichts bei der Zielerreichung. Also gilt auch hier: Auf die permanente Kommunikation zwischen Kanzleileitung und Mitarbeitern kommt es an. Die beste Kommunikations-Plattform ist das regelmäßige Teamgespräch, auf das ich später noch ausführlich eingehe.

> *»Ziele sollten immer so präsent sein wie ein Bildschirmschoner.«*
>
> Hermann Scherer

5-Jahres-Ziele: langfristige Planung

Fünf Jahre sind ein Zeitraum, für den die Kanzleileitung noch eine realistische Planung erstellen kann. Dazu gehört eine ausführliche Analyse des Marktumfeldes der Zukunft. Welche Themen, Techniken, Trends, Konkurrenz, Entwicklungen und Bedürfnisse wird es in den nächsten Jahren geben? Passen Werte, Vision und Kultur der Kanzlei dazu? In Kurzform: Stimmt der Kurs noch? 5-Jahres-Ziele sind eine wichtige Voraussetzung, um von der langfristigen Vision zu den kurzfristigen 1-Jahres-Zielen zu kommen. Ohne sie wird es schwer, 1-Jahres-Ziele zu formulieren.

Wie können Sie nun konkret vorgehen? Empfehlenswert ist es, dass die Kanzleileitung im Rahmen eines Strategie-Workshops außerhalb der Kanzleiräume, ausgehend von der Vision, die 5-Jahres-Ziele mit jährlichen Zwischenzielen entwirft und diese schriftlich festhält. Diese werden priorisiert und mit den Mitarbeitern besprochen. Zum Schluss verabschieden alle gemeinsam die erarbeiteten Ziele. Dadurch entsteht ein guter Teamspirit, was die Chancen erhöht, dass diese

Ziele auch erreicht werden. Welcher Maßnahmen es konkret dazu bedarf, lesen Sie in Kapitel 5.

Ein gutes Beispiel für ein 5-Jahres-Ziel ist die strategische Positionierung einer Kanzlei. Sie könnte eine Standardkanzlei, eine Produktionsfabrik oder eine Boutique sein.

- Standardkanzlei: Eine Standardkanzlei erledigt alle Basisleistungen für eine sehr gemischte Kundschaft im Bereich der Finanzbuchhaltung, Lohnbuchhaltung, Steuererklärungen und Jahresabschlüsse. Sie erbringt wenig Boutiquenleistungen (Sonderleistungen).
- Produktionsfabrik: Eine Produktionsfabrik erledigt nur Basisleistungen (insbesondere Einkommensteuererklärungen oder Buchführungen) in großem Maße für gemischte Kundschaft in einer sehr effizienten Art und Weise. Sonderleistungen werden so gut wie nicht erbracht.
- Boutique: Eine Boutique erledigt kaum Basisleistungen, sondern fast nur Sonderleistungen wie zum Beispiel betriebswirtschaftliche Beratung, Controlling, Vermögensgestaltung, Umwandlungen, schwierige Einsprüche, strafrechtliche Beratung etc.

Jeder dieser Kanzleitypen hat unterschiedlich qualifizierte Mitarbeiter, anders laufende Prozesse und unterschiedliche Renditen. Eine Produktionsfabrik benötigt kaum qualifizierte Mitarbeiter, während hingegen eine Boutique sehr hoch spezialisierte Mitarbeiter braucht. Je nachdem, wo die Kanzleileitung in fünf Jahren stehen möchte, muss sie sich die entsprechenden Ziele setzen und eine Strategie erarbeiten, wie sie dorthin gelangen möchte.

Die 5-Jahres-Ziele geben somit einen konkreten Fahrplan für die nächsten Jahre einer Kanzlei vor. Dies schafft Klarheit, Transparenz und Energie und bringt die Kanzlei jedes Jahr Schritt für Schritt weiter – sie steht mit einem schriftlichen 5-Jahres-Ziel-Plan wesentlich erfolgreicher da als ohne.

1-Jahres-Ziele: mittelfristige Planung

Die 5-Jahres-Ziele sind eine wichtige Voraussetzung, um die 1-Jahres-Ziele festlegen zu können – und die wiederum sind der Zwischenschritt, um die Kanzleiziele noch weiter herunterzubrechen und am Ende zu detaillierten Wochenplänen zu kommen. Mehr dazu in Kapitel 6.

Bei der Festlegung der Jahresziele sollte zunächst nur die Kanzleileitung einen Strategie-Workshop abhalten, in dem sie die 1-Jahres-Ziele entwickelt und schriftlich fixiert. Dazu legt sie eine Projektliste in Excel an und trägt zunächst ohne Priorisierung die Ziele einfach ein, die sie beispielsweise in einem Brainstorming ermittelt hat. Anschließend priorisiert sie alle Ziele und verteilt sie zeitlich über das Jahr. Nach dem Strategie-Workshop stellt sie in Teamgesprächen mit allen

Mitarbeitern jedes Ziel vor, diskutiert es, legt einen Verantwortlichen in der Kanzlei und ein geplantes Erreichungsdatum fest.

Stehen alle Ziele ausformuliert in der Projektliste, können sowohl Kanzleileitung als auch Mitarbeiter jederzeit in dieser Liste nachschauen, welche Ziele als nächste erreicht werden sollen. Allein diese simple Projektliste bewirkt, dass die Ziele mit hoher Wahrscheinlichkeit rechtzeitig erreicht werden. Sollte es wider Erwarten zu Zielverfehlungen kommen, muss dies für den Verantwortlichen Konsequenzen haben, die vorab im Teamgespräch allen Mitarbeitern kommuniziert worden sind.

Die 7 G des Lebens

Die Ziele, die Sie sich setzen, sollten nicht nur SMART sein, sondern ausgewogen die 7 G des Lebens abdecken.

Die 7 G des Lebens umfassen alle Lebensbereiche eines Menschen. Alles, was das Leben ausmacht, kann in diese sieben Bereiche eingeordnet werden. Das große Lebensziel eines jeden Menschen sollte es sein, die sieben Bereiche in Balance zu halten. Natürlich kann sich jeder Mensch andere Lebensziele setzen, jedoch wird er die Erfahrung machen, dass er ein schlechteres Leben führt, wenn es in einem oder mehreren der folgenden sieben Bereiche schlecht läuft:

1. Gesundheit (Fitness/Wellness):

Der Lebensbereich »Gesundheit« umfasst das körperliche und seelische Wohlbefinden eines Menschen. Die sitzenden Tätigkeiten in der Steuerkanzlei ziehen z. B. oft Rückenprobleme nach sich. Ebenso können Kanzleileitung und Mitarbeiter aufgrund der Stressbelastung seelische Probleme bekommen, die es zu vermeiden gilt. Ohne eine gute Gesundheit kann man die anderen sechs Lebensbereiche überhaupt nicht in Balance halten. Eine gute Gesundheit ist das Wichtigste, was ein Mensch in seinem Leben haben kann. Um dies zu erreichen, plant man feste Zeiten für die Gesundheit im Wochenkalender ein: beispielsweise für kleine Spaziergänge vor oder nach der Arbeit, Yoga-Kurse, Fitnessstudio, Massagen, Beratung, Coaching etc. Diese Zeiten haben Vorrang vor allen anderen Terminen. Warum der ganze Aufwand? Wenn die Gesundheit der Kanzleileitung und Mitarbeiter sehr gut ist, reduzieren sich die Krankheitszeiten, das Team ist zufriedener und der Kanzleigewinn steigt. Die Gesundheitsförderung der Mitarbeiter ist übrigens ein hervorragendes Instrument zur Mitarbeiterbindung.

> *»In der einen Hälfte des Lebens opfern wir unsere Gesundheit, um Geld zu erwerben. In der anderen Hälfte opfern wir Geld, um die Gesundheit wiederzuerlangen.«*
>
> Voltaire

2. Geheim (persönlich/privat):
Der Lebensbereich »Geheim« umfasst die private Sphäre und Persönlichkeit eines Menschen. Ohne Privatsphäre hat der Mensch kein Rückzugsgebiet und kann sich nicht selbst reflektieren. Dies ist allerdings wichtig, um die Geschehnisse des Alltags zu verarbeiten. Niemand kann immer nur in seinem Beruf tätig sein, jeder braucht private Auszeiten. Deshalb werden feste Zeiten für persönliche und private Zeiten im Wochenkalender eingeplant. Das kann vor der Arbeit, nach Feierabend oder auch nachmittags zwischen 14 und 16 Uhr sein. Wann man sich Termine setzt, spielt keine Rolle, Hauptsache, sie werden eingehalten. Diese Zeiten haben Vorrang vor der Kanzlei. Der Nutzen der privaten Ruhephasen und Selbstreflexion ist nicht zu unterschätzen, obwohl er nicht direkt in Euro messbar ist. Trotzdem wird spürbar sein, dass man lockerer, entspannter und gelassener wird. Sehr wahrscheinlich werden dann auch alle Mitarbeiter und Kollegen von diesem neuen Verhalten »angesteckt«. Sie arbeiten produktiver und fehlerfreier als zuvor – ein positiver Kreislauf, der sich selbst verstärkt.

3. Geschäft (Kanzlei/Beruf):
Der Lebensbereich »Geschäft« ist selbsterklärend, da die meisten Steuerberater für ihre Kanzlei leben und dieser vieles unterordnen. Wünschenswert ist für viele Kolleginnen und Kollegen, dass die Kanzlei nicht mehr so viel Wochenarbeitszeit einnimmt, sodass für die anderen sechs Lebensbereiche mehr Zeit ist. Ohne Kanzlei verdient man kein Geld und verwirklicht auch nicht seine beruflichen Träume – ja. Das bedeutet aber nicht, dass die Wochenarbeitszeit Selbstständiger bei mehr als 40 Stunden liegen muss. Wer mehr als 40 Wochenstunden arbeitet, wird kaum ausreichend Zeit für die anderen sechs Lebensbereiche haben. Dann entstehen in den anderen Lebensbereichen viele Probleme, die erhebliche negative Auswirkungen auf das Leben haben. Auch auf das Kanzleileben. Wie aber schafft man die 40-Stunden-Woche und wie fühlt man sich gut dabei? Ganz einfach: Setzen Sie die meisten Handlungsempfehlungen dieses Buches in die Praxis um und betreiben Sie zusätzlich ein konsequentes Zeitmanagement (darauf gehe ich später noch ein). Der wichtigste Punkt jedoch ist, dass Sie als Kanzleileitung nur noch die Tätigkeiten ausüben, die Sie als Unternehmer und Führungskraft nicht delegieren können. Das heißt für Sie im Umkehrschluss: delegieren, delegieren, delegieren!

> *»Zeit hat man nicht, die nimmt man sich für das, was einem wichtig ist!«*
>
> Hermann Scherer

4. Geld (Finanzen/Vermögen)
Der Lebensbereich »Geld« ist selbstverständlich wichtig, um das berufliche und private Leben zu finanzieren. Allerdings sollte es nicht das einzige Ziel sein. Es

dürfen auch die anderen sechs Lebensbereiche nicht aus den Augen verloren werden, für die auch noch Zeit und Geld da sein sollte. Wenn Sie die meisten Erfolgsimpulse dieses Buches umgesetzt haben, werden sich das Vermögen der Kanzleileitung und der veräußerbare Kanzleiwert sicher vermehren.

5. Gesellschaft (Familie/Freunde)

Der Lebensbereich »Gesellschaft« umfasst die Familie und den Freundeskreis. Ein guter familiärer Zusammenhalt und gute Freunde sind sehr wichtig für die Seele eines Menschen. Ohne eine intakte Familie und gute Freunde macht das Leben wenig Freude. Um mehr Zeit für den Bereich »Gesellschaft« zu haben, planen Sie sich feste Zeiten für Familie und Freunde im Wochenkalender ein. Diese Zeiten haben Vorrang vor der Kanzlei. Was haben Sie davon? Intakte Familien und ein guter Freundeskreis geben Stabilität und Wohlbefinden. Sie können sich in der Familie fallen lassen und mit Freunden über private Dinge und Träume reden und Spaß haben. Das gibt Halt für die anderen sechs Lebensbereiche.

6. Geil (Spaß/Hobbys)

Der Lebensbereich »Geil« umfasst alles, was Spaß macht, die Hobbys und alle anderen Freizeitaktivitäten. Ohne Spaß und Hobbys ist das Leben trostlos und öde, man verliert schnell die Lust am Leben und die Leistungsfähigkeit nimmt ab. Um mehr Zeit für den Bereich »Geil« zu haben, planen Sie sich feste Zeiten für die Freizeit im Wochenkalender ein. Diese Zeiten haben Vorrang vor der Kanzlei. Was haben Sie davon? Die Pflege der Hobbys und der Spaß in der Freizeit machen den Kopf frei und sind gut für die Seele des Menschen.

7. Geist (Sinn/Berufung)

Auch der Lebensbereich »Geist« ist wichtig für die Seele des Menschen. Leider wird dieser Lebensbereich oft unterschätzt und sträflich vernachlässigt. Wer keinen Sinn im Leben sieht und nicht weiß, welcher Berufung er folgt, kann weder Visionen noch Ziele haben, noch Strategien für ein gutes Leben entwickeln. Ohne Sinn im Leben fehlt die Orientierung. Wenn Sie sich selbst auf die Frage: »Warum machst du das?« keine Antwort geben können, dann sollten Sie diese Tätigkeit für immer beenden und etwas für Sie Sinnvolles tun. Um mehr Zeit für den Bereich »Geist« zu haben, planen Sie sich feste Zeiten für die Freizeit im Wochenkalender ein. Diese Zeiten haben Vorrang vor der Kanzlei.

Ohne die Balance der 7 G des Lebens können Menschen krank werden, wenig privates Glück empfinden, finanziell schlechter gestellt sein, Ärger mit Familie und Freunden haben, wenig Zeit für Spaß und Hobbys finden und irgendwann dem

Burnout nahe sein, da sie den Sinn ihres Dasein nicht mehr sehen und nur noch Stress und Zeitnot fühlen.

Auch hier ist eine Liste ratsam, in der alle sieben Lebensbereiche aufgelistet sind. Überlegen Sie sich genau, in welchem Bereich Sie etwas gegenüber der jetzigen Situation verbessern können. Allein dadurch, dass es diese Liste gibt und Sie sich mit allen Bereichen beschäftigen, werden Sie schon mehr Balance in ihre Lebensbereiche bekommen. Es müssen nicht viele Punkte auf der Liste stehen, allerdings sollten es für jeden Bereich mindestens zwei sein. Diese Punkte fließen in den Jahreszielplan ein und sollen dann umgesetzt werden.

Ein klassisches Beispiel dafür: Die Kanzleileitung arbeitet 60 bis 70 Stunden pro Woche, der Ehepartner steht kurz davor, die Scheidung einzureichen, die Kinder werden nicht mehr erzogen, weil keine Zeit da ist. Begegnungen mit Freunden gibt es nur noch selten, alle Hobbys wurden mittlerweile aufgegeben und die Gesundheit leidet unter dem Arbeitsstress. Dafür läuft die Kanzlei toll und das Geldvermögen steigt. Zwei Bereiche laufen sehr gut, die anderen schlecht. Ein möglicher Ausweg und damit eine bessere Balance könnten so aussehen: Die Kanzleileitung delegiert mehr Arbeit an die Mitarbeiter, plant und führt besser. Dadurch reduziert sie ihre Wochenarbeitszeit und hat wieder mehr Zeit für die Gesundheit, Ehepartner, Kinder, Freunde und Hobbys – also für die anderen Lebensbereiche.

In meinem Videokurs »Kanzleioptimierungsprogramm (KOP)« wird ein Schwerpunkt auf das Thema Ziele gelegt, da es so wichtig ist. Ohne Ziele kommen Sie nicht in die Umsetzung und das Projekt Kanzleioptimierung stockt.

Handlungsempfehlungen

- Wählen Sie Ziele nach der SMART-Methode aus (5 Eigenschaften).
- Teilen Sie Ziele in 5- und 1-Jahres-Ziele ein.
- Priorisieren Sie Ziele in einem Projektplan, am besten in Excel.
- Diskutieren und beschließen Sie Ziele gemeinsam mit Ihren Mitarbeitern (in Teamgesprächen).
- Arbeiten Sie Ihren Projektplan ab und erreichen Sie so Ihre Ziele planmäßig und fokussiert.
- Überprüfen Sie Ihre Ziele regelmäßig und passen Sie sie an die Realität an (Projektplan ändern).
- Verlieren Sie Ihre Ziele nicht aus den Augen und schieben Sie nichts auf.
- Setzen Sie Konsequenzen bei Nichterreichen von Zielen durch.
- Halten Sie Ihr Leben in Balance; alle sieben Lebensbereiche sollten ausgewogen sein.

5 Planlos durchs Weltall oder doch eine Strategie?

ERFOLGSIMPULS

Planlos durchs Weltall war gestern. Heute fliegen Sie mit Lichtgeschwindigkeit und auf einer strategisch ausgearbeiteten Route in die richtige Richtung!

Auf die Umsetzung kommt es an

Der Weg ist das Ziel. Das ist nicht nur ein erbaulicher Satz auf Postkarten und Kalenderblättern, sondern er stimmt auch noch. Diesen Weg zum Ziel nenne ich ganz einfach »Strategie«. Wir sind jetzt im wichtigsten Bereich des Lebens: Nach Besprechen und Planen sind nun die Macher dran – denn es gilt die Maßnahmen umzusetzen, die zum Ziel führen! Viele Menschen sind Riesen im Reden und Planen, aber Zwerge im Umsetzen und Machen. Wenn aber Ziele nicht erreicht werden, sind sie wirkungslos und bringen die Kanzlei nicht weiter. Deshalb gehört in diesem Buch die Umsetzung der entsprechenden Maßnahmen zu den wichtigsten Punkten überhaupt.

Egal, welche Maßnahmen Sie umsetzen, um Ihre Ziele zu erreichen: Konzentrieren Sie sich auf die sogenannte »Pareto-Regel«, auch »80/20-Regel« genannt. Das bedeutet zum Beispiel: 20 % der Kunden machen 80 % des Umsatzes oder 20 % des Zeiteinsatzes liefern 80 % der Gewinne. Diese Regel zieht sich durch das ganze Leben. Sie bedeutet im Endeffekt, dass Sie sich immer auf die wesentlichen Erfolgsfaktoren konzentrieren sollten – also auf die 20 % der umzusetzenden Maßnahmen, die 80 % des Erfolges bringen werden.

Alles beginnt mit dem Strategie-Workshop

Der erste Schritt in Richtung Zielerreichung und eine wichtige strategische Maßnahme, um die Kanzlei langfristig weiterzuentwickeln, ist der Strategie-Workshop der Kanzleileitung. Und natürlich halten Sie diesen am besten außerhalb der Kanzleiräume ab. Zur ausführlichen Erarbeitung aller Themen bietet es sich an, ein ganzes Strategiewochenende zu planen. Teilnehmer sind nur die Mitglieder

der Kanzleileitung – nicht die Mitarbeiter. Hier kann es sehr sinnvoll sein, einen Kanzleicoach hinzuzuziehen, der als externer Berater alle Themen mit erarbeitet. Diese Außensicht wirkt der Betriebsblindheit entgegen und wird den Erfolg des Workshops enorm erhöhen.

Ohne einen solchen Workshop können Sie kaum strategische und langfristige Themen festlegen. Im Kanzleialltag ist erfahrungsgemäß keine Zeit, sich über den Organismus Kanzlei Gedanken zu machen. Denn die meisten Kanzleileitungen arbeiten im Kanzleialltag nicht an, sondern in der Kanzlei. Wenn dieses Muster nicht aufgelöst wird, bringt das die Kanzlei in ihrer strategischen Entwicklung nicht weiter.

Suchen Sie für den Strategie-Workshop ein schönes, ruhiges Seminarhaus oder Hotel in einem Umfeld, das die Kreativität fördert. Eine gute Zeit dafür ist von Freitag bis Sonntag. Wenn das nicht ausreicht, kann der Workshop verlängert oder ein zweiter Workshop angesetzt werden. Alle Teilnehmer sollen ihren Geist öffnen, offen, ehrlich und auch durchaus verrückt denken und diskutieren dürfen. Die Themen sind: Leitbild, Werte, Kultur, Vision, Ziele und Strategie. Erst wenn diese Themen komplett erarbeitet und schriftlich fixiert sind, ist der Workshop beendet. Wenn es nur einen Kanzleileiter gibt, sollte er den Workshop allein durchführen, ggf. mit Hilfe eines Coaches.

Danach ist es wichtig, die Ergebnisse mit allen Mitarbeitern zu besprechen. Die Mitarbeiter sollen großen Einfluss auf die Themen bekommen, d. h. sie dürfen in Diskussionen mit der Kanzleileitung offen und ehrlich die Themen diskutieren, verbessern und am Schluss verabschieden. Ohne die Mitarbeiter können die Themen nicht in die Praxis umgesetzt werden! Unter Umständen ist es auch sinnvoll – je nach Größe der Kanzlei –, dass die Kanzleileitung Projektleiter ernennt. Die Projektleiter haben folgende Aufgaben:

- Schulung der Mitarbeiter
- Kommunikation mit den Mitarbeitern
- Koordination und Fortschrittskontrolle
- Vermittlung bei Konflikten
- Präsentation von Ergebnissen
- Ansprechpartner für externe Kanzleicoaches

Ein solcher Strategie-Workshop sollte jährlich einmal wiederholt werden.

Reden Sie Klartext

Eine weitere wichtige Maßnahme auf dem Weg zu Ihrem Ziel ist die Klartextkommunikation. Klartextkommunikation besteht aus den Elementen »Klartext« und »Kommunikation«. So weit, so einfach. Doch es ist schwieriger, als man zunächst glaubt. Menschen haben immer wieder enorme Schwierigkeiten, andere Menschen richtig zu verstehen. Das liegt in erster Linie daran, dass sie nicht richtig gelernt haben, wie man Klartext kommuniziert und konzentriert zuhört. Klartextkommunikation enthält immer und ohne Ausnahme folgende vier Elemente:

- Wer?
- Was?
- Bis wann?
- In welcher Qualität?

Diese vier Elemente der Klartextkommunikation gelten in allen sieben Lebensbereichen aus Kapitel vier ohne Ausnahme und sollten täglich geübt werden. Nur durch permanente Übung wird sich die Klartextkommunikation verbessern. Wenn schlechte oder falsche Resultate auftauchen, sollte die Kommunikation, die davor stattgefunden hat, noch einmal reflektiert werden.

Wenn eines der vier Elemente fehlt oder schlecht formuliert ist, wird das Resultat, das durch die Kommunikation erreicht werden sollte, schlicht und ergreifend nicht erzielt. Dieses Prinzip heißt: Shit in – shit out. Wenn schlecht kommuniziert wird, kommt etwas Schlechtes heraus.

Alle Menschen in der Kanzlei müssen bei jeder noch so kleinen und banalen Kommunikation lernen, diese vier Elemente zu üben und täglich anzuwenden. Warum ist das so wichtig? Eine gute Kommunikation spart viel Zeit und Geld und erhöht die Effektivität und die Effizienz aller Prozesse. Die gewünschten Resultate kommen immer nur durch eine gute Klartextkommunikation zustande.

Ein Beispiel dafür: Die Kanzleileitung schreibt dem Mitarbeiter Herrn Müller folgende E-Mail: »Herr Müller, bitte rufen Sie Ihren Kunden Herrn Schneider zurück.« In dieser Kommunikation fehlt das Element Nr. 3 – »bis wann«. Herr Müller kann also nicht wissen, wann er zurückrufen soll und wie dringend es ist. Er müsste jetzt zeitaufwendig bei der Kanzleileitung noch einmal nachhaken, wann er zurückrufen soll. Er tut dies nicht, sondern ignoriert die Mail und ruft am selben Tag nicht mehr zurück. Herr Schneider ruft jedoch nachmittags in der Kanzlei bei Herrn Müller an und fragt, warum er nicht sofort zurückgerufen hat, es sei doch dringend gewesen. Und schon gibt es einen verärgerten Kunden mehr in der Kanzlei. Im Übrigen trägt in diesem Fall die Kanzleileitung die Verantwortung an dem Chaos – und nicht Herr Müller, wie oft vermutet wird –, denn die Kanzleileitung hat schlecht kommuniziert.

Eine weitere Maßnahme zur Umsetzung ist das Teamgespräch, in dem Kanzleileitung und alle Mitarbeiter sich persönlich treffen und miteinander alle wichtigen Themen besprechen. Mehr dazu lesen Sie in Kapitel 12.

Handlungsempfehlungen

- Führen Sie einen Strategie-Workshop mit der gesamten Kanzleileitung durch.
- Blicken Sie auf Leitbild, Werte, Kultur, Vision, Ziele und Strategie des Vorjahres zurück und lernen Sie daraus.
- Legen Sie Leitbild, Werte, Kultur, Vision, Ziele und Strategie neu fest, justieren Sie alles nach, diskutieren Sie alles in Ruhe durch und entscheiden Sie zum Schluss.
- Schreiben Sie alles auf. Schreiben Sie eine große Projektliste, die alle Maßnahmen enthält, wer, was, bis wann, in welcher Qualität im Folgejahr erledigen muss. Sinnvoll wäre, diese Liste in Excel oder einem vergleichbaren Programm zu führen und transparent in der Kanzlei zu veröffentlichen. Diese Liste wird Ihr Umsetzungsplan, der Sie wirklich weiterbringt!
- Halten Sie unmittelbar nach Ihrer Rückkehr in die Kanzlei ein Teamgespräch mit allen Mitarbeitern ab. Klartextkommunikation ist dabei das Wichtigste! Jeder soll offen und ehrlich diskutieren, Ideen einbringen und zum Schluss den Projektplan verabschieden.
- Der Projektplan wird konsequent von den zuständigen Personen abgearbeitet. Unterjährig wird diese Liste immer wieder an die Realität angepasst und wiederum laufend in Teamgesprächen besprochen.

6 Zeitmanagement – wenn Ihr Kaffee 10 Euro kostet

ERFOLGSIMPULS

Die Basis Ihres Zeitmanagements besteht darin, dass Sie sich auf Ihre eigentliche Arbeit als Unternehmer konzentrieren. Verrichten Sie nur solche Tätigkeiten, für die Sie nicht zu »teuer« sind. Darüber hinaus gilt: Verschaffen Sie sich und Ihren Mitarbeitern mehr störungsfreie Zeiten und die Möglichkeit, im Homeoffice zu arbeiten. Schließen Sie zudem Kooperationen. Sie werden dadurch Ihr Netzwerk verbessern und schneller arbeiten. Und ganz grundsätzlich lautet die Devise: Ohne Zeitmanagement keine Lebensbalance.

Der Unterschied zwischen Effektivität und Effizienz

Das Wichtigste im Leben ist nicht die Liebe, das Haus oder das Auto. Das Wichtigste ist auch nicht der Beruf, die Kinder oder der Status. Nein, das Wichtigste ist das, was wir alle in gleichem Maße zur Verfügung haben, egal ob wir schwarz oder weiß, arm oder reich, dumm oder intelligent sind: die Zeit. Sie effektiv und effizient zu nutzen, ist das Ziel vieler Menschen. Ich schreibe in diesem Kapitel über die effektive und effiziente Nutzung von Zeit im Allgemeinen und speziell in der Steuerkanzlei.

Zunächst möchte ich den Unterschied zwischen Effektivität und Effizienz deutlich machen. Im letzten Kapitel ging es dabei um Ziele und nun geht es um die Nutzung von Zeit.

- **Effektivität** bedeutet, die richtigen Dinge zu tun. Ein Beispiel dafür: Es gibt noch Steuerkanzleien, die alle Buchhaltungsbelege ihrer Kunden mit einem »Gebucht«-Stempel versehen. Dieser Schritt ist in Zeiten der Digitalisierung und Automatisierung überflüssig. Ihn wegzulassen, ist betriebswirtschaftlich sinnvoll, da dies viel Zeit und Geld spart.
- **Effizienz** bedeutet, die Dinge richtig zu tun. Das heißt für das eben genannte Beispiel: Die Steuerkanzlei würde extra junge und dynamische Menschen anstellen, die extrem schnell Buchhaltungsbelege stempeln können, viel schnel-

ler als die älteren Mitarbeiter. So könnten sie den Prozess des Abstempelns effizienter gestalten. Sie sehen an diesem Beispiel, dass ein noch so effizienter Prozess einen effektiven nicht übertrumpfen kann. Mit anderen Worten: Ein effektiver Prozess hat immer Vorrang vor einem effizienten. Und wenn Sie diesen effektiven Prozess noch effizienter machen, dann haben Sie das Beste für ein sehr gutes Zeitmanagement erreicht.

So befreien Sie sich von ineffektiven Prozessen

In einer Steuerkanzlei wird heutzutage fast immer in Zeiteinheiten gedacht. Kanzleileitung und Mitarbeiter haben intern Stundenverrechnungssätze festgelegt, zu denen sie die jeweiligen Zeiten den Kunden in Rechnung stellen. Empfehlung: Die Kanzleileitung sollte mindestens einen Satz von 160 Euro netto haben, die Mitarbeiter mindestens 80 Euro netto, das Sekretariat und die Auszubildenden mindestens 40 Euro.

Diese Stundensätze halten jedoch viele Kanzleien nicht davon ab, weiterhin **ineffektive Prozesse** zu pflegen. Hier einige Beispiele:

1. Würden Sie eine Tasse Kaffee für 10 Euro bestellen? Mit Gold im Kaffee in einem New Yorker Szene-Café vielleicht. Aber ansonsten? Wohl kaum. Doch viele Kanzleichefs tun das jeden Tag mehrfach. Mit einem Stundensatz von 160 Euro und einer geschätzten Kaffeekochdauer von 3,75 Minuten inklusive An- und Abreise in die Küche kostet sie ihr Kaffee nämlich 10 Euro (160 Euro: 60 Minuten x 3,75 Minuten). Ob das der Kanzleileitung bewusst ist?
2. Es werden Fristenkontrollbücher für die Prüfung von Steuerbescheiden auf Papier geführt und gleichzeitig in einer Software. Doppelte Arbeit kostet Zeit und Gewinn.
3. Es werden Rechnungen in Word geschrieben, die Fälligkeiten auf Karteikarten notiert und nur zweimal pro Jahr Mahnungen verschickt. Und das, obwohl es für alle drei Prozesse hervorragende Programme gibt, die auch noch nebenher bezahlt, aber nicht genutzt werden. Zu kompliziert, zu lange, zu teuer.
4. Es werden Kontoauszüge mit der Hand gebucht, obwohl ein Kontoauszugsmanager die Bearbeitungszeit etwa halbieren könnte. Der Einsatz eines Auszugsmanagers ist zurzeit eine der besten Effizienzsteigerungsmaßnahmen in der Finanzbuchführung.
5. Es werden keine Wochenpläne erstellt, wer was wann machen soll. Somit wird nur für den Kunden zuerst gearbeitet, der am lautesten schreit. Das halte ich für unfair gegenüber den guten, pünktlichen und ordentlichen Kunden. Mit dieser Arbeitsweise wird viel Zeit vergeudet.
6. Es wird kein Dokumentenmanagementsystem (DMS) eingesetzt, es wird vielmehr alles doppelt und dreifach ausgedruckt und die Schränke werden mit Papier gefüllt. Das alles kostet zu viel Miete, Material und Ablagezeiten.

7. Die meiste Post verlässt als Briefpost die Kanzlei anstatt per E-Mail. Die Mail ist schneller, billiger und sofort digital ablegbar oder weiter zu bearbeiten.
8. Es werden die vorläufig fertigen Steuererklärungsformulare (viele Seiten) den Kunden per Post geschickt. Dann sollen sie alles auf Richtigkeit überprüfen (was kaum ein Kunde schaffen kann) und für die Kanzlei unterschreiben. Anschließend sollen sie alles zurück zur Kanzlei schicken (per Post, natürlich). Die Kanzlei stellt alles fertig, druckt die Steuererklärung noch einmal aus und schickt sie wieder (richtig geraten) per Post an die Kunden, die dann wieder alles unterschreiben und am Schluss auch noch selbst zum Finanzamt schicken sollen (auf eigene Kosten). Dieser Prozessablauf besteht seit zig Jahren unverändert. Eine moderne Kanzlei sollte die Steuererklärung elektronisch und authentifiziert an das Finanzamt senden und nur die verkürzte Erklärung dem Kunden schicken oder mailen. Vorteile: Die Erklärung ist gleich beim Finanzamt, der Kunde muss selbst nichts mehr tun, nichts geht auf dem Postweg verloren, der Eingang beim Finanzamt ist dokumentiert und dieser Ablauf ist viel schneller als der alte. Ab dem Veranlagungszeitraum 2017 sollte der Ablauf angepasst werden, da durch die Belegvorhaltepflicht kein Beleg mehr zum Finanzamt geschickt werden muss.
9. Es wird während der Bearbeitung der Einkommensteuererklärungen nicht die Vollmachtsdatenbank genutzt, sondern alles von Papierbelegen aufwendig im Programm erfasst, und dann noch vielen fehlenden Unterlagen nachgerannt. Die Vollmachtsdatenbank liefert mittlerweile so viele Daten auf Knopfdruck in die richtigen Formularfelder, dass sie für eine effiziente Bearbeitung von Einkommensteuererklärungen unverzichtbar geworden ist.
10. Es werden zu schwierige oder zu große Aufträge von unpassenden Kunden angenommen, die dann so viel Zeit kosten und ein so hohes Risiko beinhalten, dass sich der Auftrag am Ende nicht gelohnt hat. Nur weil das Helfersyndrom wieder gesagt hat: Klar, ich übernehme jeden Auftrag und werde alles schaffen.
11. Es werden nicht die Kunden gekündigt, die am meisten nerven, nörgeln und dann nicht oder zu spät bezahlen. Das ist aktive Unterstützung von kanzleischädigendem Verhalten und sollte sofort beendet werden.

Was können Sie tun, um sich und Ihre Kanzlei von solchen ineffektiven Prozessen zu befreien? Hier habe ich einige **erprobte Vorgehensweisen** für Sie:

- Durchdenken Sie alle Prozesse Ihrer Steuerkanzlei und schreiben Sie jeden kleinen Prozessschritt auf. Das ist die Basis für eine Prozessanalyse.
- Beenden Sie alle ineffektiven (unrichtigen) Prozesse oder Prozessteile unverzüglich! All diese Prozesse müssen durch effektive ersetzt werden. Beachten Sie insbesondere kleine Prozessabschnitte, in denen dauerhaft viel Zeiteinsparpotenzial steckt.

- Delegieren Sie die effektiven Prozesse: Geben Sie alle möglichen Tätigkeiten ab, die Sie selbst nicht erledigen sollten, z. B. Erstellung von Steuererklärungen und Jahresabschlüssen, Ablage, Organisieren von Betriebsveranstaltungen, Kaffee kochen (wir wissen ja, wie teuer der Kaffee dann werden kann) etc. Ihre Mitarbeiter wiederum delegieren alle möglichen Tätigkeiten an das Sekretariat oder an Auszubildende, die sie selbst nicht erledigen sollten, z. B. Telefondienst, Kundenempfang und -bewirtung, Scannen, Sortieren, Ablage, Aufräumen etc. Nur wer intelligent delegiert und organisiert, hat ein gutes Zeitmanagement und nutzt die Zeit effektiv und effizient.
- Machen Sie alle effektiven Prozesse effizient (schnell). Lassen Sie überflüssige und komplizierte Arbeitsschritte weg. Nutzen Sie dazu die vorhandene Software bis zum Maximum aus. Software ist immer ein gutes Mittel zur Effizienzsteigerung. Fragen Sie Ihre befreundeten Berufskollegen, Mitarbeiter und Kunden, was man schneller machen kann, ob weniger Unterlagen benötigt werden oder ob alles nur noch per Mail geschickt werden kann.

Wenn Sie diese vier Punkte in die Tat umgesetzt und Ihre Prozesse dadurch deutlich beschleunigt und verbessert haben, war dies der erste Schritt zu einem guten Zeitmanagement.

> *»Setze Prioritäten! Es ist besser, die richtige Arbeit zu tun (Effektivität), als eine Arbeit richtig zu tun (Effizienz).«* Peter Drucker

Keine Chance den Zeitdieben

Jeder Tag hat 24 Stunden. Klingt banal und gilt für jeden Menschen. Dieses Buch hat das Ziel, aus jeder einzelnen Stunde das Beste für Ihre Kanzlei herauszuholen. Sie erfahren, wie sie Ihre Zeit besser nutzen, effektivere Tätigkeiten übernehmen und diese effizient erledigen. Beim Zeitmanagement ist es sehr wichtig, dass die Kanzleileitung sich nur auf die Tätigkeiten konzentriert, die echte Unternehmer und Führungskräfte verrichten sollten. Genauso ist darauf zu achten, dass die richtigen Mitarbeiter die richtigen Tätigkeiten erledigen. Auch das Betreuen der »richtigen Kunden« gehört im Übrigen zu einem effektiven Zeitmanagement, doch dazu später mehr im Buch.

Hier die häufigsten sieben Zeitdiebe:

- **Simultane Tätigkeiten (Multitasking):** Menschen können nicht mehrere Sachen gleichzeitig erledigen, zumindest nicht gut. Wie sagte meine Großmutter schon immer: »Arbeite, wie die Klöße gegessen werden – einen nach dem anderen.« Lösung: Wochenplan.

- **Fehlende Konzentration und Ablenkungen:** Einer der größten Zeitdiebe heutzutage ist die Ablenkung durch Smartphones. Tiefe und lange Konzentrationsphasen sind kaum mehr möglich. Überall piept, summt oder vibriert es. Hauptsache, alle sind sofort erreichbar. Wenn jemand nach 0,5 Sekunden nicht antwortet, stellt die Community bereits eine Vermisstenanzeige ins Netz. Die Mitglieder der sogenannten Generation Z (Jahrgänge ca. 1998–2010) werden die größten Konzentrationsprobleme bekommen. Lösung: störungsfreie Zeiten oder Homeoffice.
- **Verzetteln:** Gegen Verzetteln hilft immer eine konkrete Planung. Lösung: Wochenplan.
- **Operative Hektik und Stress:** Es gibt Menschen, die tun so, als seien sie schwer beschäftigt und im Stress, obwohl das Gegenteil der Fall ist. Lösung: Wochenplan.
- **Unnötige Termine und Besprechungen:** Ein Meeting jagt das nächste. Darin wird viel geredet und anschließend wenig davon umgesetzt. Lösung: Agenda für jedes Meeting und Wochenplan.
- **Unordnung:** Chaos am Arbeitsplatz ist ein Zeit- und Energiefresser ohne Ende. Ordnung ist das halbe Leben. Lösung: Kanzleileitung verbietet die Unordnung am Arbeitsplatz und in den restlichen Kanzleiräumen.
- **Fehlende Selbstdisziplin:** Das planmäßige Abarbeiten eines Projektplans ist vielen Menschen fremd. Lösung: Wochenplan.

Sie sehen: Ohne ein effektives und effizientes Zeitmanagement wird zu viel Zeit für unwichtige Tätigkeiten verschwendet. Folglich leiden Rendite und Produktivität der Kanzlei darunter. Ebenso fehlt die Zeit für die privaten Lebensbereiche. Das gilt sowohl für die Kanzleileitung als auch für die Mitarbeiter.

Die Arbeit kommt zuletzt

Die meisten Menschen sind Wissensriesen und Umsetzungszwerge. Sie wissen viel, setzen ihr Wissen aber kaum in die Tat um. Auch Ideen gibt es genug. Es fehlt jedoch die Umsetzung. Was nicht schnell umgesetzt wird, verblasst schon nach wenigen Tagen, wird aufgeschoben und am Schluss nicht getan. Alles, was nicht umgesetzt wird, bleibt jedoch als offene Baustelle im Gehirn bestehen und erzeugt Stress. Damit Ihnen dies nicht passiert, empfehle ich konkret Folgendes:

Tragen Sie in Ihren Kalender zunächst alle Termine aus den sechs anderen Lebensbereichen (außerhalb der Kanzlei bzw. Ihres Berufslebens) verbindlich ein. Diese Termine haben stets Vorrang vor den Geschäftsterminen. **Sie arbeiten quasi um die Privattermine herum, nicht umgekehrt.** Die Zeit, die jetzt noch übrig bleibt, kann für die Kanzlei verwendet werden. Sie sollten eine Wochenstundenzahl für jeden einzelnen Lebensbereich definieren und schriftlich fixieren. Nur auf diese Art und Weise können Sie sicherstellen, dass alle sieben Lebensbereiche in Balance bleiben.

Eine Woche könnte daher wie folgt aussehen:

Montag:	08–09 Uhr Gesellschaft: Frühstück mit Familie 09–17 Uhr Geschäft + Geld: Arbeiten in und an Kanzlei (20 % in, 80 % an Kanzlei) 18–20 Uhr Gesundheit: Fitnessstudio
Dienstag:	08–09 Uhr Geheim: Frühstück im Café allein 09–17 Uhr Geschäft + Geld: Arbeiten in und an Kanzlei (20 % in, 80 % an Kanzlei) 18–19 Uhr Gesellschaft: Abendessen mit Familie 20–23 Uhr Gesellschaft: Treffen mit Freunden
Mittwoch:	08–09 Uhr Gesellschaft: Frühstück mit Familie 09–17 Uhr Geschäft + Geld: Arbeiten in und an Kanzlei (20 % in, 80 % an Kanzlei) 18–20 Uhr Gesundheit: Fitnessstudio
Donnerstag:	08–09 Uhr Geheim: Frühstück im Café allein 09–17 Uhr Geschäft + Geld: Arbeiten in und an Kanzlei (20 % in, 80 % an Kanzlei) 18–20 Uhr Gesellschaft: Abendessen mit Familie
Freitag:	08–09 Uhr Gesellschaft: Frühstück mit Familie 09–17 Uhr Geschäft + Geld: Arbeiten in und an Kanzlei (20 % in, 80 % an Kanzlei) 18–20 Uhr Geil: Spaß, Weggehen, Hobbys pflegen
Samstag:	ganzer Tag: Gesundheit, Geheim, Gesellschaft, Geil, Geist, nicht arbeiten
Sonntag:	ganzer Tag: Gesundheit, Geheim, Gesellschaft, Geil, Geist, nicht arbeiten

In dieser Musterwoche sind nur 40 Stunden für Geschäft und Geld verwendet worden. Alle anderen Zeiten rund um die Kanzlei decken alle anderen Lebensbereiche ab und garantieren somit die angestrebte Lebensbalance.

Mit dem Arbeiten *in* der Kanzlei sind die abrechenbaren Tätigkeiten der Kanzleileitung gemeint, wie zum Beispiel: Erstellung von Buchhaltungen, Löhnen, Steuererklärungen und Jahresabschlüssen. Mit dem Arbeiten *an* der Kanzlei sind die nicht abrechenbaren Tätigkeiten der Kanzleileitung gemeint, wie zum Beispiel: Digitalisierung, Automatisierung, Organisation, Führung, strategische Entwicklung, Marketing etc. Meine Empfehlung ist, dass die Kanzleileitung mindestens 80 % nicht abrechenbar tätig sein sollte, um die Kanzleiziele zu erreichen. Zu den 80 % Arbeiten an der Kanzlei gebe ich sieben Tipps von *Hermann Scherer* sinngemäß weiter, die er in »Jenseits vom Mittelmaß« zusammengefasst hat (7. Auflage, Offenbach 2015, S. 301):

- Arbeiten Sie regelmäßig an Ihrer Kanzlei, planen Sie feste Zeiten dafür ein, zum Beispiel jeden Tag sechs Stunden.
- Stellen Sie sich routinemäßig die Frage: »Bringt mich das weiter, was ich gerade tue, und meinen Zielen näher?«
- Überschätzen Sie nicht, was Sie in einem Jahr erreichen können. Unterschätzen Sie nicht, was Sie in zehn Jahren erreichen können.
- Führen Sie ein Erfolgstagebuch, in dem Sie Teilerfolge notieren. Das motiviert zum Weitermachen.
- Diskutieren Sie weniger, handeln Sie mehr. Viele Menschen vergessen über dem Hin- und Herwälzen von Problemen das Tun. Besser eine zu 95 % perfekte Umsetzung als 100 % Nichtstun.
- Schreiben Sie täglich einige Gedanken auf, wie Ihre Wunschzukunft aussieht.
- Träumen Sie nicht Ihr Leben, leben Sie Ihre Träume.

> *»Wir haben keine Probleme mit der Zeit, wir haben Probleme, uns Prioritäten zu setzen.«*
> Hermann Scherer

Der Wochenplan: Wichtiger Baustein Ihres Zeitmanagements

Wie managen Sie nun konkret Ihre Arbeit in und an der Kanzlei? Dazu empfehle ich Ihnen, das einfache Instrument des Wochenplans zu nutzen. Der Inhalt des Wochenplans besteht aus abrechenbaren und nicht abrechenbaren Tätigkeiten aller Art: Termine mit Kunden, interne Organisationstätigkeiten, Teamgespräche, Urlaub, Seminare etc.

In der Steuerkanzlei Luzius führen sowohl ich als auch alle Mitarbeiter einen Wochenplan, in dem wir alle zu erledigenden Tätigkeiten wöchentlich eintragen. Am besten lässt sich der Wochenplan in Excel führen. Die Mitarbeiter müssen den Wochenplan jeden Montag bis um 12.00 Uhr bei mir als Kanzleileitung einreichen. So ist sichergestellt, dass jeder Mitarbeiter seinen Wochenplan erstellt hat und ich kann diesen prüfen und gegebenenfalls abändern. Zudem weiß ich Bescheid, was der einzelne Mitarbeiter in der aktuellen Woche erledigen möchte, ohne ein persönliches Gespräch führen zu müssen.

Ohne einen Wochenplan geht die Arbeit in der Kanzlei langsamer voran – es fehlen konkrete Ziele. Der Wochenplan zieht die Menschen in der Kanzlei hin zu ihren Zielen, die sie somit schneller und besser erreichen. Niemand möchte gerne geplante Wochenziele in die nächste Woche verschieben, deswegen ist jeder bestrebt, seine gesetzten Ziele auch bis zum Freitagabend zu erreichen.

Der Wochenplan hilft gegen das Verzetteln, erhöht die Selbstdisziplin und führt dazu, dass alle Aufgaben planmäßig hintereinander erledigt werden. Er spart somit Zeit, Geld und beschleunigt die Kanzleiprozesse. Er ist ein Erfolgsmodell in meiner Kanzlei.

Störungsfreie Zeiten sind wichtig

Ein weiterer wichtiger Baustein, der Ihnen zu einem besseren Zeitmanagement verhilft, sind störungsfreie Zeiten. Dies sind Zeiten, die die Kanzleileitung und/oder die Mitarbeiter nehmen dürfen oder nehmen müssen. In diesen Zeiten sollen komplizierte Sachverhalte oder Tätigkeiten mit Termindruck erledigt werden. Es gibt eine Untersuchung aus den USA, dass man nach jeder Unterbrechung einer Tätigkeit etwa 23 Minuten benötigt, um wieder den Konzentrationszustand zu erreichen, den man vorher hatte. Kurz gesagt: Die Konzentration ist durch jede Störung eine längere Zeit weg. Ohne störungsfreie Zeiten arbeiten Kanzleileitung und Mitarbeiter folglich langsamer, unkonzentrierter und ineffizienter.

Die störungsfreien Zeiten trägt jedes Teammitglied in den jeweiligen Kalender ein, sodass jedes andere Teammitglied darüber Bescheid weiß. In diesen Zeiten dürfen nur abrechenbare Tätigkeiten erbracht werden. Alle Telefone und Handys sind abgeschaltet, das Mailprogramm ist geschlossen, kein Kunde oder anderer Mitarbeiter darf stören. Selbst der Kanzleileitung ist dies untersagt. Es wird ein Schild an die Bürotür gehängt, sodass jedes Teammitglied auch sehen kann, wer gerade störungsfreie Zeit hat. Es ist dringend zu empfehlen, dass jeder Mitarbeiter einen gesamten Arbeitstag in der Arbeitswoche störungsfreie Zeit erhält. Dies können beispielsweise ein voller Arbeitstag oder zwei halbe Tage sein. Auch die Kanzleileitung sollte sich einen Tag in der Woche nehmen, um an der Kanzlei zu arbeiten. In der Steuerkanzlei Luzius hat jeder Mitarbeiter die Verpflichtung, einen wöchentlichen Arbeitstag störungsfreie Zeit zu nehmen. Meine Mitarbeiter schätzen diese Zeit der Konzentration.

Was hat die Kanzlei davon? In störungsfreien Zeiten wird schneller, ruhiger, effizienter und konzentrierter gearbeitet. Die Arbeiten werden fehlerfreier ausgeführt, komplizierte Sachverhalte werden besser und schneller gelöst. Länger laufende Projekte können schneller abgeschlossen werden.

Eine andere Form der störungsfreien Zeit ist das Homeoffice. In der heutigen Zeit gibt es vermehrt Mitarbeiter, die von zu Hause aus arbeiten möchten. Im Homeoffice dürfen nur abrechenbare Tätigkeiten ausgeführt werden, wie zum Beispiel Buchhaltungen, Lohnabrechnungen, Steuererklärungen oder Jahresabschlüsse. Die Kanzleileitung muss das Vertrauen in die Mitarbeiter haben, dass sie zu Hause genauso gut, wenn nicht noch besser als in der Kanzlei arbeiten. Ohne die Möglichkeit, im Homeoffice zu arbeiten, ist die Kanzlei nicht attraktiv für neue Mitarbeiter und arbeitet nicht so effizient, wie sie könnte. Wenn der Entschluss gefallen ist, dass Mitarbeiter im Homeoffice arbeiten können, wird die EDV-Technik angepasst, Lizenzen freigeschaltet und im Team kommuniziert, wer wann im Homeoffice arbeitet. Zusätzlich müssen auch die Kunden darüber Bescheid wissen oder sie können direkt über die Kanzlei-Telefondurchwahl zu Hause bei dem entsprechenden Mitarbeiter anrufen, was das Sekretariat entlastet. Zeiten für das Homeoffice müssen im Kalender des jeweiligen Mitarbeiters eingetragen und für das Team sichtbar sein. Für die Kanzleileitung sind Arbeitszeiten im Homeoffice ebenfalls hin und wieder ratsam, um an der Kanzlei zu arbeiten.

Ein Homeoffice hat denselben Nutzen wie die störungsfreien Zeiten. Zusätzlich ist es attraktiv für neue Mitarbeiter und bindet bestehende Mitarbeiter an die Kanzlei. Ich habe mit dem Angebot, dass meine Mitarbeiter im Homeoffice arbeiten können, bisher sehr gute Erfahrungen gemacht.

Ziele schneller umsetzen durch Kooperationen

Ein weiterer Zeitmanagementbaustein sind Kooperationen. Sie können eine Strategie sein, die Kanzleiziele schneller umzusetzen. Die Kanzlei kann durch den Kooperationspartner entweder Leistungen abdecken, die sie selbst nicht leisten kann, oder der Kooperationspartner übernimmt Kunden; auch Mitarbeiter können ausgetauscht werden.

- Beispiele für Kooperationspartner in einer ähnlichen Branche sind: Steuerkanzleien, Rechtsanwaltskanzleien, Wirtschaftsprüfungskanzleien, Versicherungen, Vermögensberater, Banken, Unternehmensberater, Softwarefirmen etc.
- Beispiele für Kooperationspartner in anderen Branchen sind: Metzger kooperiert mit Bäcker, beide bewerben jeweils die Produkte des anderen und erreichen somit eine Verkaufsförderung für beide Seiten.

Immer mehr Kanzleien schließen sich zu überregionalen oder branchenübergreifenden Kanzleien oder Netzwerken zusammen. Einzelpraxen können heutzutage nicht mehr das gesamte Leistungsspektrum einer modernen Steuerkanzlei in Deutschland abdecken, Kooperationen mit anderen passenden Kanzleien sind das Mittel der Wahl. Es sollte auch darüber nachgedacht werden, ob nicht auch aus anderen Branchen Kooperationspartner zu finden sind.

Prüfen Sie vorab Ihre eigene, aber auch die Kooperationsfähigkeit des potenziellen Partners. Es muss im Vorfeld mit allen Parteien geklärt werden, welche Art von Kooperation geschlossen wird. Dabei sollten die folgenden zehn Faktoren für eine erfolgreiche Kooperation abgeprüft werden:

- 90 % ähnliche Wertvorstellungen
- Gute Resultate für *alle* Beteiligten
- Kein Egoismus
- Vertrauenswürdigkeit

- Klare Ziele
- Einheitliche Projektplanung
- Fortschrittskontrolle
- Klare Kommunikationsregeln
- Strenge Auswahl der Kooperationspartner
- Kooperation auf ausgewählten Kooperationsfeldern

Wenn Sie den richtigen Kooperationspartner gefunden haben, müssen Sie entscheiden, ob Sie einen schriftlichen oder einen mündlichen Kooperationsvertrag abschließen wollen. In der Regel wird ein mündlicher Vertrag vereinbart und es wird regelmäßige Treffen und Telefonate geben.

Handlungsempfehlungen

- Arbeiten Sie nur noch mit den »richtigen« Mitarbeitern und Kunden zusammen. Zeiträuber dürfen Sie nicht tolerieren.
- Vermeiden Sie die häufigsten sieben Zeitdiebe, so oft Sie können.
- Reservieren Sie feste Zeiten im Kalender für die privaten fünf Lebensbereiche (Gesundheit, Geheim, Gesellschaft, Geil, Geist).
- Priorisieren Sie Ihre Aufgaben und Zeiten jede Woche: Die fünf privaten Lebensbereiche haben Vorrang vor den Bereichen Geschäft und Geld. Das Arbeiten *an* der Kanzlei hat Vorrang vor dem Arbeiten *in* der Kanzlei. Arbeiten Sie um die privaten Zeiten herum, sonst erreichen Sie keine Lebensbalance aller sieben Bereiche. Umgekehrt funktioniert es nicht.
- Führen Sie einen verbindlichen Wochenplan für sich und Ihre Mitarbeiter ein.
- Führen Sie verbindliche störungsfreie Zeiten für sich und Ihre Mitarbeiter ein.
- Bieten Sie allen Mitarbeitern die Möglichkeit, im Homeoffice zu arbeiten.
- Schließen Sie Kooperationen, die Ihnen in vielen Fragen viel Zeit sparen helfen.
- Nutzen Sie die frei gewordene Zeit für alles, was Ihr Herz erfreut.

7 Notfallkoffer – ein Colt für alle Fälle!

ERFOLGSIMPULS

Der Notfallkoffer ist überlebenswichtig für den Kanzlei-Notfall. Er enthält neben ganz banalen Dingen wie etwa Passwörtern oder dem Online-Banking-Zugang auch wichtige Dokumente wie Vorsorgevollmachten oder Kopien wichtiger Verträge und muss immer individuell zusammengestellt werden. Ohne einen Notfallkoffer kann die Kanzlei im Extremfall schon nach wenigen Wochen handlungsunfähig werden und in ernsthafte finanzielle Schwierigkeiten geraten.

Der eigene Tod ist keine angenehme Vorstellung

Notfallkoffer? Sind wir hier etwa in einer Ambulanz? Nein, zum Glück nicht. Es geht mir hier auch nicht um die klassischen Notfälle, sondern um einen ganz speziellen: Die Kanzleileitung fällt für längere Zeit aus und kann nicht mehr handeln – oder sie stirbt. Für diese Fälle braucht es einen Notfallkoffer mit allen wesentlichen Handlungsanweisungen und Dokumenten, die dann benötigt werden. Sinn und Zweck eines solchen »Koffers« ist es, dass der Kanzleivertreter bzw. die Erben eines verstorbenen Kanzleiinhabers innerhalb von zwei bis drei Tagen volle Handlungsfähigkeit über die Kanzlei erlangen können. In der Praxis wird es meist kein Koffer, sondern ein Ordner sein.

Dieses Thema ist natürlich nicht gerade beliebt. Wer beschäftigt sich schon gerne mit der eigenen Handlungsunfähigkeit oder dem eigenen Tod? Spaß macht das nicht. Während ich selbst meinen Notfallkoffer zusammenstellte, musste ich allerdings immer an meine Familie denken – die nach meinem Tod alleine mit meiner Kanzlei und meinen Mitarbeitern dastehen würde und völlig überfordert und hilflos wäre. Eine solche Situation wollte ich auf alle Fälle verhindern.

Denn eines ist klar: Ohne einen Notfallkoffer kann die Kanzlei im Extremfall schon nach wenigen Wochen in ernsthafte Schwierigkeiten geraten. Deshalb ist dieser Notfallkoffer extrem wichtig für den Kanzleiinhaber, für seine Mitarbeiter und seine Familie.

Konkrete Schritte – was ist zu tun?

Wie können Sie das schwierige Thema also konkret angehen?

- Wählen Sie zunächst – auch ohne Notfallkoffer – einen Praxisvertreter Ihres Vertrauens aus und lassen Sie ihn bei der zuständigen Steuerberaterkammer registrieren.
- Um wirklich alle wichtigen Informationen zusammenzutragen, kommen Sie nicht darum herum, »probezusterben«. Stellen Sie sich dazu die Frage: »Was passiert, wenn ich heute sterbe? Was brauchen meine Familie, mein Vertreter und meine Mitarbeiter von mir, damit alles weiterläuft? Was soll wer bis wann tun?«
- Legen Sie dann Ordner mit Inhaltsverzeichnis an, in denen alle wesentlichen Dokumente, Vollmachten, Checklisten und Handlungsanweisungen enthalten sind.
- Bewahren Sie diese Ordner an einem sicheren Ort auf.
- Informieren Sie den Praxisvertreter und die Mitarbeiter darüber, wo sich diese Ordner befinden.
- Informieren Sie sie außerdem darüber, was zu tun ist und wer informiert werden muss.

Ein guter Notfallkoffer hat viele Vorteile:

- Die Kanzlei läuft im Notfall eine lange Zeit ohne Existenzgefährdung weiter.
- Die Gehälter der Mitarbeiter werden weiterbezahlt.
- Die Lastschrifteinzüge von den Kunden funktionieren.
- Die Kunden haben kaum Nachteile und Verzögerungen zu befürchten.
- Der Praxisvertreter kann den Erben helfen, die Kanzlei zu verkaufen oder gegebenenfalls selbst zu übernehmen.

Der Notfallkoffer sollte mindestens einmal jährlich komplett aktualisiert und an die aktuelle Lebenssituation angepasst werden.

Übrigens: Auch für Ihre Kunden (und überhaupt für alle Menschen) kann so ein Notfallkoffer hilfreich sein – bieten Sie ihn deshalb als Produkt an! Sie können dieses Produkt aus eigener Erfahrung authentisch verkaufen und so viele wichtige Dinge für Ihre Kunden regeln. Diese werden Ihnen dankbar sein, Kundenbindung und Weiterempfehlungsrate werden steigen.

Ich drücke Ihnen die Daumen, dass Ihr Notfallkoffer nicht zu früh benötigt wird. Wenn aber doch, dann sind Sie für Ihre Familie, Ihre Kunden und für sich selbst ein Held! Und ein wahrer Colt für alle Fälle!

Handlungsempfehlungen

- Wählen Sie einen Praxisvertreter aus und lassen Sie ihn bei der Steuerberaterkammer registrieren.
- Legen Sie einen Ordner an und arbeiten Sie eine Notfall-Checkliste durch.
- Besprechen Sie mit allen Ihnen wichtigen Menschen, was im Notfall zu tun ist.
- Leben Sie gesund und tun Sie alles dafür, dass der Notfall nie eintritt.

8 Controlling und Benchmarking bis ins Mark

ERFOLGSIMPULS

Um eine valide und messbare Grundlage für Ihre unternehmerischen Entscheidungen zu haben, brauchen Sie einen Controllingbericht. Benchmarking liefert Ihnen die professionelle Sicht von außen dazu und zeigt Ihnen geeignete Maßnahmen für Verbesserungen auf.

Steuerkanzleien brauchen ein professionelles Erfolgsreporting

Die Geschäftszahlen sind für eine Steuerkanzlei genauso wichtig wie für ein gewerbliches Unternehmen. Viele Steuerberater fühlen sich als gute Unternehmer, sind es jedoch nicht. Das Finanzministerium hat sie lediglich zu Steuerberatern berufen – damit sind sie nicht automatisch gute Unternehmer geworden. Viele haben nie gelernt, wie sich ein Unternehmer professionell im Markt verhält. Da der Steuerberatungsmarkt ein geschützter Bereich ist, in dem kein weltweiter Wettbewerb herrscht und eine Vergütungsverordnung noch für ausreichende Gewinne sorgt, braucht sich heutzutage kein Steuerberater Sorgen zu machen, dass er in finanzielle Schieflage gerät. Noch nicht! Es gibt allerdings immer mehr Fälle, in denen Steuerberater Insolvenz anmelden müssen. Das ist doppelt tragisch: Sie sollen ihre Kunden betriebswirtschaftlich beraten, machen aber vieles in der eigenen Kanzlei betriebswirtschaftlich falsch. Dieses Buch möchte deshalb einen Impuls geben, sich durch Coaching unternehmerisch zu verbessern.

Die meisten Kanzleileitungen in Deutschland wissen zu wenig über ihre Kanzlei. Die eigenen Geschäftszahlen sind unterjährig oft nicht auf Jahresabschlussniveau, somit ist ihre Aussagekraft für die Kanzleileitung mangelhaft. Dementsprechend treffen sie keine oder suboptimale unternehmerische Entscheidungen. Steuerkanzleien müssen für sich selbst ein professionelles Erfolgsreporting einführen, sonst können sie ihre Kunden auf diesem Gebiet nicht richtig beraten. Eine Steuerkanzlei sollte freiwillig einen handelsrechtlichen Jahresabschluss für das eigene Controlling erstellen, in dem Realität und Wahrheit abgebildet wird.

Die klassische Einnahmen-Überschuss-Rechnung dient lediglich als Bemessungsgrundlage für die Einkommensteuer.

In diesem Kapitel geht es mir insbesondere um das **operative Controlling**. Es muss drei Grundsätzen entsprechen:

1. **Einfachheit**: Controlling muss einfach sein. Nicht alles, was messbar ist, ist auch sinnvoll. Aus den gemessenen Ergebnissen müssen Maßnahmen abgeleitet werden, die der Kanzlei tatsächlich nutzen.
2. **Konsequenz**: Controlling muss praktisch gelebt werden. Informationen müssen zu sinnvollen Maßnahmen führen.
3. **Kontinuität**: Eine effektive und effiziente Kanzleiführung ist keine einmalige Tat, sondern eine Gewohnheit.

Controllingbericht als Frühwarnsystem

Der Controllingbericht ist die Grundlage für die wichtigsten Entscheidungen der Kanzleileitung. Hier sind monatlich alle wichtigen Kennzahlen auf einen Blick zusammengefasst. Dies gibt der Kanzleileitung einen hervorragenden Überblick über die Lage der Kanzlei. Der Bericht eignet sich ebenfalls als ein Frühwarnsystem und deckt Fehlentwicklungen rechtzeitig auf. Die Kanzleileitung kann aus dem Bericht zum Beispiel herauslesen, wie rentabel einzelne Kunden für die Kanzlei sind.

Folgende Kennzahlen können beispielsweise gemessen werden:

- Finanzen: Umsätze, Gewinne, Liquidität etc.
- Mitarbeiter: Kapazitäten, Fluktuation, Krankenstand, Ideenmanagement etc.
- Markt und Kunden: Fertigstellungsquoten, Sonderleistungen, Reklamationen, Sonderwünsche etc.

Ohne ein funktionierendes Controlling hat es die Kanzleileitung sehr schwer, in allen Bereichen der Kanzlei sinnvolle Entscheidungen und Maßnahmen zu treffen, die der Kanzlei als Ganzes dienen. Folglich wird oft im Nebel herumgestochert, es werden Vermutungen angestellt und dann des Öfteren Fehlentscheidungen getroffen. Ich habe deshalb für meine Kanzlei ein Excel-Tool entwickelt, den sogenannten »Kanzleibericht«. Dieser Bericht ist eine große Excel-Liste, in der jahrelange Entwicklungsarbeit steckt. Aber diese Arbeit hat sich gelohnt. Ich kann nun täglich aktuell jede Menge Kennzahlen und Informationen herauslesen, die mein Softwareanbieter so strukturiert bisher nicht liefern kann. Damit bekomme ich zum Beispiel schnell Antworten auf folgende wichtige Fragen:

- Welcher Mitarbeiter ist für welchen Kunden verantwortlich?
- Wie viele Rechtsformen habe ich bei wie vielen Kunden?
- Welche Gewinnermittlungsarten habe ich bei wie vielen Kunden?
- Wie viele Buchführungen, Löhne und Einkommensteuerfälle gibt es?

- Wer sind meine ABC-Kunden?
- Welche Kunden haben schriftliche Steuerberatungsverträge mit welchen Umsätzen und Zeitaufwand?
- Welche Kunden gehören zu welchen Kundengruppen?
- Welche Jahre welcher Kunden sind fertiggestellt?
- Wie hoch ist der Umsatz je Stunde bei welchen Kunden?
- Wie hoch ist der Umsatz je Mitarbeiter?
- Wie viel Zeit benötigt jeder Mitarbeiter für seine Kunden?
- Wie viel Kapazität hat der einzelne Mitarbeiter noch frei?
- Weitere Zusatzinformationen wie zum Beispiel Einstufung Haftungsrisiko in ABC?

Aus den Antworten bzw. Informationen kann ich schnell zielführende Maßnahmen ableiten, weil ich beispielsweise weiß, welche Kunden ich auf andere Mitarbeiter umplane, bei welchen Kunden ich die Honorare erhöhen muss, welche Kunden und Mitarbeiter die Kanzlei verlassen müssen.

Als Kanzleileitung sollten Sie die wichtigsten Kennzahlen der Kanzlei festlegen und diese monatlich in einem Controllingbericht zusammenfassen. Als Basis hierzu können Sie den Kanzleibericht der Steuerkanzlei Luzius verwenden, den Sie in einem meiner Live-Workshops gratis erhalten. Wichtig ist es, das Berichtswesen kontinuierlich zu pflegen, am besten täglich. Wenn der Bericht vorliegt, werten Sie ihn intern aus, diskutieren ihn mit den Mitarbeitern und beziehen diese auch immer in sinnvolle Maßnahmen mit ein.

»Ohne aussagekräftige Geschäftszahlen fahren Sie mit Tempo 200 in eine Nebelwand.«

Patrik Luzius

Benchmarking schafft Klarheit

Ein weiteres wichtiges Thema ist das Benchmarking für Steuerkanzleien – die Messung kanzleieigener Geschäftszahlen und deren Vergleich mit den Geschäftszahlen anderer, vergleichbar großer Steuerkanzleien aus ganz Deutschland. Die Steuerkanzlei Luzius arbeitet im Bereich des Benchmarkings mit der Firma Weigert + Fischer Unternehmensberatung GmbH aus Neumarkt in der Oberpfalz erfolgreich seit vielen Jahren zusammen. Sie erfasst alle wichtigen Geschäftszahlen in umfangreichen Excel-Listen und wertet sie aus. Wir können somit im Detail sehen, wie wir bei welchen Kennzahlen im Vergleich zu den anderen Kanzleien in der Benchmarking-Gruppe stehen. Ohne dieses Benchmarking würde die professionelle Sicht von außen fehlen. Bei der Firma Weigert + Fischer Unternehmensberatung GmbH gibt es zudem viele Benchmarking-Gruppen, die sich viermal im Jahr in Neumarkt treffen und ihre Zahlen und damit zusammenhängende sinnvolle Maßnahmen diskutieren. Diese Gruppendynamik führt dazu, dass die Kanzleien immer wieder neue Ideen austauschen und umsetzen.

Nachfolgend möchte ich die wichtigsten Benchmarking-Zahlen im Überblick darstellen. Benchmarking heißt konkret, dass bereits Steuerkanzleien diese hervorragenden Zahlen erreicht haben. Es soll Ansporn für Sie sein, auch diese Zahlen zu erreichen oder zu übertreffen:

- Buchführung: 110 Buchungen/Std. zu 1,20–1,50 Euro Umsatz/Buchungszeile, über 95 Euro Umsatz/Std.
- Jahresabschluss: Über 120 Euro Umsatz/Std.
- Buchführung und Jahresabschluss zusammen im Durchschnitt: Über 110 Euro Umsatz/Std.
- Lohn: 6 Min. Zeitaufwand/Abrechnung, über 125 Euro Umsatz/Std.
- Einkommensteuer: Über 120 Euro Umsatz/Std.
- Produktivität der Kanzlei: 72 % abrechenbare Zeiten von der Gesamtarbeitszeit
- Umsatz/abrechenbare Std.: Über 100 Euro Umsatz/Std.
- Gesamtleistung/angefallene Std. unter 1 Mio. Umsatz der Kanzlei: 60 Euro Umsatz/Std.
- Gesamtleistung/angefallene Std. 1–2 Mio. Umsatz der Kanzlei: 65 Euro Umsatz/Std.
- Gesamtleistung/angefallene Std. über 2 Mio. Umsatz der Kanzlei: 70 Euro Umsatz/Std.
- Umsatz/Mitarbeiter: Über 135.000 Euro Umsatz/Vollzeit-Mitarbeiter
- Personalkosten: Unter 40 % vom Umsatz
- Sachkosten (keine Benchmarks, sondern Durchschnittswerte): < 20 %
  Raumkosten: 3 % vom Umsatz auf dem Land, 5 % in Städten, 8 % in Großstädten, 10 % in Metropolen wie München oder Hamburg
  EDV-Hard-/Softwarekosten: unter 3 % vom Umsatz, wenn IT-Betreuung im eigenen Haus (ohne Gehalt der IT-Mitarbeiter), 3–5 % mit DATEV, 5–7 % mit DATEV ASP
  Marketing: über 3 % vom Umsatz, 7–8 % bei Neugründungen
  Fortbildung: über 3 % vom Umsatz (10 Fortbildungstage je Mitarbeiter), Forderungsbestandsquote: unter 5 % vom Umsatz
- Liquiditätsbestandsquote: 25 % der jährlichen Gesamtkosten an liquiden Mitteln
- Risikostreuung: Max. 5 % des Jahresumsatzes darf auf 1 Kunden entfallen.

Um es noch einmal auf den Punkt zu bringen: Was haben die Kanzleien von Benchmarking?

- Keine Betriebsblindheit
- Professionelle Sicht von außen
- Sinnvolle Maßnahmen werden eingeleitet, wenn die Benchmarks nicht erreicht werden
- Neue wichtige Netzwerkkontakte
- Neue Ideen
- Neue Freundschaften

Handlungsempfehlungen

- Führen Sie Ihre eigene Buchführung auf Jahresabschlussniveau und erstellen sie nur für sich selbst eine Handelsbilanz, die die Lage der Kanzlei genauer beschreibt.
- Stellen Sie Ihren Jahresabschluss im Januar des Folgejahres fertig.
- Schaffen Sie Dauerfristverlängerungen bei den Umsatzsteuer-Voranmeldungen ab, da diese dazu verleiten, Ihre Geschäftszahlen zu spät zu haben.
- Kreieren Sie einen Controllingbericht, der alle Kennzahlen enthält, die Ihnen wichtig sind.
- Analysieren Sie monatlich die Zahlen aus diesem Bericht, besprechen Sie diese ggf. mit Ihren Mitarbeitern und vertrauten Berufskollegen und ergreifen Sie sinnvolle Maßnahmen zur Verbesserung der Lage.
- Melden Sie sich beim Benchmarking an, um einen externen Kanzleivergleich und neue Ideen zu erhalten.

9 Führung durch Vorbild

ERFOLGSIMPULS

Respektieren Sie sich selbst als guten Menschen – und respektieren Sie alle Mitarbeiter ohne Unterschied. Alle Menschen haben Respekt verdient. Setzen Sie Regeln und »Leitplanken« für Ihre Mitarbeiter, lachen Sie viel mit ihnen, loben Sie sie und hören Sie ihnen zu. Seien Sie dabei immer ein gutes Vorbild für Ihre Mitarbeiter – beruflich und privat! Mitarbeiter machen Ihnen alles nach, so wie Kinder ihren Eltern alles nachmachen.

Gute Führungskräfte sind gute Vorbilder

»A Boss says: Go! A Leader says: Let´s go!", so lautet ein amerikanisches Sprichwort. Ich interpretiere es so: Erfolgreiche Führungskräfte schaffen es durch ihre Vorbildfunktion, Mitarbeiter für die Sache der Kanzlei zu begeistern und sie mitzunehmen. Aber was genau ist ein Leader? Er zeichnet sich durch persönliche Integrität und Respekt vor den Menschen aus. Er schafft gemeinsame Ziele, erzeugt Visionen und macht Druck überflüssig. Er lässt seinen Mitarbeitern Freiräume und lobt sie immer wieder. Die Suche nach den Schuldigen hat er eingestellt, denn er weiß: Es kommt nicht darauf an, wer Schuld hat, sondern darauf, dass in Zukunft weniger Fehler gemacht werden. Außerdem weiß er, dass Mitarbeiter zwei Verträge mit ihrem Arbeitgeber schließen: einen schriftlichen juristischen und einen psychologischen emotionalen Arbeitsvertrag. Zur gerechten Entlohnung müssen weitere Faktoren wie Wertschätzung, Fairness und Respekt hinzukommen, damit die Mitarbeiter nicht innerlich kündigen und wie Söldner zum nächsten Arbeitgeber weiterziehen, der mehr Geld bietet. Erst die Kombination beider Faktoren (angemessene Entlohnung + emotionale Bindung) schaffen ein Unternehmen mit Seele und bilden eine gute Grundlage für den langfristigen Erfolg.

Zum Einstieg in das Thema »Führung« möchte ich Ihnen zunächst einen Überblick über wichtige und bekannte Führungsgrundsätze aus ganz unterschiedlichen Quellen geben:

Exkurs 1: Studie der *Wirtschaftswoche* zum Thema »Unternehmensführung«

Im Rahmen der Studie »Deutschland führt?! – Information Factory« befragte die *Wirtschaftswoche* von März bis Juli 2015 bundesweit insgesamt 1952 Personen über alle Branchen hinweg. Davon waren 1095 Angestellte ohne Führungsverantwortung, 640 Führungskräfte und 217 Human-Resources-Mitarbeiter.

Hier die wichtigsten Ergebnisse der Studie:

- **Chefs übernehmen keine Verantwortung oder geben sie ab, obwohl sie sie nicht abgeben dürften.**
- **Chefs fehlt es an sozialer Kompetenz und Motivationsfähigkeit. Begeisterung der Geschäftsleitung nehmen nur 36 % der Mitarbeiter wahr.**
- **Chefs haben kein offenes Ohr für Mitarbeiter. 58 % der Mitarbeiter behaupten das, während nur 7 % der Chefs dieser Meinung sind.**
- **Chefs ziehen sich zurück und geben kein Feedback.** Nur 25 % der Mitarbeiter erhalten regelmäßig Feedback.
- **Schlechtes Arbeitsklima ist Kündigungsgrund Nummer eins.**
- **Chefs kontrollieren zu streng.** Zu strenge Kontrolle wirkt einschüchternd und mindert eine offene Kommunikation.
- **Chefs definieren Unternehmensziele nicht klar genug.** Nur 38 % der Mitarbeiter kennen die Ziele des Unternehmens.
- **Chefs bremsen den Spaß an der Arbeit. Nur 45 % der Mitarbeiter** geben an, Freude an ihrem Job zu haben. Eine traurige Erkenntnis.
- **Chefs denken nur aus der Unternehmerperspektive.** Führungskräfte, die alles nur aus Unternehmersicht betrachten, werden blind.

Exkurs 2: Führungsgrundsätze von Facebook-Gründer und -Chef Mark Zuckerberg

Nicht nur Mark Zuckerberg ist binnen zwölf Jahren vom Studenten zum Top-Manager gereift – auch sein Unternehmen Facebook hat sich zu einem der wichtigsten Tech-Konzerne der Welt entwickelt. Dem Amerikaner gelang die Transformation nur, weil er trotz des rasanten Wachstums die Philosophie eines Start-ups am Leben erhalten konnte. Zuckerbergs Management-Grundsätze sind die Zauberformel, die Facebook erfolgreich macht:

- **Hol nur die Besten**
- **Lass dich nicht kaufen**
- **Gib nie auf**
- **Erst handeln, dann denken**
- **Akzeptiere keine Konkurrenz**
- **Folge deinen Visionen, nicht dem Geld**
- **Höre auf die Nutzer**

- **Vertrau in deine Leute**
- **Du bist nie fertig**

(Quelle: n24-App, März 2016)

Exkurs 3: Führungsgrundsätze nach Fredmund Malik

Der Management-Autor Fredmund Malik hat mit seinem Buch »Führen, Leisten, Leben« im Jahr 2000 ein Standardwerk zum Thema »Führung« geschrieben. Ich habe kein besseres Buch zu diesem Thema gefunden – deshalb habe ich seine folgenden Führungsgrundsätze in meiner Kanzlei übernommen:

- **Prinzipien wirksamer Führung:**
  - Ausrichtung auf Resultate
  - Beitrag zum Ganzen
  - Konzentration auf Weniges
  - Stärken nutzen
  - Vertrauen erzeugen: Die Kanzleileitung muss Vertrauen erzeugen. Ein guter Start hierfür ist das nächste Teamgespräch, in dem die Kanzleileitung vor allen Mitarbeitern ankündigt, dass sie ihnen uneingeschränkt vertraut und in Zukunft danach leben wird. Diese Ankündigung ist der erste Schritt zu einer neuen Vertrauenskultur in der Kanzlei.
  - Positiv denken und fühlen
- **Aufgaben wirksamer Führung:**
  - Ziele setzen
  - Organisieren
  - Delegieren
  - Entscheiden
  - Kontrollieren, messen, beurteilen
  - Mitarbeiter entwickeln und fördern
- **Instrumente wirksamer Führung:**
  - Sitzungen
  - Berichte/schriftliche Kommunikation
  - Projektmanagement und Auftragssteuerung
  - Selbstmanagement und Arbeitsmethodik
  - Budgets
  - Leistungsbeurteilungen
  - Schwachleister kündigen
- **Verhaltensweisen der Kanzleileitung zum Vertrauensaufbau:**
  - Respekt zeigen
  - Offen und ehrlich kommunizieren
  - Transparenz schaffen
  - Fehler berichtigen

  - Loyalität zeigen
  - In der Realität bleiben
  - Ergebnisse liefern
  - Aus Fehlern lernen
  - Erwartungen klar äußern
  - Messgrößen klar vereinbaren
  - Berechenbar sein
  - Mehr zuhören als reden
  - Versprechen halten
  - Optimismus nicht verlieren
- **Verhaltensweisen der Kanzleileitung zum Vertrauensabbau:**
  - Zu viel Bürokratie
  - Überflüssige Kontrollen
  - Ausbeutung
  - Machtspiele
  - Unberechenbarkeit
  - Indiskretion
  - Denunzieren
  - Lügen

Führungsgrundsätze für eine Steuerkanzlei

Sie wissen nun, was Top-Experten und einer der erfolgreichsten Unternehmer der Welt für »Führung« tun, um weiterhin erfolgreich zu bleiben. Wir alle können sehr viel von solchen Vorbildern lernen. Ich selbst wende insbesondere die Führungsgrundsätze von Fredmund Malik an, da sie für mich am meisten Sinn ergeben. Wenn ich sie nun auf eine Steuerkanzlei übertrage, komme ich zu folgenden praxisnahen Führungsgrundsätzen:

- **Mitarbeiter haben Vorrang vor Kunden.** Das ist mein wichtigster Führungsgrundsatz und meine felsenfeste Überzeugung. Die Kunden sind auch sehr wichtig, sie sind die Könige. Die Mitarbeiter jedoch sind wichtiger, sie sind die Kaiser. Die Mitarbeiter sehen Sie jeden Tag, sie sind der Erfolgsmultiplikator Ihrer Kanzlei und sie sind schwieriger zu finden als Kunden. Bei den Kunden haben Sie die Auswahl zwischen vier Millionen Unternehmen und 30 Millionen Privatkunden. Als Mitarbeiter stehen Ihnen nur etwa 200.000 Beschäftigte in Steuerkanzleien zur Verfügung. Wen halten Sie nun für wichtiger?
- **Behandeln Sie alle Mitarbeiter mit Respekt und Wertschätzung und loben Sie sie oft und ehrlich.** Dieser Satz ist selbsterklärend, denn wer möchte schon gerne schlecht behandelt werden? Das hat viel mit Respekt zu tun. Nur wer sich selbst respektiert, kann auch seine Mitarbeiter respektieren.

- **Mitarbeiter sind wie Ihre Kinder.** Kinder probieren immer alles aus. Sie testen die Grenzen der Eltern und prüfen, wie weit sie gehen können. Mitarbeiter sind genauso. Auch sie testen ihre Grenzen aus und wenn die Kanzleileitung keine Leitplanken in der Kanzlei setzt, fliegen die Mitarbeiter aus der Kurve.
- **Unterscheiden Sie zwischen Mitunternehmern, Mitläufern, Störern und »Terroristen«.** Mitunternehmer sind Mitarbeiter, die denken und handeln wie ein Unternehmer. Sie denken unternehmerisch, effektiv und effizient und leisten mit viel Herzblut einen herausragenden Beitrag für die Kanzlei. Sie machen allerdings nur etwa 15 % der Belegschaft von Steuerkanzleien aus. Diese Mitarbeiter müssen unbedingt von der Kanzleileitung gefördert und gebunden werden.
  Mitläufer sind Mitarbeiter, die denken und handeln wie ein guter Arbeitnehmer. Sie arbeiten in der Regel gut und leisten einen guten Beitrag für die Kanzlei. Sie sind regelmäßig anwesend, arbeiten Dienst nach Vorschrift ohne Herzblut und wachsen deshalb auch nicht über sich hinaus. Sie machen den größten Teil, nämlich etwa 70 % der Belegschaft aus. Diese Mitarbeiter müssen unbedingt von der Kanzleileitung gefördert und gebunden werden.
  Störer sind Mitarbeiter, die denken und handeln wie ein schlechter Arbeitnehmer. Sie arbeiten in der Regel schlecht und leisten keinen guten Beitrag für die Kanzlei. Sie sind unregelmäßig anwesend und arbeiten noch nicht mal Dienst nach Vorschrift. Sie machen etwa 15 % der Belegschaft aus. Diese Mitarbeiter sollten von der Kanzleileitung eine kurze begrenzte Zeit gefördert werden. Wenn sich aber danach keine Besserung feststellen lässt, müssen sie unverzüglich gekündigt werden.
  Die Unterform der Störer sind die »Terroristen«. Diese Mitarbeiter denken zu wenig mit, sind ineffektiv und ineffizient und behindern die Kanzlei aktiv. Sie stören und arbeiten aktiv gegen die Kanzlei und richten großen Schaden an. Diese Mitarbeiter müssen unverzüglich von der Kanzleileitung entlassen werden. Geld, Ärger oder Abfindung dürfen dabei keine Rolle spielen. Nehmen Sie keinerlei Rücksicht auf »Terroristen«, sie tun es auch nicht bei Ihnen. Warten Sie nicht zu lange, es wird nicht besser. Entfernen Sie den faulen Apfel, bevor er alle anderen ansteckt!
- **Nutzen Sie die Stärken Ihrer Mitarbeiter, kämpfen sie nicht gegen ihre Schwächen an.** Die Kanzleileitung muss der Förderung der Stärken der Mitarbeiter absoluten Vorrang einräumen. In der Praxis wird allerdings oft gegen die Schwächen der Mitarbeiter angekämpft, so wie früher in der Schule. So werden die starken Mitarbeiter ohne Förderung zu Mittelmaß und die schwachen Mitarbeiter durch Förderung höchstens zu Mittelmaß. Am Ende hat man in beiden Fällen Mittelmaß. Besser wäre es, wenn man die besten Mitarbeiter zu Mitunternehmern macht, sie werden die anderen Mitarbeiter mitziehen.

- **Machen Sie Ihre Mitarbeiter zu Ihren Fans.** Fans sind begeistert. Das unterscheidet sie von anderen Mitarbeitern. Sie sind mit Herzblut bei der Sache, andere Mitarbeiter eher nicht. Natürlich werden nicht alle Mitarbeiter Fans Ihrer Kanzlei sein, allerdings kann ihr Anteil durch die richtigen Führungsmaßnahmen gesteigert werden. Diese Fans wiederum reißen die anderen Mitarbeiter (Mitläufer) mit und führen die Kanzlei zu mehr Erfolg.

Führungsgrundsätze sind die Leitplanken der Führung. Zwischen diesen Leitplanken können die Mitarbeiter so gut wie alles machen, was sie wollen. Die Leitplanken sind allerdings die Grenzen, deren Überschreitung negative Konsequenzen nach sich ziehen muss. Ohne diese Grenzen herrscht Führungschaos, Willkür und schlechtes Arbeitsklima. In der Steuerkanzlei Luzius sind diese Leitplanken in der Unternehmenskultur verankert. Darin sind alle möglichen Führungsgrundsätze im Detail zu finden. Zur Unternehmenskultur komme ich später im Buch.

Was hat die Kanzlei konkret von besserer Führung?

- Mitarbeiter tun das, was die Kanzleileitung wirklich möchte
- Besseres Arbeitsklima
- Mehr Klarheit im Team
- Bessere Kommunikation auf allen Ebenen
- Schnellere Prozesse
- Höhere Gewinne

»Lache nie über einen Verrückten, er könnte einmal dein Chef sein.«

Hermann Scherer

Handlungsempfehlungen

- Behandeln und führen Sie Ihre Mitarbeiter mit Respekt, Wertschätzung und Lob.
- Seien Sie immer ein gutes Vorbild und gehen Sie voran.
- Übernehmen Sie die oben genannten Führungsgrundsätze von Fredmund Malik und mir für Ihre Kanzlei.

10 Glaubenssatz: »Gute Mitarbeiter sind rar«

ERFOLGSIMPULS

Glauben Sie nicht an den allgemeinen Fachkräftemangel. Den haben nur unattraktive Kanzleien. Wenn Sie attraktive Arbeitsbedingungen bieten, werden Sie niemals Mangel an qualifiziertem Personal haben.

Gibt es den Fachkräftemangel wirklich?

Gute Mitarbeiter sind rar. So denken viele. Und ja, es herrscht durchaus Fachkräftemangel in der Steuerberatungsbranche. Dieser ist aber sehr differenziert zu betrachten.

Ich möchte Ihnen zu dem heutigen, weit verbreiteten Glauben, dass in unserer Branche totaler Fachkräftemangel herrscht, eine Studie von Ulf Hausmann Consulting aus dem Jahr 2014 vorstellen. Diese Studie untersuchte ausführlich die Themen Mitarbeiterbindung und Mitarbeitergewinnung. 514 Steuerkanzleien haben daran teilgenommen. Hier sind die wichtigsten Ergebnisse:

- **Mitarbeiteraustritt:** 30 % der Kanzleien haben in den letzten zwei Jahren wichtige Mitarbeiter verloren, die sie gerne gehalten hätten. 44 % haben keine Probleme damit. Mein Fazit: Mitarbeiterbindung ist wichtiger und günstiger als die Einstellung von neuen Mitarbeitern.
- **Attraktivität der Kanzlei:** 19 % der Kanzleien fällt es leicht, freie Stellen mit qualifizierten Mitarbeitern zu besetzen. Allerdings sehen sich 51 % als besonders gute Arbeitgeber. Diese Diskrepanz lässt auf eine zu positive Selbsteinschätzung schließen. Mein Fazit: Diese zu positive Selbsteinschätzung kann ich aus meiner Erfahrung mit vielen Berufskollegen bestätigen. Grund: Sie selbst glauben, dass sie in der Theorie hervorragende Arbeitgeber sind, tun in der Praxis aber kaum etwas für eine hohe Attraktivität der Kanzlei. Folge: Niemand bewirbt sich bei unattraktiven Kanzleien.
- **Konkurrenz:** Der Konkurrenzdruck um Personal mit anderen Branchen wird mit 66 % leicht stärker wahrgenommen als der Wettbewerb zu anderen Kanz-

leien mit 64 %. Mein Fazit: Immer wieder wandern Angestellten aus der Steuerberatungsbranche in die Industrie ab. Der Grund ist klar: Ein wesentlich höheres Einkommen. Nachteil: Viele versauern in der Industrie und arbeiten stupide immer das Gleiche. Die Kanzlei bietet hingegen oftmals ein interessanteres und breiteres Tätigkeitsspektrum.

- **Mitarbeitersuche:** 36 % der Kanzleien suchen Personal über Stellenanzeigen in lokalen und regionalen Zeitungen. 37 % sind damit erfolglos. Bei Online-Jobbörsen haben 35 % Erfolg, 25 % keinen Erfolg. 35 % haben Erfolg mit der eigenen Homepage, 29 % nicht. 36 % setzen ihre Homepage nicht zur Mitarbeitergewinnung ein. 43 % der Kanzleien stufen »Mitarbeiter werben Mitarbeiter« als erfolgreichste Methode der Mitarbeitergewinnung ein, 20 % haben damit keinen Erfolg. Zusätzliche erfolgversprechende Maßnahmen sind: Mund-zu-Mund-Propaganda, Agentur für Arbeit, Ausbildung, Übernahme von Auszubildenden. Mein Fazit: Eine attraktive Homepage mit eigenem Bereich zur Mitarbeitergewinnung und ein guter Facebook-Auftritt funktionieren aus meiner Erfahrung sehr gut, um neue passende Mitarbeiter zu bekommen. Schreiben Sie in beide Medien, was die Mitarbeiter gerne hätten, das macht Sie als Arbeitgeber attraktiv. Seien Sie ebenfalls aktiv in den Social-Media-Kanälen – die Reichweite Ihrer Posts zur Mitarbeitersuche ist größer als Sie denken.
- **Was glauben Kanzleileitungen über die Erwartungen von Mitarbeitern und Bewerbern?** 67 % der Kanzleien nennen gutes Arbeitsklima und familiäre Arbeitsatmosphäre als Pluspunkt für die Mitarbeiter, gefolgt von 18 %, die flexible Arbeitszeiten und flexible Arbeitsgestaltung nennen. 81 % sehen die Vereinbarkeit von Familie und Beruf als wichtigen Punkt an, 32 % ein Wiedereinstiegsprogramm nach Elternzeit. Ein Homeoffice ist die wichtigste standardmäßige Kondition in der Kanzlei. Kinderbetreuungskosten oder selbst gestellte Kinderbetreuung bieten dagegen nur 14 von 514 Kanzleien an. Mein Fazit: Machen Sie es genauso, wie die Prozentzahlen es vorgeben. Sorgen Sie für ein stetig gutes Arbeitsklima, in dem Sie möglichst oft gut gelaunt sind und Ihre Mitarbeiter wertschätzen. So verlieren Sie keine guten Mitarbeiter und strahlen Attraktivität für neue aus. Bieten Sie immer Homeoffice-Plätze an, da immer mehr Menschen auch von zu Hause arbeiten wollen bzw. sogar müssen. Sie werden dadurch attraktiver für neue gute Mitarbeiter, die ansonsten zur Konkurrenz gehen würden.
- **Einarbeitungsplan:** 32 % der Kanzleien haben einen systematischen Einarbeitungsplan für neue Mitarbeiter. 57 % haben Paten für neue Mitarbeiter in den ersten Monaten. Nur 4 % haben ein eigenes Handbuch und Checklisten als Unterstützung für die Einarbeitungsphase. Mein Fazit: Gerade in der Probezeit brauchen neue Mitarbeiter einen Plan und einen Paten an ihrer Seite, um die Kanzleiabläufe zu lernen und sich gut zu integrieren. Schreiben Sie das

auf die Homepage und Sie sind in der Außendarstellung wieder attraktiver als die Konkurrenz. Potenzielle Bewerber lesen so etwas gerne und bewerben sich lieber bei Ihnen.

- **Führungsinstrumente:** 84 % der Kanzleileitungen nehmen sich Zeit für die Belange der Mitarbeiter. Dies ist allerdings nur die Einschätzung der Kanzleileitungen, ohne die Mitarbeiter zu befragen. 57 % führen jährliche Mitarbeiterentwicklungsgespräche durch. In 38 % der Fälle sind diese Gespräche mit konkreten Zielvereinbarungen für das nächste Jahr verbunden.
  Mein Fazit: Es ist heutzutage eine Selbstverständlichkeit, sich als Kanzleileitung Zeit für die Mitarbeiter zu nehmen, alles andere wäre eine eklatante Führungsschwäche. Mindestens einmal pro Jahr sollte ein großes Mitarbeiterentwicklungsgespräch stattfinden, damit die Kanzleileitung eine längere Zeit unter vier Augen mit dem Mitarbeiter alles besprechen kann, was ihn bewegt oder stört.
- **Weiterbildungsplan:** 24 % der Kanzleien haben einen systematischen Weiterbildungsplan. 47 % haben mindestens eine monatliche Teambesprechung, 16 % eine wöchentliche. 32 % führen einen jährlichen Kanzlei-Workshop mit dem gesamten Team durch. Mein Fazit: Weiterbildung ist sehr wichtig für unsere Branche. Regelmäßige Teamgespräche gelten ebenfalls als Weiterbildungsveranstaltung und Kommunikationsplattform. Wer keine Teamgespräche abhält, hat enorme Nachteile gegenüber der Konkurrenz. Wir in der Steuerkanzlei Luzius treffen uns alle zwei Wochen zum Teamgespräch.
- **Demografischer Wandel:** 51 % der Kanzleien haben das Problem erkannt, aber noch keine Strategie. Nur 5 % setzen bereits eine geeignete Strategie dagegen um. Mein Fazit: Die einzige Strategie, die helfen wird, ist die weitgehende Digitalisierung und Automatisierung der Kanzlei. Dieser Prozess ist nicht aufzuhalten und wirkt sogar dem demografischen Wandel positiv entgegen.
- **Weiterempfehlung durch Mitarbeiter:** Es wurde folgende Frage an die Kanzleileitung gestellt: »Wie viele Mitarbeiter empfehlen die Kanzlei aktiv als Arbeitgeber? Was schätzen Sie?« 24 % der Kanzleien antworteten, dass 100 % der Belegschaft die Kanzlei empfehlen. 31 % glauben, dass 75 % der Belegschaft die Kanzlei empfiehlt und 19 % glauben, dass 50 % der Belegschaft eine Weiterempfehlung ausspricht. Mein Fazit: Mitarbeiter empfehlen nur Kanzleien weiter, wenn ihr eigener Arbeitsplatz durch den neuen Mitarbeiter nicht gefährdet ist und die Kanzlei insgesamt attraktiv und modern ist.
- **Mitspracherechte der Mitarbeiter:** Die Mitarbeiter haben bei bestimmten Projekten und ihrer fachlichen Fortbildung in etwa 50 % der Kanzleien volles und in ca. 40 % normales Mitspracherecht. Bei den Arbeitsmitteln sind es 34 % und 40 %. Bei den Themen Mandatsübernahme, Mandatskündigung, Neueinstellungen und Gestaltung der Arbeitsplätze werden den Mitarbeitern ebenfalls gewisse Mitspracherechte eingeräumt. Mein Fazit: Den Mitarbeitern

sollten weitgehende Mitspracherechte in allen Kanzleibereichen eingeräumt werden. Ich frage bei fast allen meinen geplanten Projekten meine Mitarbeiter in den Teamgesprächen, ob und wie sie umgesetzt werden sollen. Das ist ein sehr gutes Mitarbeiterbindungsprogramm, da das Mitspracherecht Mitarbeiter stolz darauf macht, mitgestalten zu können. Meine Mitarbeiter mögen das; das Risiko von Fehlentscheidungen sinkt und das Arbeitsklima wird enorm verbessert. Führungsherz, was willst du mehr?

So schaffen Sie den Fachkräftemangel ab

Lassen Sie uns zehn Jahre in die Zukunft schauen und uns folgendes Szenario vorstellen: Was wäre, wenn jede Steuerkanzlei top effektiv und effizient organisiert wäre? Was wäre, wenn jede Kanzlei voll digital und weitgehend automatisiert arbeiten würde? Was wäre, wenn statt Steuerfachangestellten Hotelfachleute für das Sekretariat, EDV-Spezialisten für die Digitalisierung und Automatisierung sowie Marketingspezialisten für Homepage und Social Media benötigt werden würden? Was wäre, wenn ich Ihnen erzähle, dass heute top-moderne Steuerkanzleien mit exzellenten Arbeitsbedingungen keinerlei Probleme haben, neue gute Mitarbeiter zu finden? Was wäre dann mit dem Fachkräftemangel? Er würde nicht mehr existieren! Wie auch. Die Automatisierung wird das klassische Personal, das wir heute in Kanzleien beschäftigen, stark reduzieren. Insbesondere Buchhalter, Lohnbuchhalter und Bearbeiter einfacher Steuererklärungen und Gewinnermittlungen sind gefährdet. Diese Jobs werden der Automatisierung zum Opfer fallen.

Zwei gegenläufige Entwicklungen wirken der Automatisierung entgegen:

Zum einen sorgt der demografische Wandel dafür, dass immer mehr und schneller die heutigen Steuerfachangestellten, Bilanzbuchhalter, Steuerfachwirte und angestellten Steuerberater in Rente gehen. Zum anderen sorgt die Unattraktivität unseres Berufsstandes dafür, dass nicht mehr ausreichend junge Menschen diesen »trockenen«, »schwierigen« und »stressigen« Beruf lernen wollen.

Zusammengefasst scheiden also immer mehr Menschen aus der Branche aus. Abzuwarten bleibt, ob die Automatisierung so lange wartet, bis die altgedienten und erfahrenen heutigen Mitarbeiter ausgeschieden sind oder ob es doch schneller geht.

Handlungsempfehlungen

- Machen Sie Schritt für Schritt Ihre Kanzlei attraktiver für bestehende und neue Mitarbeiter. Wechseln Sie dazu die Rolle, seien Sie selbst der Bewerber und fragen sich: Finde ich diese Kanzlei so attraktiv, dass ich darin lange und gerne arbeiten will?

- Wenn Sie trotz aller Anstrengungen keine neuen Mitarbeiter gewinnen können und keine Initiativbewerbungen erhalten, dann ist Ihre Kanzlei immer noch nicht attraktiv genug. Passen Sie Ihre Außendarstellung an, z. B. mit neuen Fotos, neuen Videos, neuen Bewerbungstexten, mehr Aktivität in Social-Media-Kanälen u. v. m. Binden Sie Ihre Mitarbeiter mit ein und lassen Sie sich von externen Beratern und Coaches beraten, was Sie noch alles machen können.
- Lernen Sie von den Homepages der Konkurrenz – was setzen diese besser um als Sie?
- Sorgen Sie immer für ein sehr gutes Arbeitsklima durch Respekt, Wertschätzung und gute Laune. Loben Sie Ihre Mitarbeiter wie ein Weltmeister, aber immer ernsthaft.
- Bieten Sie allen Mitarbeitern Homeoffice-Plätze an.
- Stellen Sie neuen Mitarbeitern in der Probezeit einen Paten zu Seite.
- Führen Sie alle zwei Wochen ein Teamgespräch und ein- bis zweimal im Jahr ein großes Mitarbeiterentwicklungsgespräch durch.
- Digitalisieren und automatisieren Sie konsequent nach und nach immer mehr Prozesse.
- Geben Sie Ihren Mitarbeitern umfassende Mitspracherechte und große Eigenverantwortung.

11 Unternehmenskultur in der Kanzlei – Führung praktisch umgesetzt

ERFOLGSIMPULS

Die Unternehmenskultur ist ein unverzichtbares und zukunftsweisendes Führungsinstrument – setzen Sie es deshalb unbedingt ein.

Was Unternehmenskultur mit Führung zu tun hat

Führung, die sich nur in Köpfen abspielt, ist wirkungslos. Führung braucht klare schriftliche Richtlinien, damit sie wirken kann. Daher haben wir ein Führungsinstrument weiterentwickelt, das wir ursprünglich aus der Hotellerie übernommen hatten. Spitzenhotels haben schon lange eine schriftliche Unternehmenskultur, die den Respekt vor den Mitarbeitern, den Kunden und der Umwelt ausdrückt.

Daran haben wir uns ein Beispiel genommen und eine ausführliche Unternehmenskultur entwickelt, die wir jährlich ein- bis zweimal an die Realität anpassen. Was diese Unternehmenskultur im Detail umfasst, haben wir in einem über 25-seitigen Textdokument festgehalten. Das gesamte Kanzleileben ist hier beschrieben. Es sind unsere internen Spielregeln. Alle Mitarbeiter haben dieses Dokument gemeinsam mit der Kanzleileitung diskutiert, verbessert, geändert und unterschrieben. Das Dokument stellt arbeitsrechtlich eine Betriebsvereinbarung dar und gilt vorrangig vor den Arbeitsgesetzen. Verstöße dagegen können auch arbeitsrechtliche Konsequenzen nach sich ziehen, denn Regeln ohne Konsequenzen sind wirkungslos.

Sprich: Wenn es keine Unternehmenskultur gäbe, würden uns klare, transparente und faire interne Richtlinien für das Zusammenleben und -arbeiten in der Kanzlei fehlen. Der große Nutzen dieser Richtlinien ist, dass die Mitarbeiter wesentlich weniger über interne Unklarheiten diskutieren müssen als vorher. Das spart enorm Zeit. Die Mitarbeiter sind glücklicher, da alles im Detail geregelt ist und sie an der Ausgestaltung der Regeln mitgewirkt haben. Das steigert ihre Kompetenzen und Motivation. Unter dem Strich hat sich ein viel besserer Teamspirit als zuvor entwickelt.

Motivierte Mitarbeiter, die gut und gerne zusammenarbeiten – genau darin liegt das Ziel guter Führungsarbeit, und spätestens hier ist auch klar, warum Unternehmenskultur und Führung so direkt zusammenhängen. Wer seiner Führungsaufgabe nicht nachkommt, braucht auch nicht darauf zu hoffen, dass sich eine produktive und von allen getragene Unternehmenskultur entwickelt.

Beispiele für die Punkte, die in der Unternehmenskultur geregelt sind
Hier finden Sie alle Themen unseres aktuellen Dokuments zur Unternehmenskultur aufgelistet:

- Abfall
- Aktenführung
- Anwesenheitsliste
- Arbeitspapiermappe (APM)
- Arbeitsplatzsicherheit
- Auftragsplanung
- Azubis
- Bearbeitungsbeginn von Fällen
- Bescheidprüfung
- Beschwerdemanagement
- Betriebsausflug und Weihnachtsfeier
- Betriebsprüfung des Finanzamtes
- Betriebsklima
- Bonussystem
- Diebstahl
- Feedback
- Fertigstellung von Fällen
- Fibus
- Fortbildung
- Fortbildungs- und Gesundheitsbudget
- Geburtstagsbriefe für die Kunden
- Gesundheit
- Getränke für die Mitarbeiter
- Gleitzeit
- Haftungsprävention
- Herzlichkeit und Freundlichkeit
- Homeoffice
- Homepage der Kanzlei
- Honorarpolitik
- Ideen
- Klartext-Kommunikation unter Kollegen, Kanzleileitung und Kunden
- Krankheiten
- Küche
- Kundenmitnahme
- Kundentermine in Kanzlei
- Leistungs- und Auftragserfassung (LEA)
- Mailverkehr
- Mobbing, Belästigungen und andere Missbräuche
- Nichtraucherkanzlei
- Öffnungszeiten
- Ordnung
- Parkplätze
- Passwörter
- Pausenregelung
- Post (Brief oder Fax)
- Private Nutzung von Kommunikationsmitteln und Internet
- Problemlösungen
- Prozesse
- Pünktlichkeit
- Rechtschreibung
- Rückrufgarantie gegenüber Kunden
- Schlüssel/Chip
- Sekten und andere verfassungsfeindliche Organisationen
- Social-Media-Kommunikation (Facebook & Co.)
- Stellvertreter
- Steuerfahndung
- Störungsfreie Zeiten
- Teamgespräche (Wochenmeeting)
- Terminvergaben für Kanzleileitung in Outlook
- Telefongespräche
- Urlaub und Zeitausgleich (ZA)
- Verschwiegenheit
- Wochenplanung
- Workshop

Was sich hinter den genannten Punkten verbirgt bzw. wie wir sie konkret geregelt haben, können Sie unserer Unternehmenskultur entnehmen, die ich Ihnen in meinem KOP-Videokurs und in Live-Seminaren und Workshops erläutere. Ab dem Paket »Gold« erhalten Sie unsere Unternehmenskultur gratis als Word-Dokument dazu.

Konkreter Nutzen der Unternehmenskultur

Weiter oben habe ich schon einige Punkte genannt, warum die Unternehmenskultur so wichtig für ein Unternehmen ist. Hier noch einmal kompakt zusammengefasst:

- Mehr Klarheit über die konkrete Zusammenarbeit in der Kanzlei
- Bessere interne Kommunikation
- Mehr Mitspracherecht und Kompetenzen für Mitarbeiter
- Zeitersparnis durch weniger informelle Gespräche unter den Mitarbeitern
- Leitplanken werden fair und transparent für alle gleich gesetzt
- Zeitersparnis durch reibungslosere interne Zusammenarbeit
- Besseres Betriebsklima
- Kanzleileitung beweist Führungsstärke
- Höherer Kanzleigewinn

Handlungsempfehlungen

- Verwenden Sie unsere Vorlage, um eine gute Basis für die Ausformulierung Ihrer eigenen Unternehmenskultur zu haben.
- Diskutieren Sie diese Basis gemeinsam mit allen Mitarbeitern. Ändern Sie, passen Sie an und lassen Sie am Ende alle Ihre Mitarbeiter unterschreiben. Nur wenn alle mitentscheiden, wird sie von allen akzeptiert.
- Passen Sie die Unternehmenskultur regelmäßig an die Realität an und aktualisieren Sie sie ein- bis zweimal im Jahr.

12 Reden statt Jammern: Teamgespräche

ERFOLGSIMPULS

Teamgespräche sind der wichtigste Beitrag zu einer guten internen Kommunikation. Geben Sie ihnen deshalb den Vorrang vor allen anderen Terminen.

Entdecken Sie Neuland!

»Teamgespräche finden bei uns alle zwei Wochen statt – immer donnerstags von zehn bis halb eins. Meine Mitarbeiter und ich setzen uns dann zusammen und besprechen alle anliegenden Themen.« Wenn ich diese beiden Sätze im Rahmen eines Kanzleicoachings sage, schaue ich erst einmal in die erstaunten Gesichter meiner Kunden. Nach einigen Sekunden kommt dann meist die Frage: »Ja, was reden Sie denn da so lange?« Ich schaue dann genauso erstaunt zurück und stelle eine Gegenfrage: »Wie oft halten Sie Teamgespräche ab?« Manchmal kommt die Antwort: »Ja, so ein- bis zweimal im Jahr.« Meistens lautet sie aber: »Gar nicht.« Teamgespräche – Terra incognita in vielen Kanzleien.

Aber was reden wir denn da tatsächlich so lange? Und wie läuft so ein Teamgespräch ab? Zunächst einmal: Das Teamgespräch sollte einen festen Platz im Ablauf des Kanzleialltags haben, sprich in einem regelmäßigen Turnus, immer am selben Tag und zum selben Zeitpunkt stattfinden. Erfahrungsgemäß ist es sinnvoll, wenn zunächst die Mitarbeiter über ihre Themen sprechen, bevor die Kanzleileitung die Gesprächsführung übernimmt. Das hat den Vorteil, dass die Anliegen der Mitarbeiter auf jeden Fall besprochen werden – sonst kann es vorkommen, dass die Themen der Kanzleileitung zu viel Zeit einnehmen.

Die Nutzen solcher Teamgespräche sind vielfältig:

- Teamgespräche sind Fortbildungsveranstaltungen, da alle Teilnehmer viele fachliche und außerfachliche Dinge lernen.
- Die Kommunikation in einer Kanzlei profitiert sehr stark: Dadurch, dass in kurzen Abständen alle kanzleirelevanten Themen in der großen Gruppe besprochen werden, bekommen Unklarheiten, Spekulationen oder die Unkenntnis wichtiger Informationen keinen Raum.

- Alle bilden sich gemeinsam fachlich fort: Nicht nur Themen rund um die Kanzleiorganisation werden besprochen, sondern auch fachliche Neuerungen. Alle haben denselben Wissensstand, wenn sich beispielsweise die Rechtsprechung zu einem wichtigen Thema ändert. So lassen sich Fehler vermeiden und das Haftungsrisiko senken.
- Die Zeitersparnis ist enorm: Indem sich alle gemeinsam mit den anstehenden internen und fachlichen Themen beschäftigen, geschieht dies sehr effektiv und effizient. Durch die Zeitersparnis steigen somit auch der Gewinn der Kanzlei und die Kompetenz der Kanzleileitung und der Mitarbeiter.
- Das Teamgespräch ist ein hervorragendes Mitarbeiterbindungsinstrument: Mitarbeiter können sich in die Kanzleientwicklung einbringen und fühlen sich ernstgenommen und wertgeschätzt. Das schätzen sie ebenso sehr, wie es sie motiviert.

Ein wichtiger Erfolgsfaktor für solche Teamgespräche ist die Agenda. Wie kann sie aussehen? Hier sehen Sie unsere Agenda im Detail:

1. Die Mitarbeiter sprechen zuerst. Zum Beispiel stellen sie kurz vor, was sie auf den letzten Seminaren gelernt haben.
2. Luzius spricht über:
   - Wissensmanagement, Fachliches, Seminare, Fachliteratur, Kunden-Infos
   - Strategie, Marketing, Leitbild, Kanzleigrundsätze, Ziele
   - Kompetenzmanagement, Führung, Unternehmenskultur
   - Akquisition, Außendarstellung, Kundenkontakte, Marketing, Empfehlungen
   - Orga- und Qualitätsmanagement, Kanzleihandbuch, Prozesse, APM
   - EDV, DATEV
   - Innovation, Ideen, Verbesserungsvorschläge, Wünsche
   - Office Management, Sonstiges
3. Luzius schließt das Teamgespräch, bedankt und verabschiedet sich.

Brainstorming als Teamgespräch-Werkzeug

Ein Tipp zur Gestaltung des Teamgesprächs: Wenden Sie des Öfteren das Kommunikations-Tool »Brainstorming« an. Geben Sie beispielsweise ein bestimmtes Thema oder eine bestimmte Fragestellung vor, zu der die Mitarbeiter Stellung nehmen sollen. Schreiben Sie das Thema oder die Frage auf einen Flipchart-Bogen und fordern Sie Ihre Mitarbeiter dazu auf, ihre Ideen und Antworten laut auszusprechen – und zwar schnell und unmittelbar. Ziel ist herauszufinden, was die Mitarbeiter eigentlich denken. Also darf keine Zeit zum Überlegen sein, sondern die Mitarbeiter sollen wie aus der Pistole geschossen antworten. Es wird alles aufgeschrieben, was sie sagen, auch wenn das Gesagte erst einmal keinen Sinn ergibt. Hierbei kann ruhig gesponnen und extrem gedacht werden. Die Antworten dürfen während des Brainstormings nicht bewertet, kommentiert oder abgelehnt werden. Manchmal entwickeln sich aus extremen Antworten sehr gute Ideen, die weiterverfolgt werden können. Nach etwa fünf bis sieben Minuten kann das Brainstorming beendet werden, da nach dieser Zeit in der Regel keine Ideen oder Antworten mehr kommen.

Handlungsempfehlungen

- Legen Sie den Wochentag und die Uhrzeit für die Teamgespräche fest. Diese Termine müssen als Dauertermine in den Outlookkalendern der Kanzleileitung und aller Mitarbeiter eingetragen werden und haben Vorrang vor anderen Terminen. Teamgespräche finden auch bei Krankheit von einzelnen Mitarbeitern statt. Auch Teilzeitkräfte müssen zu den Teamgesprächen in die Kanzlei kommen, selbst wenn das nicht ihre eigentlichen Arbeitstage sind.
- Formulieren Sie eine schriftliche Agenda und nutzen Sie sie bei den Teamgesprächen.
- Animieren Sie Ihre Mitarbeiter, sich vor der Gruppe zu öffnen und ihre Themen und Ideen vorzutragen.
- Bauen Sie Ideenmanagement ein (Details im nächsten Kapitel).
- Nutzen Sie Brainstorming.

13 Keine Schnapsidee: Ideen- und Wissensmanagement

ERFOLGSIMPULS

Wenn Sie kein professionelles Wissensmanagement betreiben, haben Sie gravierende Nachteile gegenüber dem Wettbewerb. Auch das Ideenmanagement ist ein großer Eckpfeiler für Ihren Kanzleierfolg – keine Ideen zu entwickeln, bedeutet Stillstand und letztlich Rückschritt. Ebenfalls wichtig: Durch regelmäßige fachliche Fortbildung reduzieren Sie Haftungsrisiken und gewährleisten eine korrekte Fallbearbeitung.

Warum ein konsequentes Wissensmanagement so wichtig ist

Mein Großvater sagte früher: »Wissen ist Macht!« Und manch einer geht heute noch durch die Welt und denkt: »Nix wissen macht auch nix.« Aber machen wir uns nichts vor: Wir leben in einer Wissensgesellschaft. Wissen zu teilen und daraus Ideen zu entwickeln, ist Voraussetzung für Entwicklung und eine gute Zukunft auf unserem Planeten. Dennoch gibt es viele Unternehmen und Menschen, die auf ihrem Wissen sitzen und es am liebsten für sich behalten wollen. Sie befürchten einen Macht- oder Wertverlust, wenn sie es teilen. Diese Form von Wissensegoismus lehne ich strikt ab. Wenn ich als Kanzleileitung mein eigenes – fachliches und außerfachliches – Wissen und das Wissen aller meiner Mitarbeiter nicht für alle Personen in der Kanzlei gleichermaßen zugänglich machen würde, könnten wir unsere Kunden niemals in der Qualität beraten, die sie erwarten und für ihr eigenes Fortkommen brauchen.

Deshalb gilt: Jede Steuerkanzlei muss heutzutage ein professionelles Wissens- und Ideenmanagement haben, das fachliche und außerfachliche Fortbildungsmaßnahmen sowie Ideen und Literatur koordiniert und jedem zugänglich macht. Es muss ein Plan existieren, wer wann auf welche Fortbildungsveranstaltungen geht, welche Literatur aus welchen Quellen benutzt werden kann und wie ein professionelles Ideenmanagement funktioniert und angewendet wird.

Ohne das strukturierte Management des Wissens verliert die Kanzlei enorm viel Zeit und Innovationskraft. Wenn Kanzleileitung und Mitarbeiter weniger Wissen haben, als für ihre Arbeit notwendig ist, arbeiten sie langsamer, suchen länger nach dem Wissen und die Fälle werden somit ineffizienter bearbeitet. Wenn die Ideen der Mitarbeiter keine Beachtung und keine Plattform finden, sind sie demotiviert und produzieren mehr Fehler als motivierte Mitarbeiter.

Als Kanzleileitung sollten Sie sich also einen festen **Wissensmanagementplan** erstellen, der folgenden Inhalt hat:

- Wer schaut wann welche Fortbildungswebinare?
- Wer besucht wann welche Fortbildungsveranstaltung?
- Welche Literaturquellen sollen von allen genutzt werden?
- Wie wird das Ideenmanagement geregelt?
- Wie erfolgt der interne Wissensaustausch?

Was hat Ihre Kanzlei davon?

- Sie sparen Zeit.
- Sie steigern Ihre eigene Kompetenz und die Ihrer Mitarbeiter.
- Sie binden Ihre Mitarbeiter an Ihre Kanzlei.
- Sie reduzieren Ihre Haftungsrisiken.

Professionelles Wissensmanagement für den Kanzleierfolg

Ein professionelles Wissensmanagement besteht aus unterschiedlichen Teilen:

Ideenmanagement

Grundlage für eine Idee – gemeint sind hier grundsätzlich alle Ideen und Verbesserungsvorschläge für die Kanzleiabläufe – ist die Offenheit des Ideengebers. Ideengeber kann jeder Mensch sein, der in der Kanzlei arbeitet, und darüber hinaus auch sein Umfeld. Ideen müssen von der Kanzleileitung immer wertgeschätzt werden, sonst nimmt die Anzahl und Qualität der Ideen immer mehr ab. In einem guten Betriebsklima, in dem Wertschätzung und eine angenehme Atmosphäre herrscht, ist mehr Raum für Ideen und auch deren Veröffentlichung. Für Ideen braucht es Mut und Kreativität, und niemand darf Angst vorm Scheitern haben. In einem Klima der Angst werden keine Ideen geäußert. Mit jeder Idee kommt die Kanzlei einen Schritt weiter und wird ein Stückchen erfolgreicher. Es ist nicht die bahnbrechende Idee gefordert, sondern es sollten lieber die kleinen Ideen geäußert und umgesetzt werden. Ohne ein aktives Ideenmanagement verharrt die Kanzlei im Status quo und wird nicht zukunftsfähig arbeiten können, da sie sich nicht weiterentwickelt.

Was kann die Kanzleileitung konkret tun?

Die Kanzleileitung sollte einen Briefkasten in der Kanzlei montieren (Ideenbox), in die alle Mitarbeiter ihre Ideen einwerfen können. Die Steuerkanzlei Luzius hat eine Vorlage entwickelt, auf der die Mitarbeiter ihre Ideen festhalten können. Dieses Blatt sieht so aus:

IDEENBLATT DER STEUERKANZLEI LUZIUS

Bitte lochen und nicht per Hand schreiben!
Name Mitarbeiter/in:

Datum:	KW:
Thema:	
1.	So lautet konkret die Idee/der Verbesserungsvorschlag:
2.	Die Idee/der Verbesserungsvorschlag darf im Teamgespräch besprochen werden: ☐ ja ☐ nein
3.	Der/die Mitarbeiter/in darf im Teamgespräch namentlich erwähnt werden: ☐ ja ☐ nein
☒ = Musterkreuz zum Kopieren	

Die Mitarbeiter notieren eine Idee pro Teamgespräch auf dieses Blatt und werfen es in die Ideenbox. Alle Ideen werden im nächsten Teamgespräch besprochen und es wird darüber entschieden, ob sie umgesetzt werden. In der Steuerkanzlei Luzius ist die Ideenabgabe für alle verpflichtend. Diese Ideen können auch völlig anonym abgegeben werden – das erhöht die Bereitschaft der Mitarbeiter, auch heikle Themen anzusprechen. Die Erfahrung hat gezeigt, dass hervorragende kleine Ideen für die Verbesserung der Kanzlei herauskommen, und zwar permanent.

Eine weitere gute Vorgehensweise sieht so aus: Kanzleileitung und Mitarbeitern fallen tagtäglich immer wieder kleine Ideen ein, die sie aber schnell vergessen, weil das Tagesgeschäft sie ablenkt. Für den Fall, dass Ideen im Kopf auftauchen, sollte jeder sofort die Idee in seinen Outlook-Kalender als Termin eingeben, damit die Idee nicht verloren geht. Irgendwann später sollten die Ideen auf dem Ideenblatt zusammengefasst werden.

Was bringt diese Art des Ideenmanagements meiner Kanzlei konkret?

6 Mitarbeiter x 45 Wochen (ohne Urlaub) x 1 Idee alle 14 Tage = 135 Ideen pro Jahr. Bis zum Erreichen meines Renteneintrittsalters werde ich somit noch

3.375 Ideen erhalten, die meine Kanzlei weiterbringen. Hinzu kommen noch Tausende meiner eigenen Ideen. Zusammengerechnet ergibt das ein beachtliche Zahl an Ideen, die meine Kanzlei in kleinen Schritten Woche für Woche erfolgreicher machen. Ein Erfolg, den auch zum großen Teil meine Mitarbeiter verantworten – das festigt das Team und macht mich sehr stolz.

Welche Ideen haben Mitarbeiter? Ich kann Ihnen einige Beispiele aus meiner Praxis nennen:

- Kürzere Prozesse in der Finanz- und Lohnbuchhaltung
- Verbesserungen in der Vorlagenverwaltung
- Bessere Formulierungen in Briefvorlagen
- Schönere Gestaltung der Kanzleiräume
- Porto bereits auf leere Briefumschläge kleben, damit der Versand schneller geht
- Verbesserungen in der Arbeitsplatzgestaltung
- Staubfilter an allen Druckern
- Stromspartipps

»Lieber in kleinen Schritten zum Erfolg, als den großen Schritt nicht zu tun.«

Patrik Luzius

Fachliche Fortbildung

Die fachliche Fortbildung ist die wichtigste Fortbildungsart für eine Steuerkanzlei. Hier lernen Kanzleileitung und Mitarbeiter alles, was sie für die Kerngeschäftsfelder einer Kanzlei brauchen. Da sich das Steuerrecht permanent ändert, ist eine regelmäßige fachliche Fortbildung absolut notwendig. Ohne eine regelmäßige fachliche Fortbildung der Kanzleileitung und aller Mitarbeiter erhöht sich das Haftungsrisiko enorm, da die Fälle ohne aktuelles Wissen nicht mehr korrekt bearbeitet werden können.

Die Kanzleileitung sollte für sich und alle operativ arbeitenden Mitarbeiter zu Beginn des Jahres Fachseminare planen und dabei die Mitarbeiter einbeziehen. Diese sollten mitentscheiden, welche Veranstaltung sie besuchen, denn nicht jede Veranstaltung liegt jedem Mitarbeiter. Fachliche Fortbildungsmaßnahmen finden auch in Teamgesprächen innerhalb der Kanzlei statt. Es gibt keine festen Vorgaben, an wie vielen Tagen die Mitarbeiter auf Fachseminare geschickt werden, es sollten jedoch meines Erachtens mindestens vier Tage pro Jahr (ohne Teamgespräche) sein.

Das erlernte Wissen muss in erster Linie zur korrekten Bearbeitung von Steuerfällen verwendet werden. Ebenso muss es auch in die Kanzlei gebracht und in Teamgesprächen den anderen Mitarbeitern kurz präsentiert werden. Das hat den

Vorteil, dass alle Personen in etwa den gleichen Wissensstand haben. Das erlernte Fachwissen in Teamgesprächen zu diskutieren, hat zusätzlich den Vorteil, dass die Kanzleileitung direkt konkrete Entscheidungen treffen kann, wie mit bestimmten steuerlichen Sachverhalten umgegangen werden muss.

Es ist ratsam, dass Mitarbeiter auf spezielle Mitarbeiter-Seminare geschickt werden und nicht auf Fachseminare für Kanzleileiter. Es gibt eine Reihe von Seminaranbietern; wir buchen zurzeit beispielsweise bei Steuerseminare Graf und zeitstaerken.de.

Außerfachliche Fortbildung

Außerfachliche Fortbildungsmaßnahmen werden von vielen Steuerkanzleien in Deutschland überhaupt nicht oder zu wenig wahrgenommen. Dabei sind sie enorm wichtig für die Entwicklung der Kanzlei, der Kanzleileitung und der Mitarbeiter.

Beispiele dafür sind: Social Media Marketing, Verkaufstraining, Rhetoriktraining, Kommunikationstraining, Körperspracheseminar, Servicetraining, Marketingseminar, Public-Relations-Seminar, Mentaltraining, Führungstraining, Geldtraining.

In solchen und anderen außerfachlichen Veranstaltungen können Sie und Ihre Mitarbeiter von berufsfremden Unternehmern und Coaches lernen, welche Ideen und Träume diese umgesetzt haben. Es ist immer eine große Inspiration, einen branchenfremden Blick auf die Kanzlei zu bekommen und davon zu profitieren. Ebenso können gewisse Themen und Fähigkeiten, die in der steuerlichen Ausbildung nicht gelehrt wurden, nachträglich erlernt, erworben oder verbessert werden. Ohne einen branchenfremden Blick über den Tellerrand bleibt die Kanzlei im Wettbewerb zu eng und begrenzt aufgestellt. Erst branchenfremde Ideen und Fähigkeiten können der Kanzlei entscheidende Wettbewerbsvorteile bringen.

Dazu plant die Kanzleileitung genauso wie die fachlichen Fortbildungsveranstaltungen auch die außerfachlichen. Diese werden meist außerhalb der Kanzlei stattfinden, können aber auch innerhalb der Kanzlei veranstaltet werden. Die Investition sollte die Kanzlei alleine tragen und als Investition in ihre Mitarbeiter verstehen. Die Mitarbeiter werden es der Kanzleileitung danken.

Jede Steuerkanzlei in Deutschland benötigt meines Erachtens zudem die unternehmerische Sicht eines externen Coaches von außen. Dieser kann mit seinen Erfahrungen Schwachstellen aufdecken, wertvolle Tipps und Ideen liefern und vor allem bei deren Umsetzung helfen. Eigentlich müsste der Coach »Umsetzer« genannt werden. Die meisten Kanzleien haben keine Probleme mit Ideen, sondern mit deren Umsetzung. Es wird zu viel geredet und zu wenig umgesetzt. Ein Coach kann hierzu einen Umsetzungsfahrplan entwickeln und diesen zusammen mit Kanzleileitung und Mitarbeitern konsequent abarbeiten.

Was hat Ihre Kanzlei davon?

- Mitarbeiterbindung
- Kompetenzsteigerung der Kanzleileitung und Mitarbeiter
- Haftungsreduzierung
- Mehr Gewinn
- Mehr Lebensqualität
- Neue Ideen für den Kanzleierfolg
- Umsetzung von Ideen

Fachliteratur/Datenbanken/Internet

Jede Steuerkanzlei benötigt Zugriff auf umfangreiches Wissen in Form von Fachliteratur aus den verschiedensten Quellen wie zum Beispiel Datenbanken oder dem Internet. Dieses Wissen wird zur Erledigung der Steuerfälle benötigt und ändert sich permanent. Aus diesem Grund ist es wichtig, dass das Wissen immer aktuell und einfach abrufbar ist und allen Personen in der Kanzlei uneingeschränkt zur Verfügung steht.

Wie kann die Kanzleileitung vorgehen?

Die Kanzleileitung definiert für die Kanzlei, welche Art von Fachliteratur und welche Datenbanken genutzt werden darf.

Beispiele dafür sind:

- Haufe Steuer Office
- Lexinform von DATEV
- Expertisen Systeme von DATEV
- DStR Deutsches Steuerrecht
- Deubner Verlag
- NWB Verlag
- Beck Verlag
- DWS Verlag
- IWW Institut
- Alle Seminaranbieter steuerlicher Fachseminare
- Google
- YouTube

Was nicht mehr genutzt wird, muss sofort abbestellt werden. Loseblattsammlungen auf Papier sollten abgeschafft werden. Auch für die Nutzung von Fachwissen aus dem Internet müssen Regeln aufgestellt werden. Bei Publikationen in der steuerlichen Fachliteratur und den steuerlichen Datenbanken kann davon ausgegangen werden, dass das Wissen korrekt und aktuell ist. Beim Wissensabruf aus dem Internet ist mehr Vorsicht geboten – die Quellen, aus denen das Wissen stammt, sollten immer genau geprüft werden. Ratsam ist folgende Vorgehensweise: Wenn ein Mitarbeiter einen Steuerparagrafen sucht, ist dies am schnellsten via Google zu erledigen. Auch ein Einstieg in ein besonderes Fachthema kann zunächst über das Internet erfolgen, bevor später in den Datenbanken weiter recherchiert wird. Internet-Foren sollten Sie dagegen nicht beachten, da dort viel Unsinn geschrieben wird.

Was hat die Kanzlei davon?

- Korrekte Bearbeitung von Steuerfällen
- Geringeres Haftungsrisiko
- Kompetenzsteigerung der Mitarbeiter und der Kanzleileitung

Handlungsempfehlungen

- Stellen Sie einen Wissensmanagementplan auf.
- Führen Sie ein Ideenmanagement verpflichtend ein, freiwillig funktioniert das nicht.
- Schicken Sie alle Mitarbeiter und sich selbst mindestens vier Tage pro Jahr auf Fachseminare.
- Schicken Sie alle Mitarbeiter und sich selbst auf einige interessante außerfachliche Seminare.
- Abonnieren Sie ausreichend Wissensdatenbanken für sich selbst und alle Mitarbeiter.
- Nutzen Sie die Teamgespräche für die interne Fortbildung und den Wissensimport von externen Seminaren. Das Teamgespräch ist die Wissensdrehscheibe für alle!

14 Mitarbeiterbindung – wie geht das ohne Fesseln?

ERFOLGSIMPULS

Nur wer seine Mitarbeiter dauerhaft an die Kanzlei bindet, wird erfolgreich sein.

Bindung der Mitarbeiter ist wichtiger als die Suche nach neuen Mitarbeitern

Er ist überall auf der Welt bekannt und in jedem Land, in jeder Branche, in jedem Unternehmen zu finden: der Typus Johnny Kontrolletti. Der Chef, der immer alles wissen will, der jeden Mitarbeiter extrem kontrolliert, der niemandem vertraut. Das ist Johnny. Und er hat immer Argumente für sein Verhalten: »Ich muss alles überwachen, sonst läuft nichts. Ich muss alles organisieren, sonst geht alles schief. Ich muss alles überprüfen, damit die Arbeitsqualität gut ist. Ich mache lieber alles selbst, weil die Mitarbeiter es nicht so perfekt erledigen wie ich.« Johnny tut mir schon ein bisschen leid. Er mag zwar gefühlt alles unter Kontrolle haben – aber wovon er keine Ahnung hat, ist das Thema Mitarbeiterbindung.

In Steuerkanzleien ist das Thema Mitarbeiterbindung sehr wichtig – gerade in Zeiten des Fachkräftemangels. Die Bindung der Mitarbeiter an die Kanzlei hat dabei absoluten Vorrang vor der Suche nach neuen Mitarbeitern und sie ist die ureigene Aufgabe der Kanzleileitung. Wenn es eine Kanzlei nicht schafft, ihre guten Mitarbeiter an sich zu binden, findet sie auch keine neuen guten Mitarbeiter. Dann stimmt etwas mit dem Führungssystem und der Kanzleiattraktivität nicht. Zu erkennen ist das an der hohen Fluktuationsrate der Mitarbeiter.

Entscheidend ist jedoch, dass Sie die richtigen Mitarbeiter binden. Wie Sie richtige und falsche Mitarbeiter voneinander unterscheiden können, beschreibe ich Ihnen gleich im nächsten Kapitel.

So erreichen Sie eine höhere Mitarbeiterbindung

In den bereits genannten Führungsgrundsätzen (s. Kapitel 9) habe ich wichtige Punkte aufgelistet, die automatisch zu einer höheren Mitarbeiterbindung führen. Ich möchte dazu auf drei wichtige Maßnahmen detaillierter eingehen, die einen sehr hohen langfristigen Nutzen für die Mitarbeiterbindung haben:

Mitarbeiterbefragungen

Die Mitarbeiter verhalten sich teilweise anders, als Sie als Kanzleileitung das erwarten. Warum dies so ist, können Sie nur durch eine Befragung herausfinden. Klingt banal, ist aber enorm wichtig. Mitarbeiterbefragungen sind deshalb ein hervorragendes Mittel, um die Ideen, Motivationen und Kritik der Mitarbeiter kennenzulernen. Diese Befragungen helfen Ihnen, mehr über Ihre Mitarbeiter zu erfahren und sie besser zufriedenzustellen. Hierzu sollten Sie einen schriftlichen Fragebogen mit relevanten Fragen entwickeln – zu allen möglichen Themen, die Sie als Kanzleileitung bewegen. Es können offene oder geschlossene Fragen sein. Während eines Teamgespräches sollten die Mitarbeiter zeitgleich den Fragebogen jeweils alleine ausfüllen, damit niemand von einem anderen Kollegen abschreibt oder sich austauscht. Bei der anschließenden Auswertung sollten Sie Ihre Schlüsse daraus ziehen, und zwar im Hinblick auf diese Punkte:

- Besseres Betriebsklima
- Höhere Mitarbeiterzufriedenheit
- Schnellere Kanzleiprozesse
- Langfristig höhere Gewinne

Ich selbst habe solche Mitarbeiterbefragungen bereits durchgeführt und die Erkenntnisse daraus waren für mich und die Kanzlei sehr aufschlussreich.

Mitarbeiterentwicklungsgespräche

Mitarbeiterentwicklungsgespräche sind Einzelgespräche zwischen Kanzleileitung und jedem einzelnen Mitarbeiter. Sie sollten mindestens ein- oder zweimal pro Jahr stattfinden. In diesen Gesprächen wird zunächst der vergangene Zeitraum seit dem letzten Entwicklungsgespräch besprochen. Die Themen können ganz verschieden sein, je nachdem, was die Kanzleileitung interessiert. Insbesondere die Zufriedenheit der Kanzleileitung mit dem Mitarbeiter sollte in diesen Gesprächen im Vordergrund stehen. Hier darf die Kanzleileitung loben, loben, loben – was in der Regel im Alltag zu kurz kommt. Sie darf allerdings auch sachliche Kritik üben, um die Mitarbeiter weiterzuentwickeln. Persönliche Kritik am Mitarbeiter ist dagegen tabu. Im Vordergrund dieses Gesprächs steht eindeutig die positive Weiterentwicklung des Mitarbeiters. Ohne diese Entwicklungsgespräche haben die Mitarbeiter wenige Anhaltspunkte, ob ihr Verhalten in der Kanzlei, ihre Qualifikation und ihre Leistungen für die Kanzleileitung in Ordnung sind. Diese Anhaltspunkte sind jedoch sehr wichtig für die Mitarbeiter und die Kanzleileitung.

Sie als Kanzleileitung sollte einen schriftlichen Fragebogen mit den Fragen entwickeln, die Sie allen Mitarbeitern stellen möchten. Am besten finden diese Gespräche an einem ganzen Tag in der Kanzlei statt, damit alle Mitarbeiter hintereinander mit Ihnen sprechen können und nicht zu viel Zeit dazwischen liegt. Sie und Ihre Mitarbeiter sollten sich sehr gut auf diese Gespräche vorbereiten, da sie zum einen nur selten vorkommen und zum anderen so die wirklich wichtigen Themen in Ruhe angesprochen werden können.

Der Nutzen ist ähnlich wie bei den Mitarbeiterbefragungen: Sie erhalten zusätzliche Informationen über die wirklich bewegenden Themen und gegebenenfalls privaten Probleme der Mitarbeiter, die sich wiederum auf die Kanzleiarbeit auswirken könnten. Wenn Sie Ihre Mitarbeiter loben und Feedback geben, wirkt sich das ebenfalls wieder positiv auf die Kanzlei aus.

Exkurs: Richtig kritisieren

Kritisieren Sie niemals die Person an sich, sondern nur deren Handlungen. Diese Trennung zwischen Person und Handlung ist äußerst wichtig und erleichtert nicht nur Ihr Berufs-, sondern auch Ihr Privatleben. Beispiel: Ein Mitarbeiter kommt 10 Minuten zu spät zum Teamgespräch. Wie reagieren Sie als Kanzleileitung? Nach dem Teamgespräch bitten Sie den Mitarbeiter zum Vier-Augen-Gespräch und machen ihm Folgendes klar: »Lieber Mitarbeiter, ich schätze und respektiere dich immer als Person, egal was passiert (keine Kritik an Person selbst), aber dass du zu spät kommst, finde ich nicht in Ordnung (nur Kritik an der Handlung).« Wenn Sie hier falsch formulieren und die Person mit der Handlung verknüpfen, kommt das beim Mitarbeiter wie folgt an: »Lieber Mitarbeiter, du bist ein schlechter Mensch, weil du zu spät kamst.« Der Mensch ist aber nicht schlecht, nur seine Handlung war schlecht. Solche konstruktive Kritik kann auch in Mitarbeiterentwicklungsgesprächen geäußert werden.

Workshop mit Mitarbeitern

In einem Workshop mit Mitarbeitern kann die Kanzleileitung verschiedene Themen außerhalb der Kanzleiräume intensiver besprechen, für die im Tagesgeschäft die Zeit fehlt. Am besten bieten sich strategische Themen an, die die Kanzlei langfristig beschäftigen werden, zum Beispiel: Leitbild, Ziele, Strategie, Jahresplanung, Geschäftszahlen des letzten Jahres etc. Für diesen Workshop gilt die Devise: Wir arbeiten alle zusammen *an* der Kanzlei, nicht *in* der Kanzlei.

Meine Erfahrung zeigt, dass mindestens einmal pro Jahr ein Zwei-Tages-Workshop sinnvoll ist. Der Ort für einen solchen Workshop könnte ein schönes Hotel sein, in dem alle zusammen übernachten (sofern es ein Mehrtages-Workshop sein soll). Es sollte mehr als 100 km von der Kanzlei entfernt sein, damit auch tatsächlich ein Workshop-Charakter entsteht. Die gesamte Kanzleileitung und alle Mitarbeiter sind verpflichtet, an diesem Workshop teilzunehmen. Wenn der Workshop nicht am Wochenende stattfindet, muss die Kanzlei für zwei Tage geschlossen werden. Die Kanzleileitung stellt vor dem Workshop eine schriftliche Agenda über die Themen auf und befragt gleichzeitig die Mitarbeiter nach ihren Themenwünschen. Die Themen der Mitarbeiter müssen alle im Workshop besprochen werden.

Kanzleileitung und Mitarbeiter sollten an einem Strang ziehen und folglich auch die langfristigen Themen der Kanzlei kennen, diskutieren und akzeptieren. Das fördert die Kommunikation, den Teamgeist und zeigt den Mitarbeitern, dass sie auch ihre Themen einbringen können. Auch drückt ein solcher Workshop die Wertschätzung der Kanzleileitung gegenüber den Mitarbeitern aus – und er ist in meinen Augen die Voraussetzung dafür, dass die Mitarbeiter die langfristigen Ziele der Kanzleileitung akzeptieren und sich mit diesen identifizieren.

Grundsätzlicherer Natur, aber nicht weniger wirkungsvoll für die Mitarbeiterbindung sind diese Punkte bzw. Maßnahmen:

- Schaffen Sie ein angenehmes Betriebsklima – sorgen Sie dafür, dass die Stimmung gut ist, dass viel gelacht wird, dass Sie und Ihre Mitarbeiter respektvoll und freundlich miteinander umgehen.
- Richten Sie gemeinsame Pausenzeiten ein, beispielsweise für Frühstück oder Mittagessen, laden Sie Ihre Mitarbeiter hin und wieder zum Essen ein, gehen Sie ab und zu gemeinsam ins Kino oder schauen Sie zusammen die Fußball-WM etc.
- Sorgen Sie für ein motivierendes Arbeitsumfeld: Beauftragen Sie einen festen Koch (sofern Sie eine größere Kanzlei haben), spendieren Sie Obst und Süßigkeiten, installieren Sie eine hochwertige Kaffeemaschine, stellen Sie schöne Dekoration und Pflanzen am Arbeitsplatz zur Verfügung.
- Bieten Sie Ihren Mitarbeitern Gesundheitsmaßnahmen durch Experten an, wie beispielsweise Rückentraining, Yoga, Physiotherapie oder psychologische Beratung.
- Geben Sie ihren Mitarbeitern viel Anerkennung, Lob, Dank, Wertschätzung und Unterstützung.
- Coachen Sie Ihre Mitarbeiter: Hören Sie Ihnen zu, lassen Sie sie Lösungen finden, unterstützen Sie sie regelmäßig, vereinbaren Sie klare Ziele, stellen Sie viele Fragen und geben Sie ihnen immer Feedback.
- Zahlen Sie ein überdurchschnittliches Gehalt. Das löst zwar kein dauerhaftes Wow-Gefühl aus und wird schnell als selbstverständlich angesehen. Dennoch gehört es dazu. Nutzen Sie dafür auch alle steuerfreien Gehaltsbestandteile

bzw. Zusatzverdienste aus: Weihnachtsgeld, Vermögenwirksame Leistungen, Fahrgeld, Benzingutscheine, Essensgutscheine, Büroausstattung für Homeoffice, Geschenke, Reisekosten, Mobilfunkverträge, Laptops, betriebliche Altersversorgung, betriebliche Krankenversicherung, betriebliche Unfallversicherung, Firmenwagen für größere Kanzleien, Arbeitgeberdarlehen, kostenlose Getränke in Kanzlei etc. Erfolgsabhängige Vergütungen oder Bonussysteme lehne ich im Übrigen grundsätzlich ab, weil folgende Nachteile aus der Praxis anderer Kanzleien bekannt sind: Betriebsklima wird schlechter (Neid und Gier greifen um sich), Mitarbeiterfluktuation steigt, Bearbeitungsreihenfolge richtet sich nach den umsatzstärksten Kunden und führt zu Kundenverlusten, Mitarbeiter helfen sich untereinander nicht mehr, nicht abrechenbare Projekte werden nicht mehr durchgeführt.
- Lassen Sie Ihre Mitarbeiter eigenverantwortlich arbeiten.
- Sorgen Sie für eine feste Kundenstammzuordnung.
- Geben Sie Ihren Mitarbeitern viele Mitentscheidungsmöglichkeiten.
- Bieten Sie Ihren Mitarbeitern Aufstiegsmöglichkeiten bzw. Partnerschaft in der Kanzlei an.
- Bieten Sie Ihren Mitarbeitern attraktivere Tätigkeiten und/oder attraktivere Kunden an sowie spannende Weiterbildungsangebote (fachlich und außerfachlich).
- Lösen Sie Konflikte schnell und nicht nachtragend.
- Weitere Punkte finden Sie unter http://www.patrikluzius.de/kanzlei/jobs.

Was hat die Kanzlei nun davon?

Wenn die richtigen Mitarbeiter lange an die Kanzlei gebunden werden, hat das den Vorteil, dass nicht immer wieder neue Mitarbeiter sehr zeitaufwendig eingearbeitet werden müssen und die Kunden lange Zeit einen festen Ansprechpartner haben. All das spart eine Menge Zeit und Geld, schafft Kundenvertrauen – was durch ständigen Mitarbeiterwechsel oft zerstört wird.

Handlungsempfehlungen

- Führen Sie regelmäßige Mitarbeiterbefragungen durch.
- Setzen Sie ein- bis zweimal im Jahr Mitarbeiterentwicklungsgespräche an.
- Verpflichten Sie Ihre Mitarbeiter mindestens einmal im Jahr zu einem externen Workshop, in dem Sie gemeinsam die langfristig anstehenden Themen besprechen.
- Sorgen Sie durch verschiedene Maßnahmen für ein dauerhaft gutes und wertschätzendes Betriebsklima, in dem alle gemeinsam gerne arbeiten.

15 Mitarbeiterkündigung – Katastrophe oder Chance?

ERFOLGSIMPULS

Wenn Mitarbeiter gehen, können sie theoretisch Kunden, Daten und Know-how mit zur nächsten Kanzlei nehmen. Davor haben viele Kanzleileitungen Angst. Eine Mitarbeiterkündigung ist jedoch dann keine Katastrophe mehr, wenn die Kanzlei sehr attraktive Arbeitsbedingungen und Organisationstrukturen hat. Denn die können Mitarbeiter nicht mitnehmen. Auch die Angst der Kanzleileitung, dass ohne einen schlechten Mitarbeiter oder »Terroristen« die Kanzlei zusammenbricht, ist unberechtigt. Es bricht nichts zusammen, im Gegenteil. Alles wird besser!

Ein schwieriges Thema – mit der Chance auf ein gutes Ende

Es gibt Tage, da verliert man und es gibt Tage, da gewinnen die anderen. Fühlen Sie sich manchmal auch so? Fühlen Sie sich insbesondere dann so, wenn Sie einen geschätzten und wertvollen Mitarbeiter verlieren? Ich kann es Ihnen nachempfinden – ich habe diese Erfahrung auch schon gemacht. Ich habe aber auch schon sehr unschöne Mitarbeiteraustritte erlebt – nämlich dann, wenn die Mitarbeiter »nachgetreten« haben. Wenn »terroristisch« veranlagte Mitarbeiter über Nacht vor die Kanzleitür gesetzt werden mussten, dann war das nicht mehr traurig. Und lustig erst recht nicht.

Kündigt ein Mitarbeiter, dann ist das in der Regel ein heikles Thema. Es kann aber dennoch ein gutes Ende finden, wie wir gleich sehen werden.

Der Mitarbeiteraustritt aus der Kanzlei stellt das Ende des Arbeitsverhältnisses dar. So weit, so klar. Es ist wichtig zu unterscheiden, wie es zu diesem Austritt kam – denn der Austritt kann vom Mitarbeiter oder der Kanzleileitung veranlasst werden. In beiden Fällen muss die Kanzleileitung ab dem Tag des Bekanntwerdens des Austritts Maßnahmen ergreifen, die dem Schutz der Kanzleidaten und der Kundeninformation dienen. Es ist sehr gefährlich, wenn ein Mitarbeiter nach der Kündigung noch in der Kanzlei arbeitet und gegebenenfalls Kunden schlecht behandelt oder sogar Daten aus der Kanzlei abzieht.

Ist die Kündigung erst einmal ausgesprochen, egal, von welcher Seite, sollte der Austritt eines Mitarbeiters in ruhiger, friedlicher und freundschaftlicher Atmosphäre ablaufen – am besten im gegenseitigen Einvernehmen. Beide Parteien sollten ihre Egos zurücknehmen, damit es nicht zum Streit kommt. Denn ein Streit rund um den Mitarbeiteraustritt endet meist vor dem Arbeitsgericht, und diese Prozesse verliert die Kanzleileitung in der Regel. Mir erzählte einmal ein Kollege, dass er nur noch alleine, ohne Anwalt, zum Arbeitsgericht fährt, das Portemonnaie öffnet und den Richter fragt, was es kosten wird. Die Kanzleileitung sollte also schon aus Kostengründen kein Interesse an einem Arbeitsgerichtsprozess haben.

Wie kann die Kanzleileitung konkret vorgehen?

Der Austritt eines Mitarbeiters sollte unverzüglich allen Teammitgliedern der Kanzlei mitgeteilt werden. Danach muss die Kanzleileitung entscheiden, ob sie einen neuen Mitarbeiter einstellt oder die Fälle auf die anderen Mitarbeiter umverteilt. Um eine gute Entscheidung treffen zu können, muss die Kanzleileitung eine Kapazitätsplanung aller Mitarbeiter durchführen (mehr dazu s. Kapitel 30). Hier gab es in der Praxis schon manche böse, aber durchaus auch positive Überraschung. In einem Fall wollte die Kanzleileitung einen neuen Mitarbeiter einstellen, das Team hatte allerdings schon alle Fälle intern verteilt. Zum Erstaunen der Kanzleileitung musste somit kein neuer Mitarbeiter eingestellt werden. Warum war das Team da so aktiv? Der Mitarbeiter, der gekündigt hatte, war ein »Terrorist« gewesen; das Team blühte nach dessen Austritt auf und war wesentlich leistungsfähiger als zuvor.

In der Praxis hat sich bewährt, dass in den Fällen, in denen »Terroristen« oder schlechte Mitarbeiter ausscheiden wollen, sie sofort nach der Kündigung freigesetzt werden. Kein »Terrorist« oder schlechter Mitarbeiter darf auch nur einen Tag zu lange in der Kanzlei arbeiten. In diesen Fällen muss die Kanzleileitung unverzüglich nach der Kündigung die Kanzleischlüssel einbehalten und den Mitarbeiter auffordern, seine Sachen zusammenzupacken und direkt zu gehen. Alle Passwörter und Zugänge ins Kanzleinetzwerk sollten sofort gesperrt werden. Dieses Vorgehen klingt hart – aber der Folgeschaden aus einer Weiterbeschäftigung würde die Kanzlei noch härter treffen.

Empfehlenswert ist, dass ein schriftlicher Prozess zum Austritt eines Mitarbeiters existiert. Das macht es sehr viel leichter, den Überblick über die vielen zu erledigenden Punkte zu behalten. In der Steuerkanzlei Luzius ist dieser Prozess über drei Seiten lang und hat sich bereits bewährt.

Was hat die Kanzlei von Kündigungen?

»Terroristen« haben in der Kanzlei nichts verloren, egal, wie lange sie schon da sind. Sie richten einen unglaublichen Schaden an, der in Euro schwer zu beziffern ist. Auch wenn ich mich wiederhole: Sie müssen unverzüglich freigesetzt werden! Schlechte Mitarbeiter, die keine »Terroristen« sind, dürfen nicht zu lange in der Kanzlei arbeiten und sollten kurzfristig freigesetzt werden. Gute und sehr gute Mitarbeiter müssen langfristig an die Kanzlei gebunden werden. Es dürfen nur gute und sehr gute Mitarbeiter neu eingestellt werden, die gut ins Team passen. Das hört sich alles sehr einfach an, wird in der Praxis aber oft falsch gemacht.

Es kann sich für die Kanzleileitung lohnen, mit dem ausgeschiedenen Mitarbeiter ein Gespräch über dessen Austrittsgründe zu führen. Hier kann die Kanzleileitung die Gründe erfragen, und wenn der Mitarbeiter ehrlich ist, wird er diese nennen und die Kanzleileitung kann davon profitieren. Die Gründe kann die Kanzleileitung im nächsten Teamgespräch mit dem restlichen Team besprechen und mit allen gemeinsam ihre Schlüsse daraus ziehen.

Wenn alle diese Punkte eingehalten werden, arbeitet ein gutes bis sehr gutes Team zusammen und die Kanzlei befindet sich im Flow. Das ist der Idealzustand. Diesen Idealzustand zu verlassen, wird für die Kanzlei teuer und anstrengend. Der Idealzustand dagegen bringt der Kanzlei sehr gute Gewinne und stellt alle Teammitglieder voll zufrieden.

Handlungsempfehlungen

- Bringt ein Mitarbeiter nicht die gewünschte Leistung, muss die Kanzleileitung mit ihm reden, versuchen, ihn positiv zu entwickeln und eine neue »Probezeit« von maximal sechs Monaten für diese Entwicklung einräumen. Ist es danach gut, kann der Mitarbeiter bleiben; ist es danach gleich oder schlechter, muss er nach sechs Monaten fristgerecht gekündigt werden.
- Identifiziert die Kanzleileitung einen Mitarbeiter als »Terroristen«, ist dieser sofort fristgerecht zu kündigen und freizustellen. Ohne Wenn und Aber! Wehren Sie Schaden von Ihrer Kanzlei ab!
- Genießen Sie die Ruhe nach dem Sturm. Genießen Sie das bessere Betriebsklima. Seien Sie stolz auf sich, dass Sie eine berechtigte Kündigung ausgesprochen haben.

16 Mitarbeitergewinnung – I Like Facebook!

ERFOLGSIMPULS

Gutes Personal ist teuer. Schlechtes Personal ist noch teurer. Und Social Media wird für die Mitarbeitergewinnung immer wichtiger. Manchmal ist es sogar der einzige Kanal, über den sich qualifizierte Menschen erreichen lassen. Deshalb: I Like Facebook!

Fachkräftemangel gibt es nur in unattraktiven Kanzleien

Vielleicht denken Sie jetzt gerade: »Schon wieder Facebook. Ich höre immer und überall Facebook. Ich habe keine Lust auf ein Netzwerk, in dem Millionen Essensbilder, Urlaubslocations, Katzen und Hasskommentare gepostet, geliket und gedisst werden! Was bringt mir das für meine Kanzlei?«

Damit wir uns richtig verstehen: Facebook ist nur ein kleiner Beitrag zur Gewinnung neuer Mitarbeiter. Es gibt noch eine Reihe anderer Maßnahmen, zu denen ich später komme. Facebook ist für mich ein Synonym für ein funktionierendes Medium zur Mitarbeitersuche. Mir hat Facebook ganz konkret meine letzte Mitarbeiterin beschert: Ich habe nach nur einem Post, dass ich neue Mitarbeiter suche, nach kurzer Zeit meine neue Kollegin kennen gelernt. Denn mein Post wurde von einer meiner Mitarbeiterinnen in Gruppen gepostet, in denen Steuerfachangestellte Mitglieder sind. Also genau meine Zielgruppe, und siehe da, es klappte.

Das Thema Mitarbeitergewinnung treibt den Kanzleileitungen oft Schweißperlen auf die Stirn. Ich höre immer wieder ihre Klagen, dass sie händeringend gutes Fachpersonal suchen und keines finden. Sehr schnell macht dann das Wort »Fachkräftemangel« die Runde, und nahezu alle Kanzleileitungen dieses Landes nennen diesen Fachkräftemangel als Grund dafür, dass sie kein gutes Fachpersonal finden.

Ich behaupte: Es gibt keinen Fachkräftemangel für attraktive Kanzleien. Warum sage ich das? Weil attraktive Kanzleien immer gutes Fachpersonal finden und binden. In attraktiven Kanzleien möchte man gerne arbeiten und das spricht sich auch herum. Sicher: Kanzleien bewerben sich heute bei gutem Fachpersonal – nicht mehr umgekehrt. Und dieser Tatsache müssen heutzutage alle Kanzleien Rechnung tragen, auch die attraktiven. Dennoch werden immer noch Stellenanzeigen in Tageszeitungen ausgeschrieben, die aussehen wie Todesanzeigen. Und dann wundern sich die Kanzleiinhaber, dass sich niemand auf diese »Todesanzeigen« bewirbt.

Verstehen Sie mich bitte nicht falsch: Es herrscht in der Tat ein gewisser Fachkräftemangel in unserer Branche. Allerdings nur für unattraktive Kanzleien, wie gesagt. Der Fachkräftemangel wird durch die Digitalisierung und Automatisierung der Steuerberaterbranche teilweise kompensiert, was positiv ist. Unklar ist, ob sich das Problem des Fachkräftemangels durch die fortschreitende Automatisierung ganz neutralisieren wird oder nicht. Meiner Meinung nach wird sie den Fachkräftemangel langfristig sogar überkompensieren. Gute Kanzleien sind auch bei dem Thema Digitalisierung/Automatisierung weit vorne, sodass sie heute schon weniger gutes Fachpersonal benötigen, um den gleichen Gewinn zu erzielen.

Der Fachkräftemangel wird durch den demografischen Wandel verstärkt, da mehr gutes Fachpersonal in Ruhestand geht als neues nachkommt. Auch diesen Wandel wird die Digitalisierung und Automatisierung langfristig kompensieren. Somit haben die Kanzleien keine Wahl – sie müssen Digitalisierung und Automatisierung aktiv und schnell vorantreiben.

Um darüber hinaus ein attraktiver Arbeitgeber zu sein, sollten Kanzleien darauf achten, dass es in der Kanzlei jederzeit fair zugeht, dass die Mitarbeiter fast komplett eigenverantwortlich arbeiten, gute Arbeitsbedingungen sowie ein ebensolches Gehalt haben und außerdem in einer modernen und schönen Umgebung arbeiten.

Erst wenn alle Maßnahmen zur Digitalisierung und Automatisierung weitgehend ausgeschöpft sind, die Kanzlei ein attraktiver Arbeitgeber ist und die Kanzleileitung wie erfolgreiche Unternehmer denkt, können neue Mitarbeiter sehr leicht gewonnen werden. Dann wird es wieder sein wie früher in der guten alten Zeit: Gutes Fachpersonal wird sich bei der Kanzlei bewerben, da sie attraktiv ist. Attraktivität zieht an und hat auf die Mitarbeitergewinnung starken Einfluss.

Leistungsfähigkeit der eigenen Mitarbeiter besser nutzen

In diesem Kapitel geht es um die Gewinnung von gutem Fachpersonal, nicht um die Gewinnung von Fachpersonal. Nicht alles, was sich Fachpersonal nennt, ist auch gut. Die Kanzleileitung sollte sich nie in der Not befinden, irgendwelche Mitarbeiter einzustellen, sondern immer nur gute und passende. Es ist ein Vielfaches teurer, schlechtes Fachpersonal einzustellen. Lieber sollte abgewartet werden, bis gute neue Mitarbeiter vor der Tür stehen.

Viele Kanzleileitungen wissen jedoch gar nicht, wie leistungsfähig die eigenen Mitarbeiter sind. Hier ein Beispiel aus der Praxis: Ein guter Steuerfachangestellter schafft bei einer 40-Stunden-Woche in einer kleinen Kanzlei mit gemischtem Kundenstamm einen Jahresumsatz von locker über 110.000 Euro; wenn er topfit ist, auch über 130.000 Euro. Das ist eine sehr gute Benchmark. Leider kennen viele Kanzleileitungen den Umsatz je Mitarbeiter nicht und denken, dass die Mitarbeiter sowieso völlig überlastet sind. Die Kanzleileitung hört sich jeden Tag das Gejammer der Mitarbeiter an, dass die Arbeit so schwer, so kompliziert und vor allem zu viel sei. Alle sind angeblich am Anschlag.

Wie können Sie als Kanzleileitung diesen Zustand des Jammerns beenden und selbst einen guten Überblick über die Kapazitäten des Teams erhalten? Richtig – durch eine Kapazitätsanalyse und -planung. Am besten funktioniert sie bei uns in Excel. Hierin sollten Sie für ein Kalenderjahr alle Kunden eines Mitarbeiters mit allen laufenden Tätigkeiten (Buchhaltung, Löhne, Steuererklärungen und Jahresabschlüsse) und deren benötigten Bearbeitungszeiten erfassen. Dazu kommen noch die jeweiligen Jahreshonorarumsätze je Kunde. Die Bearbeitungszeiten können Sie dann mit den abrechenbaren Anwesenheitszeiten des Mitarbeiters im Jahr vergleichen und auf einen Blick erkennen, ob er mehr Zeit für die Kunden benötigt, als er überhaupt abrechenbar anwesend ist, oder weniger. Wichtig ist es, die Bearbeitungszeit für die Kunden mit der abrechenbaren Anwesenheitszeit zu vergleichen, denn jeder Mitarbeiter hat auch interne, nicht abrechenbare Verwaltungs- oder Fehlzeiten. Das Endergebnis ist die Über- oder Unterkapazität des Mitarbeiters, die es nun richtig zu interpretieren gilt. Wenn dabei herauskommt, dass jeder Mitarbeiter nur 80.000 Euro Umsatz pro Jahr erzielt und angeblich zeitlich voll ausgelastet ist, kann etwas nicht stimmen. In Wahrheit haben die Mitarbeiter bei 80.000 Euro Umsatz noch Luft, neue Fälle anzunehmen. In diesem Beispiel besteht die Lösung also nicht darin, neue Mitarbeiter einzustellen, sondern die bestehenden Mitarbeiter besser auszulasten.

Wenn Sie einen Mitarbeiter haben, der ständig jammert, können Sie mit ihm folgenden Test machen: Nehmen Sie die Kundenliste des Mitarbeiters zur Hand und schlagen Sie ihm vor, dass Sie die Betreuung einiger seiner guten (Lieblings-) Kunden einem Kollegen übertragen. Sie wollen ihn durch diese Maßnahmen entlasten. Wenn der Mitarbeiter sich nun vehement dagegen wehrt, wissen Sie: Er hat doch noch Kapazitäten frei. Machen Sie ihm dies in einem persönlichen Gespräch klar. Machen Sie ihm auch klar, dass er in Zukunft Neukunden aufnehmen muss, sodass seine Kapazität besser ausgelastet wird.

Gehen Sie außerdem im Geiste alle Ihre Mitarbeiter durch: Wer jammert ständig? Wer nicht? Meine Erfahrung ist: Die fleißigen Mitarbeiter jammern selten, da sie gar keine Zeit dafür haben. Machen Sie es sich zur Regel, keine neuen Mitarbeiter einzustellen, solange in der Kanzlei noch wegen Überlastung gejammert wird.

Was können Sie außerdem tun, bevor Sie neue Mitarbeiter einstellen?

- Kündigen Sie bestehende Kunden, die nicht zur Kanzlei passen. Darauf gehe ich später noch ein.

- Nehmen Sie nur noch ideale neue Kunden auf. Eine Alternative wäre ein zeitlich begrenzter Aufnahmestopp von Neukunden, bis neue Mitarbeiter gefunden werden.
- Analysieren Sie alle Kunden und führen Sie verstärkt Maßnahmen zur Digitalisierung und Automatisierung ein. Das führt zu effektiveren und effizienteren Kanzleiabläufen, wodurch Sie Personal einsparen können.

Bevor nicht die oben genannten Maßnahmen durchgeführt wurden, sollten Sie meines Erachtens aus betriebswirtschaftlicher Sicht keine neuen Mitarbeiter einstellen, sondern die bestehenden besser auslasten.

So gehen Sie vor, wenn Sie die richtigen Mitarbeiter finden wollen

Damit Sie die richtigen Mitarbeiter finden, empfehle ich Ihnen, einen Mitarbeitergewinnungsplan zu entwickeln. In ihm definieren Sie genau, wie der gesamte Prozess von der Bewerbung bis zum Ende der Probezeit aussehen soll. Dieser Plan wird auch später Bestandteil des Kanzleihandbuchs werden. In diesem Plan stehen folgende Punkte:

- Formulieren Sie schriftlich, was der ideale Mitarbeiter mitbringen bzw. wie er sein soll: gute fachliche Qualifikation, Berufserfahrung, Vollzeit, EDV-Kenntnisse, teamfähig, gute Kommunikation, freundliche Erscheinung, fröhlich, herzlich. Fragen Sie dafür auch die bisherigen Mitarbeiter um Rat. Deren Meinung ist sehr bedeutsam, da sie gut wissen, welcher Mitarbeitertyp in das Team passt. Gleichzeitig fühlen sich die bisherigen Mitarbeiter wertgeschätzt, da sie um ihren Rat gefragt werden.
- Formulieren Sie ebenfalls schriftlich eine detaillierte Stellenbeschreibung: Aufgaben, Tätigkeit, kurze Kanzleipräsentation. Eine wichtige Frage ist, ob ein Vollzeit- oder ein Teilzeitmitarbeiter eingestellt werden soll. Ich bin ein Verfechter von Vollzeitmitarbeitern, da diese folgende Vorteile gegenüber Teilzeitmitarbeitern haben: Sie machen mehr Umsatz und Gewinn, sie arbeiten effizienter und durchgängiger, sie sind länger für andere Mitarbeiter, Kunden und Kanzleileitung ansprechbar, die EDV- und Raumkosten verteilen sich besser und die Arbeitsplatzauslastung ist höher. Wenn Sie also die Wahl haben, ziehen Sie immer einen Vollzeitmitarbeiter vor, auch wenn Sie ihn noch nicht gleich zu 100 % auslasten können.
- Definieren Sie Maßnahmen zur Mitarbeitersuche:
  - Eigenen Bereich auf Homepage einrichten, z. B. siehe www.patrikluzius.de/kanzlei/jobs, das ist attraktiv für Initiativbewerbungen, die Sie ansonsten kaum erhalten werden
  - Eigenes Facebook-Profil einrichten, das Sie geschäftlich nutzen. Optimieren Sie Ihr Profil mit guten Fotos und Videos über Sie, Ihre Mitarbeiter und

  Ihre Kanzlei. Schreiben Sie genauso attraktive Texte und Bewerbungsanzeigen wie auf Ihrer Homepage und in anderen Medien. Posten Sie in Gruppen, in denen die gewünschten Mitarbeiter Mitglieder sind.
  - Stellenanzeigen auf Social-Media-Plattformen schalten, z. B. www.facebook.de, www.youtube.de, www.xing.de
  - Stellenanzeigen in Internetportalen schalten, z. B. www.monster.de, www.stepstone.de, www.meinestadt,.de, www.jobpilot.de
  - Arbeitgeberbewertungsplattformen nutzen, z. B. www.kununu.com
  - Apps nutzen, z. B. www.truffls.de
  - Selbst ausbilden und Azubis übernehmen
  - Personalvermittler oder Headhunter beauftragen, Kopfprämien zahlen
  - Kooperationen mit Berufsschulen und Hochschulen anstoßen
  - Mitarbeiter als »Botschafter« einsetzen: Mitarbeiter werben Mitarbeiter
  - Kunden- und Kooperationspartner der Kanzlei ansprechen
  - Newsletter der Kanzlei nutzen
  - Veranstaltungen, Messen besuchen
  - Mitarbeiter von anderen Kanzleien ausleihen
  - Radio- und Kinowerbung schalten, Plakate aufhängen
  - Stellenanzeigen in regionalen und überregionalen sowie Fachzeitungen schalten
  - Stellenanzeigen in Kammermitteilungen schalten
  - Stellenanzeigen bei der Bundesagentur für Arbeit schalten
  - Ihre eigenen Kunden per E-Mail informieren, dass Sie Mitarbeiter suchen; vielleicht ergibt sich auch daraus etwas
- Werten Sie die eingehenden Bewerbungen detailliert aus und achten Sie darauf, dass der Bewerber gut ins Team passt. Auch hier ist es sehr hilfreich, wenn ausgewählte Mitarbeiter der Kanzleileitung Sie dabei unterstützen.
- Überlegen Sie sich die Fragen, die Sie im ersten Bewerbungsgespräch stellen wollen. Formulieren Sie sie schriftlich. Es gilt die Devise: Je mehr Sie fragen, desto genauer lernen Sie den Bewerber kennen und desto besser können Sie entscheiden, ob er ins Team passt. Haben Sie keine Scheu vor persönlichen Fragen. Der Bewerber wird sie entweder beantworten oder nicht. Wichtig ist, dass Sie überhaupt fragen. Werten Sie die Antworten auf diese Fragen ebenfalls wieder detailliert aus und lassen Sie sich dabei von Ihren Mitarbeitern unterstützen.
- Wenn das erste Bewerbungsgespräch positiv verlaufen ist, können Sie den Bewerber optional zum zweiten Gespräch einladen. Es gibt auch Kanzleileitungen, die nach dem ersten Bewerbungsgespräch telefonisch zusagen und dann alles Weitere wie Arbeitsvertrag usw. in die Wege leiten. Wenn Sie sich jedoch nicht ganz sicher sind, sollten Sie ein zweites Gespräch ansetzen, an dem auch wieder bestehende Mitarbeiter teilnehmen. Die Mitarbeiter haben

einen anderen Blickwinkel auf den Bewerber und können im Zweifel am besten entscheiden, wer ins Team passt.
- Sie können auch einige Tage Probearbeitszeit vereinbaren, wenn Sie sich die praktische Tagesarbeit des Bewerbers anschauen möchten.
- Bereiten Sie dann einen schriftlichen Arbeitsvertrag vor, der den neuesten Arbeitsrechtsstand beinhaltet. Ebenso sollten Sie dem Arbeitsvertrag die schriftliche festgehaltene Unternehmenskultur als Betriebsvereinbarung zur Unterschrift beilegen. Während der Probezeit sollten Sie ein geringeres Gehalt vereinbaren, das nach der Probezeit automatisch ansteigt.
- Bevor neue Mitarbeiter ihren ersten Arbeitstag haben, sollten alle nötigen Arbeitsmittel zur Verfügung gestellt werden. Diese sind zum Beispiel: Laptop, EDV-Zugänge und Lizenzen, Internetzugang, Telefon, Durchwahl, Outlook-Kalender, Mailadresse, Visitenkarten mit Namen des Mitarbeiters, Büromöbel, Büromaterial aller Art usw. Ebenso muss vorher klar sein, welche Mitarbeiter als Paten in der Einarbeitungszeit zur Verfügung stehen. Alles zuvor Genannte sollte in einem schriftlichen Prozess abgebildet sein, der Teil des Kanzleihandbuches ist.
- Vereinbaren Sie immer eine Probezeit von sechs Monaten, damit Sie sich die Leistungen des neuen Mitarbeiters lange genug anschauen können. Führen Sie regelmäßige Feedbackgespräche durch und lassen Sie den neuen Mitarbeiter an allen Teamgesprächen teilnehmen. Wenn Ihr Bauchgefühl und auch das Ihrer bisherigen Mitarbeiter positiv ausfällt, vereinbaren Sie kurz vor dem Ende der Probezeit ein persönliches Gespräch mit dem neuen Mitarbeiter. Darin besprechen Sie die Probezeit und den weiteren Ausblick auf die unbefristete Arbeitsstelle. Sollte das Bauchgefühl negativ sein, kündigen Sie den Arbeitsvertrag rechtzeitig innerhalb der Probezeit. Widerstehen Sie der Versuchung, einen schlechten Mitarbeiter zu halten, weil sonst die Arbeit in der Kanzlei nicht erledigt würde. Dieser Trugschluss ist sehr teuer und wird große Folgeschäden nach sich ziehen.
- Nach der Probezeit muss der neue Mitarbeiter so gut in die Kanzlei passen, dass er unbefristet arbeiten darf. Ab Beginn der Probezeit und insbesondere danach sollten Sie alle erforderlichen Maßnahmen zur Mitarbeiterbindung durchführen, wie ich sie bereits in einem früheren Kapitel geschildert habe.

Mit diesem Mitarbeitergewinnungsplan möchte ich Ihnen gerne einen Überblick über die möglichen Maßnahmen geben – natürlich passen nicht alle zu jeder Kanzlei. Es ist jedoch wichtig, mit einem solchen Plan einen »Einstellungsfilter« zu schaffen, den alle Bewerber durchlaufen müssen. Wer im Filter hängenbleibt, darf kein Mitarbeiter der Kanzlei werden – ohne Ausnahme. Denn vergessen Sie nie: Gutes Fachpersonal ist für jede Steuerkanzlei unersetzbar. Es macht wenig

Fehler, kann mit Kunden gut umgehen und erledigt die Arbeit effizient. Es entlastet die Kanzleileitung, damit diese sich um ihre eigentlichen Aufgaben kümmern kann. Gutes Fachpersonal ist für die Kanzlei der größte Nutzenbringer von allen Maßnahmen, die in diesem Buch besprochen werden.

Noch ein Tipp zum Schluss – denken Sie bei der Mitarbeitersuche einfach mal um die Ecke. Hier sind meine Empfehlungen, die etwas aus dem Rahmen fallen:

- Azubi für Bürokaufmann/frau für das Office Management einstellen (ggf. direkt in Berufsschule suchen)
- Hotelfachangestellte für das Office Management einstellen, da diese immer freundlich und serviceorientiert arbeiten
- Experten für Marketing, Kundengewinnung, Social Marketing und Public Relations einstellen
- EDV-Fachmann für Homepage, neue Software, Apps, Schnittstellen etc. einstellen
- Videofachmann und Webinar-Spezialist einstellen, denn Video ist das beste Medium zur Informationsverbreitung

Handlungsempfehlungen

- Machen Sie eine Kapazitätsanalyse und reagieren Sie entsprechend, wenn das Ergebnis feststeht.
- Optimieren Sie Ihren Kundenstamm und beschleunigen Sie Ihre interne Organisation. Beschleunigen heißt: vereinfachen, digitalisieren, automatisieren.
- Stellen Sie erst neue Mitarbeiter ein, wenn Sie diese beiden oben genannten Punkte erledigt haben.
- Schauen Sie sich als Einstieg auf meiner Homepage www.patrikluzius.de/kanzlei/jobs die 25 Gründe an, warum sich jemand bei mir bewerben sollte.
- Machen Sie Ihre Kanzlei durch und durch attraktiv für neue Mitarbeiter. Durchdenken Sie alles. Fragen Sie Ihre bisherigen Mitarbeiter und Ihre Freunde, wie die Kanzlei noch attraktiver werden kann. Stellen Sie sich hierbei immer selbst die Frage: »Würde ich hier gerne und langfristig arbeiten?«
- Suchen Sie mit andersartigen und auffälligen Anzeigen neue Mitarbeiter, nicht mit altbackenen »Todesanzeigen«. Gestalten Sie Ihre Anzeige und deren Inhalt gehirngerecht nach folgendem Schema: neu, bedeutsam, wichtig, sinnvoll, interessant und glaubwürdig. Das erhöht Ihre Erfolgschancen.
- Nutzen Sie moderne Medien für die Suche. Mit Facebook haben wir gute Erfahrungen gemacht.
- Stellen Sie nur gutes Personal ein, das Ihren Einstellungsfilter erfolgreich durchlaufen hat.

17 Finsterer Empfang und Kanzlei(alp)träume

ERFOLGSIMPULS

Attraktive Kanzleiräume spiegeln optisch Kompetenz wider und sorgen dafür, dass sich die Kunden und Mitarbeiter Ihrer Kanzlei wohlfühlen. Und attraktiv sind Kanzleiräume unter anderem dann, wenn sie gut ausgestattet, modern und freundlich sind, die Menschen darin gesund bleiben und sich in einem geschützten Rahmen auch zu vertraulichen Gesprächen zurückziehen können.

Woran merkt ein Kunde, dass Sie ein guter Steuerberater sind?
Zeige mir deine Kanzleiräume und ich sage dir, wer du bist. Klingt provokant? Ja, das soll es auch sein. Aber bitte nehmen Sie diesen Satz nicht persönlich. Ich möchte damit nur wachrütteln und in diesem Kapitel den Fokus auf die Äußerlichkeiten unserer Arbeit legen, also auf das, was Mitarbeiter und Kunden von uns in der Kanzlei sehen können. Vielleicht denken Sie jetzt: »So ein Quatsch, das mit den Äußerlichkeiten. Ich bin schon 30 Jahre lang Steuerberater und ich weiß, dass meine Leistung das Wichtigste für den Mandanten ist.« Aber ist das tatsächlich so? Kann ein Kunde unsere Leistung beurteilen? Die Antwort ist: Nein, das kann er nicht. Er macht vielmehr unsere Leistungen als Steuerberater von Ersatzkriterien abhängig, gerade weil er unsere Leistungen nicht beurteilen kann.

Das geht uns in anderen Branchen auch so – seien wir ehrlich. Wenn ich zum Beispiel zu einem Arzt gehe und mich behandeln lasse, kann ich seine Leistung nicht wirklich beurteilen. Ich weiß nicht, ob mir die von ihm vorgeschlagene Therapie helfen wird oder nicht. Später, wenn ich wieder gesund bin, glaube ich zu wissen, dass er mir gut geholfen hat. Mein Körper könnte aber auch ohne seine Hilfe wieder gesund geworden sein, ich weiß es nicht genau. Also mache ich meine Leistungsbeurteilung an Ersatzkriterien fest, die bei einem Arzt zum Beispiel folgende sein könnten: Er ist ein freundlicher und ruhiger Arzt, der sich Zeit nimmt und alles verständlich erklärt. Am Empfang arbeitet ebenso freundliches und serviceorientiertes Personal. Die Praxisräume sind schön und hell. Um Patienten abzulenken und zu beruhigen, gibt es im Wartezimmer ein Fernsehgerät und ein Aquarium. Die Wartezeit beträgt maximal zehn Minuten (auch für gesetzlich Versicherte). Es gibt eine gute Verkehrsanbindung, gute Parkplatzmöglichkeiten und kundenfreundliche Öffnungszeiten. Auf der schönen und aktuellen Homepage können die Patienten online Termine vereinbaren. Die direkte Kommunikation mit dem Arzt ist per Mail möglich. Es gibt eine Notfallrufnummer für Patienten und vieles mehr.

Wie fühlen Sie sich in einer Arztpraxis, die diese Ersatzkriterien erfüllt? Würden Sie in eine andere Praxis wechseln? Ich nicht.

Nun die Gegenprobe – Sie kommen in folgende Praxis:

Zunächst einmal stehen Sie fünf Minuten unbeachtet am Empfang, obwohl die Empfangsdame direkt vor Ihnen sitzt. Das Telefon im Empfang klingelt ununterbrochen, aber niemand geht dran. Das Personal ist hektisch und genervt. Es gibt zwei Wartezimmer – eines für privat und eines für gesetzlich versicherte Patienten. Der Arzt gilt als Koryphäe, macht aber alles schnell-schnell nach dem Motto »Je mehr Umsatz, desto besser«. Die Wartezeiten betragen über eine Stunde.

Wie fühlen Sie sich nun in dieser Arztpraxis? Würden Sie in eine andere Praxis wechseln? Ich schon.

Und genauso, wie es Ihnen geht, wenn Sie eine Arztpraxis betreten, geht es unseren Kunden auch, wenn sie zu uns kommen. So geht es aber auch unseren Mitarbeitern, denen ein attraktives und professionelles Arbeitsumfeld und gutes Betriebsklima wichtig ist. Wie eine für Mitarbeiter und Kunden gleichermaßen attraktive Steuerkanzlei gestaltet werden kann, beschreibe ich Ihnen hier:

1. Gesundheit

Der Schutz der Gesundheit aller Menschen in der Kanzlei hat oberste Priorität und ist Angelegenheit der Kanzleileitung. Sie hat die alleinige Verantwortung, dafür zu sorgen, dass die Mitarbeiter und sie selbst in einer gesunden Umgebung arbeiten können. Ohne den Gesundheitsschutz werden Kanzleileitung und Mitarbeiter öfter krank, die Arbeit bleibt liegen, die Mitarbeiter sind gestresst, Mitarbeiter und Kunden werden unzufrieden. Das fügt der Kanzlei erhebliche Verluste zu.

Die Kanzleileitung sollte sich ggf. unter Zuhilfenahme von Ärzten einen Maßnahmenkatalog aufstellen, wie sie die Gesundheit aller in der Kanzlei arbeitenden Menschen besser schützt. Das betrifft den Körper und die Psyche. Zu schützen sind konkret:

- Geist, Seele, Psyche: nervtötende und »terrorisierende« Kunden kündigen, keine kontinuierlich zu hohe Arbeitsbelastung zulassen
- Atemwegsorgane: Klimaanlagen jährlich warten lassen, Druckerfilter in alle Drucker einbauen, Stoßlüften statt Fenster dauern gekippt lassen
- Rücken: rückenschonende Stühle, höhenverstellbare Schreibtische

- Augen: Räume sollten so hell sein wie Tageslicht, gute augenschonende Beleuchtung gegen Müdigkeit
- Körper, insbesondere das Gewicht: Obst, Gemüse, Nüsse und keine Süßigkeiten in der Kanzlei auslegen, kein Alkohol während der Arbeitszeit

Wer die Gesundheit seiner Mitarbeiter nicht schützt, wird kranke Mitarbeiter haben – und dadurch eine kranke Kanzlei.

2. Räumlichkeiten

Nach der Gesundheit sind die Räumlichkeiten der Kanzlei sehr wichtig. Nein, es ist nicht egal, wo die Kanzlei ist und wie es darin aussieht. Die Kunden speichern bewusst oder unbewusst ein Bild davon ab und fühlen sich wohl oder auch nicht. Und erzählen es meistens dann weiter, wenn sie sich unwohl gefühlt haben.

Die Räumlichkeiten Ihrer Kanzlei sind Ihr Aushängeschild für die Außendarstellung. Viele Kanzleien haben den Anspruch, professionell und hochpreisig zu arbeiten – das spiegelt sich aber teilweise nicht in den Räumlichkeiten wider. An diesem Punkt müssen die Kanzleien authentisch sein: Wer hohe Preise verlangt, muss auch edle Räumlichkeiten haben. Das erwarten die Kunden.

Dazu möchte ich Ihnen eine wahre Geschichte erzählen: Ich war einmal mit einem meiner Kunden bei einem Steuerberater-Kollegen in dessen Kanzlei zur Besprechung. Die Kanzlei hatte einen guten Namen und Ruf. Wir wurden in ein altes, hässliches Besprechungszimmer gesetzt, in dem Belegordner von anderen Kunden auf dem Boden standen. Dann kam die Sekretärin und fragte uns, ob wir Kaffee trinken wollten. Das bejahten wir und bestellten einmal Kaffee mit Milch und einmal Kaffee mit Zucker. So weit, so einfach, dachte ich – bis sie 30 Sekunden später erneut hereinkam und fragte, wie wir gerne unseren Kaffee trinken wollten. Wir wiederholten unsere Bestellung. Nach einigen Minuten brachte sie uns den Kaffee und dazu gab es Milchpulver der Edeka-Marke »Gut und günstig«. An dieser Stelle hätte jeder Marketingexperte der Welt einen Herzinfarkt erlitten: Eine hochpreisige Kanzlei mit gutem Ruf serviert ihren Kunden ein billiges Milchprodukt mit dem irrwitzigen Namen »Gut und günstig«! Was denkt ein Kunde da? Sicherlich nicht: Wow, tolle Kanzlei, hier werde ich sicherlich kompetent bedient!

Ergo: Die Räumlichkeiten der Kanzlei müssen so schön sein, dass sich Kanzleileitung, Mitarbeiter, Kunden und Kooperationspartner jeden Tag dort wohl fühlen. Sie gehen dort ein und aus, und vor allem Kanzleileitung und Mitarbeiter verbringen einen großen Teil ihres Tages dort – Wohlfühlatmosphäre ist deshalb oberstes Gebot.

Was kann die Kanzlei zum Thema Wohlfühlen in den Kanzleiräumen tun?

Die Kanzleileitung und ausgewählte Mitarbeiter sollten sich im wahrsten Sinne des Wortes auf den Weg machen, in jedes Zimmer der Kanzlei gehen, sich aufmerksam umschauen und sich diese Fragen stellen:

- Wie sehen die Decken aus, der Fußboden, die Wände, die Beleuchtung, die Klimaanlage, die Heizung, die Blumen, die Kleiderständer, die Schränke, die Schreibtische, die Stühle, die Ordnung, die Toiletten, die Mülleimer usw.?
- Liegen Ordner, Taschen, Material usw. auf dem Boden herum oder nicht?
- Fühle ich mich in diesem Zimmer wohl? Hören Sie auf Ihr Bauchgefühl!
- Würde ich es zu Hause genauso einrichten?
- Würden sich meine Familie und Freunde hier wohl fühlen? Laden Sie sie ein und fragen Sie sie.
- Wie kann man mit einer tollen Dekoration und mit Pflanzen alle Räume verschönern?
- Wie gut passen die Räume zu dem Image, das ich haben möchte?

Sie können auch externe Personen oder professionelle Innenausstatter in die Kanzlei bitten, um ihre Meinung zur Optik der Räumlichkeiten zu hören.

Was hat die Kanzlei davon? Wer sich wohlfühlt, arbeitet auch besser. Von daher haben die Räumlichkeiten einen entscheidenden Einfluss auf den Wohlfühlfaktor und die Produktivität der Mitarbeiter. Jeden Morgen zu Arbeitsbeginn sollten sich alle freuen, dass sie in attraktive Räume kommen. Diese Freude strahlt auch auf die Kunden und die Arbeit aus, die effizienter und fehlerfreier erledigt wird.

3. Standort

Der Standort der Kanzlei ist wichtig und muss zu Ihrem Image und Ihren Wünschen passen. Beraten Sie viele Unternehmer, wäre ein Standort in einem Gewerbegebiet passend. Beraten Sie nur Rentner, wäre ein Standort in der Nähe eines Altersheimes ratsam. Achten Sie auf eine gute Verkehrsanbindung, ausreichend Parkplätze, eine gute Ausschilderung zur Kanzlei in einem verschachtelten Gebäude, Barrierefreiheit, Aufzug etc.

4. Ausstattung

Unter Ausstattung fällt die gesamte Büroausstattung inklusive Küche und WC. Die EDV-Ausstattung klammere ich hier einmal aus. Kanzleien, die auf eine sehr gute Ausstattung Wert legen, können viel effizienter als die Konkurrenz arbeiten. Die Ausstattung muss funktional, effizient, leicht bedienbar sein und ein gutes Preis-Leistungs-Verhältnis haben, sollte alle paar Jahre modernisiert und auf den Stand der aktuellen Technik gebracht werden. Ohne eine sehr gute Ausstattung wird das Arbeiten in der Kanzlei erschwert und auch verlangsamt. Die Kanzlei wird zu lange für die Kanzleiprozesse benötigen und Wettbewerbsnachteile gegenüber der Konkurrenz erleiden.

Was hat die Kanzlei davon?

- Effizientere Prozesse
- Zufriedene Mitarbeiter
- Höhere Mitarbeiterbindung
- Spaß an der Arbeit, weil alles funktioniert
- Mehr Gewinn für die Kanzlei

Was kann die Kanzlei tun?

Die Kanzleileitung und die Mitarbeiter sollten sich zusammen die gesamte Büroausstattung in allen Einzelteilen in jedem Raum anschauen, aufschreiben und nach folgenden Kriterien bewerten:

- Schnell
- Modern
- Funktional
- Leicht bedienbar
- Gute Optik

Nach dieser Bestandsaufnahme sollten gegebenenfalls Ausstattungsbestandteile erneuert werden.

Nachfolgend einige konkrete Beispiele für eine sehr gute Ausstattung in Stichworten:

Alle Büros:

- Ordnung: Nur ein Vorgang liegt auf Tisch, der Rest im Schrank oder Ablagekörben, nichts liegt auf dem Boden.
- Beleuchtung: Tageslichthell, sonst leiden die Augen und Mitarbeiter werden müde.
- Schreibtisch: Groß, damit kein beengter Eindruck entsteht.
- Kundengespräche: Am besten am Arbeitsplatz des Mitarbeiters, da dieser dort seine EDV und Unterlagen griffbereit hat.
- Stühle: Bürostühle rückenschonend, hier nicht sparen! Kundenstühle müssen auf Augenhöhe mit dem Beraterstuhl sein.
- Schränke: Abschließbar, einheitliche Ordnerstruktur, z. B. Steuerordner A-Z, Lohnordner A-Z.
- Computer: Am besten Laptop wegen Mobilität und Energieeffizienz.
- Netzwerkverkabelung: Je schneller, desto besser.
- Monitor: 27 oder mehr Zoll TFT, der Trend geht zum zweiten Monitor für jeden Mitarbeiter

- Drucker: Netzwerkfähiger Farblaserdrucker (einheitliches Modell) mit Staubfilter bei jedem Mitarbeiter am Arbeitsplatz.
- Telefon: Ggf. Handys für alle Mitarbeiter.
- Rechenmaschine: Für alle Mitarbeiter, falls benötigt.
- Ablagekörbe/Bearbeitungskörbe: Max. 4 übereinander gestapelt auf Tisch: 1 »aktuelle Woche«, 1 »nächste Woche«, 1 »Warten«, 1 »Sonstiges«.
- Scanner: 1 schneller Dokumentenscanner pro 5 Mitarbeiter.
- Abfall inkl. Abfalltrennung: 2 Papierkörbe an jedem Arbeitsplatz (rot zum Schreddern, andere Farbe für Papiermüll).
- Umweltschutz: Stromsparende Laptops oder Mini-PCs und Beleuchtung, Abfalltrennung, mehr Mail statt Post, spart Papier, Umschläge, Porto, Toner und Druckerabnutzung, Verwendung von 100 % Ökostrom.
- Laufwege: Verkürzen, sonst gibt es enormen und sinnlosen Zeit- und Geldverlust.
- Dekoration: Blumen und Bilder etc., darf sich jeder Mitarbeiter selbst gestalten.
- Funktionalität: Es muss alles, was täglich gebraucht wird, am Arbeitsplatz und in Griffnähe sein, z. B. in Schreibtisch oder in Schrank hinter dem Rücken des Mitarbeiters, großer Locher auf jedem Tisch, spart Zeit.
- Bindegerät: Überprüfen, ob man dieses nicht einspart und durch schöne Heftmappen ersetzt, spart Zeit. In Zeiten des Einscannens sollte nichts mehr mit einem Bindegerät gebunden werden.
- Klimaanlage: Alle Räume müssen klimatisiert sein, das erhöht im Sommer die Konzentration und den Wohlfühlfaktor, reduziert Fehler und damit Haftungsfälle.

Schredder:
- Schredder mit Schneidleistung über 25 Blatt auf einmal.
- Sicherheitsstufe muss mindestens 3 sein (berufsrechtliche Vorschrift!).
- Putzmitarbeiter sollen alle Papiere einer Woche schreddern, nicht die Mitarbeiter, das spart Geld.

Diskretion

Die Diskretion in einer Steuerkanzlei ist das höchste Gut. Alle Kunden müssen die Gewissheit haben, dass ihre Informationen, Daten und Unterlagen absolut vertraulich und diskret behandelt werden. Nichts darf nach außen dringen. Das gilt ebenso innerhalb der Räume der Kanzlei. Auch hier muss auf Diskretion sehr großen Wert gelegt werden. Ohne Diskretion ist der Betrieb einer Steuerkanzlei nicht möglich.

Was kann die Kanzlei für die Diskretion tun?

In den Räumen der Kanzlei muss dafür Sorge getragen werden, dass Kunden keine anderen Kunden treffen bzw. nichts von anderen mitbekommen. Das ist räumlich nicht immer ohne Probleme möglich, es sollte aber auf jeden Fall darauf geachtet werden, dass es keine Verstöße gegen die Verschwiegenheitsverpflichtung gibt. Hierzu gehört auch, dass Kunden keine anderen Kundennamen oder Kundeninformationen hören und sehen. Ein kritischer Bereich ist das Sekretariat, denn hier liegen öfter Kundeninformationen im Sichtbereich für andere Kunden. Wenn Kunden zum Beratungsgespräch in die Räume der Mitarbeiter kommen, müssen alle Schränke geschlossen sein. Es dürfen auch nirgends Ordner oder Papiere auf dem Boden herumliegen. Bei Telefonaten sind die Türen zu schließen, sodass niemand etwas hören kann. Auch die Schallisolierung der Türen spielt hierbei eine Rolle. Teppichboden und Gardinen schlucken viel Hall in den Räumen, was förderlich für die Verschwiegenheit ist.

Handlungsempfehlungen

- Fördern Sie aktiv und ständig die Gesundheit Ihrer Mitarbeiter.
- Schaffen Sie optisch und funktionell schöne und attraktive Kanzleiräume.
- Betreiben Sie die Kanzlei an einem attraktiven Standort.
- Achten Sie darauf, dass Ihre Ausstattung auf dem Stand der Technik ist und jeder damit effizient arbeiten kann.
- Achten Sie auf absolute Diskretion in den Kanzleiräumen.

18 Die geliebte EDV – Herzstück der Kanzlei!

ERFOLGSIMPULS

Eine moderne Kanzlei braucht eine moderne Hard- und Software und schnelle Prozesse. Eine gut funktionierende und sinnvoll vernetzte Software garantiert Ihnen eine reibungslos laufende Kanzlei. Die Software ist das Herzstück aller Arbeitsmittel einer Kanzlei und muss ebenso gut wie ein echtes Herz behandelt werden – so erhalten Sie Ihre Konkurrenzfähigkeit.

Überblick über Ihre Hard- und Software

Die EDV ist in den letzten 25 Jahren immer wichtiger geworden in Steuerkanzleien – so wie in der gesamten Wirtschaft auch. Mit der Digitalisierung und Automatisierung der Steuerberatung wird diese Entwicklung noch deutlich schneller voranschreiten.

Zur EDV einer Steuerkanzlei zähle ich die Bereiche Hardware, Software, IT-Service, Partner- und ASP-Lösungen und gebe Ihnen in diesem Kapitel einen Überblick darüber, was in diesen Bereichen für eine gut funktionierende Kanzlei wichtig ist.

EDV-Hardware: Immer auf dem neusten Stand

Unter EDV-Hardware verstehe ich Computer, Laptop, Server, Monitor, Drucker, Telefonanlage, Telefon, Handy, Tablet, Maus, Tastatur, Toner und das gesamte Zubehör. Die Hardware spielt in einer Steuerkanzlei eine zentrale Rolle. Sie muss immer auf dem aktuellen Stand der Technik gehalten werden. Ohne eine moderne Hardware kann eine Steuerkanzlei nicht mehr arbeiten. Das zieht permanente Investitionen nach sich. Aus diesem Grund ist es sehr wichtig, dass die Hardware als Investition verstanden wird, die unter dem Strich viel mehr nutzt als kostet.

Die gesamte Hardware sollte spätestens nach drei Jahren ausgetauscht werden. Server, Monitore und Zubehör können auch länger als drei Jahre genutzt werden. Handys und Tablets sind oft schon nach zwei Jahren überholt, können aber auch drei Jahre halten. Eine internetbasierte Telefonanlage ist zu empfehlen, da sie wenig Hardware benötigt, lange hält und sehr flexibel einsetzbar ist. Ebenso ist WLAN in der gesamten Kanzlei nicht mehr wegzudenken.

Was hat die Kanzlei davon?

- Große Zeitersparnis
- Wenige Abstürze
- Weniger Techniker-Kosten
- Mehr Kundenzufriedenheit
- Mehr Mitarbeiterzufriedenheit
- Gutes Image für die Kanzlei
- Gutes Vorbild für die Kunden

EDV-Software: Sinnvoll vernetzt am wirksamsten

Größter Softwareanbieter für Steuerkanzleien in Deutschland ist zurzeit die DATEV eG in Nürnberg. Daneben gibt es noch weitere Anbieter, z. B. Simba, Addison, Agenda, Lexware, Sage, Fibunet, SBS und viele andere. Zudem schießen neue Softwareanbieter aus dem Boden und bieten innovative kleinere Lösungen an, die die etablierten Anbieter noch nicht haben. Es wird wohl noch ein paar Jahre dauern, bis auch sie nachziehen oder die kleinen Anbieter aufkaufen. In den USA ist es gang und gäbe, dass die großen High-Tech-Firmen wie zum Beispiel Google, Facebook oder Microsoft permanent kleinere Anbieter übernehmen, um an die Technologie zu gelangen oder frühzeitig einen möglichen Konkurrenten auszuschalten.

Die Softwarelandschaft in Steuerkanzleien ist also groß und teilweise unübersichtlich, aber ich habe versucht, zu den meisten Programmen oder Programmteilen der DATEV Handlungsempfehlungen zusammenzustellen. Diese sollen Ihnen helfen, viel Zeit, Material und Porto zu sparen. Da wir nur mit DATEV-Programmen arbeiten, kann ich zu anderen Anbietern keine Aussagen treffen. Das bedeutet selbstverständlich nicht, dass andere Anbieter nicht eine gleiche, ähnliche oder bessere Lösung anbieten. Wir verwenden hier das DATEV-Mehrwertpaket, in dem alle wichtigen Programme zu vergünstigten Preisen freigeschaltet sind.

- Passwortverwaltung
  - Kanzleileitung führt Passwortverzeichnis.
  - Passwörter der Kanzleileitung müssen auch außerhalb der Kanzlei bei Vertrauensperson versiegelt liegen.
  - Alle Passwörter der Mitarbeiter müssen der Kanzleileitung bekannt sein.
- Stammdatenverwaltung
  - Perfekte Pflege spart viele unnötige Arbeitsstunden.
  - Alle Mitarbeiter müssen gut geschult sein.

- Kanzlei-Rechnungswesen
  - Einheitliche Auswertungspakete sollten den Kunden gemailt oder online bereitgestellt werden, das spart Zeit, Material und Porto.
  - Wenn Sie irgendeine Information im Bereich Buchführung suchen, können Sie ganz leicht unter dem Menüpunkt Buchungsübersicht alles finden.
  - Wir senden die Umsatzsteuer-Voranmeldungen über das Telemodul, das spart uns die Gebühren bei der DATEV in Höhe von 1,65 Euro je Kunde je Monat.
- Kontieren
  - Es dürfen keine Belege gestempelt oder mit der Hand beschriftet werden, das spart viel Zeit.
- Kontoauszugsmanager
  - Schriftliche Kontierungsrichtlinien müssen vorhanden sein.
  - Muss bei jeder Buchführung eingerichtet sein, außer bei Kleinst-Buchhaltungen.
  - Spart nach drei Monaten nachweislich im Durchschnitt 50 % der Arbeitszeit bei gleichem Honorar.
  - Eliminiert Tippfehler.
  - Mitarbeiter müssen gut in der Bedienung der Lerndatei geschult sein, das ist entscheidend für den Erfolg.
  - Kostet ca. 5 Euro mtl. Bankgebühren beim Kunden, ist aber zu vernachlässigen.
- Kassentool
  - Muss bei jeder Buchführung eingerichtet sein, außer bei Kleinst-Buchhaltungen.
  - Spart nach drei Monaten einiges an Arbeitszeit bei gleichem Honorar.
  - Eliminiert Tippfehler.
  - Mitarbeiter und Kunden müssen gut in der Bedienung der Excel-Datei geschult sein.
  - Ersetzt keine ordnungsgemäßen Kassenberichte oder Kassenbücher, ist nur als Einlesehilfe gedacht.
- Nutzung Schnittstellen zu Fremdsoftware
  - Alle wichtigen Kunden fragen, welche Fremdsoftware im Einsatz ist und ob es eine Schnittstelle zur Kanzleisoftware gibt (z. B. DATEV-Schnittstelle).
  - Wenn es Sinn macht und größere Datenmengen verarbeitet werden, dann sollte man sich darum kümmern, da jede funktionierende Schnittstelle viel Zeit spart.
  - Wenn der Kunde keine Software nutzt, aber zum Beispiel Excel-Listen, dann sollte man über das Einlesen der Liste über die ASCII-Schnittstelle

nachdenken. Die Steuerkanzlei Luzius nutzt die ASCII-Schnittstelle immer häufiger und spart dadurch viel Zeit.

- Nutzung Schnittstelle für die eigene Kanzlei-Buchführung
  - Muss genutzt werden, spart Bearbeitungszeit und reduziert Fehler.
- Unternehmen Online
  - Macht am meisten Sinn bei größeren Buchhaltungen, EDV-affinen Kunden und ordentlichen Offene-Posten-Buchhaltungen.
  - »Unternehmen Online« ist eine Online-Plattform, die als Informations-Drehscheibe zwischen Kunden und Steuerkanzlei fungiert. Über sie können elektronische Belege aller Formate importiert, über eine OCR-Erkennung ausgelesen und für die Verbuchung vorbereitet werden. Die Belege werden als Bilder dauerhaft archiviert.
  - Vorteile:
    - Wegfall des Pendelordners auf Papier. Dieser wird in digitaler Form abgebildet.
    - Papierbelege können beim Kunden bleiben und müssen nicht zur Steuerkanzlei geschickt werden.
    - Elektronisch vorliegende Rechnungen müssen nicht mehr für den Pendelordner gedruckt werden
    - Fahrten zur Steuerkanzlei entfallen.
    - Keine Kosten mehr für Drucken, Papier, Ordner etc.
    - Alle Belege sind als Bild rund um die Uhr verfügbar.
    - Belegbilder können mit dem passenden Buchungssatz verknüpft werden.
    - Belegbilder werden dauerhaft archiviert und sind somit gegen Brand, Wasser oder Diebstahl geschützt
    - Thermobelege müssen nach dem Scannen nicht noch kopiert werden.
    - Lohnablage entfällt.
    - Anderer Buchhaltungstakt ist möglich, zum Beispiel wöchentlich.
    - Buchhaltungsauswertungen können direkt nach Fertigstellung online bereitgestellt werden.
    - Hoher Sicherheitsstandard der DATEV
    - Orts- und zeitunabhängiger Zugriff auf alle Daten und Auswertungen, auch mit mobilen Endgeräten
    - Zahlungsverkehr ist für den Kunden leicht möglich, anstatt Online-Banking.
    - Medienbrüche werden vermieden.
    - Bessere Verteilung der Buchhaltungen möglich, Entzerrung der Stoßzeiten kurz vor dem 10. des Monats.
    - Mitarbeiter können ohne Papierbelege im Homeoffice arbeiten.
    - Schnelle Suche auch in Belegbildern möglich.

- Lohnprogramm
  - In Auswertungspaketen sollten gleichzeitig möglichst viele Kunden abgerechnet werden.
  - Einheitliche Auswertungspakete sollten den Kunden gemailt oder online bereitgestellt werden, das spart Zeit, Material und Porto.
- Steuerprogramme
  - Alle Steuererklärungen müssen elektronisch und seit dem Veranlagungszeitraum 2017 auch voll authentifiziert gesendet werden.
  - Durch die neue Belegvorhaltepflicht seit Veranlagungszeitraum 2017 hat sich der Ablauf der Fertigstellung von Steuererklärungen für die Kunden der Steuerkanzlei Luzius wie folgt geändert:
    - Kanzlei sendet an das Finanzamt und behält die Belege in der Kanzlei, bis das Finanzamt reagiert.
    - Wenn das Finanzamt korrekten Bescheid schickt, wird dieser zusammen mit Belegen an den Kunden zurückgeschickt.
    - Wenn das Finanzamt Rückfragen stellt, werden diese anhand der vorgehaltenen Belege beantwortet.
    - Wenn das Finanzamt einen falschen Bescheid schickt, wird Einspruch anhand der vorgehaltenen Belege eingelegt.
- Programmverbindungen
  - Müssen genutzt werden, sparen sehr viel Zeit und reduzieren Doppel- und Falscheingaben.
- Bilanzbericht
  - Sollte genutzt werden, um einen kompletten Bilanzbericht mit guten Vorlagen nach Rechtsformen einheitlich für den Kunden erstellen zu können.
  - Spart Zeit und kann individuell angepasst werden – was in Kanzlei-Rechnungswesen nicht geht.
  - Programm ist schneller und komfortabler als ein Bericht in Word/Excel.
  - Wir nutzen den Bericht nur bei bilanzierenden Unternehmen.
- Vertragsgestaltung und -management
  - Sollte genutzt werden, um Vertragsvorlagen an Kunden zu mailen.
  - Gibt Kunden Sicherheit und beschleunigt Abläufe.
- Wirtschaftsberatung
  - Sollte genutzt werden, um diverse Berechnungen schnell zu erhalten, z. B. Verzinsung Gesellschafterverrechnungskonto.
- Eigenorganisation classic/comfort
  - Sollte vollumfänglich genutzt werden, z. B. Leistungs- und Zeiterfassung (LEA), Rechnungsschreibung, Auftragsverwaltung etc.
- Leistungs- und Zeiterfassung (LEA)
  - Müssen alle Mitarbeiter und die gesamte Kanzleileitung täglich führen.

  - Zeiten in LEA umfassen alle Anwesenheitszeiten und alle Arbeitszeiten außerhalb der Kanzlei wie zum Beispiel Seminare. Die Anwesenheitszeiten müssen mit der Anwesenheitsliste bzw. der Stechuhr in der Kanzlei übereinstimmen.
  - Erfasste Zeiten sind die Kalkulationsgrundlage für Honorarrechnungen für jeden Kunden.
  - Urlaub und Überstunden sind auswertbar.
  - Diverse Statistiken sind auswertbar.
  - Bildet die Grundlage für ein eventuelles Benchmarking.
- Rechnungsschreibung
  - Muss vollumfänglich genutzt werden.
  - Leistungen sofort nach deren Ende konsequent abrechnen.
  - Sonderleistungen immer sofort, zum Monatsletzten oder zum Quartalsende abrechnen.
  - Große Betriebsprüfungen monatlich abrechnen.
  - Den Kunden maximal sieben Tage Zahlungsfrist nach Rechnungsdatum einräumen.
  - Mitarbeiter müssen die Jahresrechnungen für die Kanzleileitung so vorbereiten, dass sie auch ohne Kanzleileitung verschickt werden könnten.
- Lastschriften
  - Am besten sollten SEPA-Basis-Lastschriften für möglichst viele Kunden genutzt werden, da das Honorar schneller eingeht, kaum Verwaltungsaufwand entsteht und die Akzeptanz bei Kunden größer ist als bei Firmenlastschrift.
  - In schriftlichen Steuerberatungsvertrag integrieren und nicht als aufwendiges separates Formular ausgeben.
- Onlinebanking
  - Muss genutzt werden, da kostengünstig und schneller als Papierüberweisungen.
- Zahlungsverkehr
  - Muss genutzt werden, da man schnell und täglich alle offenen SEPA-Lastschriften aller Kunden einziehen kann.
  - Das Programm Zahlungsverkehr beinhaltet auch die meisten Funktionen eines klassischen Onlinebankings, Sie können zum Beispiel damit auch überweisen.
- Mitarbeiterkalender
  - Kann für die Planung und Übersicht von Urlaub und Zeitausgleich für alle Mitarbeiter genutzt werden.

- Vorlagenverwaltung
  - Muss genutzt werden, um möglichst viele wiederkehrende Dokumente immer wieder standardisiert nutzen zu können. Dieses Programm spart unglaublich viel Zeit.
  - Für alle Word- und Excel-Dokumente geeignet.
- Revisionssicheres Dokumentenmanagementsystem (DMS)
  - Muss genutzt werden.
  - Spart Suchzeiten.
  - Alles ist eingescannt und spart Platz und Archivierungskosten.
  - Einheitlicher Ablageplan.
  - Alle Dokumente werden darin revisionssicher abgelegt.
  - OCR-Schlagwort-Suche möglich.
  - Durch die GOBD vorgeschrieben.
- DMS Stammdaten
  - Wenn DMS genutzt wird, dann muss dieses Programm einmal täglich angestoßen werden (Gesamtübernahme anstoßen), um die Stammdaten in dem DMS aktuell zu halten.
  - Übernimmt zentral das Sekretariat.
- DMS Posteingangsassistent
  - Wenn DMS genutzt wird, sollte der Assistent genutzt werden.
  - Erkennt alle Bescheide beim Einlesen im Posteingang und schlägt automatisch den Ablageort vor.
  - Spart etwas Zeit.
- Toolbox
  - Sollte genutzt werden.
  - Enthält viele wichtige Formulare, z. B. Fragebogen steuerliche Erfassung, Lastschriftenformulare etc.
- Pro-Check
  - Nutzung ist optional.
  - Ist eine große organisatorische Umstellung, die einmalig viel Zeit kostet.
  - Abbildung des Kanzleihandbuches oder einer internen Zertifizierung darin möglich.
- DATEV-Mitteilungen aus RZ
  - Muss genutzt werden.
  - Verwaltet gesamte Kommunikation mit DATEV.
- Steuerkonto-Online
  - Muss flächendeckend für alle Kunden genutzt werden.
  - Alle Steuerarten können schnell jederzeit selbst von der Finanzverwaltung abgerufen werden.
  - Spart viel Zeit, da alle Anrufe bei den Finanzkassen entfallen.

  - Steuerkonten werden als Bilanzerläuterungen und bei Fragen der Kunden verwendet.
- Vollmachtsdatenbank (Tool Vollmachtenexport)
  - Muss flächendeckend für alle Kunden genutzt werden.
  - Im Einkommensteuer-Programm können schnell jederzeit ab VZ 2013 die wesentlichen Daten, die dem Finanzamt bereits gemeldet wurden, selbst von der Finanzverwaltung abgerufen werden, z. B. Einkommensteuer-Vorauszahlungen, Kirchensteuer, Riesterrente, Rüruprente, Krankenversicherungsbeiträge, Lohnsteuer-Bescheinigungen, VWL, alle Renten in Anlage R, alle Lohnersatzleistungen wie zum Beispiel Elterngeld, Arbeitslosengeld oder Krankengeld.
  - Spart viel Zeit.
  - Erhöht die Sicherheit, da keine Zahl mehr manuell eingetragen werden muss.
  - Einkommensteuer-Erklärungen können schneller fertig gestellt werden, ohne auf Belege der Kunden zu warten.
  - Reduziert Haftungsfälle.
- Google
  - Muss genutzt werden.
  - Informationsbeschaffung ist optimal und schnell.
- Outlook
  - Muss genutzt werden.
  - Microsoft-Exchange-Server muss installiert sein.
  - Nutzung von Mail, Kalender und Kontakte.
  - Kontakte werden mit DATEV automatisch synchronisiert.
  - Alle Kalender müssen für alle anderen Mitarbeiter und die Kanzleileitung sichtbar sein, das fördert die Kommunikation und spart Zeit.
  - Alle Spam-Mails rausfiltern und was noch durchkommt, aus den Maillisten austragen, spart mehr Zeit, als immer wieder Spam zu löschen.
- Outlook-Kontakte bestücken
  - Muss genutzt werden.
  - Kontakte werden durch die Bestückung mit der DATEV-Stammdatenverwaltung synchronisiert.

IT-Service-Partner: Garantiert schnell vor Ort

Der IT-Service-Partner ist ein wichtiger Kooperationspartner für Ihre Kanzlei, da er sich um die gesamte EDV-Hard- und Software kümmern kann. Es gibt Kanzleien, in denen spezielle Mitarbeiter diese Aufgaben übernehmen. Dies sollte aus Gründen der Wirtschaftlichkeit von jeder Kanzlei noch einmal überdacht werden. Hierbei stellt sich die Frage: Kann ein Mitarbeiter mehr Kundenumsatz bringen als EDV-Kosten sparen? Wenn diese Frage mit nein beantwortet wird, sollte die EDV-Betreuung an einen externen Dienstleister outgesourct werden.

Kaum etwas ist schlimmer als ein totaler Stillstand der gesamten Kanzlei aufgrund einer Störung. Alle Mitarbeiter sitzen dann nahezu tatenlos herum und können sich nur kurze Zeit ohne EDV beschäftigen. In dieser Zeit läuft die Uhr gegen die Kanzleileitung. Aus diesem Grund ist es ratsam, dass der Servicepartner immer schnell vor Ort sein kann, um technische Störung zu beheben. Gegebenenfalls ist es ratsam, einen Servicevertrag mit dem Partner abzuschließen, der garantiert, dass er in einer bestimmten Zeit vor Ort ist, um Störungen zu beheben. Immer mehr Servicepartner nutzen hierfür auch die Fernwartung, was absolut zu empfehlen ist.

Jede Kanzlei sollte sich Angebote von Servicepartnern in ihrer Nähe machen lassen und diese vergleichen, da die Preisunterschiede erheblich sind.

ASP-Lösungen: Zugang sicherstellen

Es gibt etliche Anbieter, die ASP-Lösungen anbieten. Die Abkürzung ASP steht für Application Service Provider. Dies bedeutet, dass die Softwarefirma oder ein anderer EDV-Dienstleister der Kanzlei die Daten auf eigenen Servern hält. Der Dienstleister kümmert sich um die Hardware, behebt Störungen und tauscht die Hardware auch aus, um sie auf dem aktuellen Stand der Technik zu halten. Er kümmert sich ebenfalls um das Einspielen der Software auf dem Server und nimmt somit der Kanzlei die gesamten Dienstleistungen rund um die Hard- und Software ab.

Jede Kanzlei muss hier eine Entscheidung treffen, ob sie einen solchen Service in Anspruch nimmt oder nicht. Falls Sie sich dafür entscheiden, fragen Sie Ihren Anbieter, was mit Ihren Daten und mit Ihrem Zugang zu den Servern passiert, wenn der IT-Dienstleister oder das Rechenzentrum insolvent geht. Bei der DATEV kann man sehr sicher sein, dass sie als Genossenschaft nicht insolvent gehen wird, aber bei anderen Dienstleistern weiß man das nicht ohne Weiteres. Im Insolvenzfall darf es nicht sein, dass die Kanzlei wochenlang nicht an die Daten kommt und somit nicht arbeiten kann. Bitte stellen Sie diese existenziell wichtige Frage und entscheiden Sie dann.

Handlungsempfehlungen

- Schaffen Sie sich etwa alle drei Jahre neue EDV-Hardware an, um auf dem Stand der Technik zu bleiben und nicht zurückzufallen. Die Konkurrenz schläft nicht.
- Nutzen Sie Ihre Software bestmöglich aus und nutzen Sie alles, was diese kann. Sparen Sie an dieser Stelle nicht an Softwareschulungen – eine falsche oder umständliche Handhabung kostet langfristig immer mehr als die Schulungen.

- Nutzen Sie die Software, um effektive und effiziente Prozesse umzusetzen. So spart zum Beispiel der Einsatz des Kontoauszugsmanagers durchschnittlich 50 % Arbeitszeit bei gleichem Honorar.
- Durchdenken Sie alle Kanzleiprozesse und suchen Sie nach schnelleren Abläufen. Setzen Sie dazu sinnvoll Ihre jetzige oder auch neue Software ein. Die beste Frage, die Sie sich dabei stellen können, lautet: »Wie geht der Prozess noch schneller als heute?«
- Suchen Sie sich einen passenden, ortsnahen und preiswerten IT-Dienstleister, der Ihre Kanzlei professionell unterstützt.

19 Zeiterfassung – Fluch und Segen

ERFOLGSIMPULS

Eine detaillierte Zeiterfassung ist die Grundlage für die gesamte Honorarpolitik und das Urlaubs- und Überstundenmanagement in Ihrer Kanzlei. Sie fördert Fairness, Akzeptanz, Transparenz, Teamverständnis und verbessert letztendlich das Betriebsklima.

LEA hat viele Vorzüge

Schon an meinem ersten Arbeitstag als Auszubildender in einer Steuerkanzlei lernte ich LEA kennen. All die Jahre ist sie mir treu geblieben, bis heute, und wird es wohl noch lange so sein. LEA ist aber mitnichten eine flotte und hübsche Kollegin gewesen – sondern steht als liebevolle Abkürzung für »Leistungserfassung und Abrechnung«.

LEA ist Fluch und Segen zugleich in einer Steuerkanzlei. Einerseits ist sie unbeliebt, da viele Kanzleileitungen sie gar nicht führen und Mitarbeiter Angst haben, zu stark kontrolliert zu werden. Andererseits wird sie benötigt, um Rechnungen zu kalkulieren und andere betriebswirtschaftliche Auswertungen zu erhalten. Klarer Fall: LEA bleibt ein Eingriff in den Arbeitsalltag all jener, die sie benutzen. Trotzdem überwiegen in meinen Augen die Vorteile ganz eindeutig, wie Sie in diesem Kapitel lesen werden.

Grundlage für den wirtschaftlichen Betrieb einer Steuerkanzlei

Die Zeiterfassung hat eine zentrale Bedeutung für jede Steuerkanzlei und sollte über eine geeignete Software erfolgen. Ich kenne eine Kanzlei, die zwar die passende Zeiterfassungs-Software hat, ihre Zeiten jedoch lieber in Word und auf Karteikarten festhält: ein verwaltungstechnischer GAU – viel zu ungenau, unvollständig und zeitaufwendig. Heutzutage müssen alle Aufträge der Kanzlei möglichst genau kalkuliert werden, um Honorare und Deckungsbeiträge durchzusetzen. Beste Grundlage hierfür ist nun mal eine genaue Zeiterfassung. Das heißt: Alle Mitglieder der Kanzleileitung und alle Mitarbeiter müssen eine vollumfängliche

Zeiterfassung (d. h. Anwesenheitszeit + Arbeitszeit außerhalb der Kanzleiräume + Fehlzeiten) in der Kanzlei-Software dokumentieren. Die Software sollte in die andere Steuersoftware eingebunden sein, damit es keine Reibungsverluste gibt.

Ganz wichtig: Die Zeiterfassung muss täglich erfolgen. Sie als Kanzleileitung sollten wöchentlich die korrekte Eingabe der Zeiten überwachen, da ansonsten Ihre Mitarbeiter die Wichtigkeit der Zeiterfassung nicht erkennen. Die eingegebenen Zeiten müssen mit der Anwesenheitsliste in der Kanzlei (zzgl. Arbeitszeiten außerhalb und Fehlzeiten) und auch mit den Wochenplänen der Mitarbeiter übereinstimmen.

Besonders Mitglieder der Kanzleileitung führen ihre LEA nicht immer vollumfänglich. Die negativen Folgen sind:

- Sie rechnen sich selbst ihre Deckungsbeiträge zu schön.
- Sie verlieren Geld, weil die nicht erfassten Zeiten oft nicht abgerechnet werden.
- Sie können den Kunden nicht ihre Aufwandszeiten nachweisen, wenn sie danach gefragt werden.

Diese Nachteile können nur durch eine lückenlose Zeiterfassung beseitigt werden.

Was hat die Kanzlei von dieser lückenlosen Zeiterfassung? Sie ist

- Grundlage für die Auftragskalkulation und ABCT-Analyse der Kunden,
- Grundlage für die Deckungsbeitragsrechnung,
- Grundlage für Urlaub, Überstunden, Krankheitszeiten der Mitarbeiter,
- Grundlage für das Benchmarking und
- Nachweis für Aufwandszeiten gegenüber den Kunden.

LEA en detail

Wie hat die Steuerkanzlei Luzius alles rund um die LEA geregelt? Technisch nutzen wir die Software »Eigenorganisation comfort« der DATEV, in der jedem angelegten Auftrag Zeiten zugeordnet werden. Sie ist im großen Mehrwertpaket enthalten. Sie ist in alle wichtigen Prozesse der Kanzlei eingebunden und wir können alle Auswertungen auftragsbezogen analysieren.

Alle Details zur Zeiterfassung haben wir in unserer Unternehmenskultur geregelt, Kanzleileitung und Mitarbeiter gleichermaßen. Denn ohne eine schriftliche Regelung bleibt vieles unklar und streitanfällig.

Hier der entsprechende Auszug aus unserer Unternehmenskultur:

PRAXISTIPP

LEA in der Kanzlei Luzius

Leitsatz: Bei der **Eingabe von Zeiten** darf es keine Gefühle und Emotionen bzgl. des Kunden geben, sondern es sind einfach die echten angefallenen

Zeiten richtig und vollständig zu erfassen und dem Kunden oder der Kanzlei zuzuordnen.
Es werden Industrieminuten erfasst, die kleinste Einheit ist 0,25 Stunden = 15 Minuten.
1. Regel für die abrechenbaren Zeiten (LEA-Nr. 1 bis 8999): Alle Zeiten müssen auf abrechenbare LEA-Nummern erfasst werden.
2. Regel für die nicht abrechenbaren Zeiten (LEA-Nr. 9800 bis 9999): Diese Regel hat Vorrang vor der ersten Regel. Alle Zeiten, für die der Kunde nichts kann und die er auch nicht in Auftrag geben würde bzw. die mit dem Auftrag nichts zu tun haben, müssen auf nicht abrechenbare Zeiten erfasst werden.
Jeder Mitarbeiter muss täglich bis um 14 Uhr seine LEA des Vortages im Programm »Zeiten und Auslagen« erfassen und festschreiben. Die Zeiten müssen in die Monate, Quartale oder Jahre erfasst werden, für die die jeweilige Leistung ausgeführt wurde (Ausnahme: Bescheidprüfung wird im Folgejahr erfasst). Die Zeiten für die Erstellung des Jahresabschlusses bei ER-Verträgen muss auf den Dezember oder das 4. Quartal des Jahres erfasst werden, für das der Jahresabschluss erstellt wurde.
Für die einzelnen **Verwaltungsaufträge** gelten folgende Regeln für alle Mitarbeiter:
9801: Kanzleiverwaltung: es dürfen maximal 0,25 Std. je Tag erfasst werden (Ausnahme: Sekretariat und Lu). An dem Wochentag, an dem der Wochenplan erstellt wird, dürfen maximal 0,75 Std. erfasst werden. Beispiel: Alle nicht abrechenbaren Zeiten, die nicht auf die Nummern 9802–9903 erfasst werden, z.B. Aufräumen des Arbeitsplatzes, Kaffee holen, Auftragsplanung, Wochenplanung.
9802: Stellvertretung für andere Mitarbeiter und Lu und Gespräche mit Lu ohne Kundenbezug. Text in LEA für Stellvertretung: SV und Namenskürzel des Vertretenen, z.B. SV Lu. Text in LEA für Gespräch mit Lu ohne Kundenbezug: Lu.
9803: Projekte: längerfristige Projekte aller Art, immer mit aussagekräftigem Text erfassen. Beispiel: Einführung neue Software.
9804: DATEV/EDV: immer mit aussagekräftigem Text erfassen, Beispiel: Klärung von Problemen mit Hard- oder Software, z.B. mit netmatics oder DATEV.
9805: Berufsschule: Berufsschulzeiten der Azubis.
9806: Fort- und Weiterbildung: Immer mit aussagekräftigem Text erfassen, Bsp.: Seminare, Workshops, Teamgespräche, Literatur lesen, Ideenblatt ausfüllen.
9901: Urlaubstage: 8 Std. je Tag bei einer 40-Std.-Woche, siehe Regel »Urlaub und Zeitausgleich«.
9902: Betriebsausflug/Weihnachtsfeier: siehe Regel »Betriebsausflug/ Weihnachtsfeier«.
9903: Krankheit/Fehlzeiten: siehe Regel »Krankheiten«.

Für die einzelnen **Sonderleistungsaufträge** gelten folgende Regeln für alle Mitarbeiter:
602: Prüfungen einmalige Abrechnung: Hier müssen alle abrechenbaren Leistungen erfasst werden, die mit den Prüfungstätigkeiten der Dt. Rentenversicherung, USt-Sonderprüfung, LSt-Außenprüfung und Nachschauen zu tun haben. Sie werden nach Erteilung des Prüfungsberichts abgerechnet, die Rechnung wird vom Mitarbeiter vorbereitet.
607: Prüfungen mtl. Abrechnung: Hier müssen alle abrechenbaren Leistungen erfasst werden, die mit den Prüfungstätigkeiten des Finanzamtes zu tun haben (nur große BP). Sie werden mtl. zum Monatsende von Lu abgerechnet.
609: Sonderleistungen vierteljährliche Abrechnung: Hier müssen alle abrechenbaren Leistungen erfasst werden, die nichts mit der Erstellung der Fibu, Lohn, JA, Steuern und Prüfungen zu tun haben. Sie werden vierteljährlich zum Quartalsende von Lu abgerechnet, nach Rücksprache mit dem zuständigen Mitarbeiter.
Sonderleistungen werden je angefangener 0,5 Std. je Auftrag und Kunde erfasst. Zeiten unter 0,5 Std. werden wegen Geringfügigkeit im Abschluss oder Steuererklärungsauftrag erfasst.
Es muss immer ausführlich und nachvollziehbar getextet werden, damit Lu möglichst keine Rückfragen bei der Abrechnung der Honorare hat.

Sie können die Zeiterfassung in Ihrer Kanzlei natürlich anders regeln. Hauptsache, sie ist schriftlich geregelt, und zwar im Detail. Ebenso wichtig ist es, dass Sie die Regeln für die Zeiterfassung mit allen Mitarbeitern diskutiert und zusammen im Team beschlossen haben. Das fördert die Akzeptanz und das Teamverständnis und letztendlich verbessert sich das Betriebsklima.

Handlungsempfehlungen

- Kanzleileitung und Mitarbeiter stellen zusammen in mehreren Teamgesprächen möglichst klare und einfache Regeln für die LEA auf, diskutieren alles und verabschieden sie zusammen.
- Die Regeln zur LEA werden in die Unternehmenskultur aufgenommen und von allen unterschrieben.
- Integrierte Software wie zum Beispiel von der DATEV sollte vorrangig vor anderen Insellösungen genutzt werden.
- Jeder in der Kanzlei führt täglich, lückenlos und regelkonform die LEA.

20 Auftragsplanung an der Magnettafel

ERFOLGSIMPULS

Wenn Ihre Auftragsplanung funktioniert, erreichen Sie eine höhere Fertigstellungsquote und damit schnellere Umsätze. Für die Auftragsplanung hat sich eine Magnettafel gut und zuverlässig bewährt. Die Fälle, die als Magneten abgebildet sind, wandern in der gleichen Reihenfolge über die Magnettafel, wie sie in der Kanzlei bearbeitet werden – das schafft Übersicht.

Planung muss man wollen

In einer Steuerkanzlei gibt es viele Prozesse und Pläne. Diese sind meist gesetzlich terminiert und somit vorgegeben. Also arbeiten alle in der Kanzlei munter drauf los und denken: »Einen Auftragsplan? So ein Quatsch. Hier ist immer so viel los und die Kunden machen sowieso, was sie wollen. Das lässt sich nicht planen.« So dachte ich früher auch – bis ich eine einfache und extrem wirksame Auftragsplanung entwickelte. Denn in einer Kanzlei kann sehr wohl strukturiert geplant werden. Voraussetzung: Man muss es wollen und hat kein Problem damit, seine Kunden zu erziehen. Denn ohne eine gewisse Erziehung funktioniert keine Planung. Das klingt nun strenger, als es in der Praxis ist. Im Prinzip geht es darum, dass Sie Ihren Kunden Abgabefristen vorgeben und offen darüber sprechen, wie wichtig deren Einhaltung für Ihre Arbeit und die Ihrer Mitarbeiter ist. Die meisten Kunden werden sich umstellen und sich an Ihre Vorgaben halten – das erleben wir in unserer Kanzlei jeden Tag.

Bevor Sie jedoch die Auftragsplanung angehen können, sollten Sie zunächst eine Kapazitätsplanung für die gesamte Kanzlei durchführen. Es muss feststehen, welche Arbeitszeitkapazitäten jedem Mitarbeiter in einem Kalenderjahr zur Verfügung stehen – nur dann können ihm feste Fälle zugeordnet werden. Denn wenn ein Mitarbeiter mehr Fälle zugeordnet bekommt, als er in seiner Arbeitszeit bewältigen kann, nützt Ihnen die schönste Auftragsplanung nichts. Diese Arbeitszeitkapazitäten sind nicht ganz einfach zu berechnen, für die weitere Auftragsplanung jedoch unerlässlich. Wie genau Sie diese Kapazitäten errechnen, erfahren Sie in Kapitel 30.

A-Kunden vor B-Kunden vor C-Kunden

Warum ist eine strukturierte Auftragsplanung so wichtig für jede Kanzlei? Ganz einfach: In dieser Planung sind alle regelmäßigen Leistungen enthalten, die Sie und Ihre Mitarbeiter für die Kunden im Laufe eines Jahres erledigen. Die Strukturiertheit der Auftragsplanung ist enorm wichtig, da Planungen, die nur in Köpfen stattfinden, nicht gut funktionieren. Die Auftragsplanung lässt die Mitarbeiter unbewusst schneller arbeiten, da sie den selbst gesetzten Plan erfüllen wollen. Das erhöht die Fertigstellungsquote um einige Prozentpunkte.

Bei der Bearbeitungsreihenfolge gilt der Grundsatz: A-Kunden vor B-Kunden vor C-Kunden. Also: Die wichtigsten vor den mittelwichtigen vor den unwichtigen Kunden. Eigentlich ein einfacher Grundsatz, der jedoch in den vielen Kanzleien nicht beachtet wird. Die Praxis sieht so aus, dass sich Kanzleileitung und Mitarbeiter ständig mit den am lautesten schreienden Kunden herumschlagen, diese zuerst bedienen und dann am Ende auf die Bezahlung warten.

Wer genauer hinschaut, stellt fest, dass die am lautesten schreienden Kunden in der Regel B- oder C-Kunden sind. Was bleibt in der Zeit liegen? Die Arbeit für die guten A-Kunden. Und wer ist wichtiger für die Kanzlei und deren Arbeitsplätze? Sie wissen es. Durch die lange Bearbeitungszeit entstehen den A-Kunden gegebenenfalls Nachteile, sie müssen länger auf die Fertigstellung warten und der Kanzleileitung steht dann Ärger ins Haus. Ein Teufelskreis. Eine strukturierte Auftragsplanung nach ABCT-Analyse ist der Ausweg aus diesem Teufelskreis. Zu dieser Analyse später mehr.

Transparente Planung für alle

Bevor wir die Auftragsplanung an der Magnettafel eingeführt haben, nutzten meine Mitarbeiter dafür Excel. Das war ganz in Ordnung, hatte aber die folgenden entscheidenden Nachteile:

- Kein Mitarbeiter konnte die Planungen der anderen sehen.
- Als Kanzleileitung konnte ich die Planungen nur mit größerem Zeitaufwand nachvollziehen.
- Der Zahlenfriedhof in Excel entwickelte keinen Zug hin zu einer schnelleren Bearbeitung.

Diese Nachteile haben wir mit der Nutzung einer 4,50 Meter breiten Magnettafel, bestehend aus vier Einzelwänden, ausgeräumt. An der Magnettafel ist jeder regelmäßige Jahresauftrag jedes Kunden visuell in Form eines kleinen Magneten sichtbar. Davon ausgenommen sind die laufenden Aufträge für Finanz- und Lohnbuchhaltungen. Dies hätte den Rahmen gesprengt.

Die Vorteile dieser Art der Auftragsplanung:

- Sie führt zum besseren Gesamtüberblick, in welchem Monat die Aufträge zu schaffen sind.
- Die Bearbeitungszeiten verkürzen sich, da die Erledigung unbewusst beschleunigt wird.
- Kanzleileitung und Mitarbeiter haben schnell den Gesamtüberblick, wenn sie vor der Tafel stehen.
- Umsätze werden schneller erzielt.
- Jeder Mitarbeiter erreicht höhere Fertigstellungsquoten.
- Die Planung ist nicht nur für die Mitarbeiter transparent, sondern auf Anfrage auch für die Kunden.
- Die Kanzlei macht mehr Gewinn.

Jahresauftragsplanung konkret

An der nachfolgenden Prozessbeschreibung aus unserem Kanzleihandbuch können Sie sehen, wie wir die Jahresauftragsplanung konkret organisiert haben:

1. Auf Tafel 1 werden alle zu bearbeitenden Jahreserklärungen, Gewinnermittlungen und Jahresabschlüsse aller Kunden allen zuständigen Mitarbeitern zugeordnet. Die Kunden selbst wiederum werden mit farblich unterschiedlichen Magneten nach A, B oder C-Kunden unterschieden. A-Kunden haben rote, B-Kunden gelbe und C-Kunden weiße Magneten. So wird auch die Wichtigkeit visuell gezeigt. Auf Tafel 1 steht somit theoretisch am 01.01. eines Jahres der zukünftige Jahresauftragsbestand für alle sichtbar. Zusätzlich werden die Magnete noch vom Sekretariat wie folgt beschriftet:
   a) Veranlagungszeitraum
   b) Nachname des Kunden
   c) Vorname des Kunden
   d) Eingangsdatum der Belege
2. Wenn nun Belege eines Kunden zu einer Jahreserklärung oder einem Jahresabschluss eingehen, hat er uns damit den Bearbeitungsauftrag erteilt. Dann wird der entsprechende Magnet zu diesem Auftrag von Tafel 1 auf Tafel 2 umgehängt. Auf Tafel 2 werden die Magnete nach Eingangsdatum der Aufträge sortiert. Sollte das Sekretariat nicht da sein, macht dies der für den Posteingang zuständige Mitarbeiter für die anderen Kollegen mit.
3. Das Sekretariat legt den eingegangenen Fall in den Posteingangskorb des mandatsverantwortlichen Mitarbeiters.
4. Der Mitarbeiter erstellt jeden Montagmorgen seinen Wochenplan in Excel und schiebt dann den Fall auf Tafel 3 in die geplante Kalenderwoche (KW), in der der Fall bearbeitet werden soll. Sollte der Fall nicht in der zuerst geplanten

Woche erledigt werden, schiebt er den Magneten eine KW weiter, solange bis der Fall erledigt ist.

5. Wenn der Fall erledigt ist, schiebt der Mitarbeiter den Magneten auf die linke Seite von Tafel 4, wenn der Fall noch einmal von der Kanzleileitung geprüft werden soll. Das ist quasi eine Warteposition bis zur endgültigen Fertigstellung. Der Fall wird der Kanzleileitung in ihren Posteingangskorb gelegt. Wenn der Fall endgültig fertig ist und nicht mehr geprüft werden soll, wird der Magnet gleich auf die rechte Seite von Tafel 4 gehängt und am gleichen Tag versendet.
6. Der Erfolg beim Schieben auf Magnettafel 4 soll gefeiert werden!

Hier eine grafische Übersicht der Magnettafel:

Mitarbeiter/in	Tafel 1	Tafel 2	Tafel 3	Tafel 4	Tafel 4
sortiert A-Z	Alle offenen Fälle 2016 und später 2017 sortiert nach Kundenname	Alle eingegangenen Fälle 2016 und später 2017 sortiert nach Eingangsdatum	KW 9 Wochen im Voraus KW|KW| KW|KW| laut Wochenplanung der Mitarbeiter/innen	(linker Teil) Fall fertig, aber noch nicht zum FA gesendet	(rechter Teil) Fall komplett erledigt Fall ist fertig, wenn er zum FA gesendet wurde. Erfolg-feiern!!!
	große Tafel 120x120	kleine Tafel 90x120	große Tafel 120x120	große Tafel 120x120	
Mitarbeiter 1					
Mitarbeiter 2					
Mitarbeiter 3					

Handlungsempfehlungen

- Führen Sie eine Kapazitätsplanung aller Mitarbeiter durch (s. Kapitel 30).
- Passen Sie ggf. Mandatszuständigkeiten oder Mandatskündigungen an die Erkenntnisse der Kapazitätsplanung an.

- Durchdenken Sie ein neues System zur Auftragsplanung an einer Magnetwand zunächst innerhalb der Kanzleileitung.
- Stellen Sie das System im Teamgespräch den Mitarbeitern vor und diskutieren Sie es gemeinsam.
- Legen Sie zusammen schriftlich die Regeln zur Auftragsplanung fest und verabschieden Sie sie gemeinsam.
- Besorgen Sie das Material: Magnetwand, abwaschbare Stifte, abwaschbare Magnete (Investition bei uns: ca. 1.000 Euro).
- Weisen Sie alle Mitarbeiter vor der Tafel ein, klären Sie alle Fragen, passen Sie ggf. die schriftlichen Regeln an und los geht's!

21 Vorlagenverwaltung – eine Goldgrube!

ERFOLGSIMPULS

Eine funktionierende Vorlagenverwaltung sorgt für einen extrem zeitsparenden und reibungslosen Schriftverkehr – eine Goldgrube für jede Kanzlei.

Zeit sparen, Fehler reduzieren

Innerhalb der DATEV-Software gibt es das Programm »Vorlagenverwaltung« – für eine Kanzlei ist dieses Programm extrem wichtig. Damit können Kanzleien Word- und Excel-Vorlagen anlegen, die sie häufig benötigen. Die einheitlichen Vorlagen stehen jedem Mitarbeiter zur Verfügung. Der Schriftverkehr lässt sich so in wesentlich kürzerer Zeit erstellen. Ebenso hilft die Vorlagenverwaltung der Kanzlei, sich eine einheitliche Außendarstellung zu geben, da jedes Dokument im Briefkopf und im Aufbau gleich aussieht.

Was hat die Kanzlei konkret davon?

- Enorme Zeitersparnis durch Automatisierung des gesamten Schriftverkehrs
- Wichtiger Baustein im Digitalisierungsplan der Kanzlei
- Einheitliche Optik
- Einheitlicher Ablageplatz für Dokumente
- Bessere Stammdatenpflege
- Reduzierung von Schreibfehlern

Einführung einer Vorlagenverwaltung

Wie kann eine Kanzlei die Vorlagenverwaltung einführen? Dafür haben sich folgende Schritte bewährt:

- Kanzleileitung und Mitarbeiter sollten sich zunächst überlegen, welche Schriftstücke und Excel-Listen die Kanzlei am häufigsten verwendet. Um das herauszufinden, durchforsten Kanzleileitung, Sekretariat und alle Mitarbeiter die von ihnen am häufigsten genutzten Word- und Excel-Dokumente und stellen alle zentral zusammen.

- Im nächsten Schritt müssen sich Kanzleileitung und Mitarbeiter über einen einheitlichen Briefkopf, ein Logo und den Aufbau aller Vorlagen einigen. Diese sollten zum Image und der Corporate Identity der Kanzlei passen.
- Danach sollten für die am häufigsten genutzten Schriftstücke Vorlagen entwickelt werden – zunächst ein Kanzleibaustein für alle Word-Dokumente. Dieser Kanzleibaustein enthält Logo, Kanzleiadresse, Telefon, Telefax, Mailadressen, Kopfzeile, zuständige Mitarbeiter, Durchwahlen, Datum etc. Vorteil: Alle Word-Dokumente sind dadurch identisch aufgebaut. Änderungen an diesem Baustein sind sofort in allen neu angelegten Dokumenten enthalten. Bei einem Kanzleiumzug beispielsweise braucht nur die Adresse in dem Kanzleibaustein geändert zu werden und schon ist sie in allen neuen Dokumenten enthalten. Schneller geht es nicht.
- Danach werden sinnvolle Platzhalter in den Vorlagen platziert, sodass bei jeder Neuanlage möglichst viele Informationen aus der Stammdatenverwaltung oder anderen Programmen automatisch in das Dokument eingesteuert werden. Wenn Sie ein neues Dokument anlegen, »fliegen« die Informationen dann über den Bildschirm in die Platzhalter und Sie haben viel weniger Arbeit mit dem Dokument, da es ja schon weitgehend ausgefüllt ist.

In der Steuerkanzlei Luzius beispielsweise sind über 250 Vorlagen angelegt, die wir mehr oder weniger täglich nutzen. Wir haben zum Beispiel bei Briefen oder Faxen an das Finanzamt immer Namen, Adresse, Steuernummer, Steueridentifikationsnummer unseres Kunden als Platzhalter fertig eingesteuert, da in diesen Schriftstücken diese Informationen immer benötigt werden. Die Überschriften des Dokuments holt sich das Programm aus der Beschreibung der Vorlage selbst. In anderen Vorlagen, zum Beispiel an die Kunden, werden außer den Kundenadressen auch Steuererstattungen oder -nachzahlungen verschiedener Steuerarten automatisch eingesteuert. Weiterhin geben wir in festen Textbausteinen wichtige Hinweise zur Archivierung und weitere standardisierte Handlungsanweisungen für die Kunden. Die meisten Dokumente (insbesondere Word-Dokumente) sind durch dieses Programm zu ca. 95–98 % bereits fertig vorformuliert und können daher sehr schnell bearbeitet werden. Eine solche Quote ist selbstverständlich nicht über Nacht zu schaffen, sondern Ergebnis eines jahrelangen Entwicklungsprozesses, aber ich kann Ihnen versprechen: Es lohnt sich!

Die Vorlagen sind bei uns Teil des Kanzleihandbuchs, allerdings nicht in gedruckter Form, sondern nur virtuell im Programm »Vorlagenverwaltung«, da die Vorlagen laufend geändert und aktualisiert werden. Übrigens: Die Mitarbeiter entwickeln immer wieder sinnvolle und zeitsparende neue Vorlagen und optimieren die bestehenden. Auch hier ist die Zusammenarbeit zwischen Kanzleileitung und Mitarbeitern – am besten im Rahmen der regelmäßigen Teamgespräche – extrem sinnvoll. Die Mitarbeiter müssen jeden Tag mit den Vorlagen arbeiten, von daher haben sie den größten Erfahrungsschatz zu deren (Weiter-)Entwicklung.

Ein weiterer Tipp: Heutzutage ist es nicht mehr ratsam, vorgedruckte Briefbögen zu verwenden. Drucken Sie vielmehr jedes Schreiben inklusive Briefkopf mit einem Farblaserdrucker auf weiße Blätter. Dies hat den Vorteil, dass nicht alle vorgedruckten Briefbögen entsorgt und teuer neu bestellt werden müssen, sobald sich beispielsweise Ihre Telefonnummer ändert.

Handlungsempfehlungen

- Führen Sie das Programm »Vorlagenverwaltung« der DATEV oder eines vergleichbaren anderen Anbieters in Ihrer Kanzlei ein.
- Lassen Sie das gesamte Kanzleiteam professionell in dem Programm schulen.
- Kanzleileitung, Sekretariat und Mitarbeiter stellen zentral alle Dokumente zusammen, die häufig und immer wieder genutzt werden.
- Legen Sie ein einheitliches Kanzleiformat für alle Vorlagen fest, das zur Kanzlei passt.
- Legen Sie zuerst die am häufigsten genutzten 50 Vorlagen an und ergänzen diese nach und nach.
- Bauen Sie sinnvolle Platzhalter in die Vorlagen ein und testen, testen, testen Sie.
- Nutzen Sie täglich möglichst viele Vorlagen und aktualisieren Sie sie immer wieder.

22 Rechnungsschreibung: zu teuer – wurde abgeschafft

ERFOLGSIMPULS

Steuerberatungsvertrag + effiziente Rechnungsschreibung = mehr Zeit + Liquidität

Schriftliche Verträge sind sicherer als mündliche Vereinbarungen

Wir hatten die Nase voll. Es war alles viel zu kompliziert: diese vielen Paragrafen und Gebührentatbestände, diese Tabellen und Gegenstandwerte, diese Zehntelsätze und Pauschalen. Wir konnten das alles einfach nicht mehr sehen. Und deshalb schafften wir eines Tages die Rechnungsschreibung einfach ab. Bekommen Sie gerade Schnappatmung? Ich kann Sie beruhigen – wir haben die Rechnungsschreibung nicht ganz abgeschafft. Nur zum Teil. Aber der Reihe nach …

Gemäß der gesetzlich vorgeschriebenen Steuerberatervergütungsverordnung (StBVV) muss ein Steuerberater nahezu jede Leistung nach genau dieser Verordnung berechnen. Die Konsequenz daraus: Die meisten Steuerkanzleien haben keine schriftlichen und unterschriebenen Steuerberatungsverträge mit ihren Kunden – schließlich regelt die StBVV ja alles. Dabei könnten in einem individuell vereinbarten Steuerberatungsvertrag Regelungen vereinbart werden, die von der StBVV abweichen. Einfaches Beispiel: Wenn kein schriftlicher Vertrag existiert, muss jede Honorarrechnung von einem Steuerberater persönlich unterschrieben werden. Wird dagegen verstoßen, kann der Kunde die Zahlung bis zur Unterschrift verweigern. In der Praxis kennt aber kaum ein Kunde diese Vorschrift, sodass Kanzleien dazu übergegangen sind, Rechnungen entweder von Mitarbeitern unterschreiben zu lassen oder gar nicht mehr zu unterschreiben. Dadurch wird der Ablauf in der Kanzlei beschleunigt – da nicht jede kleine Rechnung bei der Kanzleileitung hängen bleibt. Die Folgen sind in der Praxis überschaubar, die Rechnungen werden trotzdem bezahlt. Diese praktische, aber nicht gesetzeskonforme Regelung können Sie in einem schriftlichen Steuerberatungsvertrag abweichend vereinbaren – was definitiv sinnvoll ist.

»Warum der ganze Aufwand?« fragen Sie sich vielleicht – wenn es doch auch ohne schriftliche Vereinbarung geht. Mündliche Verträge sind selbstverständlich gültig. Der Haken daran: Wenn es zum Streitfall kommt, greifen sofort die gesetzlichen Bestimmungen. Und das ist nun mal die StBVV für die Honorare und das BGB für alles andere. Ich verlasse mich deshalb lieber nicht auf mündliche Vereinbarungen, sondern auf individuelle schriftliche Verträge mit meinen Unternehmenskunden (bei Privatkunden reichen uns die gesetzlichen Vorschriften).

Keine »kreative« Liquiditätssteuerung mehr

Vor der Einführung dieser Verträge habe ich mir genau überlegt, wie ich sie zur Effizienzsteigerung nutzen möchte. Wir haben daher alle unsere regelmäßigen Leistungen wie Finanzbuchführung, Lohnbuchführung, Steuererklärungen und Jahresabschlüsse in eine Jahressumme addiert und durch 12 Monate geteilt. Das ergab dann eine monatliche Honorarpauschale, die sich das ganze Kalenderjahr nicht ändert. Ausnahme: Es kommen neue steuerliche Abrechnungstatbestände dazu oder entfallen. Wir haben das auch für die Löhne umgesetzt, indem wir eine durchschnittliche Anzahl von Arbeitnehmern zugrunde gelegt und diese mit einem Honorarsatz pro Arbeitnehmer in die Pauschale einbezogen haben. Die Kunden zahlen somit am 15. eines Monats die Pauschale für den laufenden Monat, das heißt, dass mit der Zahlung für Dezember das ganze Jahr abgerechnet und bezahlt ist. Es folgt keine Rechnung mehr für Jahresabschluss und Steuererklärungen. Gleichzeitig haben wir auch unsere unterjährige Bearbeitungsweise angepasst, dazu mehr in Kapitel 33.

An den schriftlichen Verträgen mit uns schätzen die Kunden sehr, dass sie keine hohe Rechnung für Jahresabschluss und Steuererklärungen mehr erhalten, sondern dass diese bereits in der Pauschale einkalkuliert sind. Folglich steigt die Fertigstellungsquote. Aus welchem Grund? Ganz einfach: Weil früher die Kunden die (hohe) Rechnung für Jahresabschluss und Steuererklärungen nicht so schnell zahlen wollten, lieferten sie uns die fehlenden Belege später, damit wir den Fall nicht schnell abschließen konnten. Das ist eine Form der Liquiditätssteuerung, die leider weit verbreitet ist. Diese Fehlentwicklung hat sich durch die Verträge deutlich verbessert.

Effizienzvorteile durch Steuerberatungsvertrag

Falls Sie sich nun für die Einführung schriftlicher Steuerberatungsverträge entscheiden, entfällt auch ein Großteil der Rechnungsschreibung insgesamt – Sie sparen sehr viel Zeit. Das möchte ich Ihnen an meinen eigenen Zahlen verdeutlichen:

- Anzahl der geschriebenen Rechnungen 2014 (vor der Umstellung auf Verträge ab dem 01.01.2015): 2.114
- Anzahl der geschriebenen Rechnungen 2015: 1.838

- Anzahl der geschriebenen Rechnungen 2016: 1.493
- Anzahl der geschriebenen Rechnungen 2017: 1.373

Das ergibt eine Reduzierung um ca. 1.700 Rechnungen, die nicht geschrieben, gedruckt, verschickt, in der Kanzlei abgeheftet, beim Kunden abgeheftet und wieder beim Steuerberater gebucht werden müssen. Wenn eine Rechnungserstellung mit Versand ca. 3 Minuten je Rechnung dauert, komme ich auf eine Zeitersparnis von ca. 1.700 x 0,05 (3 Min. : 60 Min.) x 80 Euro Stundensatz eines Sachbearbeiters = 6.800 Euro. Und das jedes Jahr! In zehn Jahren sind das 68.000 Euro! Je größer die Kanzlei, desto größer der Vorteil – das ist Effizienzsteigerung aus dem Bilderbuch.

Weitere Effizienzvorteile ergeben sich, wenn die Gegenstandswerte aus den Steuerprogrammen automatisch in die Rechnungsvorschläge eingesteuert werden. Und selbstverständlich auch, wenn die geschriebenen Rechnungen automatisch in die Kanzleibuchhaltung übernommen werden. Im letzten Schritt könnten sie noch ganz einfach im Programm »Zahlungsverkehr« automatisch eingezogen werden. Konkret erfolgt bei uns die Rechnungsschreibung aller Pauschalen am 15. eines Monats, allerdings werden die Rechnungen nicht gedruckt, sondern papierlos in die Kanzleibuchhaltung und in das Programm Zahlungsverkehr übertragen. Dort werden sie in einem Rutsch eingezogen.

Hohe Vertragsabschlussquote

Ich habe den neuen Vertrag in über 80 Fällen eingeführt. Dazu musste ich mit jedem Kunden einzeln sprechen und ihn erklären. Das war zwar zeitaufwendig, machte mir aber nichts aus, da das Resultat sehr positiv war: Nur drei von etwa 80 Kunden wollten diesen Vertrag nicht haben, die anderen 77 aber schon. Haben Sie also keine Bedenken vor der Einführung, die Vorteile überwiegen eindeutig:

- Es gibt eine transparente Honorarvereinbarung und eine gleichmäßige Pauschale.
- Die hohe Jahresrechnung entfällt, dafür erhält die Kanzlei schon im laufenden Jahr das Honorar für Jahresabschluss und Steuererklärungen.
- Es besteht Einfachheit für beide Seiten.
- Es gibt klare Regeln über Rechte und Pflichten für beide Seiten.
- Der Auftritt gegenüber dem Kunden wird professioneller und moderner.
- Der Verzicht auf die Unterschrift wird vereinbart.
- Der Vertrag ersetzt die AGB vollständig.
- Der Vertrag enthält alle Bestandteile einer Dauerrechnung im Sinne des UStG, folglich werden keine Rechnungen mehr gedruckt und verschickt.
- Einzugsermächtigung ist integriert, nur SEPA-Basis-Lastschrift, da anderes Verfahren zu aufwendig.

- Der Vertrag spart Zeit, Toner, Porto, Papier, Umschläge, Drucker, Ordner und schont die Nerven.
- Die Fertigstellungsquote steigt.
- Die Zeiten für die Rechnungsschreibung reduzieren sich erheblich.
- Automatisierte Rechnungen werden leicht in die Kanzlei-Buchhaltung übernommen.
- Der Lastschrifteinzug erfolgt einmal am 15. des Monats in einem Rutsch.
- Die Honorarabbuchung wird bei der Erstellung der Finanzbuchhaltung des Kunden vom Kontoauszugsmanager erkannt und automatisch ohne Zeitverlust verbucht.

Handlungsempfehlungen

- Lassen Sie einen Steuerberatungsvertrag von einem Spezialanwalt entwerfen. Oder Sie nutzen unsere Vertragsvorlage, die Sie in meinem Webinarkurs (ab Gold-Paket) gratis erhalten.
- Führen Sie die Diskussion mit allen Mitarbeitern, bis der Vertrag steht.
- Regeln Sie alle Rechte und Pflichten von Kunde und Steuerberater inkl. AGB im Vertrag.
- Machen Sie den Vertrag zur Dauerrechnung im Sinne des Umsatzsteuergesetzes.
- Sehen Sie den Vertrag als Effizienzsteigerungsmaßnahme. Nutzen Sie dazu die zuvor genannten Einzelmaßnahmen.
- Stellen Sie Ihr Honorarmodell um und vereinbaren Sie feste Pauschalen – sozusagen eine Flatrate für die Erstellung der regelmäßigen Leistungen ohne Sonderleistungen.
- Machen Sie persönliche Termine mit allen Unternehmenskunden, denen Sie den Vertrag erklären wollen. Bieten Sie dem Kunden nicht die Wahl, bei dem alten System zu bleiben, sondern strahlen Sie Stärke und Entschlossenheit aus. Erzählen Sie, dass Sie den Vertrag bei allen anderen Kunden genauso einführen. Der Kunde hat nur Vorteile, die Sie natürlich alle aufzählen. Damit lassen sich nahezu alle überzeugen.
- Wenn der Kunde den Vertrag nicht unterschreiben möchte, fragen Sie nach dem Warum. Versuchen Sie alle Fragen zu beantworten und Unklarheiten zu beseitigen. Wenn er immer noch nicht unterschreibt, prüfen Sie, wie wichtig er für die Kanzlei ist und ob er mit Ihnen spielt. Sie können dann das Honorar erhöhen oder ihm auch kündigen. Der Vertrag ist übrigens ein guter Anlass, einige »terroristisch« veranlagte Kunden zu kündigen, die Sie schon immer loshaben wollten.
- Durch diesen Vertrag bestimmen Sie die neuen Spielregeln und erhalten zur Belohnung Kunden, die diese akzeptieren und jede Menge Effizienzsteigerung durch weniger Verwaltung. Unternehmerherz, was willst du mehr?

23 Kanzleiorga – vom Chaosmanager zum Orgaheld!

ERFOLGSIMPULS

Es gibt nur einen Weg zu einer einheitlichen Kanzleiorganisation: Legen Sie alle Prozesse schriftlich nieder. Das heißt: Alles, was in der Kanzlei passiert, ist im Kanzleihandbuch abgelegt. Dieses Wissen steht allen zur Verfügung. So wird jeder in der Kanzlei zum Orgaheld.

Chaos kostet Geld

Viele Kanzleien arbeiten nicht effektiv und effizient. Es herrscht Chaos in der Ablage, in den Abläufen, unter Tischen, in Schränken, sogar in der Küche. Und Chaos kostet Geld. Das ist Fakt. Suchzeiten, doppeltes und dreifach vorhandenes Material, schlechter Eindruck nach außen – diese teure Verschwendung lässt sich nur durch eine gute Kanzleiorganisation vermeiden, die durchdacht und gut strukturiert ist und vor allem schnell läuft.

Im Bereich der Organisation ist Schnelligkeit das Wichtigste. Hier gilt das Motto: Effektivität + hohe Effizienz = sehr gute Kanzleiorganisation. Sie erinnern sich: Effektivität bedeutet, die richtigen Dinge zu tun, und Effizienz bedeutet, die Dinge schnell zu tun. Ein Beispiel dafür: Wenn eine Kanzlei nicht die Vorteile der Vollmachtsdatenbank nutzt, über die jede Menge Daten schnell und automatisch in die Einkommensteuererklärungen eingelesen werden können, dann ist das ineffektiv – denn die Kanzlei muss wie früher jede Information händisch auf Papier vom Kunden anfordern. Das ist außerdem ineffizient, da dieser Prozessteil viel zu langsam läuft.

Bedenken Sie also bei jedem Prozess: Es tickt immer die Uhr. *Ihre* Uhr, nicht die der Mitarbeiter. Je schneller die Mitarbeiter arbeiten können, desto mehr Gewinn machen Sie. Und es liegt in Ihrer Verantwortung, dass die Mitarbeiter schnell arbeiten können. Zeit ist gerade in der Steuerkanzlei immer Geld, denn alles kann man mit einem Stundensatz hinterlegen. Zurück zum Beispiel Vollmachtsdatenbank: Früher hat eine Einkommensteuererklärung für einen Privatmann, der Rentner ist, 3 Stunden gedauert. Heute dauert der gleich gelagerte Fall durch die Nutzung der Vollmachtsdatenbank nur 2,5 Stunden. Ihr Vorteil also: 0,5 Stunden Zeitersparnis x 80 Euro netto = 40 Euro Vorteil. Nicht schlecht nur für die Anwendung eines neuen Prozessablaufes. Jetzt rechnen Sie weiter: Angenommen Sie hätten 350 Kunden und bei jedem spart die Vollmachtsdatenbank 0,5 Stunden Zeit x 80 Euro = 14.000 Euro. Ein Kleinwagen. Überzeugt? Noch nicht? Dann rechnen Sie weiter, es sind Ihre Zahlen: 14.000 Euro Vorteil pro Jahr x 20 Jahre bis zur Rente = 280.000 Euro. Eine schöne Eigentumswohnung. Und genauso rechne ich jede geplante Änderung eines Prozesses durch und entscheide dann.

> *»Ich bin zu faul, um nicht ordentlich zu sein. Ordnung ist das halbe Leben. Woraus die andere Hälfte besteht, spielt keine Rolle.«* Patrik Luzius

In diesen Bereichen sollten Sie aktiv werden

Dies sind die einzelnen Bereiche Ihrer Kanzleiorganisation, die Sie genau unter die Lupe nehmen sollten:

Prozesse

Eine moderne Steuerkanzlei sollte heutzutage die wichtigsten Prozesse, die innerhalb der Kanzlei laufen, schriftlich formulieren, mit allen Mitarbeitern besprechen und im Kanzleihandbuch ablegen. Sie müssen dann einheitlich umgesetzt und von allen gleichermaßen gelebt werden. Ohne schriftliche und einheitliche Prozesse macht jeder Mitarbeiter seine Arbeit anders als die anderen Kollegen. Dies kann zu Fehlern führen oder den gesamten Ablauf verlangsamen. Außerdem haben es Stellvertreter schwer, sich schnell in die Arbeitsweise des Kollegen einzuarbeiten. Hier ein Überblick über die wichtigsten Prozesse:

- Finanzbuchführung
- Lohnbuchführung
- Jahresabschluss
- Gewinnermittlung
- Betriebliche Steuererklärungen
- Einkommensteuererklärung
- Posteingang
- Postausgang
- Betriebsprüfungen
- Prüfungen Steuerbescheide
- Einstellung Mitarbeiter
- Austritt Mitarbeiter

- Aufnahme Neukunden
- Kündigung Bestandskunden

Wie kann die Kanzlei das umsetzen? Nach einer einheitlichen Vorlage für eine Prozessentwicklung gibt die Kanzleileitung vor, welche Prozesse in der Kanzlei überhaupt laufen. Hier ist eine Gesamtübersicht sinnvoll. Die Mitarbeiter müssen bei der Prozessentwicklung mithelfen und ihre Ideen einbringen. Dies geschieht am besten im Rahmen der regelmäßigen Teamgespräche. Die Kanzleileitung darf dies nicht alleine durchführen, da eine Mitarbeiterbeteiligung zu mehr Akzeptanz und Einheitlichkeit führt. Immer wenn ein Prozess entwickelt, besprochen, wieder geändert und umgesetzt wurde, muss der schriftliche Prozess im Kanzleihandbuch abgelegt werden. Das Ziel ist, dass alle Kanzleiprozesse im Kanzleihandbuch abgelegt sind, sodass jeder darauf Zugriff hat.

Was hat die Kanzlei davon?

- Einheitliche Abläufe
- Einfachere Abläufe
- Schnellere Abläufe
- Mehr Mitarbeiterzufriedenheit
- Weniger Zeitverschwendung
- Mehr Gewinn

Postein- und -ausgang

Der Postein- und -ausgang ist ein sehr wichtiger Prozess. Er betrifft hauptsächlich das Sekretariat, deshalb bespreche ich ihn an dieser Stelle separat. Es sollte möglichst genau, einheitlich und schriftlich festgelegt sein, wie ein Posteingang vom Abholen aus dem Briefkasten bis zur Bearbeitung beim Mitarbeiter geregelt wird. Das Gleiche gilt umgekehrt für den Postausgang. Da in diesem Bereich viele Fehler passieren können, die gegebenenfalls zur Verletzung der Verschwiegenheitspflicht führen, ist diesem Bereich erhöhte Aufmerksamkeit zu widmen.

- Paketbriefkasten: Es klingt banal, ist aber ein praktisches Problem. Die Kanzlei benötigt einen ausreichend großen Briefkasten. Trotzdem kann es sein, dass nicht jede Post hineinpasst, daher haben wir in der Steuerkanzlei Luzius die Idee eines Paketbriefkastens umgesetzt. Er steht vor der Kanzlei im Außenbereich und hinein passen mehrere breite Ordner, die darin sicher verwahrt werden. Auch Paketdienste nutzen ihn mittlerweile öfter und müssen nicht mehr die Treppe hoch und uns in der Kanzlei stören. Jeder kann folglich unabhängig von den Kanzleiöffnungszeiten jede Art von Post darin einwerfen.
- Posteingang: Das Posteingangsbuch (falls vorhanden) ist unnötig, da der Posteingang ordentlich in unserem DMS (Dokumentenmanagementsystem) abgebildet wird. Es könnten auch andere Softwarelösungen genutzt werden. Jedes

Dokument, das eingeht, kürzen wir mit »PE« wie Posteingang ab und legen es dann revisionssicher im DMS ab. Das gilt für Briefe, Faxe und Mails. Briefe, Faxe und Mails werden einheitlich in der Dringlichkeit ihrer Bearbeitung behandelt, das heißt, dass Mails in der Regel nicht schneller bearbeitet werden als Briefe oder Faxe.
- Postausgang: Ein Postausgangsbuch ist unnötig, wenn der Postausgang ordentlich im DMS abgebildet wird. Jedes Dokument, das rausgeht, kürzen wir mit »PA« wie Postausgang ab und legen es dann revisionssicher im DMS ab. Das gilt für Briefe, Faxe und Mails.
- Porto: Hier mag es sich zwar nur um eine Kleinigkeit handeln, aber wir sparen auch hier Zeit: Das Sekretariat kauft selbstklebendes Porto auf 100er-Rollen. Ein Portobuch brauchen wir deshalb nicht – es würde uns viel mehr Zeit kosten, als es sparen soll.

Was hat die Kanzlei davon?
- Reduzierte Fehlerquote
- Reduzierte Haftungsfälle
- Schützt die Verschwiegenheitspflicht

Archivierung

Die Archivierung von Unterlagen ist für jede Kanzlei besonders wichtig. Auch hierfür sollte ein einheitlicher schriftlicher Prozess entwickelt werden, der von allen umgesetzt werden muss – denn Fehler im Bereich der Archivierung können zu Haftungsfällen führen.

Wie kann die Kanzlei das umsetzen?

Zunächst müssen die räumlichen Voraussetzungen für eine ordentliche Archivierung geschaffen werden. Es sollte ein abgeschlossener Archivraum existieren, am besten innerhalb der Kanzleiräume. Die Sicherheit dieses Raums gegen Einbrüche und Verletzung der Verschwiegenheitsverpflichtung muss gewährleistet sein. Das gilt auch für die Daten auf den Servern. Für die ASP-Kanzleien besteht an dieser Stelle keine Gefahr, da die Daten in einem externen Rechenzentrum liegen. Aber die Server in der Kanzlei müssen ebenfalls gegen Einbrüche, Wasser oder Blitzschäden abgesichert sein. Belege der Kunden sollten immer wieder an sie zurückgegeben werden und nicht ewig in der Kanzlei bleiben. Das spart Platz und gibt die Verantwortung an die Kunden zurück. Die Kunden müssen über die gesetzlichen Aufbewahrungspflichten Bescheid wissen. Die Steuerkanzlei Luzius empfiehlt an dieser Stelle immer zehn Jahre Aufbewahrungspflicht für alle Belege und Dateien. In jeder Kanzlei gibt es auch Abholschränke, in denen die bearbeiteten Belege der Kunden stehen und abgeholt werden können. Hier ist zu beachten, dass kein Kunde andere Kundennamen in den Schränken entdeckt. Werden Daten an

Kunden oder andere Berater weitergeleitet, kann dies über das DATEV-Rechenzentrum oder Archiv-CDs gelöst werden. Aus Sicherheitsgründen sind die wichtigsten Unterlagen der Kunden einzuscannen und im DMS abzulegen, falls vorhanden.

Was hat die Kanzlei davon?

- Reduzierung von Haftungsrisiken
- Einhaltung des Berufsrechts
- Einhaltung der gesetzlichen Aufbewahrungspflichten
- Platz- und kostensparende Lösungen

Kanzleihandbuch

Stellen Sie sich vor, Sie kommen als Mitarbeiter neu in eine Kanzlei. Sie kennen die einfachsten Abläufe nicht und wissen noch nicht einmal, ob sie überhaupt irgendwie geregelt sind oder ob nicht jeder Mitarbeiter nach Gutdünken seine Aufgaben erledigt. Sicher: Sie können fragen. Und versuchen, sich alles zu merken. Das Kanzleileben jedoch ist sehr komplex, und ich bin mir sicher, Sie kämen da schnell an Ihre Grenzen. In meinen Augen braucht deshalb jede Kanzlei ein großes und übergreifendes System, in dem nach einem einheitlichen Schema alle Informationen abgelegt und dokumentiert sind. Dafür gibt es bei uns das Kanzleihandbuch (KHB).

Das Kanzleihandbuch ist kein typisches gebundenes Buch, sondern vielmehr ein Ablagesystem, in dem alle Prozesse, Arbeitspapiere, Checklisten, Vorlagen und andere wichtige Dokumente, die in der Kanzlei verwendet werden, dokumentiert oder beschrieben sind. Das Handbuch wird in meiner Kanzlei in Papierform und parallel im DMS geführt. Ohne das Handbuch gäbe es keine zentrale Stelle, an der alle wichtigen kanzleiinternen Dokumente abgelegt werden könnten.

Wie kann die Kanzlei das konkret umsetzen?

Es werden breite Ordner mit Inhaltsverzeichnis und Register angelegt. Vielleicht in einer besonderen Farbe, die in der Kanzlei noch nicht genutzt wird. Zunächst muss das Inhaltsverzeichnis angelegt werden, was an sich schon eine Herausforderung ist. Da jede Kanzlei unterschiedlich aufgebaut ist, kann ich kein konkretes Inhaltsverzeichnis empfehlen, da dies individuell auf die Kanzlei abgestimmt sein muss.

Um das Kanzleihandbuch umzusetzen, suchen Kanzleileitung und Mitarbeiter eine gewisse Zeit lang alle in der Kanzlei genutzten Dokumente wie zum Beispiel Prozessbeschreibungen, Arbeitspapiere, Checklisten, Vorlagen zusammen, drucken diese aus und versuchen, sie in das Inhaltsverzeichnis einzuordnen. Im Team wird besprochen, welche Dokumente in welches Fach kommen und welche in diesem Zuge geändert bzw. nicht mehr genutzt werden sollen. Das Kanzleihandbuch wird permanent aktualisiert und soll kein Staubfänger im Schrank sein, sondern gelebt werden.

Was hat die Kanzlei davon?

- Einheitliche Arbeitspapiere, Checklisten, Vorlagen etc.
- Geringere Suchzeiten
- Mehr Transparenz durch Einheitlichkeit
- Mehr Effizienz
- Weniger Diskussionen im Team
- Leichte Integration von neuen Mitarbeitern
- Weniger Fehler, daher weniger Haftungsrisiko

Handlungsempfehlungen

- In der Kanzlei sollte grundsätzlich Ordnung herrschen. Jeder sollte wissen, was an welchem Platz zu finden ist.
- Alle Kanzleiprozesse sollten gründlich analysiert, schriftlich fixiert und mit allen Mitarbeitern besprochen werden.
- Nach der Analyse sollten die Prozesse auf Zeitersparnis überprüft werden und die Prozesse entsprechend geändert werden. Meistens werden die Prozesse dadurch sogar vereinfacht.
- Testen Sie die neuen Prozessabläufe, ob sie optimal sind oder noch weiter beschleunigt und vereinfacht werden können.
- Wenn alles reibungslos läuft, fügen Sie alle schriftlichen Prozessbeschreibungen in das Kanzleihandbuch ein. Aktualisieren Sie das ganze Handbuch laufend, spätestens einmal pro Jahr komplett.

24 Auftragsmarketing – ans Finanzamt outgesourct?

ERFOLGSIMPULS

Veraltete Steuerkanzleien, die ihr Auftragsmarketing an das Finanzamt outgesourct haben, verlieren in Zukunft an Wert, werden unverkäuflich und sterben aus. Moderne Kanzleien gehen strategisch vor, gewinnen durch professionelles Marketing die für sie idealen Kunden und werden dadurch erfolgreicher als die Konkurrenz. Und das auch ohne Hilfe des Finanzamtes.

Die Kunden kommen vom Finanzamt – noch

Deutsche Steuerberater haben es gut – sehr gut sogar. Sie leben in einem sorgenfreien Paralleluniversum: Marketing? Werbetrommel? Akquise? Nicht doch. Wo sich andere Unternehmen abstrampeln müssen, lehnen sich Steuerberater entspannt zurück und warten ab wie eine Spinne in ihrem Netz – bis ihnen ihr mächtiger Unterstützer die Kunden reihenweise in die Arme treibt. Sie ahnen es bereits – die Rede ist von der dreifaltigen Fiskalmacht: dem unberechenbaren Gesetzgeber, dem unerbittlichen Finanzamt und der immer leeren Staatskasse. Diese drei sorgen dafür, dass sich ein Steuerberater die meisten Marketingaufwendungen sparen kann – denn das Finanzamt schickt ihm immer neue Kunden vorbei. Das ist zumindest die Haltung, die viele Steuerberater heute noch einnehmen. Aber ich kann Sie da nur warnen: Selbst, wenn dieses Paralleluniversum im Moment noch existiert, ist es gleichwohl schon jetzt eine Illusion, die Sie die Existenz kosten kann.

Ausgebremste Marketing-Ambitionen

Unbestritten ist: Beim deutschen Steuerrecht blicken nur Insider durch. Und unter uns gesagt – auch die Insider zweifeln ab und zu am eigenen Durchblick. Etwa 15 % der weltweiten Steuerfachliteratur betrifft das deutsche Steuerrecht, obwohl nur rund 2 % aller Steuerzahler weltweit aus Deutschland kommen. Eine starke Leistung des deutschen Steuergesetzgebers seit 1820! Damals wurde in Preußen mit der Einführung der Einkommensteuer die Grundlage für unser heutiges Steuerrecht gelegt. Das deutsche Steuerrecht wurde seitdem in preußischer Gründlichkeit immer gerechter und (damit auch) komplizierter gemacht und belegt heute Platz 1 der kompliziertesten Steuergesetze der Welt. Dass sich das in absehbarer Zeit ändern wird, ist unwahrscheinlich. Viele Politiker neigen dazu, immer wieder vor dem Wähler glänzen zu wollen. Und solange allen Sparsamkeitsbeteuerungen zum Trotz Steuern weiterhin und immer wieder in Großprojekten versenkt werden, brauchen Politiker viel Geld. Dazu werden weitere Steuergesetze erlassen, die so kompliziert sind, dass ohne Steuerberater nichts mehr geht – und das Finanzamt den Kanzleien laufend neue Kunden beschert.

Viele Steuerkanzleien sind aufgrund dieser Situation so überlastet, dass sie auf eigene Anstrengungen zur Kundengewinnung ganz verzichten. »Marketing?! Ich habe doch genug Dauerkunden, die jahrelang treu bleiben.« »Homepage? Es ging doch immer ohne!« »Prozessoptimierung und Digitalisierung unserer Abläufe? Dafür habe ich keine Zeit, vielleicht später.« Solche Aussagen höre ich in meinen Seminaren und Coachings immer wieder. Der Grund liegt auf der Hand: Die regelmäßige Auftragsvergabe des Finanzamtes an die Steuerberater bremst die eigenen Marketing-Ambitionen völlig aus – das habe ich ja am Beginn dieses Kapitels schon geschrieben. Viel entscheidender aber ist: Eine durchdachte Kanzleientwicklung wird dadurch unmöglich.

Null Kanzleientwicklung

Was die Entwicklung der Kanzlei mit der »Kundenbeschaffung« durch das Finanzamt zu tun hat? Ganz einfach: Auf diese Art und Weise sammelt eine Kanzlei vor allem Zufallskunden. Und das sind nicht immer diejenigen, die der Steuerberater sich wünschen sollte – weil sie ihn beispielsweise in seiner Spezialisierung stärken, Unternehmensberatung wollen und gute Umsätze bringen.

Noch verheerender ist ein anderes Phänomen: Die Bestandskunden werden zusammen mit dem Berater alt, die Kanzleimitarbeiter ebenso. Die Folge: Kunden und Mitarbeiter gehen zusammen mit dem Kanzleiinhaber in Rente. Danach fehlen aber die nachhaltigen Umsätze, nach denen sich der Marktwert einer Kanzlei eigentlich bemisst – eine Kanzlei hat einen Wert ungefähr in der Höhe des Jahresumsatzes. Steht nun der Kanzleiverkauf an und der Nachfolger kann schon absehen, dass sowohl Kunden als auch Mitarbeiter zusammen mit dem alten Kanzleiinhaber aufhören, wird er nicht bereit sein, den vollen Jahresumsatz als Kanzleiwert zu akzeptieren und zu bezahlen – denn er wird wieder bei null anfangen müssen. Folglich ist ein Großteil der Altersvorsorge der bisherigen Inhaber in Gefahr. Das Schlimme an dieser Entwicklung ist, dass sie langsam und schleichend verläuft und viele Kanzleichefs den langsamen Niedergang nicht bemerken. Sie wachen erst auf, wenn sie ihre Kanzlei zu einem für sie »normalen Marktpreis« von einem

Jahresumsatz verkaufen wollen und keinen Käufer für diesen Wert finden. Würden Sie ein 50 Jahre altes Haus zum heutigen Neubauwert kaufen, wenn dort vor 30 Jahren zum letzten Mal renoviert wurde? Eben.

Definieren Sie Ihre Wunschkunden

Wenn eine Kanzlei also nicht mit der Zeit geht und sich nicht ständig weiterentwickelt, wird sie von der zunehmend modern aufgestellten Konkurrenz abgehängt. Diese Entwicklung ist heute schon erkennbar – und mit dieser Einschätzung stehe ich auch nicht allein da: »Die Zahl der Steuerberater ist in den letzten Jahren kontinuierlich gestiegen. Zusätzlich öffnet sich der Markt auch für ausländische Berater, und qualifizierte Bilanzbuchhalter und Steuerfachwirte drängen in typische StB-Geschäftsfelder«, warnt etwa das Portal beruf-steuerberater.de. Die meisten unattraktiven Kanzleien werden in den nächsten zehn Jahren vom Markt verschwinden, etliche werden in die Insolvenz gehen.

Es gibt inzwischen natürlich auch moderne, flexible und effektive Steuerkanzleien, die die Auftragsflut nicht passiv hinnehmen, sondern aktiv mitgestalten, ganz so, wie das gewerbliche Unternehmen tun. Sie definieren ihre idealen Wunschkunden und nehmen auch nur diese neu auf. Kunden, die nicht (mehr) zu den Kanzleizielen passen, schicken sie zur Konkurrenz. Ein cleverer Schachzug: unpassende Kunden raus und mehr Zeit für die passenden Kunden.

Handlungsempfehlungen

- Verlassen Sie sich nicht mehr auf die Marketingmaschine Finanzamt, sondern nehmen Sie Ihr Marketing selbst in die Hand.
- Definieren Sie schriftlich Ihren idealen Kunden und suchen Sie gezielt nach ihm (mehr dazu in Kapitel 25).
- Bauen Sie ein Kundenpflegeprogramm für Ihre bestehenden Kunden auf (mehr dazu in Kapitel 26).
- Bauen Sie ein Empfehlungsmarketing auf, das Ihnen von selbst neue Kunden bringt (mehr dazu in Kapitel 29).
- Machen Sie Ihre Kanzlei attraktiv für alte und neue Kunden (mehr dazu in allen Kapiteln).

25 Der ideale Kunde – kennen Sie ihn schon?

ERFOLGSIMPULS

Gutes Marketing kann man lernen. Der erste Schritt dazu: Lernen Sie, Ihren idealen Kunden so präzise wie möglich zu beschreiben – schriftlich! Achten Sie auch darauf, dass Ihre Kunden zu Ihnen passen. Und auch wenn Kunden wichtig sind: Mitarbeiter sind wichtiger als Kunden – geben Sie ihnen deshalb immer den Vorrang.

Kunden bekomme ich an jeder Ecke

Für viele Kanzleileitungen ist der Kunde das wichtigste Thema und größter Erfolgsfaktor – alles in den Kanzleien dreht sich nur um den Kunden. Er steht an erster Stelle, er ist der König. Warum mache ich ihn dann in diesem Buch erst jetzt zum Thema? Ganz einfach: Kunden bekomme ich an jeder Ecke. Mitarbeiter nicht. Und ich brauche in erster Linie gute Mitarbeiter.

Ja, diese Aussage ist provokant und überspitzt. Aber wenn Sie sich die dazugehörigen Zahlen anschauen, dann erkennen Sie schnell, dass sie durchaus ihre Berechtigung hat: Deutschland hat ca. 82 Millionen Einwohner, 40 Millionen davon geben eine Steuererklärung ab. Und es gibt etwa 3,6 Millionen Unternehmen. Davon haben 3,5 Millionen unter 50 Beschäftigte – sie bilden die Zielgruppe für kleine und mittelgroße Steuerkanzleien. Um die restlichen 100.000 Großunternehmen schlagen sich die großen und weltweit operierenden Steuerkanzleien und Prüfungsgesellschaften.

Auf der Gegenseite gibt es ca. 90.000 Steuerberatungsgesellschaften und Steuerberater in Deutschland, von denen ca. 66 % selbständig und 33 % angestellt sind. Unter dem Strich ergibt das etwa 60.000 Arbeitgeber. Laut Umfrage des Statistischen Berichtssystems für Steuerberater (STAX 2015) von der Bundessteuerberaterkammer und vom Institut für freie Berufe (IFB) sind im Durchschnitt etwa 10 Mitarbeiter je Steuerkanzlei beschäftigt, inkl. Inhaber und angestellte Steuerberater. Somit ergibt sich folgende Mitarbeiterzahl: 60.000 Kanzleien x 10 Mitarbeiter =

600.000 ./. 60.000 Inhaber ./. weitere Gesellschafter (Schätzung) ./. 30.000 angestellte Steuerberater = ca. 500.000 Mitarbeiter. Ihnen stehen nun 3,5 Millionen potenzielle Unternehmenskunden und 40 Millionen Privatkunden gegenüber.

Ich möchte eines klarstellen: Ich liebe gute Kunden! Von ihnen leben ich und meine Mitarbeiter. Aber in meinem Wertesystem liebe ich gute Mitarbeiter mehr – denn sie sind ungleich schwerer zu finden. Meine Maxime lautet daher: Mitarbeiter sind wichtiger als Kunden!

Was bedeutet das nun für Sie? Ich empfehle Ihnen dringend, alles zu tun, um die guten Mitarbeiter dauerhaft in der Kanzlei zu halten. Kunden dauerhaft zu halten, spielt eine untergeordnete Rolle – siehe die Zahlen von oben.

Was ist gutes Marketing?

Bevor wir unseren idealen Kunden kennenlernen, möchte ich Ihnen noch einige wichtige Aspekte zum Thema Marketing vorstellen.

> *»Der Begriff Marketing oder (deutsch) Absatzwirtschaft bezeichnet zum einen den Unternehmensbereich, dessen Aufgabe (Funktion) es ist, Produkte und Dienstleistungen zu vermarkten (zum Verkauf anbieten in einer Weise, dass Käufer dieses Angebot als wünschenswert wahrnehmen); zum anderen beschreibt dieser Begriff ein Konzept der ganzheitlichen, marktorientierten Unternehmensführung zur Befriedigung der Bedürfnisse und Erwartungen von Kunden und anderen Interessengruppen (Stakeholder). Damit entwickelt sich das Marketingverständnis von einer operativen Technik zur Beeinflussung der Kaufentscheidung (Marketing-Mix-Instrumente) hin zu einer Führungskonzeption, die andere Funktionen wie zum Beispiel Beschaffung, Produktion, Verwaltung und Personal mit einschließt.«*
>
> (Seite »Marketing«, in: Wikipedia, Die freie Enzyklopädie, abgerufen am 23.07.2018)

Marketing bedeutet also, die Dienstleistungen der Steuerkanzlei so zu vermarkten, dass Kunden gerne bereit sind, diese in Anspruch zu nehmen. Der Marketingexperte *Peter Drucker* geht noch etwas weiter und hat Marketing wie folgt definiert: »Marketing heißt, den Kunden genug zu kennen, um Produkte und Dienstleistungen zu entwickeln, die sich von selbst verkaufen.«

Das Thema Marketing oder Verkaufen ist für viele Steuerberater eine große Blackbox. Das ist nicht weiter verwunderlich – die Steuerberaterausbildung hat das Fach Marketing nicht auf dem Stundenplan. Dieses Nichtwissen hat die Steuerberaterbranche bislang daran gehindert, ihren Kunden genauso offensiv und aggressiv wie der gewerbliche Wettbewerb Dienstleistungen aller Art zu verkaufen. Vielen älteren Beratern steckt auch heute noch das generelle Werbeverbot aus früheren Jahrzehnten des letzten Jahrtausends in den Knochen.

Heutzutage ist aber für die Steuerberaterbranche jede Art von Werbung erlaubt – solange sie nicht unlauter ist. Es gibt sehr progressiv denkende Kollegen, die schon mal eine ganze Straßenbahn mit ihrer Werbung bekleben. Es gibt aber auch sehr konservativ denkende Berater, bei denen ein etwas größeres Praxisschild an der Kanzleitür schon Bauchweh auslöst. Die gute Nachricht lautet: Verkaufen kann man lernen.

In erster Linie muss natürlich die Kanzleileitung das Thema Marketing vorgeben, vorleben und mutig sein, sonst bewegt sich in diesem Bereich relativ wenig. Die Mitarbeiter tun ebenfalls viel für das Marketing, ohne es zu wissen. Bereits ein gutes Gespräch mit dem Kunden ist ein wertvoller Marketing-Baustein – denn der Kunde äußert dort, was er gerne hätte. Man muss nur genau zuhören, seinen Willen erkennen und diesen auch umsetzen. Dann sieht der Kunde ein Resultat, das in der Regel dem entspricht, was er sich vorgestellt hat. Der Kunde gibt ein positives Feedback an die Kanzlei und empfiehlt sie im besten Falle sogar weiter – falls sie seine Erwartungen übertroffen hat. So funktioniert Marketing.

Hier sind einige Beispiele für gutes Marketing: jedes gute Kundengespräch, Kundenverblüffung (Wow-Effekt), Geburtstagsgeschenke, Kundenanrufe ohne besonderen Grund, neue nützliche Dienstleistungen, innovative Ideen, außergewöhnlicher Service, Kundenveranstaltungen, außergewöhnliche Bilanzpräsentation, Essenseinladungen, schnelle Reaktionszeiten und einwandfreies Beschwerdemanagement. Im nächsten Kapitel gehe ich noch genauer auf die genannten Beispiele ein.

Von gutem Marketing hat die Kanzlei großen Nutzen: mehr Umsatz, mehr Gewinn, zufriedene und begeisterte Kunden, höhere Empfehlungsrate, zufriedene Mitarbeiter, besseres Kanzleiimage, angesehene Kanzleileitung, bekanntere Kanzlei.

Wer ist Ihr idealer Kunde?

Der ideale Kunde ist der Kunde, den sich eine Steuerkanzlei als langjährigen Kunden wünscht. Er ist ein guter und erfolgreicher Unternehmer, immer freundlich, macht einen hohen Umsatz mit der Kanzlei, verursacht nie Probleme, ruft selten an und zahlt pünktlich seine Honorarrechnungen. Ein Traumkunde eben. Die Realität sieht allerdings oft anders aus – denn die meisten Kanzleien machen sich keine Gedanken über ihren idealen Kunden. Und wenn doch, dann fixieren sie diese Gedanken nicht schriftlich. So befindet sich nur ein vages und verzerrtes Bild eines idealen Kunden in den Köpfen der Kanzleileitungen. Daraus folgt, dass wirklich jeder einzelne Kunde möglichst lange in der Steuerkanzlei gehalten wird. Ohne Rücksicht auf Verluste. Ohne zu hinterfragen, ob er wirklich zur Kanzlei passt. Der Umsatz ist den meisten Kanzleileitungen regelmäßig wichtiger, als einen Kunden zu verlieren oder gar zu kündigen. Diese Verlustängste führen zu krassen Fehlentscheidungen: Kunden werden gehalten, die aufgrund ihres Geschäfts oder ihrer Persönlichkeit die Kapazitäten und Nerven der Mitarbeiter viel zu stark strapazieren.

Deshalb ist es wichtig, dass die Kanzleileitung den idealen Kunden schriftlich definiert. Aber das reicht noch nicht aus. Auch die Mitarbeiter müssen ihn definieren. Sie arbeiten schließlich viel intensiver mit ihm zusammen als die Kanzleileitung.

Die Kanzleileitung hat also die Aufgabe, eine schriftliche Definition des idealen Kunden anzuregen. Dies kann im Rahmen eines Teamgesprächs erfolgen. Hierzu sollten auf jeden Fall die Mitarbeiter befragt werden und aktiv mitdiskutieren. Wenn die Mitarbeiter an der Definition mitgearbeitet haben, kennen sie auch den idealen Kunden sehr genau und wissen, wie sie in Zukunft am besten mit diesem zusammenarbeiten.

Erstellen Sie ein konkretes Profil des idealen Kunden mit folgendem Inhalt:

- Region
- Unternehmensgröße
- Branche
- Einkommenshöhe
- Geschäftsmodell
- Wünsche
- Kanzleihonorar

Das Profil sollte positive und negative Merkmale enthalten – was sich die Kanzlei wünscht und was sie ablehnt. Aus der praktischen Erfahrung meiner Definition eines idealen Kunden kann ich sagen, dass die positiven Merkmale relativ unscharf formuliert sind, die negativen dafür sehr klar. Hier sehen Sie die Definition meines idealen Kunden, an der meine Mitarbeiter mitgearbeitet haben:

PRAXISBEISPIEL

Steuerkanzlei Luzius: Für welche Kunden wollen wir arbeiten?

Aus welcher geografischen Region kommt Ihr Kunde?	Umkreis von 40 km: Mainz, Ingelheim, Rheinhessen
Welche Unternehmensgröße hat Ihr Kunde?	Von Einzelunternehmer bis kleine GmbH
Welche Art Unternehmen ist es (Form, Branche etc.)?	Einzelunternehmer, GmbH, Dienstleistung, Einzelhandel, Handwerk

Wie hoch ist das Einkommen/Gewinn Ihres Kunden?	Ab 100.000 Euro
Welches Geschäftsmodell hat Ihr Kunde?	Egal
Welche Ergebnisse wünscht sich Ihr Kunde für sich/sein Unternehmen?	Wie erhöht sich mein Gewinn? Wie läuft mein Unternehmen besser?
Welche Art von Geschäftspartner ist Ihr Kunde (wie behandelt Ihr idealer Kunde Sie und Ihre Kanzlei)?	Respektvoll, wertschätzend, freundlich, bodenständig
Welches Jahreshonorar soll erzielt werden?	Ab 5.400 Euro (450 Euro je Monat)

Tab. 01: Profil des idealen Kunden der Steuerkanzlei Luzius

- **Beschreiben Sie die Qualitäten Ihrer Lieblingskunden der vergangenen Jahre:** gut organisiert, umsetzender, innovativer Unternehmer, offen für Neuerungen und Veränderungen, Energiespender
- **Welche Kunden wollen wir nicht aufnehmen?** Bäcker, Metzger, Wirte (BMW), Land- und Forstwirtschaft, Kurierfahrer, Nagelstudios, Taxiunternehmen, Schrotthändler, Haftungsrisiken: Auslandsbezug, ab mittelgroße KapG, Konzerne, große Vereine
- **Welche Kunden wollen wir am liebsten aufnehmen?** Architekten, IT-Dienstleister, Immobilienmakler, Ingenieure, Personalvermittler, Freiberufler, Fahrschulen, Pflegedienste, Altenheime, UN-Berater, Handwerk: Maler, Fensterbau, Straßenmarkierungen, Kaminbauer, Türen/Tore, Klempner, Fliesenleger, Bodenleger

Das Profil wird mit allen Mitarbeitern diskutiert, angepasst und zusammen verabschiedet. Dazu bieten sich Teamgespräche als Kommunikationsplattform an. Danach überprüfen die Mitarbeiter ihre Kunden, ob sie dem schriftlichen Profil eines idealen Kunden ungefähr entsprechen. Das Ergebnis dieser Überprüfung legen sie der Kanzleileitung vor, damit diese entscheiden kann, welche Bestandskunden die Kanzlei weiter betreut und welche nicht. In diese Entscheidung fließen noch andere wichtige Kriterien ein, wie zum Beispiel: Bauchgefühl, Menschentyp, Zahlungsverhalten, Freundlichkeit, guter Empfehler, Nervfaktor, Haftungsrisiko, stimmt die Chemie, Kommunikationsverhalten, Familienverbund.

Dabei steht das Bauchgefühl an erster Stelle, denn es ist das Unterbewusstsein und damit des Menschen wichtigster Entscheidungsfinder. Sie kennen das sicher: Sie lernen einen Menschen neu kennen, stehen ihm zum ersten Mal gegenüber und spüren sofort, noch vor dem ersten Händedruck, ob er ihnen sympathisch ist oder nicht. Ihr Bewusstsein weiß noch gar nichts über diesen neuen Menschen, aber Ihr Unterbewusstsein erfasst sofort viele wichtige Informationen. Das Bauchgefühl wird von einer besonderen Intelligenz gesteuert, die im Körper über 600 Millionen Vorgänge in jeder Sekunde durchführt – das schafft das Bewusstsein nicht annähernd. Deswegen ist jede Entscheidung eines Menschen nicht rational durch das Bewusstsein, sondern emotional durch das Unterbewusstsein gesteuert, ob wir das wollen oder nicht. Deshalb mein Tipp: Hören Sie immer auf Ihr Bauchgefühl, es täuscht Sie niemals!

Mit welchem Typ Mensch haben Sie es zu tun?

Das Kriterium »Menschentyp« ist ein weiterer wichtiger weicher Entscheidungsfaktor. Weich deshalb, weil sich das Kriterium nicht mit harten Fakten in irgendeiner Form definieren lässt. Es kann am besten in persönlichen Gesprächen mit den Kunden erfasst werden. Dabei lassen sich verschiedene Menschentypen klassifizieren und in vier Hauptgruppen unterteilen:

Dominanter Kunde

Er ist zielorientiert, durchsetzungsstark, extrovertiert, selbstbestimmt, ein Kämpfer, führt konfliktreiche Beziehungen und hat einen starken inneren Antrieb.

Sein Verhalten ist geprägt von einem großen Selbstwertgefühl, er ist ungeduldig, lässt sich durch korrekte Ergebnisse motivieren, wünscht sich Veränderungen und braucht direkte Antworten.

Diese Dinge oder Punkte sind ihm wichtig: Macht, Kampf, Sieg, Status, Karriere, Ruhm, Erfolg, Prestige, Elite, Stolz, Einfluss.

Seine Wirkung ist dominierend, zäh, ignorant, aufdringlich.

Typische Berufe des dominanten Kunden: Wirtschaftsprüfer, Anwalt, Chirurg, Politiker.

Analytischer Kunde

Er legt Wert auf absolute Richtigkeit, durchläuft lange Entscheidungsfindungen, ist rational, reflektierend und introvertiert.

Sein Verhalten ist geprägt von hohen perfektionistischen Maßstäben, er tendiert zur Empfindlichkeit und braucht detaillierte Informationen, um überzeugt zu sein.

Diese Dinge oder Punkte sind für ihn wichtig: Logik, Genauigkeit, Ordnung, Verlässlichkeit, Sparsamkeit, Qualität.

Seine Wirkung ist kritisch, formell, bremsend.

Typische Berufe des analytischen Kunden: Steuerberater, Steuerfachangestellter, Buchhalter, Mathematiker.

Toleranter Kunde

Er ist sensibel, harmonieliebend, abwägend und reaktiv, wertschätzend und ausgleichend.

Sein Verhalten ist geprägt von Beständigkeit und Unentschlossenheit, er ist leise, möchte Wertschätzung und ein stabiles Umfeld und braucht geplante und langsame Veränderungen.

Diese Dinge oder Punkte sind für ihn wichtig: Gemütlichkeit, Ausgeglichenheit, Natur, Offenheit, Genuss, Bequemlichkeit.

Seine Wirkung ist unterstützend, zuverlässig, vertrauenswürdig.

Typische Berufe des toleranten Kunden: Krankenpfleger, Sozialarbeiter, Pflegekraft.

Kreativer Kunde

Er ist impulsiv, leicht ablenkbar und neugierig, offen und flexibel, spontan, sprachgewandt.

In seinem Verhalten zeigt er sich emotional und optimistisch, oft schlecht organisiert, von sozialer Anerkennung motiviert. Er möchte freundschaftliche Bedingungen und braucht Prioritäten und Fertigstellungstermine.

Diese Dinge oder Punkte sind für ihn wichtig: Kreativität, Entdecken, Freiheit, Abwechslung, Humor, Kunst, Rebellion, Neugier.

Seine Wirkung ist inspirierend, enthusiastisch, draufgängerisch.

Typische Berufe des kreativen Kunden: Künstler, Musiker, Architekt.

Damit keine Missverständnisse entstehen: Jeder Mensch hat von allen Menschentypen etwas in sich. Bei der Klassifizierung geht es nur darum, herauszufinden, zu welchem Haupttyp der Mensch tendiert.

Vermeidung von Ärger ist wichtiger als Umsatz

Kanzleileitung und Mitarbeiter können anhand der oben aufgeführten Listen ungefähr abschätzen, wer menschlich zu ihnen passt, welche Neukunden sie aufnehmen und welche Bestandskunden sie behalten wollen. Dies ist vor allem aus einem Grund wichtig zu wissen: Langfristig können Sie nur mit den zu Ihnen passenden Kunden gute Gewinne erwirtschaften.

Das Marketing der Kanzlei sollte deshalb so ausgerichtet werden, dass nur noch passende neue Kunden in die Kanzlei aufgenommen werden und unpassende nicht. Halten Sie diese Linie konsequent ein, denn es gilt vor allem die Maxime: Vermeidung von Ärger ist wichtiger als Umsatz.

Welcher Bestandskunde nicht mehr zur Kanzlei passt, sehen Sie in folgendem Beispiel:

Ein Unternehmerkunde bringt der Kanzlei den höchsten Umsatz pro Jahr. Ein Vollzeitmitarbeiter ist ausschließlich mit den Leistungen für diesen Kunden beschäftigt. Der Kunde ist Alkoholiker, Choleriker und Freund des Chefs, aber trotzdem noch ein erfolgreicher Unternehmer, zumindest bislang. Er weiß, dass er der größte Kunde der Kanzlei ist, schreit regelmäßig die Mitarbeiter zusammen, zahlt erst nach der dritten Mahnung, beschwert sich bei jeder zweiten Rechnung über die Höhe, jammert über das Leben, und an allem sind grundsätzlich die anderen schuld.

Von der Sache her eindeutig: Er ist ein »Terrorist« und müsste unverzüglich die Kanzlei verlassen. Das Problem: Er ist der größte und wichtigste Kunde – gemessen am Umsatz für die Kanzlei. Daran hängt ein Vollzeitarbeitsplatz und damit die Familie des Mitarbeiters. Wenn der Umsatz des Kunden nicht so groß wäre, hätte sich die Kanzleileitung längst dazu entschlossen, den Kunden freizusetzen. In der Praxis sieht es oft so aus, dass in diesem Fall die meisten Kanzleileitungen die Zähne zusammenbeißen, den Mitarbeiter immer wieder beruhigen und sich die Frechheiten des Kunden weiter bieten lassen. Der Mitarbeiter warnt immer wieder die Kanzleileitung, dass er diesen Kunden nicht mehr betreuen möchte. Irgendwann kommt es, wie es kommen muss: Der Mitarbeiter wird krank und andere Mitarbeiter müssen für ihn einspringen. Das erzürnt den Choleriker noch mehr, und er reißt andere Mitarbeiter der Kanzlei in sein persönliches Elend mit hinein. Die Kanzleileitung ist ständig damit beschäftigt, zwischen Kunde und Mitarbeitern zu vermitteln, die ebenfalls keine Lust auf die Betreuung dieses Kunden haben. Der ursprünglich zuständige Mitarbeiter wird nun oft und lange krank und kündigt zum Schluss völlig entnervt sein Arbeitsverhältnis. Andere Mitarbeiter weigern sich nun offen gegenüber der Kanzleileitung, diesen Kunden zu betreuen, und drohen ebenfalls mit Kündigung. Die Kanzleileitung steckt in einer Zwickmühle. Entlässt sie den Kunden oder kündigen die anderen Mitarbeiter? Führungsschwache Kanzleileitungen entscheiden sich an diesem Punkt für den Kunden und gegen die Mitarbeiter. Aber wer ist denn wirklich wichtiger? Ich kann es nicht oft genug wiederholen: Der Mitarbeiter ist immer wichtiger als der Kunde! Neue Kunden werden von selbst kommen, aber neue Mitarbeiter nicht. In diesem Fall muss eine gute Kanzleileitung frühzeitig einem solchen Fehlverhalten des Kunden Einhalt gebieten und sich schützend vor die Mitarbeiter stellen, sodass diese das Gefühl haben, wichtig für die Kanzlei zu sein. Das ist Wertschätzung in Reinkultur!

Was also hat die Kanzlei von der schriftlichen Definition des »idealen Kunden«?

- Klarheit darüber, welcher Kunde neu aufgenommen wird
- Klarheit darüber, welcher Kunde in der Kanzlei weiter betreut werden kann
- Reibungslose Zusammenarbeit
- Hohe Kundenzufriedenheit
- Gutes Betriebsklima

- Weniger sinnlose Verwaltungszeiten
- Weniger Umsatz, aber mehr Gewinn.

Handlungsempfehlungen

- Kündigen Sie in einem Teamgespräch vor allen Mitarbeitern an, welche idealen Kunden in Zukunft in die Kanzlei aufgenommen werden sollen.
- Erarbeiten Sie zusammen nach den oben genannten Kriterien eine schriftliche Definition des idealen Kunden und beschließen sie sie zusammen.
- Alle neuen Kunden werden ab sofort auf die neuen Kriterien überprüft und nur diese Kunden aufgenommen, die sie erfüllen. Hören Sie bei der Neuaufnahme unbedingt auf Ihr Bauchgefühl! Es lässt Sie nie im Stich.
- Alle Mitarbeiter überprüfen ihre Bestandskunden, ob sie ungefähr den Kriterien entsprechen und geben der Kanzleileitung entsprechende Rückmeldung.
- Die Kanzleileitung entscheidet, ob die Bestandskunden weiter betreut werden oder nicht. Und wenn ja, zu welchen Konditionen.
- Halten Sie sich konsequent an die Kriterien, da Sie ansonsten viele Nachteile haben werden.
- Richten Sie Ihre gesamten Marketingaktivitäten zur Neukundengewinnung nach den Kriterien aus. Sie werden dadurch viel mehr Ihrer idealen Kunden bekommen, das ist sicher.

26 Das Kundenpflegeprogramm – einfach machen!

ERFOLGSIMPULS

Kundenpflege ist das lukrativste Marketinginstrument, das es gibt. Fangen Sie sofort an, für die passenden Kunden Ihr Bestes zu geben und ein systematisches Kundenpflegeprogramm aufzubauen – also Maßnahmen zu entwickeln und zu implementieren, mit denen Sie Ihre Kunden zufriedenstellen und bestenfalls begeistern. Ihre Kunden werden es Ihnen danken, lange bei Ihnen bleiben und Sie weiterempfehlen.

Kundenpflege darf kein Zufallsprodukt sein

Was denken Sie, wenn Sie den Namen *Bill Gates* hören? Brechen Sie in Begeisterungsstürme aus, weil Sie die Windows-Produkte so toll und *Bill Gates* so charismatisch finden? Vermutlich eher nicht. Und was denken Sie, wenn Sie den Namen *Steve Jobs* hören? Wahrscheinlich fällt da Ihre Reaktion ein bisschen anders aus – und das nicht nur, wenn Sie Apple-Geräte nutzen. So wie Ihnen geht es vielen anderen Menschen auch. Nicht umsonst bilden sich lange Schlangen vor den Apple-Läden, wenn mal wieder ein neues iPhone oder iPad erschienen ist.

Was hat also Apple, was wir Steuerberater nicht haben? Die Antwort auf diese Frage ist einfach: begeisterte Kunden! Oder haben Sie schon einmal Menschen vor den Türen einer Steuerkanzlei zelten sehen, nur damit sie morgens als Erste hineindürfen? Zugegeben: Ein bisschen überspitzt ist dieser Anspruch schon. Aber Sie ahnen, worauf ich hinauswill: Wenn ein Unternehmen langfristig erfolgreich sein möchte, dann muss es dafür sorgen, dass ihm seine Kunden treu bleiben bzw. schnell zu echten Fans werden. Und dies gelingt am besten mit einem systematischen, geplanten und nachhaltigen Kundenpflegeprogramm. Bei richtiger Anwendung wird es jeden Kunden einer Kanzlei absolut zufriedenstellen oder sogar begeistern. Ohne ein systematisches Kundenpflegeprogramm bleibt das Thema Kundenpflege ein Zufallsprodukt in der Kanzlei.

So sieht ein funktionierendes Kundenpflegeprogramm aus

Das folgende Programm führt bei konsequentem Einsatz zum gewünschten Erfolg und bindet die passenden Kunden langfristig an die Kanzlei:

Kundenanalyse:

Führen Sie eine ABCT-Analyse aller Kunden durch, wie sie in Kapitel 30 beschrieben wird. Aus der Analyse benötigen Sie für das Pflegeprogramm lediglich die weichen Faktoren. Die harten Faktoren wie zum Beispiel Umsatz oder Gewinn können Sie in diesem Fall vernachlässigen. Sprechen Sie in den Teamgesprächen mit den Mitarbeitern über die Analyse – jeder muss sie verstanden haben. Mit in die Analyse fließt Ihr bereits definierter idealer Kunde aus Kapitel 25 ein; er spielt hier eine wichtige Rolle.

Welche weichen Faktoren sind nun wichtig? Welche Fragen sollten Sie sich stellen?

- Einschätzung der Kanzlei selbst: Möchte die Kanzlei als Generalist eine breite Streuung von Kunden und abwechslungsreichen Tätigkeiten für viele verschiedene Menschen anbieten oder möchte sie nur auf bestimmte Branchen spezialisiert sein? Als Generalist müssen die wichtigsten A-Kunden über alle Branchen hinweg am besten gepflegt werden, als Spezialist die größten A-Kunden einer Branche.
- Welche Branchen wollen Sie nicht bearbeiten, weil sie zu speziell sind? Zum Beispiel wollen viele Kanzleien keine Landwirtschaft oder keinen Baulohn anbieten, da sie kein Spezialwissen aufbauen wollen.
- Welche Branchen wollen Sie nicht bearbeiten, weil sie zu schwarzgeldintensiv sind? Zum Beispiel wollen viele Kanzleien keine bargeldintensiven Branchen betreuen, da sie zu schwarzgeldanfällig sind. Beispiele: Gastronomie (es ist nicht die professionell geführte Systemgastronomie gemeint), Landwirtschaft, viele Handwerksberufe etc. Im Hinblick auf das Hinterziehungsrisiko, Verschärfungen der Kassenführungsvorschriften, Verschärfungen der Einzelaufzeichnungspflichten, der Einführung der Kassennachschau seit 01.01.2018 sowie der Personal- und EDV-Aufrüstung bei den Betriebsprüfern muss sich jede Kanzlei gut überlegen, ob sie diese Branchen überhaupt noch betreuen möchte. Es könnte nämlich gut sein, dass mit den Kunden aus diesen Branchen in Zukunft echte Verluste in der Kanzlei erwirtschaftet werden. Denn wer soll und kann diese Verschärfungen noch bezahlen? Der Kunde kann sich das bald nicht mehr leisten und das erhöhte Haftungsrisiko muss auch bezahlt werden. In meiner Kanzlei nehmen wir aus den genannten Gründen nahezu keine Kunden solcher Branchen mehr neu auf. Ich verzichte bewusst auf Umsatz und habe lieber langfristig Ruhe und Frieden.

- Welche Branchen wollen Sie nicht bearbeiten, weil sie ein unrentables Geschäftsmodell haben und fast immer insolvent werden? Von der Betreuung solcher Kunden rate ich immer ab, es sei denn, Sie sind Sanierungsberater oder Insolvenzverwalter. Warum? Wovon sollen die Kunden Sie bezahlen? Beispiele: Nagelstudio, Kurierfahrer etc. Wir nehmen solche Kunden nicht mehr neu auf und haben uns von allen Kunden mit nicht funktionierenden Geschäftsmodellen getrennt.
- Welche Branchen wollen Sie nicht bearbeiten, weil Sie dort Kundentypen finden, die nicht zu Ihnen und/oder Ihren Mitarbeitern passen? Es gibt viele Menschen, die passen gut zusammen, und es gibt viele, die passen eben nicht zusammen. Anhaltspunkte haben Sie in Kapitel 25 bereits kennengelernt. Und warum sollten sich Kanzleien mit unpassenden Kunden herumplagen? Wenn zum Beispiel die Kanzleileitung eine dominante Persönlichkeit ist und der Kunde ebenso, dann kann es leicht zum Streit kommen, da beide Seiten hart bleiben und die jeweils andere Seite dominieren wollen. Diese Kunden sind oft unter Anwälten und Ärzten zu finden. Reibungsverluste dieser Art kosten jedoch Ihre Zeit und Ihr Geld. Wir haben uns deshalb in den letzten Jahren auch von unpassenden Kundentypen getrennt, um Ärger und Zeitverlust zu minimieren.
- Welche Kunden wollen Sie nicht bearbeiten, weil Sie sie sprachlich nicht verstehen? Nahezu niemand denkt darüber nach, aber die Sprache ist enorm wichtig für eine reibungslose Zusammenarbeit. Ich selbst habe Kunden, die kaum Deutsch gesprochen haben, nicht mehr weiter betreut und sie zu einem Steuerberater geschickt, der ihre Muttersprache spricht. Das ist nicht rassistisch, sondern ich verstehe dies als meine Pflicht, da er dort eine bessere Beratung als bei mir erhält. Wie wollen Sie das extrem komplizierte deutsche Steuerrecht einem Menschen erklären, der kaum Deutsch versteht?

Es hat sich bewährt, bei der Kundenpflege nach dem Ausschlussprinzip vorzugehen. Das bedeutet, dass Sie für die Kunden, die Sie eigentlich nicht betreuen wollen, auch keine weiteren Anstrengungen in Sachen Kundenpflege unternehmen sollten. Mit allen anderen möchten Sie gerne und langfristig zusammenarbeiten. Bei diesen anderen Kunden können Sie relativ sicher sein, dass einer reibungslosen Zusammenarbeit wenig im Wege steht.

Sie haben nun eine Liste voller Kunden, die zu Ihrer Kanzlei passen und die es verdient haben, sehr gut gepflegt zu werden. Diese Kunden werden nach A-, B-, C-Kunden eingeteilt. T entfällt, weil »Terroristen« nicht gepflegt, sondern sofort gekündigt werden müssen. Die wichtigsten und größten Kunden sind A-Kunden, die mittleren B- und die kleinen C-Kunden. So abgestuft sollte das Kundenpflegeprogramm aufgebaut werden, da die Pflege eines A-Kunden wesentlich intensiver sein sollte als die eines C-Kunden.

Kundenbefragung:
Eine Unterform der Kundenanalyse ist die Kundenbefragung. Die einfachste Form, einen Kunden zufriedenzustellen, ist, ihn einfach zu fragen, ob er zufrieden ist. Hierzu ist das Instrument der Bedarfsanalyse geeignet. Folgende Fragen können Sie dem Kunden während einer Bedarfsanalyse stellen:

- Wovon träumt der Kunde?
- Welche Probleme hat der Kunde?
- Womit kann ihm die Kanzlei einen weiteren wirklichen Nutzen bieten?

Kunden sollten öfter und bei jeder guten Gelegenheit befragt werden, denn sie wissen am besten, was sie wollen. Die Bedarfsanalyse ist eine kleine Kundenbefragung.

Es kann noch zusätzlich eine große Befragung aller Kunden gleichzeitig stattfinden. Diese ist allerdings sehr aufwendig und meines Erachtens kein Muss. Hierzu wird ein gut verständlicher Fragebogen entwickelt, der den Kunden zugeschickt wird. Diesen zu entwickeln ist schwer genug. Themen, die bei einer Kundenbefragung berücksichtigt werden sollten, sind zum Beispiel:

- Wertschätzung und Dank
- Aktive Empfehler identifizieren
- Zufriedenheit mit Kanzleileitung
- Zufriedenheit mit Mitarbeitern
- Freundlichkeit
- Erreichbarkeit
- Kundenservice
- Verkehrsanbindung u.v.m.

Wichtig ist, den Rücklauf mit allen gemeinsam zu besprechen – Kanzleileitung und Mitarbeitern. Daraus sollten wiederum Schlüsse gezogen werden, wie eine bessere Zusammenarbeit mit den Kunden erfolgen kann.

Kanzleiprozesse:
Analysieren Sie alle Prozesse, die die Kundenpflege betreffen, und optimieren Sie sie bzw. schneiden Sie sie noch besser auf die Kunden zu. Genauer gesagt: Sie können jeden Prozessschritt kunden- oder kanzleiorientiert gestalten. Bei kundenorientiert legen Sie den Fokus auf Kundenservice und gestalten alles gut, transparent und einfach für den Kunden. Bei kanzleiorientiert steht die Kanzlei im Fokus, sodass die Kanzlei die meisten Vorteile hat. Hierfür müssen alle inter-

nen Prozesse analysiert, schriftlich fixiert und im Teamgespräch zusammen besprochen werden. Die Denkweise bei der Analyse ist folgende:

- Welche Berührungspunkte hat der Kunde zu jedem einzelnen Prozessschritt?
- Ist dieser Berührungspunkt sinnvoll oder kann man ihn weglassen?
- Ist für den Kunden alles verständlich, was wir tun?
- Ist die Zusammenarbeit mit der Kanzlei unkompliziert, einfach und transparent?
- Gibt es Barrieren, die es zu beseitigen gilt?
- Wenn die Kanzlei der Kunde wäre, würde der Prozess genau so laufen?

Hierzu ein Beispiel, um es konkreter zu machen:

Sie könnten den Prozessschritt »Versendung der Buchhaltungs-Auswertungen an die Kunden« kunden- oder kanzleiorientiert gestalten. Sie können dem Kunden schnell und transparent alle Auswertungen direkt per Mail senden oder Sie können die Auswertungen drucken, in den Pendelordner abheften und sie vom Kunden holen lassen. Welche Prozessgestaltung ist wohl kundenorientierter? Was schätzt der Kunde für sich als besser ein?

Kundenberührungspunkte:

Folgende Berührungspunkte gibt es zum Beispiel in der Kanzlei:

- Sehr freundliche Begrüßung in Kanzlei
- Laufende aktive Information des Kunden
- Integration des Kunden in die Kanzleiarbeit
- Integration des Kunden in die Produktentwicklung
- Inszenierung der Bilanzgespräche anhand eines kleinen Drehbuchs
- Anwesenheit der Kanzleileitung und des zuständigen Mitarbeiters bei Geschäftseröffnungen von Kunden
- Unternehmensbesuche nach Mandatsaufnahme durch Kanzleileitung und zuständigen Mitarbeiter
- Events (Grillabende etc.) mit Kunden
- Versand von interessanten und passenden Büchern an Kunden
- Kundenveranstaltungen: Vorträge, Tag der offenen Tür, Jubiläen, Workshops, Seminare
- Professionelle Homepage mit nützlichen Informationen
- E-Mail mit schöner Kanzleisignatur
- Kanzleivideos in Social-Media-Netzwerken

Wie können diese Berührungspunkte Schritt für Schritt optimiert werden? Fangen Sie mit den kleinen Dingen an, zum Beispiel mit der Freundlichkeit beim Empfang des Kunden. Verbessern Sie diese immer weiter bis auf 5-Sterne-Hotel-Niveau.

Laden Sie sich dazu Hotelfachkräfte ein und lassen Sie sich von ihnen schulen; sie haben das jahrelang trainiert. Ihr Kunde wird die Auswirkungen dieses Trainings sofort spüren.

Dann nehmen Sie sich weitere Berührungspunkte vor, in denen Sie den Kunden positiv überraschen und somit begeistern können. Keine Angst, die Kunden freuen sich!

Servicefibel aus der Unternehmenskultur:
Teile der bereits vorgestellten Unternehmenskultur stellen in unserer Kanzlei eine Art Servicefibel dar, so wie sie in exzellenten Hotels existieren. Sie stellt gleichzeitig die Schulungsgrundlage für Kanzleileitung und Mitarbeiter dar, die diese intensiv beherrschen sollten. Sie können in Ihrer Unternehmenskultur ebenso viele Serviceregeln einbauen – dazu rate ich Ihnen ausdrücklich.

Mitarbeitertraining:
Das Kundenpflegeprogramm sollte laufend mit den Mitarbeitern trainiert und optimiert werden. Dies geschieht in Teamgesprächen oder Workshops entweder intern durch die Kanzleileitung oder extern durch Coaches.

Kundenbelohnung:
Die Kanzlei sollte die Kundenloyalität belohnen, zum Beispiel mit verschiedenen Geschenken je nach Jahren der Zusammenarbeit wie etwa ein gemeinsames Essen, Weinpräsente, Bücher, Karten für Veranstaltungen, Gutscheine, Lose etc. So verstärken Sie die Loyalität noch mehr.

Win-win-Situation mit dem Kundenpflegeprogramm

Die Kanzlei hilft ihren Kunden zu erreichen, was diese wirklich wollen, zum Beispiel

- ein höheres Einkommen,
- gesundes und nachhaltiges Wachstum und
- Sicherheit für das Vermögen.

Die Kanzlei selbst hat ebenfalls einen sehr hohen Nutzen dabei: Das Kundenpflegeprogramm ist das lukrativste Marketinginstrument, das eine Kanzlei überhaupt haben kann. Es hat den höchsten Return On Investment (ROI), viel höher als die Neukundenakquise. Um das Kundenpflegeprogramm finanziell stemmen zu können, empfehle ich folgendes Marketingbudget in Euro: 5 % vom Jahresumsatz, davon 70 % für Bestandskunden, 20 % für potenzielle Neukunden und 10 % für den übrigen Markt einsetzen. Das Marketingbudget in Zeit sollte prozentual ebenfalls wie das Marketingbudget in Euro eingesetzt werden. Es gibt Erhebungen, die sagen, dass es etwa fünfmal teurer ist, einen neuen Kunden zu akquirieren, als einen bestehenden zu binden.

Am Ende hat die Kanzlei

- zufriedene Kunden,
- begeisterte Kunden,
- eine höhere Kundenbindung an die Kanzlei,
- eine höhere Empfehlungsquote der Kunden,
- ein besseres Zahlungsverhalten der Kunden,
- eine zufriedenere Kanzleileitung sowie
- zufriedenere Mitarbeiter.

So kann exzellenter Kundenservice aussehen

Nachfolgend zusammengefasst finden Sie viele Beispiele in einer Übersicht, die Sie als Grundlage für die Umsetzung nehmen können. Grundsätzlich zählt alles zu exzellentem Kundenservice, was den Kunden verblüfft, was ihn dazu bringt, »Wow« zu sagen, z. B. kleine Servicemaßnahmen, die zum richtigen Zeitpunkt erfolgen und so nicht vom Kunden erwartet wurden. Sie müssen nicht alle Beispiele in die Praxis umsetzen, aber je mehr Sie davon beherzigen, desto erfolgreicher werden Sie sein:

- Jedes gute Kundengespräch ist bereits exzellente Kundenpflege.
- Geben Sie Ihren Kunden Garantien und kommunizieren Sie diese auch nach außen (siehe Beispiele auf www.patrikluzius.de/kanzlei/garantien).
- Reagieren Sie schnell auf Kundenanforderungen.
- Sorgen Sie dafür, dass *ein* Mitarbeiter alles für den Kunden erledigt, nicht viele verschiedene (steht im Gegensatz zum 4-Augen-Prinzip).
- Kunden erhalten eine Rückrufgarantie am nächsten Arbeitstag.
- Überlegen Sie, wie Sie die Digitalisierung sinnvoll vorantreiben können, wie z. B. Hilfe bei der Umstellung aller Lieferantenrechnungen Ihrer Kunden auf PDF (alle Lieferantenrechnungen sollen bereits papierlos zu Ihren Kunden gemailt werden, damit sie ohne Medienbruch weiterverarbeitet werden können), Kontoauszugsmanager, Kassentool, Unternehmen Online, ZUGFeRD u. v. m. Das spart dem Kunden Zeit und Geld.
- Bieten Sie Ihren Kunden an, dass Ihre Mitarbeiter die Buchhaltung vor Ort beim Kunden erledigen (nur, wenn sich daraus für beide Seiten Vorteile ergeben).
- Begrüßen Sie und Ihre Mitarbeiter die Kunden einheitlich und herzlich – sowohl bei persönlichen Begegnungen als auch am Telefon.
- Bieten Sie gute Parkmöglichkeiten und Verkehrsanbindung.
- Sorgen Sie für barrierefreie Kanzleiräume.
- Stellen Sie einen Paketbriefkasten für breite Ordner vor dem Kanzleieingang auf (siehe Bild auf www.patrikluzius.de/kanzlei-mainz).

- Achten Sie auf kurze Bearbeitungszeiten aller Leistungen.
- Legen Sie Wert auf professionellen Schriftverkehr in gutem und fehlerfreiem Deutsch. Bevorzugen Sie E-Mail.
- Erstellen Sie ein schriftliches Marketingkonzept inkl. Ziele und Budget.
- Sorgen Sie für ein exzellentes Beschwerdemanagement.
- Pflegen Sie eine serviceorientierte Unternehmenskultur.
- Bieten Sie nützliche Sonderleistungen aktiv an.
- Erstellen sie regelmäßige Bedarfsanalysen, um bei Kunden deren Bedarf nach Leistungen abzufragen, auch wenn dieser noch gar nicht bewusst ist.
- Schicken Sie Geburtstagsbriefe an alle Kunden und auch an deren Ehegatten (Kinder nicht).
- Machen Sie Ihren Kunden große Geburtstagsgeschenke für runde Geburtstage, z. B. Weinpräsente, VIP-Karten für Fußballspiel etc.
- Schenken Sie Ihren Kunden ebenfalls etwas, wenn sie Sie weiterempfohlen haben.
- Halten Sie kostenlose Stifte, reißfeste Tragetaschen etc. zum Mitnehmen bereit.
- Führen Sie Beziehungstelefonate mit Ihren Kunden – aktiv und ohne Anlass.
- Bieten Sie Ihren Kunden an, Quartalsgespräche oder Herbstgespräche mit ihnen zu führen.
- Stellen Sie eine Hotelfachangestellte im Sekretariat ein – wegen exzellenter Freundlichkeit und Serviceorientierung
- Halten Sie für neue Kunden eine schöne und informative Begrüßungsmappe bereit.
- Halten Sie Versprechen an die Kunden immer ein, egal, wer sie geleistet hat und egal, wie. Sollten sie doch einmal nicht eingehalten werden können, muss dies dem Kunden oder dem Mitarbeiter unverzüglich mitgeteilt und sich entschuldigt werden. Hier ist Demut gegenüber dem Kunden sehr wichtig.
- Der Dienstleistungsausschluss (was wird nicht angeboten) muss schriftlich fixiert sein, also alles, was Sie nicht anbieten, wie z. B. Baulohn, Erbschaftsteuer etc. Die ausgeschlossenen Dienstleistungen müssen die Mitarbeiter kennen.
- Richten Sie einen Erinnerungsservice an bestimmte Fristen wie zum Beispiel Abgabe oder Zahlung der Umsatzsteuervoranmeldung etc. ein.
- Führen Sie Kundenveranstaltungen durch – aber immer professionell und nicht langweilig!
- Setzen Sie innovative Ideen um, wie z. B. einen individualisierten Kassenbericht für jeden Kunden, der zur Kassenführung verpflichtet ist.
- Implementieren Sie ein Ideenmanagement zur Umsetzung von Ideen der Mitarbeiter zum Thema Kundenpflege.

Aus der oben genannten Analyse und den vorgestellten Ideen können Sie passende konkrete Maßnahmen zur Kundenpflege entwickeln, in einer großen Projektliste schriftlich fixieren und in den folgenden Monaten dann umsetzen.

»Wer seine Kunden befragt, fängt Fische im Aquarium.«

Hermann Scherer

Handlungsempfehlungen

- Analysieren Sie zusammen mit Ihren Mitarbeitern Ihre Kunden und stufen Sie sie in ABCT-Kategorien ein.
- Pflegen Sie am meisten die A-Kunden, vor den B- und vor den C-Kunden. T-Kunden müssen sofort gekündigt werden.
- Machen Sie ständig Bedarfsanalysen, indem Sie bei jeder kleinen Gelegenheit Ihre Kunden fragen, was Sie besser machen können und was sich die Kunden wünschen.
- Gestalten Sie alle Berührungspunkte mit den Kunden kundenfreundlich und serviceorientiert. Binden Sie Ihre Mitarbeiter mit ein.
- Regeln Sie Maßnahmen zur Kundenpflege in Ihrer Unternehmenskultur, damit die Mitarbeiter dazu verpflichtet werden.
- Lassen Sie sich und Ihre Mitarbeiter in Sachen Kundenpflege regelmäßig von einem externen Coach coachen.
- Belohnen Sie Ihre loyalsten Kunden mit Geschenken.
- Setzen Sie möglichst viele Maßnahmen aus der Beispielliste für exzellenten Service in die Praxis um. Fangen Sie mit den einfachsten Dingen an und arbeiten sich zu den längerfristigen durch. Je mehr, desto erfolgreicher werden Sie sein.

27 Wenn die Homepage vom Pizzaservice schicker ist als Ihre

ERFOLGSIMPULS

Wenn Sie von Kunden und potenziellen neuen Mitarbeitern gefunden werden wollen, brauchen Sie eine Homepage. Diese sollte genauso schick, professionell und gepflegt sein wie Ihre Kanzleiräumlichkeiten. Steuerkanzleien, die in fünf Jahren keine Homepage haben, werden unverkäuflich. Und Steuerkanzleien, die in zehn Jahren keine Homepage haben, gehen in die Insolvenz.

Der erste Eindruck zählt

Schließen Sie die Augen. Stellen Sie sich Folgendes vor: Sie betreten eine Kanzlei, die Ihnen gefällt, mit hohen Decken, modernen Möbeln, hell erleuchtet, mit freundlichem Personal und praktisch eingerichtet, kurz: mit einem tollen Ambiente. Sie fühlen sich sehr wohl dort und kompetent betreut.

Öffnen Sie nun wieder die Augen. Was hat diese kleine Gedankenreise mit Ihrer Homepage zu tun? Ganz einfach: So, wie Ihre Kanzleiräume aussehen, nehmen Ihre Kunden Sie wahr. Und so, wie Ihre Homepage aussieht, nehmen Ihre Kunden Sie ebenfalls wahr. Eine Homepage gehört genauso wie Ihre Kanzleiräumlichkeiten zu einer professionellen Außendarstellung. Diese Außendarstellung ist deshalb so wichtig, weil Ihre (Neu-)Kunden zunächst nicht wissen können, ob Sie ein kompetenter oder inkompetenter Steuerberater sind. Sie können das fachlich nicht bewerten. Sie können aber von Ihrer Außendarstellung auf Ihre Kompetenz schließen – und genau das tun sie auch.

Kurz gesagt denken Kunden wie folgt: Keine/schlechte Homepage = inkompetenter Steuerberater. Tolle Homepage = kompetenter Steuerberater. Sie dürfen dabei von sich selbst ausgehen: Jede Wette, dass Sie genauso fühlen und denken, wenn Sie sich einen ersten Eindruck über ein Unternehmen, eine Arztpraxis oder einen Anwalt verschaffen wollen. Hierzu möchte ich Ihnen ein Beispiel geben: Stellen Sie sich vor, Sie benötigen einen Anwalt. Was machen Sie? Sie schauen vermutlich in Google nach einem passenden Fachanwalt für Ihr Rechtsproblem.

Finden Sie den besten Spezialisten in Ihrer Stadt, der perfekt für Sie passt, aber keine Homepage hat? Nein. Nehmen Sie den ersten besten Anwalt, der in Google auf Seite 1 Rang 1 steht, aber eine alte, hässliche Homepage hat? Nein. Wählen Sie den Anwalt auf Rang 2, auf dessen Homepage Sie erst mal 30 Sekunden suchen müssen, ob er der Richtige für Sie ist? Der keine Bilder von den Mitarbeitern oder den Anwälten hat und in dessen Impressum als letzte Aktualisierung das Jahr 2014 angegeben ist? Nein.

Sie werden den Anwalt auf Rang 5 wählen: Er hat eine moderne und übersichtliche Homepage. Sie erfahren schon nach zehn Sekunden, dass er ein Spezialist für Ihr Problem ist. Es gibt Bilder und Videos vom Anwalt, seinen Mitarbeitern und seinen Kanzleiräumen und jede Menge kostenloser Literatur. Sie sehen sofort die Telefonnummer, die Sie direkt zum Anrufen animiert. Sie freuen sich und rufen dort an – und nach dreimal Klingeln blökt Sie eine unfreundliche und genervte Stimme an: »Kanzlei Sowieso«. Sie erschrecken und fragen sich gerade, ob Sie vergessen haben, »Guten Tag!« zu sagen, da wird es erneut laut: »Was möchten Sie?!« Ist das ein professionelles Verhalten? Würde Ihnen das in einem 5-Sterne-Hotel passieren? Nehmen Sie diesen Anwalt? Nein.

Also suchen Sie weiter. Sie entdecken auf Rang 10 wieder eine vergleichbar tolle Homepage und rufen dort an. Eine freundliche Stimme meldet sich nach dem ersten Klingeln. »Sandra Schneider von der Kanzlei Maier, guten Tag, was kann ich für Sie tun?« Sie sind im siebten Himmel und machen sofort einen Termin mit dem Anwalt aus, der sogar in drei Tagen schon Zeit für Sie hat. Sie kommen zum Termin in professionell ausgestattete Kanzleiräume, in denen Sie äußerst freundlich begrüßt werden und wo Sie sich sofort wohl fühlen. Ein Mitarbeiter bietet Ihnen Wasser, Kaffee oder Tee an und der Anwalt sitzt schon zwei Minuten nach Ihrem Eintreffen vor Ihnen und das Gespräch beginnt. Nehmen Sie diesen Anwalt? Ja. Bleiben Sie bei diesem Anwalt, solange er keinen offensichtlichen Mist baut? Ja. Werden Sie diesen Anwalt, wenn er gute Arbeit macht, weiterempfehlen? Ja.

Sie sehen, was eine moderne Homepage, attraktive Kanzleiräume und die Freundlichkeit darin ausmachen. Ihre Außendarstellung muss attraktiv und professionell wirken, sonst kommen keine neuen Kunden zu Ihnen. Übrigens auch keine neuen Mitarbeiter. Sie wissen nun, wie wichtig eine attraktive Homepage ist. Die Realität in unserem Berufsstand sieht jedoch ganz anders aus: Laut der Umfrage des Statistischen Berichtssystems für Steuerberater (STAX 2015) von der Bundessteuerberaterkammer und vom Institut für freie Berufe (IFB) hatten 31,30 % aller Steuerkanzleien in Deutschland im Jahr 2014 keine Homepage! Bei den Einzelkanzleien waren es erschreckende 53,10 %. 86,80 % aller Steuerkanzleien in Deutschland hatten im Jahr 2014 keinen Facebook-Auftritt (noch erschreckendere 94,50 % bei den Einzelkanzleien)! Als ich diese Zahlen unserem Social-Media-Manager verkündete, schüttelte er nur fassungslos den Kopf.

Und nun wissen Sie, warum so viele Steuerkanzleien kaum neue Kunden und Mitarbeiter bekommen: Wer heutzutage keine Homepage hat, wird nicht gefunden – von niemandem. Wer heutzutage keinen Facebook-Auftritt hat, wird von potenziellen Mitarbeitern nicht gefunden. Wer in fünf bis zehn Jahren nicht beides hat, wird vermutlich seine Kanzlei kaum noch verkaufen können.

Was macht eine gute, moderne und attraktive Homepage aus?

Zu den technischen Details kann ich mich nicht äußern – da wissen EDV-Spezialisten besser Bescheid. Etwa alle ein bis zwei Jahre sollte Ihre Homepage technisch grundlegend auf den neusten Stand gebracht werden, damit sie stets modern aussieht und auf allen mobilen Geräten gleichermaßen gelesen werden kann. Das ist aber nur ein Merkmal von vielen.

Mir geht es vielmehr darum, dass sie attraktiv wirkt und funktional ist. Und zwar nicht nur für Ihre jetzigen, sondern auch Ihre zukünftigen Mitarbeiter, Kunden, Lieferanten, Vertragspartner sowie die Medien. Jeder Mensch sollte sich wohl fühlen, wenn er die Homepage nutzt und auch einen Mehrwert geboten bekommen – ansonsten wird er sie nicht nutzen.

Folgende sinnvolle Tipps kann ich Ihnen für eine moderne Homepage ans Herz legen:

Betreuung durch EDV-Spezialisten:

Lassen Sie Ihre Homepage von einem Fachmann erstellen und laufend pflegen. Machen Sie das nicht selbst, das sieht man und es sieht unprofessionell aus. Und Sie wollen ja nicht unprofessionell wirken. Die Homepage muss technisch auf dem neuesten Stand gehalten werden. Die Lesbarkeit auf Handy und Tablet muss optimiert sein, da immer mehr Menschen ihre mobilen Endgeräte nutzen, um im Internet zu surfen und sich zu informieren.

Übersichtlichkeit:

Die Homepage sollte übersichtlich strukturiert sein, da heutzutage kaum jemand die Geduld und die Zeit mitbringt, minutenlang auf einer Homepage etwas zu suchen. Weißer Hintergrund ist von Vorteil, da das klar und seriös wirkt und Bilder gut zur Geltung kommen. Weniger ist mehr. Schreiben Sie keine Romane, denn sie werden nicht gelesen.

Texte in Kundensprache:

Schreiben Sie kein Fachchinesisch. Schreiben Sie Texte für Kinder, denn nur so haben Sie die Chance, dass Sie von Kunden verstanden werden. Benutzen Sie klare und einfache Sätze ohne Fachbegriffe oder Abkürzungen. Der Leser Ihrer Homepage muss Sie verstehen, sonst ist er von Ihnen abgeschreckt.

Mitarbeiter (Team):
Beschreiben Sie kurz Ihre Mitarbeiter und deren Qualifikationen. Ich empfehle Ihnen, keine Bilder und Durchwahlen Ihres Teams zu veröffentlichen, da Headhunter vermehrt direkt die Mitarbeiter anrufen und sie abwerben wollen. Mir ist das auch schon passiert. Gut, dass ich so exzellente und ehrliche Mitarbeiter habe, die mir die Abwerbeversuche auch mitgeteilt haben. Ihre Mitarbeiter sind Ihr wichtigster Erfolgsfaktor, deshalb sollten Sie sie binden und vor Abwerbeversuchen schützen.

Ich habe schon viele Homepages von Kollegen gesehen, die betonen, wie wichtig ihr Team ist. Dann schaue ich genauer hin und sehe, dass zuerst die großen Chefs kommen, dann die tollen Leistungen, dann die edlen Kanzleiräume und irgendwann hinter dem Impressum die Mitarbeiter. Manchmal lese ich sogar gar nichts über Mitarbeiter, sondern sehe nur den Big Boss, der protzig den Alleinherrscher gibt.

Deshalb würde ich Ihr Team gleich zu Beginn im Menü vorstellen, noch vor der Kanzleileitung und den Leistungen. Damit dokumentieren Sie nach außen: Das Team ist das Wichtigste, was die Kanzlei hat. Ihre Mitarbeiter werden es Ihnen danken.

Vita der Kanzleileitung:
Beschreiben Sie kurz und knapp Ihren Lebensweg, aber bitte nur das Wichtigste und auch nur das, was auch für Kunden interessant ist. Ich habe schon lange Romane gelesen und darin auch die »wichtige« Information, dass der Chef gerne mit dem Hund rausgeht. Das braucht wirklich niemand lesen.

Gründe, warum man Kunde werden sollte:
Ich habe auf meiner Homepage viele Gründe veröffentlicht, warum jemand überhaupt Kunde in meiner Kanzlei werden sollte. Das sollten aber Gründe sein, die nicht in Ihren fachlichen Leistungen begründet sind, sondern in Ihrem guten Kundenservice. Wenn Sie Garantien geben, nehmen Sie sie ebenfalls auf. Auch dazu habe ich einige Garantien formuliert und auf meiner Homepage veröffentlicht.

Gründe, warum man Mitarbeiter werden sollte:
Da ich immer passende Mitarbeiter suche, habe ich viele Gründe veröffentlicht, die die Mitarbeiter direkt ansprechen und begeistern sollen, sich bei mir zu bewerben. Wenn ein potenzieller Mitarbeiter eine Steuerkanzlei sucht, wird er zunächst über Google suchen. Vielleicht noch in Facebook. Wenn Sie in beiden Medien nicht oder schlecht auffindbar sind, werden keine neuen Mitarbeiter von sich aus zu Ihnen kommen. Ich suche über die Homepage und Facebook nach neuen Mitarbeitern und ich erhalte dauernd Initiativbewerbungen, ohne dass ich aktiv

mehr tun muss. Ich kann mir immer die besten Bewerber/innen aussuchen. Attraktive Steuerkanzleien haben keinen Fachkräftemangel, sondern sie finden immer passende Mitarbeiter, die meistens aus unattraktiven Kanzleien zu ihnen wechseln. Auch in Zukunft werden attraktive Kanzleien gute Mitarbeiter problemlos finden, unattraktive nicht – wer will denn auch dort arbeiten?

Leistungen:
Stellen Sie Ihre fachlichen Dienstleistungen kurz und verständlich vor. Schreiben Sie keine Romane und keine hohlen Floskeln oder Selbstverständlichkeiten wie zum Beispiel: »Wir erfüllen die gesetzlichen Pflichten bei der Erstellung von Jahresabschlüssen.« Ja, was denn sonst?

Download-Bereich:
Schenken Sie allen Nutzern Ihrer Homepage kostenloses Fachwissen. Wir bieten beispielsweise wichtige Vorlagen, Checklisten, Newsletter, Merkblätter und Steuervideos an. Zum einen dienen unsere Vorlagen zur besseren und reibungslosen Zusammenarbeit mit unseren Kunden, zum anderen können wir immer wieder bei Fachfragen auf Merkblätter und Steuervideos verweisen. Technisch werden die Merkblätter und Videos von einem Verlag produziert und alle neuen Dateien direkt auf die Homepage hochgeladen – zu einem guten Preis-Leistungs-Verhältnis.

Social Media:
Stellen Sie einen Social-Media-Manager ein oder beauftragen eine Agentur, die dieses Thema beherrscht. Warum? Weil Social Media immer wichtiger wird – auch in unserer Branche. Richten Sie zunächst technisch die wichtigsten Social-Media-Kanäle ein. Aus heutiger Sicht sind dies folgende:
- Ein Blog auf Ihrer Homepage
- Xing
- Facebook
- YouTube
- Google My Business

Warum gerade diese?

Der Blog dient hauptsächlich zur Neukundengewinnung, Xing als Businessnetzwerk ebenfalls, Facebook eher zur Mitarbeitergewinnung und YouTube für beides. Menschen lieben bewegte Bilder, daher wird das Medium Video in den nächsten Jahren immer mehr an Bedeutung gewinnen. Google My Business, das Branchenverzeichnis von Google, veröffentlicht Ihre Kontaktdaten, Fotos, Lage und Öffnungszeiten etc. in Google. Diese Daten tauchen dann nach der Google-Suche gut sichtbar im rechten Bildschirmbereich auf.

Wenn Sie Kunden vermehrt über das Internet akquirieren wollen, dann können Sie Ihr Fachwissen, Kurioses, Neuigkeiten, Statements, Erklärungen usw. in einem Blog auf Ihrer Homepage und in allen oben genannten Kanälen veröffentlichen und verbreiten. Hierbei ist die Kontinuität wichtig. Es hilft Ihnen wenig, wenn Sie einmal alles im Blog oder auf Facebook veröffentlichen und dann damit aufhören. Es wirkt unprofessionell, wenn im Blog das letzte Veröffentlichungsdatum drei Jahre zurückliegt. Füttern Sie ihn lieber einmal pro Woche oder zweimal pro Monat, aber regelmäßig. Aber machen Sie das bitte nicht selbst, sondern lassen Sie das Veröffentlichen Ihren Social-Media-Manager oder die Agentur erledigen.

Ein Blog auf der Homepage hilft dieser zusätzlich, ein besseres Ranking zu erhalten, denn Google erkennt, dass immer mehr Information hinzukommt und die Homepage deshalb entsprechend aktuell gehalten wird. Google schließt dann daraus, dass die Homepage wichtiger geworden ist und setzt sie im Ranking höher.

Über die genannten Kanäle können Sie Ihr Wissen vielen Menschen zugänglich machen, was früher nicht möglich war. Ein Beispiel aus YouTube zeigt, was heutzutage alles möglich und gar nicht so weit weg von uns Steuerberatern ist. Sehen Sie sich auf www.youtube.de »20 Dinge, die Lehrer nicht dürfen (aber trotzdem machen)!« von Rechtsanwalt *Christian Solmecke* an. Dieses Video hatte im Juli 2018 über 1,6 Millionen Klicks. Jetzt fragen Sie sich wahrscheinlich, was das Herrn Solmecke bringt? Es bringt ihm Mandate! Seine Kanzlei hat nach seinen Angaben heute Europas größten YouTube-Rechtskanal und liefert täglich ein neues Video. Über 240.000 Menschen haben den Kanal abonniert. Er und seine Kanzlei werden somit als Experten für Medienrecht wahrgenommen. Wahrscheinlich gibt es ähnlich gute oder bessere Medienrechtler in Deutschland, aber sie sind schwer zu finden. Nur Herr Solmecke wird ganz leicht gefunden und profitiert somit von Social Media. Das können Sie auch!

Kontakt:
Ihre Kontaktdaten sollten auf jeder Unterseite der Homepage sofort sichtbar sein – am besten setzen Sie sie in die Fußzeile und zusätzlich noch an eine prominente Stelle auf der Startseite – und den Leser dazu animieren, Sie zu kontaktieren. Verstecken Sie Ihre Kontaktdaten nicht auf irgendeiner Unterseite. Niemand ist heutzutage mehr bereit, drei Seiten durchzuklicken, um Ihre Telefonnummer zu finden. Veröffentlichen Sie einen Lageplan, in dem Ihre Kanzlei eingezeichnet ist, und eine ausführliche Wegbeschreibung, wie man mit Auto und ÖPNV zu Ihnen kommt. Schreiben Sie auch Ihre Öffnungszeiten dazu, damit für Außenstehende klar ist, wann Ihre Kanzlei erreichbar ist. Tipp am Rande: Schalten Sie nur in den Öffnungszeiten alle Telefone frei, da Sie damit mehr störungsarme Zeit erhalten, in der effizienter gearbeitet werden kann.

Referenzen:
Fragen Sie Ihre Kunden nach Referenzen und ob Sie diese auf Ihrer Homepage veröffentlichen dürfen. Das erhöht das Vertrauen von fremden Personen, die Sie noch nicht kennen, und animiert den ein oder anderen, Ihr Kunde sein zu wollen.

Kunden-Login:
Sie können einen passwortgeschützten Kundenbereich einrichten, in dem Sie zum Beispiel geheime oder honorarpflichtige Informationen mit Ihren Kunden austauschen oder Kundenbelege hochladen können etc.

Pressebereich:
Richten Sie einen Pressebereich ein, wenn Sie mehr mit Presse, Rundfunk oder Fernsehen zu tun haben. Sie können dort Informationen speziell für Journalisten zusammenstellen, die über Sie berichten wollen. Diese sogenannte Pressemappe dient dazu, dass Journalisten nicht lange und unkontrolliert über Sie recherchieren müssen. Darin können Sie auch Ihre bisherigen Presseartikel, Medienauftritte und Ähnliches veröffentlichen.

Google-Ranking:
Das Ranking in Google ist ein nicht zu unterschätzender Erfolgsfaktor für Ihre Kanzlei. Es ist schon ein Unterschied, ob Ihre Homepage auf Seite 1 Rang 1 bis 3 steht oder abgeschlagen auf Seite 5 Rang 7. Achtung, Falle: Es ist nicht unbedingt erstrebenswert, auf Seite 1 zu stehen. Warum? Weil viele Steuerberaterhopper den billigsten Preis auf Seite 1 suchen. Was ist ein Steuerberaterhopper? Einer, der in Google »Steuerberater Stadt« eingibt, auf Seite 1 die ersten drei Steuerkanzleien anruft, zuerst fragt, was beispielsweise ein Jahresabschluss kostet und dann jedes Jahr zum nächsten billigeren Steuerberater wechselt. Kein Steuerberater braucht diese Kundenklientel! Im ersten Jahr hat der Steuerberater einen extrem hohen Aufwand, den Fall neu einzurichten und kennenzulernen – und im zweiten Jahr ist der Kunde direkt wieder weg. Folglich legt der Steuerberater sogar drauf, da er meistens erst ab dem zweiten Jahr mit dem Kunden Geld verdient. Ich stand selbst schon ganz oben auf Seite 1 unter den Steuerberatern von Mainz und habe jede Menge dieser Hopper erlebt, bis wir es nicht mehr gefördert haben, auf Seite 1 zu sein. Heute steht meine Homepage meistens auf Seite 2 oder 3, wenn man »Steuerberater Mainz« eingibt. Dort fühle ich mich wohler, denn dahin kommen die Hopper gar nicht mehr, da die Kollegen auf Seite 1 sie meistens abfischen.

Damit sind wir schon beim Thema »Keywords«. Das sind die Suchbegriffe, die ein Google-Nutzer eingibt, um etwas zu suchen. Die häufigste Suchanfrage zum Thema Steuerberater in Google ist »Steuerberater Stadt«, zum Beispiel »Steuerberater Mainz«. Es gibt noch andere Suchbegriffe wie zum Beispiel »Steuerkanzlei« oder »Steuerbüro«, diese werden aber nicht so oft genutzt. Sprechen Sie darüber mit Ihren Social-Media-Fachleuten, sie werden Ihnen helfen, Ihre Keywords zu optimieren. Diese Keywords sollten auch zu Ihrer Strategie passen. Nehmen Sie zum Beispiel gerne die Hopper auf, dafür Hunderte im Jahr, dann wäre es gut, wenn Sie auf Seite 1 Rang 1 stehen. Wählen Sie lieber die Qualität und bevorzugen Sie weniger, aber passende und qualitativ hochwertige Neukunden, dann sollten Sie besser auf Seite 2 oder 3 zu finden sein, denn da kommen die Hopper nicht mehr vorbei. Strategie und Technik müssen im Einklang stehen.

Impressum:
Impressum und Datenschutzerklärung sind Pflicht. Zu den Details lassen Sie sich am besten von einem Fachanwalt für Medienrecht beraten. Wer fällt mir da gerade ein? War das nicht der Anwalt aus YouTube?

Barrierefreiheit:
Ihre Homepage muss barrierefrei sein, das heißt, sie muss einfach strukturiert sein und einen wirklichen Mehrnutzen bieten. Wie können Sie das testen? Setzen Sie doch mal Ihre Kinder, Freunde, Bekannte, Kunden, Lieferanten dran und schauen Sie, ob sie sich schnell zurechtfinden, das meiste verstehen, einen tollen optischen Eindruck haben usw.

Es muss passen
Ein wichtiger Tipp zum Schluss: Achten Sie generell darauf, dass alle Videos, Bilder und Texte zu Ihnen, zu Ihrem Image und zu Ihrer Kanzlei passen. Es hilft nicht, wenn Sie schreiben, dass Sie eine hochmoderne Steuerkanzlei sind, und auf einem Bild stehen Sie vor einer Schrankwand mit alter Steuerfachliteratur des letzten Jahrtausends. Diese alten Schrankwände voller alter Fachliteratur sehe ich übrigens ständig auf Steuerkanzlei-Webseiten. Ich frage mich immer nur: warum? Gibt es in Zeiten der Digitalisierung immer noch Kanzleien, die Loseblatt-Sammlungen abonniert haben, um ihre Schrankwände zu füllen? Gefallen die verstaubten Bücherwände meinen Kollegen so sehr, dass sie immer mit auf das Bild müssen? Oder denken sie nicht über ihr verstaubtes Image nach und wundern sich, dass sie auch nur noch verstaubte Mitarbeiter und Kunden in ihren Kanzleien sitzen haben? Würden junge engagierte Mitarbeiter gerne in verstaubte Steuerkanzleien wechseln? Würden sich junge erfolgreiche Unternehmer gerne von verstaubten Kanzleien beraten lassen? Die Antwort kennen Sie.

Ansonsten gilt: Nicht so viel darüber nachdenken, einfach machen! Denn wenn die Homepage von jedem Pizzaservice schicker ist als Ihre, wird Ihre Kanzlei in Zukunft nicht mehr überlebensfähig sein.

Handlungsempfehlungen

- Wenn Sie noch keine Homepage haben, lassen Sie sich schnellstmöglich eine aufbauen.
- Setzen Sie alle oben genannten Punkte um.
- Warten Sie nicht! Handeln Sie jetzt!

28 Kundengewinnung – die unbekannte Seite der Macht

ERFOLGSIMPULS

Um Neukunden zu gewinnen, brauchen Sie nicht nur ein exzellentes Kanzleiimage, sondern auch eine konkrete Positionierung, die Ihnen einen Expertenstatus verschafft. Mit einem professionellen Neukundengewinnungsprogramm kommen Sie dann fast automatisch zu neuen Kunden.

Erlauben Sie sich, Werbung zu machen

Früher war die Sache klar und einfach: Steuerberater durften keine Werbung machen. Ende der Durchsage. Nur zwei kleine Ausnahmen waren erlaubt: das Türschild an der Kanzlei und hin und wieder eine Urlaubsmitteilung in einer örtlichen Zeitung. Und selbst um die Abmessungen des Türschildes gab es Streit und wurden Prozesse geführt – kein Witz. Aber alle hatten sich mit diesem Schwachsinn arrangiert und sich daran gewöhnt. Dass die Steuerberaterkammern als Wächter über die Werbemaßnahmen der Steuerkanzleien in Deutschland galten – das war Fakt. 1994 wurde das strenge Werbeverbot endlich aufgehoben. Seither dürfen alle Steuerkanzleien Werbung machen, so viel sie wollen. Viele ältere Kollegen haben das frühere Werbeverbot aber sehr stark verinnerlicht, deshalb sind sie immer noch zurückhaltender als jüngere Kollegen.

Aber warum? Warum halten sie sich zurück? Warum präsentieren sich nicht alle Steuerkanzleien als hochmoderne, attraktive und zukunftsorientierte Unternehmen? Warum bombardieren sie nicht ihre Zielgruppen mit den passenden Werbebotschaften in allen Social-Media-Kanälen? Warum haben sie in vielen Fällen noch nicht einmal eine Homepage?

Der Grund dafür ist eigentlich banal, aber gleichzeitig auch erschreckend: Weil immer noch fast alle Berater darauf warten, dass sie von ihren Bestandskunden weiterempfohlen werden. Ich war früher genauso. Ich saß am Schreibtisch in meinem Büro und wartete, bis sich neue Kunden meldeten. Ich war absolut passiv und konnte mir nicht vorstellen, wie ich passende neue Kunden akquirieren könnte. Heute weiß ich, wie ich es selbst in die Hand nehme und die Kunden bekomme, die ich wirklich will.

Kundenmagnet Kanzlei-Image

Wichtig für die Kundengewinnung ist zunächst das Kanzlei-Image. Hierbei achten viele Kanzleileitungen darauf, dass das Image am Kanzleistandort und in einem Umkreis von etwa 30 bis 40 Kilometern gut bis sehr gut ist. Ein gutes Kanzlei-Image kann Kunden aus dem Einzugsbereich der Kanzlei anziehen, ein schlechtes allerdings abstoßen. Das gilt nicht nur für das räumliche Umfeld, sondern auch für bestimmte Zielgruppen. Ist eine Kanzlei beispielsweise auf Landwirte spezialisiert, ist ein gutes Image in dieser Zielgruppe die Grundlage für viele Empfehlungen aus der Gruppe. Das gilt selbstverständlich auch immer umgekehrt für ein negatives Image. Man kennt es von sich selbst: Wer möchte schon gerne mit einem Berater zusammenarbeiten, der ein schlechtes Image hat? Das Problem hierbei ist, dass ein schlechtes Image viel schneller zur Kundenabwanderung führt, als ein gutes Image zur Neukundengewinnung beiträgt. Dieses Phänomen ist den meisten Kanzleileitungen durchaus bewusst, und davor haben sie großen Respekt.

Der Nutzen eines sehr guten Kanzlei-Images ist vielfältig:

- Bekanntheitsgrad steigt
- Kundenzufriedenheit ist höher
- Mitarbeiter fühlen sich wohler
- Kanzleileitung und Mitarbeiter sind stolz auf die Kanzlei
- Empfehlungsquote steigt

Welche Maßnahmen kann nun die Kanzleileitung zur Verbesserung des Kanzlei-Images einleiten?

Kanzlei als Marke schriftlich definieren

Jede Kanzlei kann als professionelle Marke auftreten und sich dieses Image erarbeiten. Je bekannter die Marke einer Kanzlei ist, desto höher ist die Chance, neue Kunden und neue Mitarbeiter zu gewinnen. Um eine Marke aufzubauen, ist es notwendig, ihre Eigenschaften oder Merkmale schriftlich zu definieren. Die Kanzleileitung gibt die Richtung strategisch vor und sollte diese mit den Mitarbeitern im Rahmen von Teamgesprächen diskutieren, verbessern und zusammen verabschieden.

Dabei ist Folgendes besonders wichtig:

- Markenidentität:
  Sie umfasst alle Merkmale einer Marke und beschreibt, worin sie sich von anderen unterscheidet. Dies ist im Sinne eines Selbstbildes gemeint: Wie

sehen Kanzleileitung und Mitarbeiter die eigene Kanzlei? Wie unterscheidet sich in ihren Augen die eigene Kanzlei von den anderen Kanzleien?

- Markenpositionierung:
  Die Positionierung wird nach außen kommuniziert und beschreibt die Ausgestaltung der Markenposition im Steuerberatermarkt. Wie wird nach außen kommuniziert? Wie gut ist die Markenposition der eigenen Kanzlei im Markt?
- Markenelemente:
  Hier geht es um die Gestaltungsparameter der Marke und wie sie zum Leben erweckt wird. Welche Eigenschaften hat die Marke der eigenen Kanzlei? Wie können diese Eigenschaften aktiviert und bekannt gemacht werden?
- Markenimage:
  Das Markenimage ist Teil der Markenidentität, die in den Köpfen der Kunden entsteht. Wie sehen die Kunden die Kanzlei? Wie beurteilen die Kunden das Image der Kanzlei?

Diese Fragen lassen sich auch auf die Mitarbeiter und das Netzwerk der Kanzlei ausdehnen. Ich empfehle, diese Fragen möglichst vielen Personen zu stellen, da jeder einen anderen Blick auf die Kanzlei hat und die Kanzleileitung daraus sehr viel lernen kann. Der Aufbau einer Marke dauert mehrere Jahre und zahlt sich daher erst langfristig aus.

Corporate Identity einheitlich festlegen

Corporate Identity ist die Gesamtheit der Merkmale, die eine Kanzlei kennzeichnen und die sie von anderen unterscheidet. Im Großen und Ganzen umfasst sie das einheitliche Erscheinungsbild einer Kanzlei in der Außendarstellung. Corporate Identity wird von der Kanzleileitung vorgegeben, sollte aber mit Mitarbeitern in Teamgesprächen besprochen, optimiert und zusammen verabschiedet werden – denn auch die Mitarbeiter sollten sich mit der Außendarstellung identifizieren können.

Beispiele:

- Einheitliches Logo auf Homepage, Briefen, E-Mail-Signaturen, Faxen, Stiften, Taschen, in Kanzleiräumen, Infobroschüren usw.
- Einheitlicher Dresscode der Mitarbeiter (optional)
- Einheitliche Telefonansprache
- Einheitliche Schriftart und Schriftgröße
- Qualitätssiegel
- Zertifizierungen

Der nächste Schritt: Positionierung

Der nächste Schritt für eine erfolgreiche Kundenakquise ist eine hervorragende Positionierung. Ohne die wissen Sie nicht, was Sie Ihren Kunden wann, wie, wo und zu welchem Preis anbieten werden. Zusätzlich muss das, was Sie anbieten, Sie vor Freude brennen lassen, es darf niemals als Arbeit gefühlt werden, sondern als purer Genuss. Es sollte Ihnen einfach viel Spaß bereiten. Um Ihre passende Positionierung zu erarbeiten, stellen Sie sich die oben genannten Fragen.

Hier ein Beispiel: Sie sind leidenschaftlicher Experte für Erbschaftsteuern. Sie würden am liebsten jeden Tag einen Erbschaftsteuerfall erledigen, nichts bringt Ihnen mehr Freude und Motivation. Wie können Sie nun vorgehen, um eine hervorragende Positionierung für sich in Ihrer Region oder in Deutschland zu finden? Sie stellen sich die Fragen von oben und geben sich folgende Antworten darauf:

Durch meine Positionierung als Erbschaftsteuerexperte biete ich:

1. Was? Erbschaftsteuererklärungen, Beratungen zur Steueroptimierung, Beratungen zum Notfallkoffer, Beratungen zu Testamenten und als Testamentsvollstrecker.
2. Welchen Kunden? Allen meinen Bestandskunden teile ich mit, dass ich ab sofort Erbschaftsteuerexperte bin und die oben genannten Leistungen anbiete. Um Neukunden zu bekommen, werbe ich auf meiner Homepage in einer neuen Unterseite, beginne einen Blog zu schreiben, später ein Buch, veröffentliche alles in meinen Social-Media-Kanälen und dort in vielen Fachgruppen, drehe Videos rund um das Thema Erbschaft- und Schenkungsteuer und veröffentliche diese auf YouTube und den anderen Kanälen, halte Vorträge bei Banken, gehe als Experte ins Fernsehen usw. Denken Sie von Anfang an groß! Nur dann haben Sie die Chance, etwas Großes daraus zu machen.
3. Wann? Zu jeder Zeit. Für eine optimale Gestaltung von Erbschaftsteuerfällen berate ich jedoch am besten im Vorfeld – bevor ein Todesfall eintritt.
4. Wie? Durch individuelle Beratung von Einzelpersonen und Familienverbünden, als Seminare, Webinare oder durch Videos usw. Ich stelle meine Kompetenzen dar, indem ich beschreibe, was ich besonders gut kann und welchen Nutzen diese Kompetenz für den Kunden bringt. Denken Sie hier wie der Kunde und nicht wie der Berater: Der Nutzen muss aus Kundensicht viel höher sein als der Preis.
5. Wo? Beratung in der Kanzlei, beim Kunden zu Hause, bei Familientreffen, in Banken usw.
6. Zu welchem Preis? Zu einem viel höheren Preis als die Konkurrenz, da Experten immer wesentlich höhere Preise verlangen können und der Kunde diese sogar gerne bezahlt. Warum? Weil Sie der Experte auf Ihrem Gebiet sind!

Zugegeben: Sich als Experten zu positionieren, ist nicht ganz leicht, aber es lohnt sich – denn Sie heben sich dadurch von der Masse ab. Wenn Sie ähnliche Leistungen an ähnliche Kunden in ähnlicher Qualität zu ähnlichen Preisen anbieten wie alle anderen, dann gehen Sie in der breiten Mittelklasse unter und werden vom Kunden nicht wahrgenommen.

Definieren Sie Ihren idealen Neukunden

Wenn Sie sich als Experte positioniert und somit spezialisiert haben, gewinnen Sie durch alle eingeleiteten sinnvollen Werbemaßnahmen automatisch neue Kunden. Falls Sie kein Interesse haben, als spezialisierter Experte zu arbeiten, dann bleiben Sie ein Generalist. Das ist nicht abwertend gemeint – Sie beraten dann in die Breite und nicht in die Tiefe. Beide, Spezialist und Generalist, sollten jedoch ihren jeweiligen idealen Neukunden schriftlich definieren. Diese Definition müssen Ihre Mitarbeiter im Teamgespräch mit Ihnen diskutieren und zusammen verabschieden. Die Definition meines idealen Kunden haben Sie bereits in Kapitel 25 kennengelernt.

Für jede Kanzlei, die ihren idealen Neukunden definiert hat, ist es wichtig, bei jedem Anruf oder ersten Besuch eines potenziellen Neukunden die Definitionskriterien einzuhalten. Das fällt manchmal wirklich schwer – ich kenne das aus eigener Erfahrung. Der neue Umsatz ist verlockend, aber Sie haben sich selbst Kriterien auferlegt, und das aus gutem Grund – denn genau diese Kriterien haben Ihrer Erfahrung nach am besten funktioniert. Und Sie wissen ganz genau, was passiert, wenn Sie davon abweichen: Sie angeln sich wieder einen Problemkunden, der Ihnen das Leben schwermachen wird. Das müssen Sie unbedingt verhindern! Wenn Sie vor Mandatsbeginn schon ahnen, dass der arme Kurierfahrer, der gerade mit Ihnen telefoniert, in sechs bis neun Monaten pleite sein wird, weil sein Geschäftsmodell nur Verluste bringt, dann lassen Sie besser die Finger weg! Also hören Sie auf Ihr Bauchgefühl und halten Sie die Kriterien ein. Dieser Filter schützt Sie vor schlechten Neukunden.

So bringen Sie Ihr Neukundengewinnungsprogramm in Schwung

Wenn Sie sich positioniert haben, Ihren idealen Neukunden kennen, Ihre Bestandskunden täglich zufriedenstellen oder begeistern und Sie das alles in Ihrer Außendarstellung auf Homepage und Social-Media-Kanälen attraktiv präsentieren – dann haben Sie bereits ein sehr gutes Neukundengewinnungsprogramm. Dieses Programm führt dazu, dass Sie weiterempfohlen werden. Das ist großartig und eines der Hauptziele in der Akquise.

Sie können jedoch noch mehr aktiv dafür tun, die neuen und passenden Neukunden zu gewinnen. Ich habe nachfolgend die Maßnahmen aufgezählt, die Sie bereits ab morgen nach und nach umsetzen können, wenn sie zu Ihnen passen:

- Jedes Gespräch mit einem Bestandskunden oder potenziellen Neukunden ist im Prinzip ein Akquisegespräch. Stellen Sie viele Fragen – das ist die Bedarfsanalyse, die kleinste und einfachste Form der Akquise. Sie fragen einfach konsequent ab, was der Kunde benötigt und was ihn begeistern könnte. Achten Sie darauf, dass Sie konsequent weniger Redezeit beanspruchen als Ihr Kunde.
- Sprechen Sie Ihre Bestandskunden an und fragen Sie nach Empfehlungen von passenden Neukunden.
- Schreiben Sie für sich einen Elevator Pitch und üben Sie ihn, bevor Sie ihn live einsetzen.
- Sprechen Sie potenzielle Neukunden an wie bei einem Flirt – locker, unbeschwert und selbstbewusst. Vergessen Sie dabei nicht: Zuvor muss die Kanzlei attraktiv sein! Bevor Sie zum Flirten ausgehen, ziehen Sie sich bestimmt auch attraktiv an, oder?
- Sehen Sie Kundenkündigung als ein Akquiseinstrument – Sie trennen sich von altem Ballast, um wieder Platz für neue bessere Kunden zu haben.
- Pflegen Sie Ihr Kanzleinetzwerk: Alle Kontakte der Kanzlei (außer Kunden), Kooperationen, Sportpartner, Rotary Club, Lions Club, alle eingerichteten Social-Media-Kanäle, Veranstaltungen des Netzwerks, Seminarbesuche – überall stoßen Sie auf Menschen, die Sie kennen und denen Sie sich als kompetenter und überzeugender Berater präsentieren können. Akquise ist immer!
- Nutzen Sie sinnvolle andere Netzwerke: andere Steuerkanzleien, Banken, Anwälte, Wirtschaftsprüfer, Unternehmensberater, Versicherungen, Coaches, Trainer, Vertreter der Stadt/Gemeinde, in der Ihre Kanzlei ihren Sitz hat, Vereine, Stiftungen etc.
- Besuchen Sie externe Veranstaltungen: Existenzgründermessen, Messen von potenziellen Kunden, Bankenveranstaltungen etc.
- Beauftragen Sie eine Werbeagentur, um Logo, Briefbögen, Visitenkarten, Flyer und Ähnliches zu gestalten.
- Beauftragen Sie eine Public-Relations-Agentur damit, gutes Storytelling über Sie als Experten zu entwickeln und in allen Medien zu verbreiten.
- Schließen Sie Kooperationen: Es macht immer Sinn, aus seinen Netzwerken vertrauenswürdige Personen auszuwählen und mit ihnen lockere oder engere Kooperationen auf mündlicher oder schriftlicher Basis einzugehen. Verfassen Sie feste Regeln schriftlich, da es ansonsten größere Kooperationen schwer haben werden.
- Klassische Akquisemittel, die Sie eingeschränkt nutzen sollten, da sie in der Regel viel Geld kosten und wenig bringen, sind etwa außergewöhnliche Zeitungsanzeigen, regelmäßige kleine Zeitungsanzeigen in der Regionalpresse, in den Gelben Seiten oder in Branchenbüchern, Aufsätze in Fachzeitschriften, Aufnahme in Suchverzeichnisse, eine Kanzleibroschüre, Kanzleizeitung, ein

Kanzleiflyer, Radio- und Fernsehwerbung, Werbung in Facebook und Google, Bandenwerbung, Trikot-Werbung, Sponsoring, ein außergewöhnliches Praxisschild, Werbegeschenke für Empfehler usw.

- Der Kauf oder die Beteiligung an einer Steuerkanzlei ist auch eine Neukunden-Akquisemaßnahme, eine sehr große sogar. Hier muss allerdings das Preis-Leistungs-Verhältnis wirklich sehr gut stimmen, ansonsten rate ich im Hinblick auf die zunehmende Digitalisierung und Automatisierung davon ab. Kleine Anmerkung: Ich persönlich habe nicht mehr vor, eine Kanzlei zu kaufen.
- Vereinbaren Sie vor einem Vertragsabschluss ein persönliches Treffen beim Kunden im Unternehmen oder zu Hause, damit Sie einen hoffentlich positiven Eindruck von ihm und seinem Umfeld erhalten. Schauen Sie sich dort genau an, ob er mit Geld umgehen kann. Sie werden es sehen, wenn Sie darauf achten. Wenn nicht, dann lassen Sie die Finger weg.
- Lassen Sie sich immer und von jedem Kunden eine positive Referenz geben, die Sie in allen Kanälen veröffentlichen und so im Akquiseprozess einsetzen können. Das erhöht das Vertrauen in Sie und stärkt Ihren Expertenstatus.
- Seminare, Webinare, Videos: Sie können selbst Seminare, Workshops oder Webinare für Ihre Zielgruppe halten und Ihr Wissen auf Homepage und Social-Media-Kanälen massenhaft verbreiten.
- Bücher schreiben, als Keynote-Speaker auftreten: Bücher zu schreiben bringt Ihnen Expertenstatus und öffnet neue Türen in Bereiche, in die Sie als »normale« Steuerkanzlei nicht hineingekommen wären. Zum Beispiel werden Sie vermehrt Interviews geben oder als Keynote-Speaker gebucht werden.

Zum Schluss noch ein wichtiger Hinweis zu Ihren Akquisebemühungen: Die beste Akquise ist ein sehr gutes Gespräch mit einem potenziellen Kunden. Je weniger offensichtlich Sie in diesem Gespräch akquirieren, desto wohler fühlt sich der Kunde, desto mehr öffnet er sich Ihnen gegenüber, desto mehr Bedürfnisse können Sie abfragen, desto mehr können Sie auf seine Bedürfnisse eingehen, desto wahrscheinlicher werden Sie neue Kunden und Aufträge erhalten. Probieren Sie es beim nächsten Gespräch aus! Sie müssen es selbst erleben, um mir zu glauben.

Wenn Sie die meisten der oben genannten Maßnahmen zur Kundenakquise in die Praxis umsetzen, dann wird nicht mehr die unbekannte Seite der Macht für Sie sein, sondern die bekannte und planbare Seite.

Handlungsempfehlungen

- Schütteln Sie das Werbeverbot der Vergangenheit auch innerlich ab. Sie dürfen jede Werbung machen, die Sie wollen und die nicht unlauter ist. Das gilt für alle anderen Unternehmen auch.
- Bauen Sie die Kanzlei als Marke auf. Lassen Sie sich dafür am besten beraten und coachen.
- Legen Sie eine einheitliche Corporate Identity fest.
- Positionieren Sie sich als Kanzlei oder Experte mit klar definierter Zielgruppe, Kompetenzen, Leistungen, Akquise-Maßnahmen, Honoraren etc.
- Halten Sie bei potenziellen Neukunden immer die erarbeiteten Kriterien für Ihre idealen Neukunden ein.
- Nehmen Sie für alle geplanten Projekte Ihre Mitarbeiter mit ins Boot, kommunizieren Sie viel in Teamgesprächen mit ihnen. Nur mit deren Hilfe werden die Projekte zum Erfolg kommen.
- Führen Sie eine Personalkapazitätsberechnung durch. Wenn Sie neue Kunden aufnehmen möchten, dann benötigen Sie vorher mehr Personal, das die zusätzlichen Aufträge bearbeiten kann. Schaffen Sie neue Kapazitäten, die Sie füllen können, warten Sie nicht, bis die ersten Aufträge da sind und dann unbearbeitet liegen bleiben. Das lässt Sie gegenüber Ihren Neukunden unprofessionell wirken. Gegebenenfalls benötigen Sie auch eine neue oder erweiterte EDV oder größere Räume oder ein eigenes Filmstudio. Planen Sie das alles vor dem konkreten Start des Neukundengewinnungsprogramms ein, sonst wird bei Ihnen das Chaos ausbrechen.
- Starten Sie das Neukundengewinnungsprogramm, wenn Sie ausreichende Ressourcen haben. Setzen Sie möglichst alle vorgeschlagenen oben genannten Punkte in die Praxis um.
- Genießen Sie nach einigen Monaten die steigende Anzahl an Neukunden.
- Vernachlässigen Sie Ihre Bestandskunden nicht. Mit ihnen verdienen Sie immer noch sehr gutes Geld und diese Treue sollten Sie belohnen.

29 Empfehlungen kann man nicht steuern. Oder?

ERFOLGSIMPULS

Achten Sie darauf, wen Sie als Neukunden akzeptieren – das gilt ganz besonders für Neukunden, die auf Empfehlung zu Ihnen kommen. Wer Sie an wen weiterempfiehlt, sollten Sie deshalb gezielt steuern. Ausgangspunkt dafür ist eine Schlüsselfrage, die Sie Ihren Kunden stellen. Die Antwort darauf wird Ihnen verraten, wer Sie überhaupt weiterempfehlen wird. Auch für das Empfehlungsmarketing gilt: Nur wer es gezielt betreibt und misst, wird damit Erfolg haben.

Ohne Empfehlungsmarketing geht es nicht

Früher war im Empfehlungsmarketing alles schöner, einfacher und besser. Das denken viele ältere Kollegen und ich teilweise ebenso, obwohl ich erst Anfang 40 bin. Wie kommen wir zu diesem Eindruck?

Die Dinge liefen früher offline und in ruhigeren Bahnen. Heute sind viele schon mit ihrem Facebook-Profil überfordert. Und nun sollen sie noch ein Empfehlungsmarketingsystem für ihre Kanzlei aufbauen? Nein, dann lieber in Erinnerungen an die gute alte Zeit schwelgen, in denen man sein genau abgemessenes und steuerberaterkammerkonformes Praxisschild an der Kanzleitür anbringen konnte, und schon kamen die neuen Kunden zur Tür herein. Das waren noch Zeiten. Und heute? Alles online, alles schnelllebig und alle überfordert. Das ist verständlich, wenn man nur die alten Marketingwege aus dem letzten Jahrtausend kennt. Heute funktionieren sie jedoch nicht mehr gut.

Wenn Sie erfahren wollen, welches Marketing in Zukunft funktionieren wird, fragen Sie einfach mal junge Menschen und lernen von ihnen. Was machen junge Menschen heute? Wie verhalten sie sich? Was ist ihnen wichtig? Wie kommunizieren sie? Wie würden sie sich einen neuen Steuerberater aussuchen? Wie viel Geld würden sie für ihn ausgeben wollen? Würden sie es gut finden, wenn der Steuerberater in einer hässlichen Kanzlei sitzt, keine Homepage hat und nur mit

Papier statt digital arbeitet? Würden sie es toll finden, wenn er mit ihnen Fachchinesisch spricht, aussieht wie eine graue Maus und drei Monate für eine kleine Steuererklärung braucht? Fragen Sie junge Menschen, lernen Sie von ihnen und denken Sie sich in ihre Köpfe und Herzen hinein.

In den letzten Kapiteln haben Sie viel über Marketing gelesen und nun geht es speziell um das Empfehlungsmarketing. Die höchste Form der Kundenzufriedenheit ist die Kundenbegeisterung. Und wie erreichen Sie diese? Wenn Sie dem Kunden einen großen Nutzen bieten, den er nicht erwartet hat. So schaffen Sie Begeisterung und erst dann haben Sie große Chancen, dass Sie weiterempfohlen werden. Also zusammengefasst: Sie setzen alle Handlungsempfehlungen aus den bisherigen Kapiteln dieses Buches in die Praxis um, dann haben Sie ein hervorragendes Empfehlungsmarketingsystem. Damit werden Sie Ihren Berufskollegen einen großen Schritt voraus sein und automatisch neue und passende Kunden bekommen.

Wer empfiehlt wen?

Beim Empfehlungsmarketing gibt es jedoch einige Haken. Wer empfiehlt denn überhaupt wen? Hier gilt das Sprichwort: Gleich und Gleich gesellt sich gern. Das heißt für Sie in der Mehrzahl der Fälle: Rentner empfehlen Rentner, Landwirte empfehlen Landwirte, Ärzte empfehlen Ärzte, Arbeitslose empfehlen Arbeitslose, Unternehmer empfehlen Unternehmer. Hier kommt wieder Ihr idealer Kunde ins Spiel. Es nützt Ihnen nämlich nichts, wenn Sie Empfehlungen Ihrer nicht idealen Kunden erhalten. Sie sollten deshalb alle Ihre Marketingbemühungen auf Ihre idealen Kunden ausrichten, damit diese Sie empfehlen. Das machen in der Praxis viele Steuerkanzleien falsch, weil sie einfach nicht darauf achten, sondern stolz auf jede neue Empfehlung sind und diese daher gerne in ihrer Kanzlei aufnehmen. Aber genau hier passiert oft der Fehler, dass wieder die falschen Kunden Einzug halten. Bleiben Sie standhaft und nehmen Sie unpassende Kunden nicht auf, auch wenn Sie empfohlen wurden! Sagen Sie das offen und ehrlich Ihrem Empfehler. Bedanken Sie sich ganz herzlich bei ihm für die Empfehlung, aber sagen Sie ihm gleichzeitig, dass dieser Kunde unpassend für Sie war und warum Sie ihn daher nicht aufgenommen haben. Machen Sie sich deshalb keine Sorgen! Im Gegenteil: Wenn Ihr Empfehler das nicht weiß, empfiehlt er dauernd die falschen neuen Kunden. Sie sollten daher allen Ihren Empfehlern Ihren idealen neuen Kunden vorstellen, damit Ihre Empfehler eine Vorstellung davon bekommen, welche die passenden Neukunden für Sie sind. Sie werden es Ihnen danken und wissen, dass Sie sich damit wie ein professioneller Unternehmer verhalten.

Ein weiterer Haken sind die Steuerberaterhopper. Das sind Kunden, die immer zum billigsten Steuerberater gehen und keinen Wert auf eine lange Zusammenarbeit legen. Wenn Sie diese Art von Neukunden empfohlen bekommen haben, Sie aber beim ersten Gespräch den Eindruck haben, dass diese alles nur schnell und billig gemacht haben wollen, dann lehnen Sie sie lieber ab. Sie werden mit diesen Kunden keinen Gewinn erzielen, da sie zu schnell wieder weg sind, bevor das Mandat in der Gewinnzone ist. Heutzutage bleiben Kunden sowieso nicht mehr so lange einer Steuerkanzlei treu wie früher. Früher waren die Kunden im Durchschnitt mehr als zwanzig Jahre Kunde einer Kanzlei, heute bleiben sie weniger als zehn Jahre. Tendenz: weiter abnehmend. Das heißt, dass Ihr neues Empfehlungsmarketingsystem umso besser funktionieren muss, da Kunden, die von Ihnen und Ihren Mitarbeitern begeistert sind, nicht den Steuerberater wechseln werden.

Wie können Sie Ihr Empfehlungsmarketingsystem verwalten?

Ich rate Ihnen dazu, dass Sie Ihre Empfehler, die Ihnen immer wieder passende Neukunden vermitteln, weiterhin begeistern, damit sie Sie lange Zeit weiterempfehlen. Um im Blick zu haben, wer überhaupt Ihre wichtigsten Empfehler sind, ist eine Übersichtsliste in Excel empfehlenswert. In dieser führen Sie die Empfehler und die von ihnen empfohlenen Neukunden auf. Sie können dort auch wichtige Kanzleikennzahlen wie zum Beispiel Umsatz oder Deckungsbeitrag vermerken, damit Sie zum Beispiel wissen, wie viel neuen Umsatz Sie durch Empfehlungen erhalten. Das ist eine nicht unwichtige Kennzahl: An ihr können Sie ablesen, wie gut Ihr Empfehlungsmarketingsystem funktioniert.

Machen Sie das Gleiche mit Ihren Mitarbeitern. Auch sie können zu wichtigen Empfehlern werden. Ihre Mitarbeiter kennen Ihren idealen Kunden bereits aus Teamgesprächen – nutzen Sie dieses Potenzial! Begeistern Sie im Hinblick auf potenzielle Neukunden Ihre Mitarbeiter, und hin und wieder wird es dann vorkommen, dass sie neue ideale Kunden empfehlen. Das bindet wiederum die Mitarbeiter an die Kanzlei. Ein Win-Win-Win-System für Mitarbeiter, Kanzleileitung und Kunden.

Fördern Sie jede Empfehlung mit einer Belohnung und einem herzlichen Dankschön. Menschen freuen sich, wenn man sich bei Ihnen ganz herzlich bedankt. Und sie freuen sich noch mehr, wenn sie dafür ein Geschenk erhalten. In unserer Kanzlei erhält jeder Kunde und jeder Mitarbeiter, der einen passenden Neukunden empfiehlt, ein Dankesschreiben und ein Weinpräsent von mir. Es kommt hierbei nicht auf den Preis, sondern auf die nette Geste an. So begeistern Sie Ihre Empfehler, die nicht mit einem Geschenk und einem Dank gerechnet haben. Solche Kleinigkeiten erzählen sie weiter und erhöhen somit bei anderen Menschen die Chance, dass sie Sie weiterempfehlen.

Wie können Sie testen, ob Sie ein Bestandskunde weiterempfehlen wird?

Diese Frage stellen sich die meisten Kanzleileitungen. Ich habe dazu eine sehr gute Nachricht: Es gibt eine spezielle Frage, mit der Sie relativ sicher herausfinden können, ob Sie ein Bestandskunde weiterempfehlen wird oder nicht. Sie können anhand dieser Frage sogar herausfinden, ob der Kunde noch lange Ihr Kunde bleiben wird. Das glauben Sie nicht? Hier ist die Lösung: Sie müssen lediglich die folgende spezielle Frage stellen. Ich nenne sie die Empfehlerfrage:

»Mit welcher Wahrscheinlichkeit auf einer Skala von eins bis zehn würden Sie unsere Kanzlei in den nächsten Wochen einem Unternehmerkollegen von Ihnen weiterempfehlen? Eins bedeutet: auf keinen Fall, zehn bedeutet: auf jeden Fall.«

Sagen Sie Ihren Kunden vorher, dass sie sofort und ohne Nachzudenken eine Zahl sagen sollen. Das ist für die spätere Auswertung sehr wichtig.

Diese Frage stelle ich meinen A- und B-Kunden, da ich Unternehmer im Allgemeinen als ideale Neukunden definiert habe. Wenn Sie andere ideale Kunden wie zum Beispiel Ärzte haben, dann müsste die Empfehlerfrage wie folgt lauten:

»Mit welcher Wahrscheinlichkeit auf einer Skala von eins bis zehn würden Sie unsere Kanzlei in den nächsten Wochen einem Arztkollegen von Ihnen weiterempfehlen? Eins bedeutet: auf keinen Fall, zehn bedeutet: auf jeden Fall.«

Der Vorteil dieser Frage ist, dass Sie sie jederzeit stellen können. Im Bilanzgespräch, Herbstgespräch, in jedem Telefonat usw. Dokumentieren Sie, wann Sie diese Frage wem gestellt haben, und auch die Antworten darauf.

Welche Antworten haben nun welche Bedeutung? Was bedeutet die Skala von eins bis zehn? Hier die Auflösung:

- Neun bis zehn: Ihr Kunde ist sehr zufrieden bis begeistert von Ihnen und Ihrer Kanzlei und würde sie deshalb weiterempfehlen.
- Sieben bis acht: Ihr Kunde ist zufrieden mit Ihnen und Ihrer Kanzlei. Er bleibt ein treuer Kunde, jedoch würde er Sie nicht weiterempfehlen.
- Eins bis sechs: Ihr Kunde ist nicht sehr zufrieden und überlegt bereits, die Kanzlei zu wechseln. Er würde Sie keinesfalls weiterempfehlen, was er Ihnen jedoch verschweigt.

Bitte sagen Sie Ihrem Kunden nicht, was die Zahl zu bedeuten hat. Das Ergebnis ist nur für Sie und Ihre Mitarbeiter wichtig.

Eigentlich ist es einfach, die Empfehlerfrage zu stellen, aber ich kenne die Ängste, die damit einhergehen. Man möchte keine negative Antwort hören oder eine Honorardiskussion auslösen. Aus diesem Grund fragen die meisten Steuerberater ihre Kunden nicht, ob sie mit der Arbeit zufrieden sind. Im Restaurant fragen die Kellner fast immer, ob es geschmeckt hat. Warum sollten diese Art Fragen nicht auch in der Steuerkanzlei gestellt werden? Ich halte es für falsch, nicht zu fragen, denn durch die Frage erhalten Sie schnell Klarheit darüber, wie die Kunden zu Ihnen stehen. Auch ich habe meine Ängste überwunden und diese Frage schon oft gestellt. Bitte fragen Sie nicht alle Kunden, sondern nur die wichtigen A- und B-Kunden. Ich habe das einmal in einer Stunde am Stück gemacht. Ich nahm das Telefon in die Hand und rief möglichst viele Kunden an. Zu Beginn hatte ich echte

Hemmungen, die Frage zu stellen, aber ich sagte, dass wir gerade eine Umfrage gestartet haben und ich nur eine Frage stelle mit der Bitte um sofortige Antwort. Ich habe oft die neun und die zehn gehört und war stolz und glücklich darüber. Von diesen Kunden kamen durchaus immer mal wieder Empfehlungen passender Neukunden. Ich habe auch oft sieben und acht gehört, diese Kunden waren zufrieden und alles hat gepasst. Ich habe gefragt, was wir tun können, um die zehn zu erreichen, aber es fiel ihnen spontan nicht viel ein. Von einigen wenigen habe ich fünf und sechs gehört und diese wechselten tatsächlich innerhalb eines Jahres zu einer anderen Steuerkanzlei. Ich kann daher bestätigen, dass die Einteilung der Skala zutreffend ist. Diese Telefonaktion war witzig und erlösend zugleich, denn ich spürte, wie ich meine Angst und Nervosität verlor. Ich telefonierte mich in einen regelrechten »Flow« und es machte mir von Anruf zu Anruf mehr und mehr Spaß. Das war ein tolles Gefühl, ich kann Ihnen eine solche Aktion nur ans Herz legen.

Haben die Kunden wirklich ehrlich geantwortet?

Diese Frage werden Sie sich unweigerlich stellen. Und natürlich werden Sie es nie genau wissen. Aber dadurch, dass die Kunden schnell und spontan antworten müssen, erhalten Sie eine relativ ehrliche Antwort. Sie haben darunter natürlich auch Kunden, die Ihnen nicht weh tun wollen und eine zu positive Zahl nennen, aber diese sind grundsätzlich zufrieden und werden nicht so schnell die Kanzlei wechseln. Sie hören auch an der Schnelligkeit, mit der die Kunden antworten, wie ehrlich ihre Antwort ist. Wenn es aus dem Kunden geradezu herausschießt, war es sehr sicher die Wahrheit. Wenn er zögert und erst nach zwei bis drei Sekunden antwortet, könnte die Antwort nicht mehr sicher stimmen. Wenn er zögert und dann eine Zahl zwischen eins und sechs sagt, dann können Sie sicher sein, dass er nicht mehr lange Ihr Kunde bleiben wird. Fragen Sie trotzdem immer als zweite Frage, was Sie noch tun könnten, um die zehn zu erreichen.

Welche Schlüsse können Sie aus den Antworten ziehen?

Sie und Ihre Mitarbeiter sollten sich entsprechend den Antworten gegenüber den Kunden verhalten. Diskutieren Sie die Antworten deshalb in Ihren Teamgesprächen und legen Sie dazu passende Maßnahmen gemeinsam fest. Fördern und pflegen Sie die Kunden, die neun und zehn gesagt haben, noch mehr als bisher. Versuchen Sie die Kunden, die sieben und acht gesagt haben, noch mehr zu begeistern, so dass sie nicht die Kanzlei wechseln, sonder Sie weiterempfehlen. Überlegen Sie sich, von welchen der Kunden, die eins bis sechs gesagt haben, Sie sich trennen werden. Diese Kunden haben innerlich schon gekündigt, werden Sie keinesfalls weiterempfehlen und waren bisher wohl nur zu bequem zum Wechseln. Reduzieren Sie für diese Kunden Ihre Zeit und Energie, Sie werden sie nicht mehr lange halten können. Wenn diese Kunden zusätzlich Probleme machen wie zum Beispiel durch schlechtes Zahlungsverhalten oder ständige Belästigungen der Mitarbeiter, dann sollte ihnen kurzfristig aktiv gekündigt werden. Halten Sie nicht zu lange an diesen Kunden fest, sie sind nur noch ganz schwer und mit viel Mühe, Zeit und Energie zu halten, und richtig glücklich werden Sie mit ihnen nicht werden. Der Honorarumsatz darf bei diesen Überlegungen keine Rolle spielen

Handlungsempfehlungen

- Setzen Sie insbesondere die Handlungsempfehlungen der zuletzt gelesenen fünf Kapitel in die Praxis um. Sie erhalten dann ein sehr gutes Empfehlungsmarketingsystem, das Ihnen automatisch und laufend neue passende Kunden liefert.
- Verwalten Sie das Empfehlungsmarketingsystem in Excel und gewinnen Sie wichtige Kennzahlen daraus.
- Stellen Sie immer wieder allen A- und B-Kunden die Empfehlerfrage. C-Kunden brauchen Sie nicht befragen, sie sind für den Kanzleierfolg nicht wichtig genug. Werten Sie die Ergebnisse aus, besprechen Sie sie mit Ihren Mitarbeitern und verhalten sich danach entsprechend.
- Stecken Sie und Ihre Mitarbeiter mehr Zeit und Energie in die Kunden, die neun und zehn gesagt haben. Begeistern Sie die Kunden, die sieben und acht gesagt haben, so dass diese beginnen, Sie weiterzuempfehlen. Verabschieden Sie sich mittelfristig von den Kunden, die eins bis sechs gesagt haben. Planen Sie für diese zukünftigen Ex-Kunden bereits neue passende Kunden in Ihrer Kapazitätsplanung ein.
- Verbessern Sie kontinuierlich Ihren Kundenstamm durch die Neuaufnahme von passenden empfohlenen Kunden und durch die Kündigung derjenigen, deren Antwort zwischen eins und sechs lag.
- Bauen Sie nur ein effektives Empfehlungsmarketingsystem auf, wenn Sie ausreichend Personalkapazitäten haben oder kurzfristig haben werden. Nur dann können Sie passende Neukunden in kurzer Zeit aufnehmen und schnell bearbeiten. Eine lange Bearbeitungszeit im ersten Jahr der Zusammenarbeit wäre unprofessionell.

30 Schreckgespenst »Überkapazität« – ABCT-Analyse hilft!

ERFOLGSIMPULS

Sorgen Sie durch eine sorgfältige Analyse und Bereinigung Ihres Kundenstammes und eine darauf basierende Kapazitätsplanung dafür, dass Ihre Mitarbeiter stressfrei arbeiten können und weder Burnout noch Boreout bekommen. So wird Ihre Kanzlei mehr Umsatz und Gewinn pro Stunde und Kunde machen.

Mehr Wertschätzung für Mitarbeiter ergibt eine bessere Kapazitätsauslastung

Überkapazitäten – das bedeutet, dass eine Steuerkanzlei permanent mehr Mitarbeiter beschäftigt als sie für die vorhandene Arbeit braucht. Eine Steuerkanzlei verkauft im Grunde genommen Zeit. Bei den »Produkten« handelt es sich zwar um Steuererklärungen, Jahresabschlüsse und Beratungen, aber eigentlich ist es Zeit, die zu einem bestimmten Stundensatz an den Kunden verkauft wird.

Somit ist die Kanzleileitung aus betriebswirtschaftlichen Gründen immer bestrebt, alle Mitarbeiter zeitlich gut auszulasten, jedoch nicht dauerhaft unter- oder überzubelasten. Das stellt oft eine schwierige Gratwanderung zwischen Boreout- und Burnout-Situation dar. »Burnout« – die oft in Arbeitsunfähigkeit oder Suizid mündende, meist harmlos beginnende Überforderung eines Mitarbeiters – kennen Sie sicher schon. »Boreout« – die dauerhafte Unterforderung von Mitarbeitern, die etwa zu Depressionen, Antriebslosigkeit, Tinnitus und Magenschmerzen führen kann – ist jedoch eine ebenso große Gefahr.

Am besten hat sich bewährt, die Mitarbeiter dauerhaft am oberen Ende des Flowkanals zu halten. Der Flowkanal bewegt sich in der Mitte zwischen Boreout und Burnout, also auf einer Zeitachse zwischen Unter- und Überforderung. Am oberen Ende sind die Mitarbeiter weit weg von Boreout und werden genug, aber nicht zu viel gefordert, sodass kein Burnout entsteht. Soweit die Theorie.

In der Praxis ist das Halten dieser Balance für die Kanzleileitung oft sehr schwierig. Erstens weiß niemand so genau, wo der Flowkanal bei jedem Mitarbeiter verläuft und zweitens kümmert es die meisten Kanzleileitungen auch überhaupt nicht. In schlecht geführten Kanzleien sind die Mitarbeiter oft ein lästiger Kostenfaktor anstatt eine wertgeschätzte *Investition*. Bei einem Kauf von Maschinen spricht man in der Betriebswirtschaftslehre ehrfurchtsvoll von einer Investition, aber wenn Gehälter an Menschen für ihre Leistungen gezahlt werden, sind es auf einmal Personal*kosten*. Maschinen werden als positive Investition und das Personal wird als negativer Kostenfaktor bezeichnet.

Wir brauchen heute eine völlig neue Denkweise! In Zeiten, in denen sich Steuerkanzleien bei Mitarbeitern bewerben müssen, und nicht umgekehrt, darf nur noch von Personal*investitionen* gesprochen und gedacht werden. Wenn die Kanzleileitungen dieses Landes das verinnerlichten und sich wertschätzend gegenüber ihren Mitarbeitern verhielten, dann gäbe es wesentlich weniger Führungsprobleme und eine bessere Kapazitätsauslastung. Nebenbei verbessern sich das Betriebsklima, die Kommunikation und am Ende auch der Kanzleigewinn. Ein positiver Kreislauf!

Wer dagegen nach dem Motto »Mitarbeiter müssen arbeiten, die Klappe halten und dürfen sich nicht einbringen« handelt, hat noch die Personalführungsdenkweise der 1950er- bis 1970er-Jahre verinnerlicht. Diese Kanzleien sind für den modernen und aktiven Mitarbeiter von heute völlig unattraktiv – und werden zusammen mit ihren altmodischen Führungskräften aussterben.

Überkapazität hat durchaus Vorteile

Warum herrscht in unserem Berufsstand so große Angst vor Überkapazitäten? Ganz einfach: Weil sie erst einmal den Gewinn schmälern. Aber ganz so eindimensional ist es dann doch nicht: Der Gewinn ist zunächst zwar niedriger, weil die Mitarbeiter noch Zeitkapazitäten frei haben und theoretisch noch mehr Fälle bearbeiten könnten, aber auf lange Sicht gerechnet relativiert sich die Situation. Hier gilt es noch einmal zu differenzieren: Mit Überkapazität meine ich nicht eine dauerhafte Unterbeschäftigung der Mitarbeiter, die sich in der Folge zu Tode langweilen und private Tupperpartys während der Arbeitszeit organisieren (das habe ich schon erlebt!). Nein, mit Überkapazität meine ich eine dauerhaft bereitgestellte Überkapazität von ca. 5–10 % der Gesamtarbeitszeit aller Mitarbeiter einer Kanzlei. Und dieses (kleine) Ausmaß von Überkapazität bringt durchaus Vorteile mit sich:

- Weniger Hektik in der Kanzlei, das reduziert Fehler
- Besseres Betriebsklima, was die Mitarbeiter mehr an die Kanzlei bindet
- Geringere Fehlerquote, dadurch steigt die Qualität der Leistungen
- Höhere Kundenbindung an die Kanzlei, da sie aktiver beraten kann
- Höhere Empfehlungsquote durch zufriedenere Kunden
- Kein Fristendruck, alle Fristen werden entspannt eingehalten

- Den Stammkunden können zusätzliche Sonderleistungen angeboten werden, für die sonst die Zeit fehlt
- Bessere Kommunikation zwischen Mitarbeitern, Kanzleileitung und Kunden, da sie alle mehr Zeit füreinander haben
- Neue lukrative Kunden können ohne Zeitprobleme aufgenommen werden

Diese Vorteile lassen sich nicht genau in Euro quantifizieren. Meine Erfahrungen mit anderen Kanzleien und meiner eigenen haben jedoch gezeigt, dass gewisse Überkapazitäten unter dem Strich besser sind als permanent Mitarbeiter durch zu viel Arbeit zu frustrieren.

Das Gegenteil von Überkapazität ist die Unterkapazität. Hier haben alle Mitarbeiter immer zu viel Arbeit, die in der verfügbaren Zeit nicht zu schaffen ist. Unterkapazität führt am Anfang eine Zeit lang zu höheren Gewinnen, da immer weniger Personal immer mehr Fälle bearbeitet. Das geht aber nur eine begrenzte Zeit gut – nämlich so lange, bis die Mitarbeiter vor den endlosen Arbeitsbergen kapitulieren, dies der Kanzleileitung schildern und als Reaktion höchstens ein: »Ja, schade, aber wir können nichts dagegen machen« ernten. Übersetzt heißt dieser Satz: »Mir doch egal, und ich will auch nichts dagegen tun.« Spätestens dann hat die Kanzlei ein Problem.

Der erste Schritt: ABC-Analyse des Kundenstamms

Wie kann nun eine Kanzlei konkret dauerhaft zwischen 5 und 10 % Überkapazität erreichen? Hierzu bedarf es einer konkreten Auftragsplanung und einer gründlichen ABC-Analyse des Kundenstamms. Diese erfolgt im Wesentlichen nach dem Pareto-Prinzip, auch 80-zu-20-Regel genannt. Dieses Prinzip besagt, dass 80 % der Ergebnisse mit 20 % des Gesamtaufwandes erreicht werden. Die restlichen 20 % der Ergebnisse benötigen 80 % der Arbeit. Dieses Prinzip zieht sich durch alle möglichen Kennzahlen und Lebenssituationen. In einer Steuerkanzlei bedeutet das zum Beispiel, dass die Kanzlei mit 20 % der Kunden 80 % des Umsatzes oder Gewinns erwirtschaftet. Nur 20 % der Mandanten bringen also 80 % des Erfolgs – eine ganz erstaunliche Zahl! Und warum werden die 80 %, die nicht erfolgsentscheidend sind, nicht einfach gekündigt?

Um den Kundenstamm gut zu analysieren, sollten alle wichtigen Geschäftskennzahlen einer Kanzlei untersucht werden, sprich: Umsatz, Gewinn, Umsatz pro Kunde, Umsatz pro Mitarbeiter, Deckungsbeiträge pro Kunde, Deckungsbeiträge pro Mitarbeiter, Energieräuber, Kundentypen, Zahlungsmoral etc. Das Ergebnis ist oft, dass die Kanzlei für die falschen Kunden arbeitet – nämlich die, die zu schlechte Kennzahlen für die Kanzlei erbringen.

Eine ABC-Analyse dient also dazu, gute und schlechte Kunden zu identifizieren, in die Klassen A, B, oder C einzustufen und danach Maßnahmen zur Verbesserung der Stammkundenqualität einzuleiten. Was sind A-, B- und C-Kunden? Das hängt von der individuellen Einstufung jeder Kanzlei ab, daher kann ich Ihnen nur einige Anhaltspunkte geben:

- Merkmale A-Kunde: Größere Unternehmenskunden, erbringen insgesamt höchsten 20 % des Kanzleigesamtumsatzes und am besten auch des Gewinns, wichtige Empfehler, gehören zu einer größeren Kundenfamilie, die insgesamt wichtig und groß ist, geringes bis mittleres Haftungsrisiko, große Innovationskraft und Wachstum, ordentliche und strukturierte Kunden
- Merkmale B-Kunde: Kleine bis mittelgroße Unternehmenskunden, erbringen insgesamt ca. 60 % des Kanzleigesamtumsatzes und am besten auch des Gewinns, geringes Haftungsrisiko, normales und stabiles Wachstum, ordentliche und strukturierte Kunden
- Merkmale C-Kunde: Privatkunden und Kleinstunternehmen, erbringen insgesamt ca. 20 % des Kanzleigesamtumsatzes und am besten auch des Gewinns, geringes Haftungsrisiko, ordentliche und strukturierte Kunden, alle Leistungen müssen sehr schnell (effizient) erledigt werden können

Was kostet Sie ein »Terrorist« in Euro?

Eigentlich müsste die ABC-Analyse in ABCT-Analyse umgetauft werden. Das T steht bei mir für »Terrorist«. T-Kunden können sein: Respektlose, Energieräuber, Schlechtzahler, Nichtzahler, Widerständler, Verweigerer, Beratungsresistente, Nervige, Cholerische, Suchtkranke, stark Insolvenzgefährdete, Insolvente, Kunden mit hohem Haftungsrisiko oder eine Kombination aus diesen Typen.

Würde man solche Menschen im Privatleben dulden? NEIN! Würde man anderen Unternehmern nicht raten, sich von solchen Leuten zu trennen und fernzuhalten? JA! Meine klare Empfehlung an dieser Stelle ist: Trennen Sie sich unverzüglich von jedem »Terroristen«, der in Ihrer Kanzlei noch Kunde ist, bevor er Ihre Mitarbeiter in den Abgrund reißt. Kündigen Sie schon gleich morgen früh den ersten »Terroristen«! Warten Sie nicht! Es wird nicht besser! Jede Verzögerung bewirkt, dass die Mitarbeiter weiter mit den falschen Kunden arbeiten müssen, das senkt die Motivation, erhöht den Ärger, verschlechtert das Betriebsklima und bringt der Kanzlei nur noch Verluste.

Der Umsatz darf bei der Mandatskündigung kein Hindernisgrund sein. Umsatz spielt keine Rolle! Nur die Lebensqualität und der Gewinn! Und mit »Terroristen« machen Sie niemals Gewinn. Jetzt werden Sie einwenden: »Halt! Natürlich mache ich Gewinn. Ich mache mit jedem Kunden Gewinn, auch mit den unbequemen.« Das mag auf dem Papier und in Ihrer Gewinnermittlung stimmen, Sie vergessen aber eines vom Umsatz abzuziehen, was nicht in Ihrer Buchführung auftaucht: die sogenannten energetischen Kosten. Sie entstehen immer, wenn es Stress mit einem »Terroristen« gibt.

Hier ein typisches Beispiel aus dem Kanzleialltag: Als Kanzleileitung hatten Sie gerade das zweifelhafte Vergnügen, 30 Minuten mit einem Kunden zu telefonieren, der als »Terrorist« eingestuft ist. 29 von 30 Minuten hat der »Terrorist« Ihnen und Ihren Mitarbeitern Vorwürfe gemacht und eine intensive Honorardiskussion geführt. Nach 30 Minuten haben Sie wütend aufgelegt und stürmen nun zu dem zuständigen Sachbearbeiter, der gerade noch gute Laune hatte. Sie erzählen ihm vom gerade geführten unverschämten Telefonat. Sie müssen Dampf ablassen und halten nun auch ihn 15 Minuten vom Arbeiten ab. Die ehemals gute Stimmung des Mitarbeiters sinkt auf den Tagestiefpunkt. Gegenüber sitzt der Kollege des Mitarbeiters und hört 15 Minuten alles mit an. Sie gehen wieder in Ihr Büro, nachdem Sie sich abgeregt haben. Nun reden die beiden Mitarbeiter weitere 15 Minuten über den »Terroristen«, über Sie und über Ihre schlechte Laune. Dann stehen beide Mitarbeiter auf und erzählen das Gespräch im Nebenraum und der Kaffeeküche drei weiteren Kollegen für weitere 15 Minuten, die gar nichts mit dem »Terroristen« zu tun haben.

Haben Sie mitgerechnet, wie viel Zeit der »Terrorist« nun innerhalb der Kanzlei gekostet hat? Sie sagen, dass das so in Ihrer Kanzlei nicht vorkommt? Sie täuschen sich. Wir berechnen einmal die echten betriebswirtschaftlichen Verluste für die Kanzlei für diesen Fall:

Kosten Kanzleileitung: 30 Min. Telefonat + 15 Min. Gespräch Mitarbeiter = 45 Min. x 160 Euro Stundensatz = 120 Euro

Kosten Mitarbeiter 1: 15 Min. Gespräch mit Kanzleileitung + 15 Min. Gespräch mit Zimmerkollege (Mitarbeiter 2) + 15 Min. Gespräch im Nebenraum und Kaffeeküche = 45 Min. x 80 Euro Stundensatz = 60 Euro

Kosten Mitarbeiter 2: 15 Min. Gespräch mit Kanzleileitung mitgehört + 15 Min. Gespräch mit Zimmerkollege (Mitarbeiter 1) + 15 Min. Gespräch im Nebenraum und Kaffeeküche = 45 Min. x 80 Euro Stundensatz = 60 Euro

Kosten für drei weitere Mitarbeiter: 15 Min. Gespräch im Nebenraum und Kaffeeküche x 3 Mitarbeiter = 45 Min. x 80 Euro Stundensatz = 60 Euro

Gesamtkosten eines 30-minütigen Telefonats eines »Terroristen« für die Kanzlei: 300 Euro

Erzielter Umsatz während des Telefonats in der Kanzlei: 0 Euro

Verlust für die Kanzlei: 300 Euro

Hinzu kommen noch die nicht in Euro bezifferbaren energetischen Kosten, die wie folgt entstehen: Kanzleileitung und Mitarbeiter

- sind öfter genervt und schlecht gelaunt,
- sind öfter krank,
- machen öfter Fehler,
- reden mehr mit Kollegen,
- arbeiten langsamer,

- sind demotivierter und
- kündigungsbereiter.

Zusätzlich passieren mehr Fehler und Haftungsfälle und das gesamte Betriebsklima verschlechtert sich.

Ich veranschlage daher 50 % Zuschlag auf die Verluste von 300 Euro, was einen **Gesamtverlust von 450 Euro für das Telefonat** ergibt.

Und das war nur ein Telefonat mit einem »Terroristen« an einem Tag. Jetzt rechnen wir es hoch. Angenommen, eine Kanzlei mit 500 Kunden hat einen Anteil von 5 % »Terroristen«, also 25. Diese 25 Personen führen nur einmal im Monat ein solches Telefonat mit Ihnen (in Wahrheit werden es mehr sein). Dann kommen wir auf folgende Verluste:

25 Telefonate x 12 Monate x 450 Euro Verlust = 135.000 Euro

Und selbst wenn Sie mir das mit den energetischen Kosten nicht glauben, bleiben mindestens folgende echte Verluste:

25 Telefonate x 12 Monate x 300 Euro Verlust = 90.000 Euro

Nun kommt die ganz schlechte Nachricht: Das sind jährliche Verluste! Solange Sie diese »Terroristen« in Ihrer Kanzlei dulden, haben Sie diese Verluste zu tragen. Ein Arbeitsleben lang. Wir müssen daher die Verluste auf die Dauer Ihrer Lebensarbeitszeit von in diesem Beispiel von 25 Jahren hochrechnen:

25 Telefonate x 12 Monate x 300 Euro Verlust = 90.000 Euro x 25 Jahre = 2.250.000 Euro

Das ist jedes Jahr ein neuer teurer Luxuswagen, der wegen eines falschen Kundenverständnisses in die Schrottpresse gefahren wird. Ein Wahnsinn!

Haben Sie jemals eine solche Berechnung für Ihre eigene Kanzlei durchgeführt? Sie sollten es tun. Gleich morgen. Und dann gibt es hoffentlich keine Gnade mehr für »Terroristen«! Trösten Sie sich damit, dass diese Kunden bei Ihrer Konkurrenz besser aufgehoben sind. Das Schlimmste, was »Terroristen« jedoch anrichten können, ist, dass ein guter Mitarbeiter von Ihnen kündigt. Vermeiden Sie dies unter allen Umständen. Denn auch hier gilt die Maxime: Mitarbeiter sind wichtiger als Kunden. Deshalb müssen Sie immer den unpassenden Kunden kündigen – um den passenden Mitarbeiter zu halten.

So führen Sie die ABCT-Analyse konkret durch

Grundlage für die ABCT-Analyse ist eine umfassende Kundenliste. Erarbeiten Sie gemeinsam mit Ihren Mitarbeitern Kriterien, für die Sie eine ABCT-Analyse erstellen wollen. Diese Kriterien können Sie aus dem Kanzleibericht (s. Kapitel 8) herauslesen und sortieren. Schicken Sie dann in einem ersten Schritt die Kundenliste als Rundlauf durch die Kanzlei. Alle Mitarbeiter kreuzen diejenigen Kunden an, die sie kündigen würden, wenn sie Chef wären. Weiterhin markieren sie diejenigen, die höhere Honorare zahlen sollten, und die, bei denen eine Leistungsreduzierung bei gleichem Honorar notwendig wäre. Sie sollten auch noch auf der Liste vermerken, für welchen Kunden sie einen Mitarbeiterwechsel vorschlagen, denn es könnte sein, dass der Kunde zur Kanzlei passt, aber nicht zum zuständigen Mitarbeiter. Die Mitarbeiter sollen beim Ausfüllen der Liste vollkommen ehrlich sein. Als Kanzleileitung sollten Sie vor der Aktion klar kommunizieren, dass den Mitarbeitern keinerlei Nachteile durch ihre Meinungsäußerung entstehen. So haben sie keine Angst und sagen Ihnen offen ihre Meinung zu den Kunden. Dieses Feedback der Mitarbeiter ist sehr wichtig für die weitere Entwicklung der Kanzlei.

Sie und Ihre Mitarbeiter sollten keine Angst vor der Kündigung eines Kunden haben. Im Gegenteil. Meine Erfahrung ist: Irgendwann wird diese Bereinigung sogar allen Beteiligten eine gewisse Erleichterung und Befriedigung bieten. So war es auch in der Steuerkanzlei Luzius – denn danach hörte die Schädigung der Kanzlei auf. Wir haben innerhalb von drei Jahren ca. 30 % unserer Kunden gekündigt oder gehen lassen. Dabei waren sowohl der größte Kunde als auch viele kleine Kunden – insgesamt über 100 Kunden. Das war die erste und größte Bereinigungsaktion der Steuerkanzlei in ihrer Geschichte, und das Fazit war durchweg positiv: weniger Verwaltung, mehr Gewinn, besseres Betriebsklima, bereinigte Forderungsliste (Offene-Posten-Liste), mehr Energie für Kanzleileitung und Mitarbeiter, mehr Beratungszeit für die wichtigen Kunden.

Diese Maßnahmen können Sie bei den verschiedenen Kundentypen ergreifen

Wenn Sie und Ihre Mitarbeiter »schlechte« Kunden identifiziert haben, sollten Sie zuerst mit dem zuständigen Mitarbeiter sprechen und danach eine oder mehrere der folgenden Maßnahmen einleiten:

- Honorar erhöhen oder
- Leistungen reduzieren oder
- Mitarbeiter wechseln oder
- den Kunden kündigen.

Eine Honorarerhöhung durchzuführen macht bei A-, B- und C-Kunden durchaus Sinn. Leistungen zu reduzieren macht bei allen Kunden Sinn, wenn es sich nicht um einen T-Kunden handelt und der Kunde keine Honorarerhöhung zahlen kann oder möchte. Bei T-Kunden ist es nicht empfehlenswert, das Honorar zu erhöhen oder Leistungen zu reduzieren – T-Kunden müssen gekündigt werden, und zwar sofort.

Zusätzlich können Sie überlegen, ob Sie nicht einmal im Jahr den sogenannten »Bodensatz der Kunden« pauschal kündigen. Der »Bodensatz« sind die Kunden, die für die Größe und Struktur der Kanzlei einfach zu klein sind. Es sind keine »schlechten« Kunden, sie sind nur für die Kanzlei zu klein und der Verwaltungsaufwand ist zu hoch. Eine sehr innovative Idee wäre, diesen »Bodensatz« an junge Steuerberater-Kollegen zu verschenken oder zu verkaufen. Für Existenzgründer ist diese Art von Kunden durchaus lukrativ, aber nicht für größere Kanzleien.

So entwickeln Sie eine Kapazitätsplanung

Wenn Sie die ABCT-Analyse abgeschlossen und mit allen Mitarbeitern besprochen haben, sollten Sie daraus eine Kapazitätsplanung entwickeln. So können Sie dabei vorgehen: Alle Mitarbeiter und alle abrechenbar tätigen Mitglieder der Kanzleileitung, die selbst laufende Fälle betreuen, müssen eine detaillierte Kapazitätsplanung für sich selbst erstellen. Diese kann zum Beispiel in Excel geführt und nach folgendem Schema berechnet werden:

	Soll-Stunden des Mitarbeiters laut Arbeitsvertrag
+	Samstag/Sonntag/Feiertag (in Std.)
+	Urlaub/Zeitausgleich/Betriebsveranstaltungen (in Std.)
+	Krankheitszeiten/Fehlzeiten (in Std.)
+	Verwaltungszeiten (nicht abrechenbar) (in Std.)
+	Teamgespräche/investive Zeiten/Fortbildung/interne Kanzleiprojekte (in Std.)
=	abrechenbare Stunden je Mitarbeiter je Jahr insgesamt
./.	Sonderleistungen (abrechenbar, zusätzlich zu den Routinetätigkeiten) (in Std.)
=	abrechenbare Stunden je Mitarbeiter je Jahr für Routinetätigkeiten (Fibu, Lohn, Steuererklärungen, Jahresabschlüsse)
./.	abrechenbare Tätigkeitszeiten für Routinetätigkeiten für alle Kunden, für die der Mitarbeiter das Jahr über tätig ist (in Std.)
=	**Unter- oder Überkapazität in Std.**

Das Ergebnis aus der Planung soll sein, dass die Kapazitäten jedes Mitarbeiters bekannt und die Fälle so verteilt sind, dass eine gute Gesamtauslastung über das ganze Jahr gewährleistet ist. Kurzfristige unterjährige Kapazitätsschwankungen können damit nicht geplant werden, was aber sowieso sehr schwierig ist. Es soll ja Kanzleien geben, in denen Vollzeitmitarbeiter bei einer 40-Stunden-Woche und normaler Kundenstruktur nur 80.000 Euro Jahresumsatz erzielen und sich gleichzeitig immer darüber beklagen, dass sie überlastet sind. Die Benchmark für diesen Mitarbeiter wäre 130.000 Euro Jahresumsatz – das erreichen die besten Mitarbeiter. Solche Fälle von gefühlter Unterkapazität hören durch eine Kapazitätsplanung auf und entlarven die Schwachleister unter den Mitarbeitern.

Die Kanzleileitung hat dabei die alleinige Verantwortung für die Verteilung der Arbeit in der Kanzlei. Konkret bedeutet dies:

- nicht lukrative, störende, »terroristisch« veranlagte Kunden sofort kündigen und/oder
- passendes, erfahrenes, modernes und dynamisches Fachpersonal neu einstellen und schnell integrieren.

Durch beide Maßnahmen würde die Kanzlei sehr schnell eine positive Überkapazität erreichen, was aus meiner Sicht wünschenswert wäre. Seien Sie geduldig und angstfrei, denn langfristig winkt hier mehr Gewinn. So kommt im Übrigen die Kanzleileitung aus dem Hamsterrad heraus, da sie Zeit gewonnen hat.

Zusammengefasst bringt Ihnen die ABCT-Analyse folgenden großen Nutzen:

- Mehr Gesamtgewinn
- Mehr Umsatz pro Stunde pro Kunde
- Besseres Betriebsklima
- Zufriedene Mitarbeiter
- Bessere Kapazitätsauslastung
- Entlarvung von Schwachleistern unter den Mitarbeitern
- Keine Zeitverluste durch Energieräuber
- Kein aufwendiges Mahnwesen für Schlechtzahler
- Mehr Beratungszeit für die wichtigen A- und B-Kunden
- Effizientere Bearbeitung der C-Kunden
- Zeitgewinn und mehr Lebensqualität für Kanzleileitung und Mitarbeiter

Handlungsempfehlungen

- Lassen Sie die ABCT-Analyse des Kundenstamms zuerst von allen Mitarbeitern durchführen.
- Analysieren Sie die Ergebnisse und besprechen Sie sie dann im nächsten Teamgespräch. Wenn es keine regelmäßigen Teamgespräche gibt, dann sollten Sie ein spezielles Teamgespräch zur Analyse der Ergebnisse initiieren.
- Nach der Analyse erstellen Sie eine Kapazitätsplanung, um alle Mitarbeiter gleichmäßig gut auszulasten und ggf. freie Überkapazitäten zu ermitteln. Am besten ist sie in Excel zu erstellen.
- Legen Sie fest, welche Kunden Sie als T-Kunden definieren und kündigen Sie sie anschließend.
- Nach der Kündigungswelle aktualisieren Sie Ihre Kapazitätsplanung.
- Legen Sie die Kunden fest, bei denen Sie eine Leistungsreduzierung (Zeiteinsparung bei gleichem Honorar) durchgesetzt bekommen.
- Aktualisieren Sie die Kapazitätsplanung anschließend.

- Legen Sie die Kunden fest, bei denen Sie Ihr Honorar bei gleicher Leistung anheben.
- Legen Sie die Kunden fest, die Sie ab sofort von einem anderen Mitarbeiter betreuen lassen wollen.
- Aktualisieren Sie anschließend wieder die Kapazitätsplanung.
- Legen Sie die gewollten permanenten Überkapazitäten auf Basis der aktuellsten bereinigten Kapazitätsplanung fest. Meine Empfehlung: Halten Sie 5–10 % der Gesamtarbeitszeit aller Mitarbeiter (ohne Kanzleileitung) an Überkapazität für lukrative Neukunden ständig bereit.
- Aktualisieren Sie die Kapazitätsplanung halbjährlich.
- Wiederholen Sie ABCT-Analyse halbjährlich, um den Kundenstamm immer weiter zu optimieren.

31 Wie Kundenerziehung Ihren Gewinn steigert

ERFOLGSIMPULS

Wenn Sie Ihre Kunden dazu erziehen, benötigte Unterlagen zuverlässig und in der vereinbarten Qualität zu liefern bzw. diejenigen Kunden kündigen, die dies nicht tun, tragen Sie extrem viel zu einem besseren Betriebsklima bei. Mitarbeiter können schneller und unbelasteter arbeiten, haben mehr Freude an der Arbeit und arbeiten besser im Flow. Ihr Kanzleigewinn wird steigen, da Ihre Mitarbeiter schneller für die richtigen Kunden arbeiten und dort bessere Deckungsbeiträge erzielen. Zeit ist Geld und unzuverlässige Kunden kosten viel Zeit.

Was passiert, wenn Sie Ihre Kunden nicht erziehen

Haben Sie Kinder? Dann ahnen Sie vielleicht schon, was jetzt kommt. Richtig: Kundenerziehung ist wie Kindererziehung. Das meine ich ernst! Sie müssen Ihre Kunden erziehen, als seien sie Ihre Kinder. Sie werden jetzt einwenden, dass Sie das doch gar nicht können oder die Kunden es nicht zulassen werden. Aber keine Angst! Werfen Sie sich bitte nicht selbst Knüppel zwischen die Beine – Erziehung muss leider sein.

Bevor wir dazu kommen, wie Sie Ihre Kunden erziehen sollten, sollten Sie zunächst wissen, was passiert, wenn Sie die Kunden *nicht* erziehen. Wir alle haben nie bewusst darauf geachtet, warum unsere Kunden so sind, wie sie sind, richtig? Wir haben uns einfach keine Gedanken darüber gemacht. Kunden durften machen, was sie wollten. Sie konnten ihre Belege ungelocht und lose in einem Schuhkarton bei uns abgeben und wir haben aus diesem Müllhaufen eine ordentliche Buchhaltung gezaubert. War es nicht so? Ist es heute nicht auch noch so? Und wie war unsere Reaktion auf diesen Müllhaufen? Wir haben uns fürchterlich geärgert, dass der Kunde so ein Schlamper war, und haben den Ärger auch noch den Kollegen lang und breit erzählt und sie vom Arbeiten abgehalten. Aber halt! Über wen haben wir uns denn tatsächlich geärgert? Wenn wir ehrlich sind, lautet die Antwort: über uns selbst. Jetzt wenden Sie vielleicht ein: »Nein, ich habe mich über den Kunden geärgert. Der Idiot hat doch den Müllhaufen bei uns abgeladen. Der muss doch wissen, wie wir die Buchhaltung brauchen.« Aber weiß unser Kunde wirklich, wie er die Buchhaltung vorbereiten soll? Haben wir ihm das ausführlich erklärt? Wenn nicht, woher soll er es dann wissen? Wenn doch, sollten Sie es noch ein paar Mal erklären. Wenn es dann immer noch nicht gut ist, dann sollten Sie mit dem Kunden offen über die Mandatskündigung wegen Schlamperei reden. Meist wird es an diesem Punkt schlagartig besser.

Halten wir fest: Die Steuerkanzlei ist dafür verantwortlich, was bis wann und in welcher Qualität an Belegen und Informationen in die Kanzlei gelangt. Nicht der Kunde! Diese umgekehrte Denkweise sollten Sie ab heute verinnerlichen, sonst wird sich an dem bisherigen Chaos nichts ändern. Sie müssen den Spieß umdrehen: Sie geben dem Kunden vor, was er Ihnen bis wann und in welcher Qualität zu liefern hat. Sie geben ihm Ihre Spielregeln der Zusammenarbeit vor – und nicht anders herum. Sie gehen ja auch nicht zum Arzt, drängeln sich vor die anderen Patienten und sagen dem Herrn Doktor, welche Untersuchungen er zu machen hat. Nein, er sagt Ihnen, wie es läuft.

Aber warum lassen sich die meisten Steuerberater von ihren Kunden auf der Nase herumtanzen? Es liegt an ihrem Helfersyndrom. Alle Steuerberater tragen es in sich, manche mehr, manche weniger. Das ist grundsätzlich eine sehr gute Eigenschaft, ohne die unser Beruf nicht auszuüben wäre. Wir wollen unseren Kunden doch helfen, sie vor dem Finanzamt beschützen und ihnen alles recht machen. Auch denen, die uns nur Müll abliefern. Egal, wir sind die Helfer, wir sind die Helden. Erkennen Sie sich darin wieder? Auf Dauer ist ein ausgeprägtes Helfersyndrom jedoch sehr teuer. Schlimm daran ist, dass es die meisten Berater gar nicht bemerken. Sie bemerken nicht, dass ihr Psychologendasein ein sehr teures Hobby ist, dass das Betriebsklima und die Mitarbeiter darunter leiden und dass mit den meisten Schlamper-Kunden kein Geld verdient wird. Diese Berater arbeiten also völlig umsonst und sind sich dessen nicht bewusst.

Wie können Sie Ihre Kunden erziehen?

Erziehung funktioniert meines Erachtens nur, wenn es klare und verständliche Regeln gibt. Keine Regel ohne Konsequenzen. Das gilt für Erwachsene ebenso wie für Kinder. Wenn sie klare Regeln gesagt und vorgelebt bekommen, halten sie sich meistens daran. Manchmal schlagen sie über die Stränge, dann muss man sie wieder auf die richtige Spur bringen. Ich denke dabei immer an eine Autobahn. Die Autobahn hat rechts und links Leitplanken und dazwischen können sich die Autos frei bewegen. Durchbricht ein Auto die Leitplanke, sind die Konsequenzen spürbar negativ und werden den Fahrer sehr schmerzen. Der

Erzieher setzt ebenso Leitplanken, die Mitarbeiter, Kunden und auch Kinder nicht durchbrechen dürfen. Kommt es doch einmal vor, redet man darüber und droht schmerzliche Konsequenzen an. Beim zweiten Verstoß müssen die Schmerzen schon stärker werden.

Sie als Kanzleileitung sind in erster Linie für die Kundenerziehung verantwortlich. Sie geben die Kanzleiregeln vor, die schriftlich definiert sein sollten. Sie geben vor, was, bis wann in welcher Qualität in die Kanzlei eingeht und sie wieder verlässt. Sie sagen Ihren Kunden, wie die Kanzleiregeln aussehen. Sie geben das Gleiche Ihren Mitarbeitern vor, die sich ebenfalls an die Regeln zu halten haben, denn sie müssen diese später gegenüber den Kunden durchsetzen. Hierzu empfehle ich die Kommunikationsplattform »Teamgespräch«. Sie sollten mit Ihren Mitarbeitern zusammen die Spielregeln festlegen, diskutieren und dann umsetzen.

Welche Regeln könnten Sie konkret festlegen?

Die Leitfragen für alle Regeln im Sinne der Klartextkommunikation aus Kapitel 5 lauten:

- Wer?
- Was?
- Bis wann?
- In welcher Qualität?

Beispiel zur Finanzbuchführung:

- Wer? Kunde
- Was? Belegeingang
- Bis wann? Abgabetermin der Belege bis zum letzten Tag des Monats
- In welcher Qualität? Fertig gescannt in der besprochenen Dateistruktur oder gelocht und nicht getackert in der besprochenen Ordnerstruktur

Beispiel zur Lohnbuchführung:

- Wer? Kunde
- Was? Informationseingang
- Bis wann? Informationen zu Lohnänderungen bis zum 15. des Monats
- In welcher Qualität? Zum Beispiel neue Mitarbeiter werden mit einer vorausgefüllten Vorlage der Kanzlei neu angemeldet. Die Vorlage könnte auf der Homepage der Kanzlei zum Download bereitstehen.

Beispiel zur privaten Einkommensteuererklärung:

- Wer? Kunde
- Was? Belegeingang

- Bis wann? Abgabetermin der Belege bis spätestens 30.09. eines Jahres, um eine Fertigstellung bis zum 31.12. sicher zu gewährleisten
- In welcher Qualität? Ordentlich sortiert, gelocht und nicht getackert

Beispiel zum Zahlungsverhalten der Kunden:
- Wer? Kunde
- Was? Rechnungsbegleichung
- Bis wann? Bis 7 Tage nach Rechnungsdatum
- In welcher Qualität? Vollständige Begleichung

Beispiel zum Ausschluss von Leistungen der Kanzlei:
- Wer? Kanzlei
- Was? Aufzählung der Leistungen, die die Kanzlei nicht erbringt, wie zum Beispiel Rechtsberatung, Insolvenzberatung, Überschuldungsberatung, Zollrechtsberatung, Sozialversicherungsrechtsberatung, Strafrechtsberatung etc.
- Bis wann? Während des gesamten Mandatsverhältnisses
- In welcher Qualität? Transparente Aufzählung im Steuerberatungsvertrag

Es gibt natürlich noch viele weitere Dinge zwischen Kunde und Kanzlei zu regeln, dies sollte nur ein Auszug der Bereiche sein, in denen in der Praxis besonders viele Probleme auftreten. Zum Thema Belegaufbereitung durch die Kunden haben wir folgendes Merkblatt entwickelt:

PRAXISBEISPIEL

Merkblatt Belegaufbereitung

Merkblatt zur Abgabe Ihrer Belege bei der Steuerkanzlei Luzius

Da wir Ihre Belege vor der Abgabe zum Finanzamt **einscannen** und in unserem EDV-System archivieren, bitten wir Sie, die unten genannten Punkte bei der Zusammenstellung Ihrer Belege einzuhalten (P.S.: Das Finanzamt scannt mittlerweile auch alles ein.).

1. Bitte die Belege lochen und uns in einem Ordner oder Schnellhefter per Post schicken oder in unseren extragroßen Paketbriefkasten werfen (Bild auf unserer Homepage). Selbstverständlich können Sie alles auch persönlich in der Kanzlei abgeben.
2. Bitte kopieren Sie alle Thermobelege wie zum Beispiel Quittungen, Kassenzettel usw. auf DIN A4, da sie nach einigen Monaten verblassen und nicht mehr lesbar sind.
3. Bitte keine Belege tackern, da wir sie vor dem Scannen wieder entklammern müssen.
4. Bitte keine Belege in Klarsichtfolien oder Hüllen heften, da wir sie vor dem Scannen einzeln herausnehmen müssen.

5. Bitte legen Sie uns keinen zu Rechnungen gehörenden Schriftverkehr bei wie Angebote, Auftragsbestätigungen, Lieferscheine und Messergebnisse.
6. Bitte benutzen Sie keinen Tesafilm oder Klebstoff, da die Belege dann meistens nicht mehr einzuscannen sind bzw. der Klebstoff das Papier zerstört.
7. Bitte keine Schnellhefter benutzen, die größer als DIN A4 sind, da sie nicht gut per Post versendbar sind.
8. Bitte keine Markierungen mit Textmarker auf den Belegen vornehmen, da sie für den Scanner nicht lesbar sind.
9. Bitte keine Büroklammern benutzen, da wir sie vor dem Scannen wieder entfernen müssen.

Vielen Dank für Ihre Mithilfe!

Dieses Merkblatt erhalten unsere Kunden, wenn sie unserer Meinung nach ihre Belege nicht optimal für uns aufbereitet haben. Das Merkblatt wird in diesem Fall zum Jahresabschluss oder der privaten Einkommensteuererklärung hinter dem Anschreiben beigefügt. So machen wir den Kunden darauf aufmerksam, dass er seinen Beitrag für eine reibungslosere Zusammenarbeit zu liefern hat. Chaotische Belege im Schuhkarton nehmen wir gar nicht mehr an, sondern schicken sie zurück. Es gibt ein bis zwei Ausnahmen von Kunden, die bewusst nicht sortieren wollen und die gerne unsere Rechnungen über das Sortieren bezahlen. Dies sind jedoch Ausnahmen, die wir gut bezahlt bekommen.

Welche Konsequenzen haben Regelverstöße?

Wir schließen mit Unternehmenskunden nach der Probezeit von etwa einem Jahr einen schriftlichen Steuerberatungsvertrag, in dem unsere Zusammenarbeit mit beiderseitigen Rechten und Pflichten geregelt ist. Die Kanzlei hat die Pflicht, die Steuerberatungsleistungen ordentlich und fristgemäß auszuführen, der Kunde hat die Pflicht, alle Informationen und Belege vollständig, ordentlich und rechtzeitig zu liefern und das Honorar pünktlich zu zahlen. Wenn er das nicht tut, ziehen wir beispielsweise folgende Konsequenzen:

- Beispiel: Kunde liefert wichtige Belege für die Finanzbuchhaltung nicht rechtzeitig bis zum Umsatzsteuertermin. Konsequenz: Kanzlei sendet die Umsatzsteuer-Voranmeldung nicht fristgemäß. Säumnis- und Verspätungszuschläge zahlt der Kunde.
- Beispiel: Kunde liefert Belege für die Finanzbuchhaltung, die nicht den Rechnungskriterien für den Vorsteuerabzug entsprechen. Konsequenz: Kanzlei bucht so lange keine Vorsteuer, bis eine ordentliche Rechnung vorliegt, auch wenn der Kunde es verlangt. Der Kunde erhält die Vorsteuer erst viel später vom Finanzamt zurück.

- Beispiel: Kunde liefert Belege für die Finanzbuchhaltung sehr unordentlich. Konsequenz: Kanzlei ordnet Belege nur im Ausnahmefall und berechnet die Sortierung teuer mit dem Stundensatz eines Sachbearbeiters. Im Regelfall werden die Belege zurückgeschickt.
- Beispiel: Kunde liefert wichtige Belege für die Lohnbuchhaltung nicht rechtzeitig bis zum Sendetermin für die Sozialabgaben. Konsequenz: Kanzlei sendet die Meldungen zur Sozialversicherung nicht fristgemäß. Säumnis- und Verspätungszuschläge zahlt der Kunde. Mitarbeiter erhalten zu spät ihre Löhne.
- Beispiel: Kunde liefert wichtige Belege für Jahresabschluss oder Steuererklärungen nicht rechtzeitig bis zur Abgabefrist. Konsequenz: Kanzlei sendet Jahresabschluss oder Steuererklärungen nicht fristgemäß. Säumnis- und Verspätungszuschläge zahlt der Kunde.

Sie erkennen sicherlich die Logik dahinter: Wenn der Kunde seine Pflichten gegenüber der Kanzlei verletzt, dann soll er die Strafen der Finanzverwaltung spüren, um weitere Pflichtverletzungen zu unterlassen. In unserer Kanzlei funktioniert das hervorragend: Die Pflichtverletzungen haben stark abgenommen, weil wir die Regeln so klar vorgeben. Natürlich gibt es immer wieder Kunden, die sich wie Kinder verhalten und ihre Grenzen uns gegenüber austesten und mit dem Testen nicht aufhören wollen. Diese Kunden werden etwa zweimal zur selben Pflichtverletzung informiert und dahingehend beraten, dass sie endlich aufhört. Wenn sie ihre Pflichten dann immer noch verletzen, drohen wir beim dritten Mal die Mandatsniederlegung mit Fristsetzung an und führen sie bei der vierten Verletzung dann auch tatsächlich durch. Wer es beim vierten Schuss vor den Bug immer noch nicht verstanden hat, der muss die Kanzlei verlassen. Ich lasse mir zumindest nicht mehr wie früher die Zeit stehlen und die Lebensqualität vermiesen. Übrigens ist mir bei solchen Verweigerern egal, wie wichtig sie für die Kanzlei sind.

Hierzu ein Beispiel aus meiner Kanzlei: Ich hatte den Vater eines wichtigen Kunden neu in meine Kanzlei aufgenommen. Er wollte sein Unternehmen bald an seinen Sohn – der ja schon mein Kunde war – übertragen. Diese Übergabe sollte ich ebenfalls begleiten. Das ergab Sinn, also freute ich mich, Vater und Sohn freuten sich auch, das Mandat war überdies lukrativ und wäre bezogen auf das vereinbarte Jahreshonorar mein zweitgrößtes geworden, sprich: Alles war gut. Während der Bearbeitung der ersten Buchhaltung fingen jedoch die Probleme mit dem Vater an. Er rief jeden Tag mindestens dreimal in der Kanzlei an und wollte dies und jenes wissen, teilweise doppelt und dreifach. Er war nicht mehr der Jüngste und ein sturer Patriarch, der dominant gegenüber seinem Sohn und uns auftrat. Nachdem wir die erste Monatsbuchhaltung endlich nach vielen Querelen fertig hatten und ich meine ersten Rechnungen zur Buchhaltung und zu den ganzen Vorgesprächen und Sonderleistungen geschrieben hatte, verlangte er von mir, dass ich meine Rechnung noch mit einem ausführlichen Brief kommentieren sollte. An diesem Punkt war bei mir das Maß voll und ich warf ihn hinaus. Obwohl er viel Umsatz gemacht hätte und ich vielleicht seinen Sohn als Kunden noch verlieren würde, war es mir egal. Dieser Mann hätte meine Mitarbeiter und mich in den Wahnsinn getrieben. Diese energetischen Kosten hätte er gar nicht bezahlen können. Ein Jahr danach hat er seinem Sohn übel mitgespielt und sein Unternehmen nicht an ihn, sondern an die Konkurrenz verkauft. Dieser Mann war ein »Terrorist«, der nichts in meiner Kanzlei zu suchen hatte. Meine Mitarbeiter machten Freudensprünge, als sie hörten, dass ich ihn gekündigt hatte.

Noch eine Erziehungsmaßnahme: Sonderleistungsrechnungen

Eine weitere und oft verkannte Möglichkeit, die Kunden zu erziehen, ist das konsequente Abrechnen von Sonderleistungen. Dies sind Leistungen, die mit der Erstellung einer Finanzbuchhaltung, Lohnbuchhaltung, Steuererklärung oder Jahresabschluss (Standardleistungen) nichts zu tun haben. Das Wort »Erstellung« ist dabei maßgebend. An einem Beispiel möchte ich das kurz verdeutlichen: Wenn ich mit einem Kunden eine Bankfinanzierung vorbereite, um von der Bank einen Kredit zu erhalten, hat das nichts mit der Erstellung einer der vier oben genannten Standardleistungen zu tun. Wenn ich einen Kunden anrufen muss, um noch Belege für die Fertigstellung der Finanzbuchhaltung zu bekommen, dann ist das keine Sonderleistung, sondern gehört zur Erstellung der Finanzbuchhaltung.

Die Kanzleileitung muss sich und auch allen Mitarbeitern vorgeben, dass Zeiten für alle Sonderleistungen, die nichts mit der Erstellung der vier Standardleistungen zu tun haben, in einem separaten Auftrag erfasst und mindestens vierteljährlich den Kunden berechnet werden. So erreichen Sie folgende wichtige Erfolge:

- Sie wirken professionell und rechnen konsequent Ihre erbrachten Leistungen ab. Sie und Ihre Mitarbeiter sollen stolz auf diese Leistungen sein, die es verdient haben, extra abgerechnet zu werden. Manchmal meckern die Kunden über die Höhe oder wissen auf einmal nicht mehr, dass solche Leistungen sogar Geld kosten. Bleiben Sie dennoch hart und konsequent.
- Sie erhöhen Ihren Umsatz und Gewinn und »verstecken« nicht die Zeiten in den Standardleistungen. Der positive Effekt daraus ist, dass Sie Ihre Standardleistungen genauer kalkulieren können.
- Sie zeigen dem Kunden den Unterschied zwischen Standard- und Sonderleistung und damit auch, dass Sie mehr können als »nur« Standard.
- Sie erziehen Ihren Kunden dahingehend, dass er nicht permanent Leistungen fordert und nichts dafür bezahlt – so wie bei einer Flatrate für das Handy. Er kann gerne alle möglichen Leistungen fordern, aber Sie müssen ihm klar kommunizieren, ab wann ein zusätzliches Honorar entsteht. In einigen Fällen fordern diese Kunden auf einmal kaum noch Sonderleistungen an, da sie ja extra

kosten. In anderen Fällen gibt es kurz Ärger über die Sonderrechnung, aber auch Ärger gehört zum Erziehungsprozess. Meist passiert aber nichts und die Kunden zahlen.
- Sie brauchen keine Angst zu haben, dass Kunden aufgrund von Sonderrechnungen kündigen. Manchmal kommt es natürlich vor, aber das sind meistens Kunden, die sowieso über alles meckern, und die brauchen Sie nicht!

Zusammenfassend kann ich mit Sicherheit sagen: Je besser Sie Ihre Kunden erzogen haben, desto mehr Gewinn werden Sie erzielen. Kunden, die alles vollständig und rechtzeitig liefern und auch noch pünktlich zahlen – was wollen Sie mehr? Und genau das wird passieren, wenn Sie die Zügel in die Hand nehmen und Ihre Kunden in die Richtung führen, in die Sie sich und Ihre Kanzlei bewegen möchten.

Handlungsempfehlungen

- Verinnerlichen Sie die neue Denkweise, dass die Kanzlei den Kunden konsequent vorgibt, was sie bis wann und in welcher Qualität von ihnen haben möchte.
- Die Kanzleileitung entwickelt Regeln der Zusammenarbeit zwischen Kunde und Kanzlei und fixiert sie schriftlich.
- Dieses Regelwerk muss mit allen Mitarbeitern im Rahmen von Teamgesprächen diskutiert, verbessert und verabschiedet werden.
- Die Regeln müssen in der Praxis gegenüber dem Kunden kommuniziert, vorgelebt und überwacht werden. Konsequenzen bei Regelverstößen müssen den Kunden frühzeitig kommuniziert werden.
- Das Regelwerk sollte in die Steuerberatungsverträge als Vertragsbestandteile aufgenommen werden. Alte Verträge sollten um die neuen Spielregeln ergänzt werden.
- Rechnen Sie konsequent und zeitnah Sonderleistungen ab, spätestens jedes Vierteljahr. Die Grundlage hierfür ist, dass jeweils ein vierteljährlicher Sonderauftrag je Kunde in der EDV angelegt wird, damit die Mitarbeiter eine einfache Möglichkeit haben, ihre Zeiten zu erfassen.
- Bleiben Sie gerecht und konsequent in Ihren Erziehungsmaßnahmen. Es wird einige Monate dauern, bis sich die Kunden an den neuen Wind in der Kanzlei gewöhnt haben. Für die meisten wird es kein Problem darstellen, einige wenige werden sich dagegen auflehnen und versuchen, die Regeln zu ignorieren. Bleiben Sie hart und verfolgen Sie Ihre neue Linie weiter. Kunden, die nicht mitziehen, sollten Sie kündigen. Der Erfolg wird Ihnen Recht geben, viele Reibereien werden aufhören und Ihr Gewinn wird dadurch steigen.

32 Die Kanzlei als mahnfreie Zone

ERFOLGSIMPULS

Jede Rechnung eines Unternehmens an einen Kunden ist eine Bitte um Wertschätzung. Kunden, die ihre Rechnungen nicht pünktlich bezahlen, verhalten sich deshalb respektlos. Diese Mandate sollten Sie kündigen. Nicht zuletzt, um mehr Gewinn zu machen.

Möchten Sie nichtzahlende Kunden haben?

Das Mahnwesen ist elementar wichtig für jede Kanzlei. Oft vernachlässigen Steuerkanzleien jedoch das Mahnwesen, weil sie gegenüber ihren Kunden nicht so hart auftreten möchten. Selbst wenn diese zögerliche Haltung beispielsweise darin begründet liegt, dass die Kanzlei ihre Leistungen zu spät erbracht und deswegen ein schlechtes Gewissen hat – die Leistungen sind ordnungsgemäß erbracht und die Kunden haben somit die Honorarrechnung zu bezahlen. Statt hier also konsequent zu sein und die ausstehenden Summen einzufordern, werden die Offenen-Posten-Listen immer länger und der Frust bei den Kanzleileitungen immer größer. Theoretisch ist es jedoch kein Problem, ein funktionierendes Mahnwesen in jeder Steuerkanzlei aufzubauen.

Schauen wir uns also einmal etwas genauer an, welche Kunden oft und lange in Offenen-Posten-Listen stehen. Es sind meist Kunden, die die Leistungen der Steuerkanzlei nicht wertschätzen, die kurz vor der Insolvenz stehen, die Widerstand gegenüber der Kanzlei zeigen, die frustriert sind mit Kanzleileitung und/oder Mitarbeitern, die sowieso schon Zahlungsschwierigkeiten haben, die schlampig sind und die Rechnung verlegt haben, die die Rechnung für zu hoch erachten etc. Ich stelle deshalb die provokante Frage: Möchten Sie mit solchen Kunden gerne weiter zusammenarbeiten? Sind diese Kunden es wert, dass Sie so viel Energie in sie investieren? Oder sollten Sie nicht überlegen, ob Sie diese Art von Kunden überhaupt weiter betreuen wollen?

Von einer größeren Steuerkanzlei hörte ich eines Tages, dass sie immer zum 30.06. und 31.12. eines Jahres einen Mahnlauf durchführt. Zwei Mahnläufe pro Jahr, nicht pro Monat! Ich war schockiert und bin es immer noch. Eine so geringe

Anzahl an Mahnläufen hatte ich bis dato noch nicht in einer Kanzlei erlebt. Was steckte in diesem Fall dahinter? Faulheit? Dummheit? Angst?

Die Azubis hatten zweimal im Jahr die Aufgabe, das Mahnwesen auf Karteikarten vorzubereiten. Sie haben richtig gelesen: Karteikarten aus den 1960er-Jahren, auf denen die geschriebenen Rechnungen und die Zahlungen der Kunden wöchentlich eingetragen wurden. Alles schön per Hand. Und weil alles manuell und kompliziert ablief, wurde aufgrund des großen Zeitaufwandes auch nur zweimal im Jahr gemahnt.

Aber halt! Das war nur der vorgeschobene Grund. Der eigentliche Grund lautete: Der Kanzleiinhaber traute sich schlicht und ergreifend nicht, seine Kunden an die Zahlung ihrer Rechnungen zu erinnern. Warum das? Ganz einfach: Er war in seiner Stadt sehr bekannt, und viele seiner säumigen Kunden waren seine Freunde und guten Bekannte. Die Angst, dass sie das Mandat beenden oder in der Stadt schlecht über ihn reden und ihm so einen großen Image-Schaden zufügen würden, hielt ihn davon ab, ein professionelles Mahnwesen einzurichten.

Falls Sie zu den Steuerberatern gehören, die Angst davor haben, ihre schlecht zahlenden Kunden würden herumerzählen, dass sie von ihrem Berater gemahnt werden: Schließen Sie jetzt die Augen und stellen sich vor, dass Sie auf dem Marktplatz Ihres Dorfes oder Ihrer Stadt stehen. Ein stadtbekannter Unternehmer spricht Sie an und erzählt Ihnen, dass sein Steuerberater ihn aufgrund offener Rechnungen gemahnt hat. Was fühlen Sie? Was denken Sie? Denken Sie vielleicht: »Klasse Unternehmer und so ein mieser Berater! Was erlaubt der sich eigentlich – wenn heutzutage jeder darauf bestünde, dass seine Rechnungen bezahlt werden: Wo kämen wir denn da hin?« Oder denken Sie: »Wow, klasse Berater, der setzt seine Forderungen durch! Und was ist das für ein mieser Unternehmer, dass er seine Rechnungen nicht bezahlt? Gut, dass der Steuerberater ihn mahnt!« Seien Sie ehrlich: Ihre Angst, dass Sie zu viel mahnen, ist absolut unbegründet! Erstens erzählt niemand herum, dass er seine Rechnungen nicht pünktlich zahlt, wie peinlich wäre das denn! Und zweitens macht der Steuerberater einen professionellen und starken Eindruck, wenn er sein Mahnwesen im Griff hat und einsetzt.

Mahnen Sie wie ein Weltmeister!

In diesem Kapitel geht es darum, alle Steuerkanzleien in Deutschland zu Mahnweltmeistern zu machen. Und das meine ich tatsächlich so! Mahnen Sie wie ein Weltmeister, mahnen Sie, so oft Sie können! Und das ist nach meinen Vorstellungen einmal pro Monat, kurz nachdem die Kanzleibuchhaltung fertig ist. Also spätestens am dritten Tag des Folgemonats. Stornieren Sie Ihre Dauerfristverlängerung für die Umsatzsteuer und bringen Sie Ihr Mahnwesen auf Zack!

Wenn Sie weiter Angst vor der daraus entstehenden Kundenfluktuation haben, möchte ich Ihnen kurz den Teufelskreis vorstellen, in den die oben beschriebene

Kanzlei geriet: Die säumigen Freunde des Chefs konnten machen, was sie wollten. Sie konnten zahlen, wann sie wollten, meckern, wie sie wollten, und die Mitarbeiter drangsalieren, wie sie wollten. Und das taten sie auch. Was sind das für Freunde, frage ich mich? Sollten nicht gerade die besten Freunde die Rechnung der Steuerkanzlei am schnellsten begleichen? Auf jeden Fall dürfen Freunde und Bekannte beim Mahnwesen nicht anders als fremde Kunden behandelt werden.

Im Fremdvergleich zu anderen Steuerkanzleien wurde eine Benchmark-Formel entwickelt, die in Prozent der aktuell offenen Forderungen gemessen wird:

Offene Forderungen : Umsatz = x %

Weniger als 7 % der offenen Forderungen zum jeweiligen Monatsletzten gelten als hervorragend. Schauen Sie in Ihr Zahlenwerk. Liegen Sie dauerhaft darüber oder darunter? Wenn Sie dauerhaft darunterliegen, gratuliere ich Ihnen ganz herzlich, weil Sie ihr Mahnwesen bereits bestens im Griff haben. Weiter so! Sollten Sie dauerhaft darüberliegen, empfiehlt sich eine Straffung des Mahnwesens.

Darüber hinaus sollten Sie in Bezug auf Ihr Mahnwesen folgende Punkte beherzigen:

- Behandeln Sie alle Freunde und Bekannte beim Mahnwesen nicht anders als fremde Kunden.
- Haben Sie keine Angst vor Ihren Kunden oder vor deren Weggang. Angst ist immer ein schlechter Ratgeber. Und das aus einem ganz einfachen Grund: Angst findet immer nur in Ihrem Kopf statt und ist nicht real. Noch nie hat ein Kunde nur wegen Mahnungen seines Steuerberaters die Kanzlei gewechselt.
- Machen Sie sich Folgendes klar: Ihr Kunde hat Ihre Leistung beauftragt, Sie als Steuerkanzlei haben gute Leistung erbracht, Ihr Kunde muss nun dafür bezahlen. Auf dieser Basis beruht unser gesamtes Wirtschaftssystem. Wenn ein Kunde ohne Kommunikation mit Ihnen einfach nicht pünktlich zahlt, stellt dies eine absolute Respektlosigkeit dar, die Sie nicht hinnehmen dürfen. Mit respektlosen Kunden dürfen Sie keine Stunde länger zusammenarbeiten, das haben Sie nicht nötig!
- Dass ein Kunde eine Rechnung verlegt, ist kein Problem und passiert im Alltag immer mal wieder. Dafür gibt es die erste Zahlungserinnerung. Der Kunde wird freundlich auf die Zahlung innerhalb von sieben Tagen hingewiesen – und die guten und redlichen Kunden werden die Zahlung auch bis zum Ende dieser Frist erledigen. In der zweiten Stufe hat der Kunde zu 99,9 % die Rechnung nicht unabsichtlich verlegt, sondern hat sie bewusst liegen lassen, um die Zahlung zu verzögern. Aus diesem Grunde kann die zweite Mahnung durchaus härter und klarer, aber trotzdem noch freundlich geschrieben werden. In der dritten Stufe gibt es keine Gnade mehr gegenüber Nichtzahlern. Denn jetzt ist klar: Hier liegt eine aktive Verweigerungshaltung vor. Das kann vielfältige Gründe haben, und meistens haben die Kunden trotz zweier Zah-

lungserinnerungen nicht mit der Kanzleileitung gesprochen. An dieser Stelle wird der Arbeitsstopp verhängt und die negativen Konsequenzen, die daraus für den Kunden entstehen, in der dritten Mahnung mitgeteilt. Diese negativen Konsequenzen hat der Kunde selbst zu verantworten und auch zu bezahlen. Die Kanzleileitung weist nun die Mitarbeiter an, jegliche Arbeiten einzustellen, bis die Rechnung vollständig bezahlt ist. Die Kanzleileitung sollte noch versuchen, die offenen Forderungen einzutreiben, aber dann konsequent sein und diesen Kunden aktiv kündigen. Die Erfahrung zeigt, dass solche Kunden sich nicht wieder fangen und dieses Spiel immer wieder mit der Kanzleileitung treiben werden. Das sind sogenannte Energieräuber oder »Terroristen«, die nicht mehr Sie und Ihre Kanzlei schädigen sollen!
- In meinem KOP-Videokurs ist es eine meiner ersten Maßnahmen, die Schlechtzahler aus der Offenen-Posten-Liste meiner Steuerberater-Kunden zu identifizieren und mit der Kanzleileitung über deren Rauswurf zu »verhandeln«. Das sind harte Verhandlungen, da niemand gerne bestehenden Umsatz verlieren möchte. Nur zu welchem Preis wird dieser Umsatz erzielt? Darüber machen sich die wenigsten Berater Gedanken. Der schönste Umsatz auf dem Papier nutzt Ihnen nichts, wenn er nicht bezahlt wird.

Ihr Nutzen aus einem guten Mahnwesen noch einmal auf den Punkt gebracht:
- Bessere Liquiditätslage
- Keine Probleme mit Banken
- Durchsetzungskraft gegenüber den Kunden
- Strahlt Professionalität aus
- Straffes und konsequentes Mahnwesen sollte auch den Kunden selbst empfohlen werden

Handlungsempfehlungen

- Stellen Sie Ihr allgemeines Zahlungsziel für alle Kunden auf sieben Tage nach Rechnungsdatum um.
- Versuchen Sie systematisch, mehr SEPA-Basislastschriftverfahren bei Ihren Kunden durchzusetzen. Rufen Sie einfach alle an und fragen Sie sie, ob sie einverstanden sind.
- Stornieren Sie Ihre Dauerfristverlängerung für die Umsatzsteuer, damit Sie Ihre Buchhaltung und Ihr Mahnwesen innerhalb von drei Tagen nach dem Monatswechsel fertig haben.
- Drucken Sie sich Ihre Offene-Posten-Liste aus und markieren die überfälligen Forderungen, egal um welchen Kunden es sich handelt. Das Markieren ist Sache

der Kanzleileitung, die Mahnungen selbst erstellt. Alle Kunden müssen gleich behandelt werden. Alle Kunden müssen Ihnen den gleichen Respekt zollen.

- Führen Sie kanzleiweit das dreistufige Mahnverfahren ein, das wie folgt funktioniert:
- – Zahlungserinnerung Nr. 1: Freundlich formulierte Zahlungserinnerung mit Zahlungsziel 7 Tage
- – Mahnung Nr. 2: Bestimmt und klar formulierte Aufforderung der Zahlung mit Androhung von Zinsen inkl. 10 Euro Mahngebühren mit Zahlungsziel 7 Tage
- – Mahnung Nr. 3: Letzte Fristsetzung und Ankündigung des sofortigen kanzleiweiten Arbeitsstopps und Mitteilung von negativen Konsequenzen inkl. 20 Euro Mahngebühren mit Zahlungsziel 7 Tage
- Führen Sie bei Nichtzahlung nur ein gerichtliches Mahnverfahren durch, wenn Sie sehr gute Chancen auf Zahlung haben. Wenn nicht, warten Sie lieber, dass irgendwann gezahlt wird.
- Wenn irgendwann später Ihre Forderungen doch noch beglichen worden sind, legen Sie das Mandat trotzdem nieder, weil es zu 99 % nicht mehr besser wird. Nehmen Sie stattdessen lieber gute und zahlungskräftige neue Kunden auf.

33 Neues Geschäftsmodell – Erfolgsreporting

ERFOLGSIMPULS

Mit Erfolgsreporting sind zeitnahe monatliche oder vierteljährliche Auswertungen auf Jahresabschlussniveau gemeint. Damit bieten Sie Ihren Kunden vielfältigen Nutzen, profitieren aber auch selbst sehr stark davon. Vor allem, wenn Sie das Erfolgsreporting mit einem neuen Honorarmodell kombinieren. Dazu bedarf es guter Vorbereitung und konsequenter Kommunikation.

Genaue Geschäftszahlen sind jederzeit wichtig – nicht nur am Jahresende

Das Erfolgsreporting als neues Geschäftsmodell zu bezeichnen, ist einerseits ein bisschen gewagt – schließlich erfinde ich damit nichts Neues, denn das Erfolgsreporting als Methode gibt es schon lange –, aber andererseits auch sehr korrekt: Die meisten Steuerkanzleien haben zwar schon einmal davon gehört und wissen auch, was es ist, setzen das Erfolgsreporting jedoch nicht um.

Ein Erfolgsreporting ist eigentlich nichts anderes als eine laufende Buchhaltung auf Jahresabschlussniveau. Das heißt, die laufende Finanzbuchhaltung eines Kunden wird so genau abgegrenzt gebucht, dass jederzeit unterjährig ein aussagekräftiger Zwischenabschluss ausgegeben werden kann. Das Erfolgsreporting ist somit eine Fusion von laufender Finanzbuchhaltung und unterjähriger Jahresabschlusstätigkeit (Zwischenabschlüsse).

In der heutigen, sich so schnell verändernden Welt benötigen Unternehmer jederzeit genaue Geschäftszahlen – sie können nicht auf den Jahresabschluss warten. In der Steuerberaterpraxis sieht es jedoch meistens noch so aus, dass viele Steuerkanzleien laufende Finanzbuchführungen erstellen und unterjährig überhaupt keine Jahresabschlussbuchungen erfassen. Die Finanzbuchführung dient lediglich dazu, die Umsatzsteuervoranmeldung an das Finanzamt zu übermitteln und sie dem Kunden zuzuschicken. Diese Vorgehensweise ist in Zeiten der beschleunigten Digitalisierung, Kommunikation und Wettbewerbssituation vieler Unternehmen nicht mehr zeitgemäß und überaus gefährlich, da wichtige

Informationen zu spät verarbeitet und ausgewertet werden. Manchmal buchen Steuerberaterkollegen Abschreibungsbuchungen und einige wenige wiederkehrende Buchungen unterjährig, aber das reicht oftmals nicht, um eine belastbare betriebswirtschaftliche Auswertung auf Zwischenabschlussniveau zu erhalten.

Erfolgsreporting mit einer neuen Arbeitspapiermappe (APM) kombinieren

Aus diesem Grund haben wir in der Steuerkanzlei Luzius das Erfolgsreporting (ER) in Verbindung mit einer neuen Arbeitspapiermappe (APM) in Excel entwickelt. Hierbei wird zunächst die laufende Finanzbuchführung gebucht, parallel die APM in Excel ausgefüllt und alle erdenklichen Jahresabschlussbuchungen bereits monatlich oder vierteljährlich gebucht und in der APM eingetragen. Das Resultat: eine Betriebswirtschaftliche Auswertung (BWA), die verlässliche Daten liefert. Alle Buchungen werden nach Abschluss des Monats oder des Quartals selbstverständlich festgeschrieben.

Diese Jahresabschlussbuchungen können konkret unterjährig gebucht werden:

- Abschreibungen
- Rückstellungen
- Darlehensverläufe
- Aktive Rechnungsabgrenzungsposten
- Passive Rechnungsabgrenzungsposten
- Inventurbestände
- Teilfertige Leistungen
- Tantiemen
- Eigenverbräuche
- Selbst erarbeitete kalkulatorischen Buchungen: z. B. Unternehmerlohn, Zinsen etc.

Bei uns gehören folgende klassische Auswertungen auf Abschlussniveau zum Erfolgsreporting:

- Controllingreport mit farbigen Grafiken
- BWA mit Wertenachweis und Vorjahresvergleich
- Summen- und Saldenliste
- Offene-Posten-Liste
- Umsatzsteuer-Voranmeldung

Basis für das ER ist die APM. Unsere Mitarbeiter erstellen je Kunde eine Excel-Liste mit laufender Finanzbuchhaltung und legen sie im Dokumentenmanagementsystem ab. Jedes Jahr legen sie eine neue APM an. Es gibt eine große Version für bilanzierende Kunden und eine kleine abgespeckte Version für die Einnahmenüberschussrechner. Die Excel-Liste ist nach Buchhaltungs-Kontennummern aufgebaut, die links mit der Lasche für Konto 1 beginnen und nach rechts bei der Lasche für Konto 9000 enden. Natürlich hat nicht jedes Konto eine eigene Lasche, wir haben vielmehr die wichtigsten Kontenbereiche zusammengefasst. In meiner Kanzlei gibt es die Vorgabe, dass alle Bilanzkontonummern einzeln mit Belegen oder Berechnungen erläutert werden müssen; die Konten der Gewinn- und Verlustrechnung dagegen nur bei wichtigen Sachverhalten wie zum Beispiel umsatzsteuerfreie Umsätze oder Kfz-Privatnutzung.

Die APM hat den Sinn, dass der Mitarbeiter für alle wichtigen Informationen einen einheitlichen Ablageplatz hat. Darin sind auch Berechnungen, Tabellen, PDF-Dateien, Literaturverweise und alle möglichen Jahresabschlussinformationen unterjährig verfügbar. Sobald die Finanzbuchhaltung für einen Monat oder Quartal fertiggestellt wurde, vermerkt der Sachbearbeiter in jeder Lasche eines Kontos oder Kontenbereiches sein Namenskürzel. Damit dokumentiert er, dass die jeweilige Lasche fertig erläutert wurde und korrekt ist.

Früher hatten wir die APM bei allen Fällen parallel ausgefüllt, egal wie klein oder groß der Fall war. Aus unserer Erfahrung heraus war das jedoch zu zeitaufwendig. Folglich haben wir bei kleineren Einnahmenüberschussrechnern, für die eine betriebswirtschaftliche Auswertung auf Jahresabschlussniveau nicht sonderlich wichtig ist, die APM nur noch mit der Buchhaltung Dezember bzw. 4. Quartal komplett ausgefüllt. Auch bei kleineren Bilanzierern, die an unterjährigen genauen Zahlen kein Interesse hatten, haben wir die APM ebenfalls erst mit der Buchhaltung Dezember bzw. 4. Quartal ausgefüllt. Bei den größeren Bilanzierern, die Interesse an genauen Zahlen haben, füllen wir die APM monatlich aus. Jede Lasche, die mit der Buchhaltung Dezember bzw. 4. Quartal fertig erläutert ist, muss vom zuständigen Sachbearbeiter auf die Farbe Grün gesetzt werden, das signalisiert ihm und anderen in der Kanzlei, dass dieses Konto bzw. dieser Kontenbereich für den Jahresabschluss bereits fertig und korrekt ist. Grüne Laschen werden danach nicht noch einmal überprüft – das spart Zeit.

Die Umstellung auf das neue Geschäftsmodell Erfolgsreporting erfordert zu Beginn sehr viel Arbeit, insbesondere für die Kanzleileitung. Das Modell muss zunächst mit den Mitarbeitern besprochen und diskutiert werden. Es werden Verbesserungsvorschläge der Mitarbeiter beachtet und eingearbeitet und danach von der Kanzleileitung persönlich mit den Kunden besprochen. Diese persönlichen Kundengespräche benötigen viel Zeit, zahlen sich aber in jedem Fall aus. Mit einem kurzen Anruf oder einem langen Brief werden Sie Ihre Kunden nicht vom Erfolgsreporting überzeugen können – hier ist persönlicher Einsatz gefragt. Gleichzeitig zur Umstellung auf das neue Geschäftsmodell führen Sie am besten auch gleich ein neues Honorarmodell in Ihrer Kanzlei ein. Mehr dazu weiter unten.

Für wen ist das Erfolgsreporting am besten geeignet?

Die Adressaten des ER sind die Kunden und Banken, nicht das Finanzamt. Die Kunden können aufgrund der belastbareren Zahlen bessere unternehmerische Entscheidungen treffen und die Banken werfen nicht mehr jede betriebswirtschaftliche Auswertung ohne Abschlussbuchungen in den Reißwolf. In einer Erhebung der Volks- und Raiffeisenbanken wurde festgestellt, dass ca. 98 % der unterjährigen betriebswirtschaftlichen Auswertungen so falsch sind, dass sie überhaupt nicht zur Kreditentscheidung herangezogen werden können. Dieser Zustand sollte im Berufsstand dringend verändert werden, sonst überrollt uns die gewerbliche Konkurrenz, die den Nutzen und das Problem erkannt hat.

Geeignete Kundentypen für das ER sind also:

- Alle Kunden mit monatlicher oder vierteljährlicher Finanzbuchführung mit Bilanz oder Einnahmenüberschussrechnung
- Selbstbucher, deren Daten problemlos in die Kanzlei-Software eingelesen werden können

Nicht geeignete Kundentypen für das ER sind Kunden mit jährlicher Finanzbuchführung und natürlich Kunden, die es ablehnen oder die es gar nicht interessiert.

Zum letzten Punkt noch eine kleine Anmerkung: Sollen Kunden, die sich nicht im Geringsten für ihre Zahlen interessieren, weiterhin Ihre Kunden bleiben? Es gibt nämlich einen positiven Zusammenhang zwischen Unternehmern, die sich für ihre Zahlen interessieren, und Erfolg. Diese Unternehmer sind über alle Branchen hinweg fast immer erfolgreicher als die, die sich nicht für ihre Zahlen interessieren. Menschen, die sich nicht für ihre Zahlen interessieren, sind keine echten, erfolgreichen Unternehmer, sondern eigentlich Arbeitnehmer, die selbständig sind. Und wie lange wollen Sie noch mit erfolglosen Unternehmern zusammenarbeiten?

Wie startet die Kanzleileitung mit der Umsetzung?

Ich empfehle Ihnen, dass Sie zunächst mit drei bis fünf Kunden sprechen, die für das neue Geschäftsmodell am besten geeignet erscheinen. Es ist aus meiner Erfahrung sinnvoll, dass Sie nicht Ihre größten und wichtigsten Kunden zuerst ansprechen, sondern eher kleinere und dem Thema gegenüber aufgeschlossene Kunden. Sie können somit für die großen Kunden üben und wichtige Erfahrungen aus den Gesprächen sammeln. Erklären Sie in den Gesprächen das neue Geschäftsmodell, was der Kunde dafür tun muss – früher und vollständiger Belege und Informationen liefern – und was die Kanzlei dafür tut – ihr Buchungsverhalten auf Jahresabschlussniveau anpassen. Erklären Sie dem Kunden außerdem das neue Honorarmodell gemäß dem neuen Steuerberatungsvertrag und ab wann alles beginnt. Danach setzen Sie das neue Modell in die Praxis um, testen es einige Monate und geben dem Kunden immer wieder Rückmeldung. Wenn die »Kinderkrankheiten« beseitigt sind, sollten Sie das neue Modell flächendeckend für alle Kunden mit laufender Buchhaltung einführen.

Was hat der Unternehmerkunde vom Erfolgsreporting?
Mit einem Erfolgsreporting helfen Sie Ihren Kunden, ihr Unternehmen erfolgreicher zu steuern, auch in instabilen Zeiten gute Geschäfte zu machen und gesund zu wachsen, nachhaltige Gewinne zu erzielen und jederzeit ausreichend Liquidität zu haben. Außerdem geben Sie ihnen Sicherheit und Schutz für ihr Betriebs- und Privatvermögen. Hier eine Zusammenfassung der wichtigsten Nutzenaspekte:

- Zeitnahe monatliche/vierteljährliche Auswertungen auf Jahresabschlussniveau
- Sachverhalte werden nach ihrem wirtschaftlichen Entstehen gebucht
- Genauere und schneller generierte Zahlen für die Banken
- Sie sind näher an der Wirklichkeit in ihrem Unternehmen
- Zeitnahe Verarbeitung aller Informationen
- Sie sind näher bei ihren Kunden und können ihnen schneller helfen

Was hat die Kanzlei vom Erfolgsreporting?

- Honorare werden früher verdient
- Regelmäßig hoher Liquiditätszufluss immer zum 15. eines Monats
- Leichtere betriebswirtschaftliche Beratung durch Kanzleileitung möglich
- Zufriedenere Mitarbeiter
- Kein Termindruck mehr durch Banken, Kunden und Finanzamt ab dem Jahr, das auf das Umstellungsjahr folgt
- Alle Jahresabschlüsse und Einnahmenüberschussrechnungen sind im 1. Quartal des Folgejahres fertig
- Einheitliche Arbeitspapiere (APM) sparen nach Neuanlage ab ca. dem 3. Monat Zeit und erhöhen die Sicherheit durch vollständige und aktuelle Informationen (die APM ist bei uns im DMS so abgelegt, dass alle Mitarbeiter und die Kanzleileitung sofortigen Zugriff darauf haben)
- Weiterempfehlungsquote steigt
- Weniger Zeitaufwand, wenn das System einige Zeit reibungslos läuft

Wie sieht das neue Honorarmodell aus?
Gleichzeitig zur Umstellung auf das neue Geschäftsmodell erfolgt auch idealerweise die Umstellung auf das neue Honorarmodell der Kanzlei. Jeder Kunde erhält einen schriftlichen Steuerberatungsvertrag, der aus zwei Teilen besteht: aus einem Rahmenvertrag und einer Leistungsvereinbarung. Im Rahmenvertrag

werden die allgemeinen Bedingungen der Zusammenarbeit sowie Rechte und Pflichten zwischen Kunde und Steuerkanzlei festgelegt. Dieser Rahmen ändert sich in der Regel jahrelang nicht. Die Leistungsvereinbarung hingegen passen Sie jährlich an die Realität an. Hier vereinbaren Sie ein Jahreshonorar, das in zwölf gleichen Monatsraten von Januar bis Dezember gezahlt wird. Es entfallen alle Papierrechnungen, da der Vertrag eine Dauerrechnung im Sinne des Umsatzsteuergesetzes ist. Die Monatsraten werden immer zum 15. des Monats vom Kundenkonto eingezogen. Der Verwaltungsaufwand für dieses Honorarmodell ist wesentlich geringer als zuvor, da Sie bzw. Ihre Mitarbeiter nicht mehr Hunderte von Rechnungen pro Jahr erstellen müssen. Im Umstellungsjahr erhält die Kanzlei zwei Jahresabschlusshonorare, was dem Kunden ausführlich kommuniziert werden muss.

BEISPIELRECHNUNG

Honorarmodell Luzius

Der Jahresabschluss für 2016 wird im August 2017 erledigt und das Jahreshonorar von 6.000 Euro nach Fertigstellung fällig. Gleichzeitig läuft aber bereits die neue Monatshonorarpauschale für 2017 (Fibu + Lohn + 1/12 Jahresabschluss 2017) von Januar bis Dezember 2017. Folglich zahlt der Kunde im September 2017 ein Honorar in Höhe von 6.000 Euro für 2016 und bereits monatlich 1/12 des Jahresabschlusses für 2017. Allerdings stellt die Pauschale keinen Vorschuss dar, wie einige Kunden behaupten könnten. Es wird vielmehr monatlich die Buchhaltung auf Jahresabschlussniveau gebracht. Das nimmt zwar unterjährig mehr Zeit in Anspruch – aber mit der Dezember-Buchhaltung ist der Jahresabschluss nahezu komplett fertiggestellt. Das muss dem Kunden deutlich gesagt werden.

Noch einmal: Die Kanzlei arbeitet unterjährig bereits auf den Jahresabschluss hin, sodass dieser im ersten Quartal des Folgejahres bereits fertig an den Kunden und die Banken verschickt werden könnte, sofern die Kunden alles rechtzeitig geliefert haben. Die Jahressteuererklärungen folgen meist später, da die Finanzverwaltung so früh nicht alle Programme freigegeben hat. Insbesondere die Freigabe der Körperschaftsteuererklärungen zieht sich immer besonders lange hin.

Die meisten Steuerkanzleien in Deutschland haben keine schriftlichen Steuerberatungsverträge. Die häufigsten Streitigkeiten zwischen Kunde und Steuerkanzlei sind jedoch Honorarstreitigkeiten, die auf unklare Leistungsvereinbarungen zurückzuführen sind. Viele Kanzleien arbeiten zunächst oft ins Blaue hinein ohne den Kunden ausführlich zu informieren und versuchen dann im Nachhinein, ihr Honorar durchzusetzen. Dies ist insbesondere bei nicht kommunizierten Sonderleistungen der Fall. Dass das auf Unmut beim Kunden stößt, dürfte jedem klar sein. Ein Steuerberatungsvertrag verhindert diesen Zustand und schafft mehr Transparenz und Klarheit für Kunde und Kanzlei.

In meinem KOP-Videokurs und Live-Workshops stelle ich meinen in der Praxis eingesetzten Steuerberatungsvertrag detailliert vor und bespreche ihn ausführlich. Die Teilnehmer erhalten als Sonderbonus meinen Vertrag als Worddokument sparen sich somit teure Anwaltskosten. Sie sollten sich trotz der guten Vorlage von einem spezialisierten Rechtsanwalt beraten lassen, wenn sie daran Änderungen vornehmen wollen.

Wie präsentiert die Kanzlei das Erfolgsreporting und den Steuerberatungsvertrag dem Kunden?

Die Kommunikation mit den Kunden darüber, wie von dem alten auf das neue Geschäftsmodell umgestellt werden soll, ist extrem wichtig. Alle wichtigen A- und B-Kunden sollten Sie als Kanzleileitung in einem persönlichen Gespräch ausführlich darüber informieren. Bereiten Sie sich gut auf dieses Gespräch vor – wenn Sie auf Ihre Kunden unsicher wirken, haben Ihre Kunden sicherlich ein Problem, dem neuen Geschäftsmodell zuzustimmen. Sie dürfen keinen Zweifel daran lassen, dass das ER viel positiven Nutzen für die Kunden bringt, denn Sie haben meiner Erfahrung nach nur diese eine Chance. Ein zweites Gespräch wird in der Regel keinen Erfolg bringen. Am besten ist es, wenn Sie alle Kundengespräche in wenigen Wochen hintereinander absolvieren – dann reden Sie sich in einen »Flow«, der Ihnen eine größere Überzeugungskraft gibt.

Und lassen Sie den Kunden keine Wahl! Ich selbst habe die Erfahrung gemacht: Wenn man die Kunden zwischen neuem und altem Geschäftsmodell wählen lässt, entscheiden sich die Kunden eher für das alte Modell. Ihre Angst vor Neuem ist zu groß. Sie müssen deshalb sehr gut argumentieren und den Kunden nicht die Alternative bieten, dass das alte Geschäftsmodell weiterlaufen kann. Zeigen Sie Ihre absolute Entschlossenheit und signalisieren Sie damit, dass Sie Ihren Kunden etwas sehr Gutes tun. Reden Sie nur von dem Nutzen für den Kunden, über nichts anderes. Diese Entschlossenheit spüren die Kunden und werden dem neuen Geschäftsmodell zustimmen.

In meiner Kanzlei haben sich bei über 80 Umstellungen auf das neue Geschäftsmodell lediglich drei Kunden dagegen entschieden. Wir konzentrieren uns aber nicht auf die wenigen Ausnahmen, sondern auf die Erfolgsquote, und die betrug über 96 %. Eine großartige Quote – die Sie auch erreichen werden, da bin ich mir ganz sicher.

Handlungsempfehlungen

- Analysieren Sie Ihren Kundenstamm und wählen die für das ER passenden Kunden aus. Das sind in der Regel alle A-Kunden und die meisten der B-Kunden.
- Besprechen Sie die Auswahl im Teamgespräch mit Ihren Mitarbeitern, die über jeden Schritt auf dem Laufenden sein müssen.
- Erstellen Sie zwei unterschiedliche APM-Vorlagen in Excel – eine ausführliche für bilanzierende Kunden und eine abgespeckte für Einnahmenüberschussrechner. Alternativ können Sie die Vorlagen in meinen Live-Workshops erhalten.
- Erstellen Sie einen neuen Steuerberatungsvertrag inklusive aller Rechte und Pflichten und dem neuen Honorarmodell. Dieser ersetzt sogar die AGB. Alternativ können Sie die Vorlage in meinen Live-Workshops erhalten.
- Erstellen Sie einen schriftlichen Prozessablauf, wie Sie Ihren Kunden das ER präsentieren. Kalkulieren Sie dabei die bisherigen Honorare für Buchhaltung, Löhne, Steuererklärungen und Jahresabschluss und rechnen Sie diese als neue Monatspauschale um. Wir haben die meisten Honorare zunächst im ersten Jahr unverändert gelassen. Sie könnten die Umstellung jedoch auch zu einer Honorarerhöhung nutzen. Dann sollten Sie dem Kunden aber zusätzlichen Nutzen kommunizieren.
- Beginnen Sie das ER zunächst bei drei bis fünf Kunden zu präsentieren. Sie erhalten dadurch Übung und Erfahrung , bevor Sie auf alle anderen Kunden zugehen.

34 Bierdeckelsteuer – ich bin dann mal weg …

ERFOLGSIMPULS

Die Steuererklärung auf einem Bierdeckel unterzubringen, ist eine schöne Wunschvorstellung für alle Bürger. Leider wird das niemals passieren. Deshalb werden Steuerberater auch die nächsten Jahrzehnte gebraucht, aber leider nicht mehr so viele wie heute. Die erste Welle der Digitalisierung und Automatisierung ist seit etwa 20 Jahren durchgelaufen und hat schon eklatante Veränderungen gebracht. Und die Veränderungsgeschwindigkeit wird weiter zunehmen. Überleben werden die nächste Welle nur diejenigen, die sich heute schon darauf einstellen, hauptberuflicher Unternehmensberater zu werden.

Vereinfachtes Steuerrecht? Das ist doch viel zu einfach!

Der Begriff Bierdeckelsteuer ist eines dieser schönen griffigen Marketingworte, das im Jahr 2005 große Aufmerksamkeit erregt hat. Er sollte jedem Bürger das Gefühl geben, dass sich das Steuerrecht nach einem CDU-Wahlsieg vereinfachen wird. Erfinder der Bierdeckelsteuer ist der ehemalige Richter am Bundesverfassungsgericht Paul Kirchhof. Er wollte das Einkommensteuerrecht stark vereinfachen und mit niedrigen Steuersätzen bei gleichzeitigem Wegfall nahezu aller Absetzungsmöglichkeiten neu aufsetzen. Die bestehenden 33.000 Paragrafen sollten auf ca. 800 reduziert und über 500 Steuervergünstigungen abgeschafft werden. Ein großer Plan – der es teilweise sogar in das Wahlprogramm der CDU für den Bundestagswahlkampf 2005 geschafft hat, in dem Angela Merkel gegen Bundeskanzler Gerhard Schröder antrat. Paul Kirchhof saß zu dieser Zeit in ihrem Kompetenzteam und hoffte, dass sein einfaches Steuerrecht nach dem Sieg Merkels eingeführt werden würde.

Doch wir alle kennen den Unterschied zwischen Wahlkampf und Realität nach der Wahl. Nach dem Wahlsieg leiden viele Politiker nämlich an akuter Amnesie: Sie haben plötzlich vergessen, was sie vor der Wahl versprochen hatten. So auch 2005: Angela Merkel gewann die Wahl, aber Herr Kirchhof und wir alle warten noch heute auf die Einführung seines Plans, seines bestechend einfachen Steuerrechts, seiner Revolution – nämlich eine Steuererklärung abgegeben zu können, die so kurz und einfach ist, dass sie auf einen Bierdeckel passt. Wir Deutschen können aber gar nichts einfach machen, das ist zumindest mein Eindruck. Einfach scheint uns immer schlecht, deswegen machen wir zu allem Einfachen noch 100 Ausnahmen, bis alles möglichst gerecht, aber auch das Chaos perfekt ist. Ich glaube, dass Einfachheit gar nicht gewollt ist. Bei einem einfachen Steuerrecht protestieren alle Lobbygruppen, die ihren Freibetrag verlieren könnten. Und das auszuhalten, traut sich keine Regierung.

Steuerberater werden nach wie vor gebraucht

Ganz nüchtern betrachtet hat so ein Bierdeckel einen Durchmesser von etwa zehn Zentimetern. Da passt gerade einmal Ihre Adresse, Bankverbindung und Steuernummer drauf. Die Kinder nur noch, wenn Sie klein schreiben. Und darauf hätte die Steuererklärung Platz finden sollen? Sie merken schon, dass das ein hoffnungsloses Unterfangen war.

Damals hatte ich den Eindruck, dass viele Steuerberater erleichtert waren, dass Paul Kirchhofs Pläne nicht umgesetzt wurden – sie hatten Angst um ihr Geschäftsfeld »Steuererklärungen«. Das ist nachvollziehbar, denn wenn alles ganz einfach ist, dann kann ja jeder Bürger selbst seine Steuererklärung erstellen. Aber ist das tatsächlich so? Überlegen wir einen Schritt weiter. Natürlich könnten dann viele Millionen Bürger selbst ihre Einkommensteuererklärungen erstellen und Millionen Bürger würden das auch tun. Ich denke mir jedoch: Na und? Steuerberater haben noch nie in großem Umfang Kunden mit einfachen Einkommensteuererklärungen gehabt. Durch eine radikale Reform der Einkommensteuer geraten viel eher die Lohnsteuerhilfevereine in Existenznot. Die Steuerberater dagegen behalten ihre Unternehmerkunden, die darauf angewiesen sind, dass ihr Gewinn und ihr Einkommen richtig berechnet wird. Die Gewinnermittlung wird schwierig bleiben – mit oder ohne Reform. Dazu bedarf es aus meiner Sicht weiterhin der Steuerberater. Unsere Kanzleien werden nur dann aussterben, wenn künstliche Intelligenz der Finanzverwaltung direkt hilft, selbst die Buchführung, Lohnabrechnungen, Steuererklärungen und Jahresabschlüsse für die Steuerpflichtigen zu erstellen. Erst dann können wir einpacken und unsere Kanzleien schließen.

Gleicher Umsatz bei immer weniger Mitarbeitern

Ein Blick in die Vergangenheit schärft unseren Blick in die Zukunft. Schauen wir auf die letzten 20 Jahre zurück. Wie habe ich vor 20 Jahren im Jahr 1998 gearbeitet? Die Kanzlei hatte Schreibtische, Büroschränke und Stühle so wie heute. Aber: Wir hatten kleine Röhrenmonitore, Nadeldrucker für den Formulardruck, einen Schwarz-weiß-Laserdrucker für alle, eine E-Mail am Tag für alle, keine Homepage, keinen Scanner, kein Handy, alle Schränke voller Papier, und der Server stand laut und heiß in seinem eigenen klimatisierten Raum. Personalstärke inklusive Kanzleileitung: ca. zwölf Personen – für einen Kanzleijahresumsatz von umgerechnet ca. 600.000 Euro.

Wie habe ich vor zehn Jahren im Jahr 2008 gearbeitet? Meine Kanzlei hatte kleine TFT-Monitore, einen Farb-Laserdrucker für alle, zehn E-Mails am Tag für alle, immer noch keine Homepage, immer noch keinen Scanner, Handy nur für private Zwecke, aber noch kein Smartphone, alle Schränke voller Papier, und der Server stand etwas kleiner und leiser in der Kanzlei. Personalstärke inklusive Kanzleileitung nur noch ca. neun Personen für einen Kanzleijahresumsatz von immer noch ca. 600.000 Euro.

Wie arbeiten wir heute im Jahr 2018? Meine Kanzlei hat große 27-Zoll-TFT-Monitore, jeder Mitarbeiter hat einen Farb-Laserdrucker, zehn bis zwanzig E-Mails am Tag für jeden, attraktive Homepage, zwei Scanner, Smartphone im Dauereinsatz, Headsets, alle Schränke leer, da papierarme Kanzlei, alle Steuererklärungen werden elektronisch und authentifiziert an das Finanzamt gesendet und der Server summt leise vor sich hin. Personalstärke inklusive Kanzleileitung nur noch ca. sieben Personen für einen Kanzleijahresumsatz von ca. 600.000 Euro.

Wie arbeiten wir vermutlich im Jahr 2028? Jeder hat zwei große 35-Zoll-Monitore, jeder Mitarbeiter hat einen Farb-Laserdrucker, 30 E-Mails oder elektronische Nachrichten am Tag für jeden im Online-Kundenportal der Kanzlei, Buchhaltungen laufen mit Hilfe von künstlicher Intelligenz zu 98 % voll automatisch korrekt durch (Stichwort: Buchungsautomat), Einkommensteuererklärungen werden von der Finanzverwaltung für alle Steuerpflichtigen zu 95 % richtig vorgeschlagen, attraktive und interaktive Kanzlei-Homepage, Hochgeschwindigkeits-Farbscanner für alle, Smartphone für alle, fast alle Schränke leer, da fast papierlose Kanzlei, Finanzverwaltung hat ein Online-Portal, in dem alle Steuererklärungen, Jahresabschlüsse und Vollmachten gesammelt werden, Kanzlei und Kunden holen sich aus dem Portal ihre Steuererklärungen, Steuerbescheide und Schriftverkehr, Belege für das Finanzamt werden in diesem Portal hochgeladen, Kanzlei arbeitet vollständig in einer Cloud-Lösung. Betriebswirtschaftliche und organisatorische Beratung hat die Umsatzrückgänge im Geschäftsbereich Finanzbuchhaltung und Steuererklärungen kompensiert. Personalstärke inklusive Kanzleileitung nur noch ca. fünf Personen für einen Kanzleijahresumsatz von umgerechnet ca. 600.000 Euro (wenn es den Euro noch gibt).

Aus Steuerberatern werden Unternehmensberater

Irgendwann wird das Ende unserer Branche in der heutigen Form kommen. Das ist ganz sicher. Es ist nicht die Frage, *ob* der heutige Steuerberater ausstirbt, sondern nur *wann*. In den nächsten zehn Jahren sicher nicht. Aber danach wird es langsam eng für Steuerberater, die den Wechsel zum voll digitalisierten Unternehmens- und Steuerberatungsunternehmen verpasst haben! Alle, die den Wechsel ab heute schon in kleinen Schritten vollziehen, können sich freuen und auch in zehn Jahren noch hohe Gewinne erzielen und ihre Kanzleiwerte steigern.

Sie haben es in der Hand! Werden Sie zum Vollblutunternehmer, lassen Sie sich in allen wichtigen Bereichen von Externen coachen und genießen Sie dann die schöne neue digitale Welt.

Handlungsempfehlungen

- Erwarten Sie nicht mehr, dass sich das deutsche Steuerrecht vereinfachen wird.
- Entwickeln Sie sich schon sehr bald vom hauptberuflichen Steuerberater zum hauptberuflichen Unternehmensberater und nehmen Sie Ihre Mitarbeiter mit.
- Modernisieren Sie technisch Ihre Kanzlei stetig weiter, sodass Sie die zukünftigen Tätigkeiten abbilden können.

35 Die StBVV – die letzte Bastion fällt!

ERFOLGSIMPULS

Eines ist klar: Die Steuerberatervergütungsverordnung (StBVV) wird nicht ewig halten! Aber Sie können heute schon auf die Abschaffung der StBVV reagieren, indem Sie Ihre Umsätze konsequent steigern – und beispielsweise gezielt Sonderleistungen anbieten, Ihre Honorare konsequent erhöhen und unrentable Kunden kündigen.

Verstecken Sie sich nicht hinter der StBVV

Für die meisten Steuerberater ist es die blanke Horrorvorstellung, dass die Steuerberatervergütungsverordnung (StBVV) abgeschafft werden könnte. Schockiert und ratlos fragen sie sich: Wie soll es dann weitergehen? Verlieren wir alles? Unseren Wohlstand? Unsere Kunden? Unsere Arbeit?

Der Tag, an dem die StBVV abgeschafft wird – es ist nicht die Frage, ob er kommt, sondern nur wann. Warum das so ist? Ganz einfach: Eine solche Verordnung gibt es auf der ganzen Welt nicht noch einmal, warum also sollte die EU diese noch ewig akzeptieren? Irgendwann wird es keine Verordnung mehr für Steuerberater geben, hinter der sich die meisten verstecken können.

Denn das tun sie. Alle, die keinen schriftlichen Steuerberatungsvertrag haben, verstecken sich hinter der Vergütungsverordnung. Es ist doch schön bequem, so eine Verordnung zu haben, nicht wahr? Wir müssen deswegen nicht mit dem Kunden über Geld reden, was sehr unbequem ist. Wir müssen dem Kunden nicht unsere Dienstleistungen transparent erklären, was auch nervig ist. Und wenn der Kunde Stress wegen einer zu hohen Rechnung macht, dann schieben wir die Verordnung vor und sagen: »Lieber Kunde, in den 49 Paragrafen und fünf Anlagen der Steuerberatervergütungsverordnung steht alles drin. Du kannst die Verordnung jederzeit im Internet nachlesen und dann wirst du einsehen, dass wir so viel abrechnen dürfen.« Diese Denkweise ist natürlich völliger Unsinn, wie soll der Kunde denn eine solch komplizierte Verordnung verstehen? Selbst viele Steuerberater verstehen sie nur zum Teil.

Österreich war das letzte Land, das eine ähnliche Vergütungsverordnung hatte. Diese wurde aber vor Jahren abgeschafft. Dort herrscht nun freier Wettbewerb und freie Preisgestaltung, wie in allen anderen Ländern der Erde auch. Sind in Österreich alle Steuerberater wegen der Abschaffung pleitegegangen? Nein, es ging relativ normal weiter.

Wie können Sie Ihre Steuerkanzlei auf die Abschaffung vorbereiten?

Gehen Sie vor Ihrem geistigen Auge einmal kurz durch, was die Abschaffung der StBVV für Ihre Kanzlei bedeuten würde. Hier ein paar allgemeine Hinweise:

- Sie brauchen ein umprogrammiertes Rechnungsschreibungsprogramm.
- Sie müssen sich neue Abrechnungsmodelle Ihrer Dienstleistungen überlegen: nach Zeit, pauschal oder wertebasiert.
- Sie sollten einen schriftlichen Dienstleistungskatalog anlegen, der transparent und detailliert erklärt ist. Am besten sollten daneben gleich die Preise stehen, so wie auf einer Speisekarte im Restaurant.
- Sie müssen alle Kunden über Ihre neue Honorarstruktur informieren und mit Ihnen auf jeden Fall einen neuen schriftlichen Steuerberatungsvertrag abschließen.
- Führen Sie ein auftragsbezogenes Zeiterfassungssystem ein. Sie müssen jede unterschiedliche Leistung einem Auftrag und einem Kunden zuordnen können oder der Kanzlei intern. Das ist die wichtigste Kalkulationsbasis, die Sie haben können.
- Alles wird einfacher für die Kanzlei, deren Mitarbeiter und die Kunden. Auch für die Mitarbeiter wird alles transparenter. Einfachheit ist immer gut!

Bestimmt fallen Ihnen noch weitere Punkte ein, aber das wären die grundlegenden Maßnahmen, die Sie ergreifen können und sollten, sobald der Tag der Abschaffung feststeht.

Welche Honorarpolitik können Sie im Vorfeld der Abschaffung heute schon betreiben?

Die Honorarpolitik muss von der Kanzleileitung vorgegeben werden. Die Honorare einer Steuerkanzlei müssen sich heute noch im Rahmen der Steuerberatervergütungsverordnung bewegen. Diese bietet allerdings reichlich Spielraum zur Höhe des Honorars, den die Kanzleien sinnvollerweise mit zusätzlichen Sonderleistungen füllen könnten. In diesem Themenbereich muss auch die Angebotsoptimierung angesprochen werden, da nicht jede Kanzlei alle Steuerberaterdienstleistungen anbieten kann und sollte. Weiterhin müssen alle Mitarbeiter die Honorarpolitik der Kanzleileitung kennen, da sie die meisten Leistungen gegenüber den Kunden erbringen und quasi an der »Front« sitzen.

Gegenüber den Kunden ist es sehr wichtig, dass die Leistungen der Kanzlei, insbesondere die Sonderleistungen, progressiv, transparent und im Voraus mit den Kunden besprochen werden. Nur dann ist die Akzeptanz der Kunden gegenüber den Honoraren am höchsten. Insbesondere bei Sonderleistungen tun sich viele Kanzleien schwer, da diese meist aus Angst vor Ärger in den normalen Gebühren der Vergütungsverordnung enthalten waren. Hier ist es wichtig, dass die Kanzleien lernen, wie sie Sonderleistungen und klassische Leistungen voneinander abgrenzen und die Sonderleistungen konsequent in einem bestimmten Rhythmus zusätzlich abrechnen. In unserer Kanzlei rechnen wir Sonderleistungen vierteljährlich ab, da sonst der Zeitraum zwischen Leistung und Rechnung zu groß wird und in Folge dessen die Honorar-Akzeptanz der Kunden abnimmt.

Wie können Sie konkrete Maßnahmen zur Umsatzsteigerung heute schon vorbereiten?

Im Vorfeld sollten Sie einige organisatorische Dinge mit Ihren Mitarbeitern besprechen:

- Mitarbeiter müssen der Kanzleileitung mitteilen, wenn die Deckung eines Auftrages dauerhaft nicht mehr passt. Das lässt sich meistens direkt im Programm ablesen. Im Programm »Eigenorganisation comfort« der DATEV ist die Deckungsbeitragsrechnung integriert und auch von den Mitarbeitern einsehbar.
- Die Zeiterfassung muss klar geregelt sein: Welche Zeiten werden auf den Kunden geschrieben und welche auf die Kanzlei? Je ehrlicher an dieser Stelle die Mitarbeiter sind, umso besser können die Aufträge von der Kanzleileitung kalkuliert werden.
- Es sollten spezielle Sonderleistungsaufträge für jeden Kunden angelegt werden, die vierteljährlich abgerechnet werden können. Damit können die Mitarbeiter ganz leicht Zeiten für Sonderleistungen auf diese Aufträge erfassen.
- Sie sollten sich Gedanken über die Stundensätze in der Kanzlei machen und darüber, welcher Satz gegenüber dem Kunden verrechnet wird. Wir haben folgende Stundensätze in unserer Kanzlei:
  - Externe Stundenverrechnungssätze Steuerberater: einheitlich 160 Euro netto
  - Externe Stundenverrechnungssätze Sachbearbeiter: einheitlich 80 Euro netto
  - Externe Stundenverrechnungssätze Sekretariat: einheitlich 40 Euro netto
- Alle großen Betriebsprüfungen des Finanzamtes werden aufgrund ihrer Schwierigkeitsstufe einheitlich mit 160 Euro je Std. abgerechnet, egal ob Kanzleileitung oder Mitarbeiter sie betreuen. Übrigens rechnen wir solche Betriebsprüfungen monatlich ab, da die Honorar-Akzeptanz des Kunden gegen Ende

der Prüfung rapide abnimmt. Wenn Sie nach der Schlussbesprechung noch mit einer Rechnung über 10.000 Euro für die gesamte Prüfung um die Ecke kommen, haben Sie Ihre nicht gewollte Honorardiskussion am Hals. Haben Sie davon aber schon 9.000 Euro in der Tasche, fällt die letzte Rechnung nur noch klein und akzeptabel aus.

- Kommunizieren Sie immer *vor* einer geplanten größeren Honorarerhöhung oder Umstellung mit dem Kunden – dann fällt es ihm leichter, diese zu akzeptieren.

Welche konkreten Maßnahmen können Sie heute schon zur Umsatzsteigerung ergreifen?

- Erhöhen Sie jedes Jahr ihre Honorare für Jahresabschlüsse und private Einkommenssteuererklärungen um einen Wert, der 3 % über der jeweils aktuellen Inflationsrate liegt. Das gleicht die Inflation mehr als aus und bringt Ihnen echte Umsatzsteigerungen. Wenn Sie Ihre Honorare nicht erhöhen (was betriebswirtschaftlicher Selbstmord ist!), verlieren Sie Geld in Höhe der Inflationsrate. Zurzeit beträgt die Rate etwa 2 %, Sie würden also jedes Jahr 2 % Ihres Umsatzes durch die Geldentwertung verlieren! Folglich sollten Sie aktuell Ihre Honorare um 2 + 3 = 5 % jährlich anheben. Wir setzen dies in unserer Kanzlei seit vielen Jahren in die Praxis um und wir hatten damit nahezu keine Kundenbeschwerden. Und warum? Weil die Kunden sich nur bei schockartigen Preiserhöhungen melden und protestieren. Jährliche kleine Preisanhebungen dagegen werden akzeptiert. Ein Tipp für Ihre Argumentation: Eine Preisanhebung in Höhe der Inflationsrate ist gar keine Preiserhöhung, sondern nur der Ausgleich des Geldwertverlustes. Darüber kann sich niemand beschweren, da niemand für seine Arbeit Verluste erleiden muss. Übrigens ist das auch ein guter Tipp für Ihre Kunden: Diese könnten ebenso bei ihren Kunden jährlich die Preise anheben, wovon wiederum Sie als Steuerkanzlei wiederum profitieren werden, da es Ihren Kunden bessergeht. Zum Schluss noch ein Zitat vom Benchmarking-Experten *Josef Weigert*: »Eine nicht durchgeführte Honorarerhöhung holst du dein Leben lang nicht mehr auf.« Dem ist nichts hinzuzufügen.
- Vereinbaren Sie Pauschalen für gewisse Leistungen wie zum Beispiel:
  - E-Bilanzen: 300 Euro mindestens, je größer der Kunde, desto höher die Pauschale
  - Offenlegung im Bundesanzeiger: 300 Euro mindestens, je größer der Kunde, desto höher die Pauschale
- Betreuen Sie lukrative und zu Ihnen passende Kunden wie gewohnt weiter – diese dürfen nicht auf die Idee kommen, die Kanzlei zu wechseln.
- Betreuen Sie unrentable Kunden nur weiter, wenn Sie das Honorar massiv erhöhen können. Stimmt der Kunde dieser Erhöhung zu, geht die Zusammen-

arbeit weiter, ansonsten sollten Sie diese kündigen oder an einen Kollegen verkaufen. Ja, es werden hin und wieder einzelne Mandate an Kollegen verkauft, meistens ist das besser, als das Mandat zu kündigen. Bitte verkaufen Sie aber keine »Terroristen«, das schädigt den Käufer und am Ende Sie!

- Verlangen Sie bei kritischen Kunden oder manchen Neukunden einen Vorschuss für gewisse Leistungen. Das sichert Ihr Honorar und gibt Ihnen die Gewissheit, dass Sie nicht umsonst arbeiten.
- Betreuen Sie keinesfalls »Terroristen« weiter, sondern kündigen Sie sie sofort!
- Setzen Sie die Honorare für Neukunden deutlich über dem Niveau Ihrer Bestandskunden an. Ich meine hier selbstverständlich Ihre idealen Kunden (andere Kunden nehmen Sie ja nicht mehr auf!). Ist das erste Honorar zu niedrig, kommen Sie in den nächsten Jahren nur ganz schwierig nach oben. Besser wäre es, dass Sie einen so hohen Preis in Ihr erstes Angebot schreiben, der Ihnen etwas Bauchweh bereitet. Dieser »Bauchwehpreis« ist Ihnen persönlich eigentlich zu teuer, aber wenn Sie davon ausgehen, dass der Kunde Sie sowieso herunterhandeln wird, können Sie vorab ruhig 10–15 % aufschlagen. Das macht Ihnen Bauchweh, ist aber trotzdem gut, denn das wird der beste Preis werden. Sie dürfen keinesfalls versuchen, jeden neuen Auftrag zu ergattern, schon gar nicht mit zu billigen Preisen. Das ist betriebswirtschaftlicher Wahnsinn.
- Stellen Sie keine »13. Buchhaltungsrechnung« mehr. Es gibt viele Kollegen, die schreiben zwölf Vorschussrechnungen für die Erstellung der Finanzbuchführung, und wenn der Zeitaufwand und der Gegenstandswert (Jahresumsatz) für das vergangene Jahr feststehen, schreiben sie noch eine 13. Rechnung. Diese soll das Jahreshonorar an den Gegenstandswert anpassen und die Vorschüsse abziehen, der Rest wird dem Kunden nachträglich berechnet. Dieses Modell ist zwar gesetzlich erlaubt, provoziert aber die Kündigung des Kunden, da er nicht mehr mit einer Nachzahlung für das alte Jahr rechnet. Ich habe schon einige dieser Kunden von anderen Kollegen übernommen, die sich fürchterlich über das nachträgliche Abgezocke geärgert haben. In einem Fall hatte der Kunde immer einen monatlichen Vorschuss von 500 Euro für die Finanzbuchhaltung gezahlt. Dieser Kunde hatte stark schwankende Jahresumsätze, dabei aber nicht mehr oder weniger Belege, sondern eine in etwa gleichbleibende Anzahl. Die ehemalige Steuerberaterin hatte dann einfach den Vorschuss auf 1.000 Euro verdoppelt, weil der Vorjahresumsatz des Kunden wieder einmal viel höher gewesen war als angenommen. Gesetzlich durfte sie das auch. Aber was sie darf und was der Kunde akzeptiert, ist zweierlei. Der Kunde wechselte zu uns, weil der Honorarsprung einfach zu groß war mit 100 % bei etwa gleicher Beleganzahl. Hätte die Kollegin Jahr für Jahr ihr Honorar moderat erhöht, wäre der Kunde heute noch dort und sie hätte trotzdem gut verdient.

- Sie können jede Menge weitere Zusatzleistungen anbieten, die ich als Sonderleistungen bezeichne. Wichtig hierfür ist, dass Sie und Ihre Mitarbeiter diese sehr gut beherrschen, da Sie sich ansonsten selbst ins Aus manövrieren. Nachfolgend habe ich einige Möglichkeiten aufgezählt, die Sie Ihren Kunden als Sonderleistungen aktiv anbieten könnten:

Sonderleistung	Bemessungsgrundlage für Honorar
Aussetzung der Vollziehung	Wertgebühr, Zeitgebühr
Aktivitätenplan (Hausaufgabenliste)	pauschal, Zeitgebühr
Bankenpaket	pauschal, Zeitgebühr
Banktermine Einzelgespräche	Zeitgebühr, Wert des Darlehens
Beratung EDV nur DATEV	pauschal, Zeitgebühr
Branchenvergleich	pauschal
Coaching Business: Umsatz hoch, Kosten runter	pauschal, Zeitgebühr
Einrichtung Fibu	pauschal, Zeitgebühr
Einrichtung Lohn	pauschal, Zeitgebühr
Einrichtung JA/Steuer	Zeitgebühr
Einspruch	Wertgebühr, Zeitgebühr
Gespräch/Telefonat rund um Buchhaltung	Zeitgebühr
iBWA und Kontenunterteilung	höherer Wert laut StBVV, pauschal
Immobilienberatung	Wertgebühr, Zeitgebühr
Kostenstellenrechnung	höherer Wert laut StBVV, pauschal
Leasing-Kauf-Vergleich	pauschal, Zeitgebühr
Liquiditätsauswertungen: Wovon lebe ich?	Zeitgebühr, Höhe Cashflow
Marketingberatung	pauschal, Zeitgebühr
Nachfolgeberatung	Wertgebühr, Zeitgebühr
Nettolohn-Optimierung	Ersparnis AG-Kosten, Pauschale/Mitarbeiter
Notfallkoffer	pauschal, Zeitgebühr
Organisationsberatung i. V. m. Digitalisierung	pauschal, Zeitgebühr
Planrechnung	Wert z. B. Darlehen, Zeitgebühr
Personalführung: Unternehmenskultur und Ideenmanagement einführen	pauschal, Zeitgebühr

Sonderleistung	Bemessungsgrundlage für Honorar
Prüfung FA, RV, BG, Zoll	Zeitgebühr
Statistische Meldungen	Wertgebühr, Zeitgebühr
Steuerhochrechnung	Zeitgebühr
Steuerzahlungsübersicht	pauschal, Zeitgebühr
Verdienst- und Einkommensnachweise	pauschal, Zeitgebühr, Einkommen

Alle genannten Leistungen bedürfen einer Konkretisierung, die aber an dieser Stelle den Rahmen des Buches sprengen würde. In meinem KOP-Videokurs gehe ich detaillierter auf das Thema »Sonderleistungen« ein.
Noch ein Wort zur Honorargestaltung: Sie können bei bestimmten Leistungen wertebasiert nach einem plausiblen Wert abrechnen. Für Kreditverhandlungen beispielsweise könnten Sie einen Prozentsatz von der Kreditsumme mit dem Kunden vereinbaren. Für andere Leistungen können Sie besser pauschal zu einem zuvor festgelegten Wert abrechnen. Manche Leistungen lassen sich am besten nach Zeitaufwand berechnen. Ihre Kunden werden die ersten beiden Varianten bevorzugen, da sie damit mehr Preissicherheit haben, als wenn sie eine Rechnung nach Zeitaufwand erhalten, den sie nicht kalkulieren können. Für die Kanzlei ist es natürlich meistens besser, nach Stunden abzurechnen.

- Setzen Sie sich ein klares Umsatzziel für alle Kunden, egal, ob groß oder klein. Setzen Sie sich eine Benchmark für den zu erzielenden Umsatz je Stunde, egal mit welcher Leistung. Ich habe für meine Kanzlei ein Umsatzziel je Stunde von mindestens 100 Euro netto bei jedem Kunden. Das ist eine Mischkalkulation, die sich aus den Umsätzen aller vier Geschäftsbereiche Finanzbuchhaltung, Lohnbuchhaltung, Jahresabschlüsse, Steuererklärungen geteilt durch die aufgewendeten Zeiten aller vier Geschäftsbereiche ergibt. Es kann natürlich sein, dass zum Beispiel der Umsatz für die Buchhaltung je Stunde zu gering ist, aber durch den Jahresabschluss wieder überkompensiert wird. Am Schluss müssen mindestens 100 Euro je Stunde bei jedem Kunden in der Deckungsbeitragsrechnung stehen bleiben. Wenn es weniger ist, dann erhöhe ich die Honorare oder reduziere die Leistungen bzw. die Bearbeitungszeiten, beispielsweise durch Digitalisierungs- und Automatisierungsmaßnahmen. Jede Kanzlei kann sich selbstverständlich eine andere Benchmark setzen. Wichtig ist jedoch, dass es diese Benchmark gibt und dass alle Mitarbeiter diese Benchmark kennen. Erst dann arbeiten alle bewusst und unbewusst auf dieses Ziel hin. Sonderleistungen sollten immer mit über 100 Euro je Stunde abgerechnet werden, da diese Leistungen eben besonders und wertvoll sind.

Handlungsempfehlungen

- Bereiten Sie sich heute schon mental und tatsächlich auf die Abschaffung der StBVV vor.
- Verpflichten Sie Ihre Mitarbeiter, Ihnen unrentable Aufträge schnell und laufend mitzuteilen. Reagieren Sie darauf mit Honorarerhöhungen, Leistungsreduzierungen, Bearbeitungszeitreduzierungen, Kündigung oder Verkauf des Mandats.
- Überarbeiten Sie Ihre Regeln zur Zeiterfassung, sodass die Honorare auftragsbezogen kalkuliert werden können.
- Legen Sie vierteljährliche Sonderleistungsaufträge für jeden Kunden an, damit die Zeiten von jedem Mitarbeiter leicht auf diese Aufträge erfasst werden können. Diese Zeiten sollten selbstverständlich auch vierteljährlich dem Kunden in Rechnung gestellt werden. Stellen Sie klare Regeln auf, was Sonderleistungen sind. Haben Sie keine Angst vor Ärger, seien Sie stolz auf Ihre Leistungen! Sie wurden bestellt, also muss auch gezahlt werden!
- Legen Sie Stundensätze für Kanzleileitung und alle Mitarbeiter fest, die Sie extern verrechnen werden. Sie müssen hoch genug sein, damit die Kanzlei einen hohen Gewinn erzielen kann.
- Kommunizieren Sie immer *vor* einer geplanten Honorarerhöhung dem Kunden die Gründe – und nicht danach.
- Erhöhen Sie jedes Jahr alle Honorare für alle Kunden um 3 % über der jeweils aktuellen Inflationsrate.
- Betreuen Sie nur lukrative Kunden, erhöhen Sie konsequent bei unrentableren Kunden das Honorar stärker als normalerweise und werfen Sie »Terroristen« sofort hinaus.
- Setzen Sie Ihre Honorare bei Neukunden viel höher als bei Bestandskunden an. Hören Sie auf Ihr Bauchgefühl und bieten Sie Ihren »Bauchwehpreis« an.
- Stellen Sie keine »13. Buchhaltungsrechnung« mehr, das provoziert Mandatskündigungen.
- Erstellen Sie eine Liste über Sonderleistungen, die Sie Ihren Kunden anbieten können. Manchmal sind es auch nur die kleinen schnellen Leistungen, die Sie in großer Menge mitnehmen und abrechnen können. Sprechen Sie ausführlich in Teamgesprächen mit Ihren Mitarbeitern darüber, denn sie müssen die meisten Sonderleistungen leisten.
- Setzen Sie sich eine Benchmark von zum Beispiel 100 Euro je Stunde durchweg für alle Kunden und kontrollieren Sie das auch unterjährig immer wieder. Diese Kennzahl kann ich täglich aktuell aus meinem Kanzleibericht ablesen, den ich ausführlich in meinen Live-Workshops vorstelle und bespreche. So können Sie einfach sehen, welche Kunden je Stunde rentabler sind als andere. In der Praxis sind oft die kleineren Kunden je Stunde rentabler als die großen. Deshalb ist es besonders bei den großen und wichtigen A- und B-Kunden wichtig, dass deren Honorare je Stunde immer wieder angepasst werden. Ziehen Sie alle Mandate innerhalb der nächsten ein bis zwei Jahre zur Benchmark hoch.

36 Rosarote Brille: »Meine Kanzlei ist meine Altersvorsorge!«

ERFOLGSIMPULS

Wenn Sie Ihre Kanzlei als einen Baustein Ihrer Altersvorsorge einplanen, dann müssen Sie sie hochgradig attraktiv für potenzielle Käufer machen. Bauen Sie außerdem eine zusätzliche Altersvorsorge in Form von Aktien und vermieteten Immobilien auf. Erstellen Sie dafür Ihre ganz eigenen Anlageregeln und halten Sie sich daran.

Nur attraktive Kanzleien taugen als Baustein für die Altersvorsorge

Sind Sie auch schon im besten Alter, schauen ein bisschen weiter über den Tellerrand hinaus und sehen in der Ferne Ihren wohlverdienten Ruhestand winken? Sie lächeln und sagen sich: »Den habe ich mir verdient. Endlich dieses verflixte Steuerecht hinter mir lassen, das mich den letzten Nerv kostet, das meine Ehe zerstört und mich fast in die Klapsmühle gebracht hat. Endlich in Ruhe und Frieden meinen erarbeiteten Wohlstand genießen und die Seele baumeln lassen. Ich habe ja gut vorgesorgt und mir einen schönen Kanzleiwert aufgebaut, den ich kurz vor Rentenbeginn versilbern werde. Das wird schön, denn meine Kanzlei ist einen ganzen Jahresumsatz wert.« Sie lächeln wieder, freuen sich auf Ihren letzten Arbeitstag – und richten in Gedanken schon Ihr Häuschen im Süden ein.

Ich möchte kein Spielverderber sein – aber so können in Zukunft nur noch Kollegen aussteigen, die eine für den potenziellen Käufer höchst attraktive Steuerkanzlei zum Verkauf anbieten.

Wie habe ich meine Kanzlei aufgebaut?

Ich selbst habe mich im Jahr 2005 als Steuerberater selbständig gemacht, direkt nach meiner Steuerberaterprüfung. Mein erstes Büro war ein winziges Zimmer in meiner Privatwohnung. Faxen musste ich im Wohnzimmer, da es nur dort einen Anschluss gab. Ich hatte kein Personal und musste jeden einzelnen Arbeitsschritt selbst erledigen. Und schon in den ersten Wochen meiner Selbständigkeit habe ich mir vorgenommen, dass ich jeden Arbeitsprozess in meiner Kanzlei ständig optimieren und beschleunigen werde. Ich stellte mir dazu immer nur eine einzige Frage: »Wie geht das, was ich machen muss, noch schneller?« Diese Frage stelle ich mir heute noch jeden Tag, dauernd und bei allen möglichen Vorgängen. Damit optimiere ich permanent alle Abläufe und wir arbeiten somit bewusst und unbewusst immer schneller und erzielen immer mehr Gewinn. Daraus entsteht ein positiver Automatismus.

Meine Kanzlei wuchs zu Beginn schnell und ich benötigte Personal. Ich träumte von einer größeren Kanzlei und spielte immer wieder mit dem Gedanken, den ehemaligen Ausbildungsbetrieb meines Ex-Chefs zu übernehmen. Ich hielt auch während meiner Selbständigkeit Kontakt zu ihm und eines Tages kam der Anruf: Er sagte mir, dass er seine Kanzlei verkaufen wolle, und bot sie mir an. Wir begannen mit den Verhandlungen, die über ein Jahr dauerten und die wir schließlich erfolgreich abschlossen. Im Sommer 2009 übernahm ich meine ehemalige Ausbildungskanzlei und saß wieder in denselben Räumen vor teilweisen denselben Mitarbeitern – aber nicht mehr als Auszubildender, sondern als Chef. Was für ein Rollenwechsel! Dieser Kauf war für mich ein Quantensprung, da sich mein damaliger Umsatz von etwa 165.000 Euro auf etwa 600.000 Euro erhöhte und meine Mitarbeiteranzahl von zwei auf sieben stieg.

Ich war am Ziel meiner Träume. Ich hatte eine sehr gut steuerbare Kanzleigröße, motivierte Mitarbeiter und verdiente gutes Geld. Eigentlich hätte ich glücklich sein und bis zur Rente einfach so weiterarbeiten können.

Wie sah ich den Wandel kommen?

Aber irgendetwas störte mich. Ich bemerkte, dass es ganz langsam immer schwieriger wurde, Geld mit einer Steuerkanzlei zu verdienen. Die »Großwetterlage« änderte sich und die Zukunftsaussichten trübten sich langsam ein. Der zunehmende Fachkräftemangel, die sich schnell entwickelnde Digitalisierung und der zu erwartende Wegfall des Steuerberatermonopols in Deutschland machten mich nachdenklich, spornten mich aber auch gleichzeitig zum Handeln an. Ich verstand, dass die Welt sich immer schneller ändern würde und wir uns mit unserer Kanzlei viel schneller ändern mussten, als wir das von unseren Chefs gelernt hatten. Die goldenen Zeiten der Steuerberatung waren augenscheinlich vorbei.

Früher war der Steuerberatertitel die Lizenz zum Reichwerden, egal wie unattraktiv die Kanzleien für Mitarbeiter und Kunden waren. Früher musste sich keine Kanzleileitung Gedanken über Mitarbeiterführung, optimierte Kanzleiorganisation, moderne EDV-Ausstattung, digitale Prozesse, Marketing, ideale Kunden usw. machen. Früher war eine Steuerkanzlei ein Selbstläufer.

Früher konnten auch alle Steuerkanzleien zu einem guten Preis verkauft werden, da sie immer gute Gewinne erzielten und deshalb für jeden potenziellen Käufer attraktiv waren. Der Kanzleiwert war der größte Baustein in der Altersvorsorge eines Steuerberaters, und dieser Baustein war so sicher wie das Amen in der Kirche. Jahrzehntelang konnte man sich auf diese hervorragende Altersvorsorge verlassen – bis heute.

Wie sicher ist die Steuerkanzlei als größter Baustein der Altersvorsorge?

Heute trennt sich die Spreu vom Weizen. Und das jedes Jahr schneller. Heute können nur noch moderne und attraktive Steuerkanzleien zu einem guten Preis verkauft werden. Altbackene und unattraktive Kanzleien haben erhebliche Probleme, Käufer zu finden und müssen dann teilweise mit großem Preisabschlag verschleudert werden.

Wie konnte es dazu kommen? Viele Kollegen sind nicht mit der Zeit gegangen und haben sich nicht stetig an die Realität angepasst. Hier ein Beispiel: Früher war Speicherplatz auf Festplatten teuer und es war daher billiger, alles auszudrucken und auf Papier zu archivieren. Also wurden Buchhaltungsauswertungen auf Papier gedruckt, dem Kunden per Post zugeschickt und Duplikate der Auswertungen in den Ordnern der Kanzlei abgelegt. Im Jahr 2018 ist es umgekehrt. Es ist heute billiger und schneller, dem Kunden die Auswertungen zu mailen und dann die Datei elektronisch auf dem Server zu archivieren. Trotzdem gibt es noch heute Tausende von Steuerkanzleien, in denen die Papierprozesse aus den 1970er-Jahren laufen. Teurer kann man seine Kanzlei nicht führen.

Nun stellen Sie sich vor, Sie sind auf der Suche nach einer Steuerkanzlei, die Sie kaufen möchten. Suchen Sie nun nach einer Steuerkanzlei in hässlichen Räumen auf dem Land, mit langsamen Mitarbeitern und alten Kunden, in der Sie in Papierfluten ertrinken, in der keine Homepage, keine Vorlagenverwaltung, kein Dokumentenmanagementsystem und keine einheitlichen Strukturen existieren und in der die Stammdatenverwaltung noch auf Karteikarten geführt wird? Hand aufs Herz: Würden Sie eine solche Kanzlei zum vollen Preis von einem Jahresumsatz kaufen? Ich nicht und noch nicht einmal zum halben Preis. Auf Deutsch gesagt: Eine solche Kanzlei ist völlig wertlos und in Zukunft nicht mehr veräußerbar. Und denken Sie jetzt nicht, dass ich eine absolute Ausnahme beschrieben habe, wie sie in Deutschland nur selten vorkommt. Nein, es ist leider noch die Regel!

Die bereits erwähnte Studie STAX 2015 hat gemessen, dass mehr als die Hälfte aller Steuerkanzleien noch keine Homepage hat. Die Hälfte! Das allein das spricht Bände. Heutzutage kann es sich keine Firma der Welt mehr leisten, keine Homepage zu haben. Nur unser Berufsstand leistet sich das, ohne mit der Wimper zu zucken. Ich behaupte, dass die Digitalisierung und Automatisierung nahezu alle Steuerkanzleien ohne Homepage überrollen und wertlos machen wird. Denn wer keine Homepage hat, denkt nicht wie ein Unternehmer. Dabei genügt es aber nicht, irgendeine Homepage zu haben. Es gibt Tausende Kanzleien, die zwar eine Homepage haben, die aber so schlecht und alt ist, dass sie besser abgeschaltet gehört. Ich habe mir viele Kanzleien live angeschaut und es ist erschreckend, wie umständlich und teuer dort gearbeitet wird. Die Mitarbeiter werden zu einem Hungerlohn beschäftigt, wenig läuft digital, viele Tätigkeiten sind extrem umständlich und die vorhandene Software wird nur unzureichend genutzt.

Aber warum arbeiten Steuerkanzleien heute noch so umständlich, teuer und unprofessionell? Warum ist heute die Mehrzahl aller Steuerkanzleien unattraktiv? Meine Antwort: Weil es ihnen finanziell immer noch zu gut geht. Die Betonung liegt auf »noch«.

Warum auch sollten sie professionelle Mitarbeiterführung lernen? Warum sollten sie eine Digitalisierungsstrategie mit ihren Mitarbeitern festlegen und verfolgen? Warum sollten sie sich mit Onlinemarketing, Social-Media-Marketing und Neuromarketing auseinandersetzen? Warum sollten sie eine attraktive Homepage haben, die neue Mitarbeiter und Kunden anzieht? Warum sollten sie eine schlanke und kostengünstige interne Kanzleiorganisation haben und zusätzlich noch die vorhandene Software perfekt ausnutzen? Warum sollten sie sich die ganze Mühe machen, wenn der Gewinn doch noch so hoch ist? Die meisten ahnen zwar, dass große Veränderungen vor der Tür stehen, hoffen aber immer noch, dass der Tsunami an ihnen vorbeirollt. Ein großer Trugschluss.

Wie wird in Zukunft eine Steuerkanzlei bewertet?

Bis heute ist es so, dass eine Kanzlei in der Regel nach dem Umsatzwertverfahren bewertet wird. Das bedeutet kurz gesagt, dass der durchschnittliche Jahresumsatz der letzten drei Jahre berechnet und um einmalige Umsätze bereinigt wird. Dieser Wert wird mit einem Multiplikator multipliziert, den gewisse Sachverhalte wie Standort, Alter der Mitarbeiter, Alter der Kunden etc. beeinflussen. Der heute noch marktübliche Multiplikator ist 100 % des Jahresumsatzes. Je besser Standort, Mitarbeiterstruktur und Kundenstruktur sind, desto leichter kann er auf bis zu 130 % steigen und umgekehrt auch auf 70 % sinken.

Deshalb haben die meisten Kanzleiinhaber im Kopf: »Meine Kanzlei ist einen Jahresumsatz wert, wenn ich mal in Rente gehe.« Das hat in den letzten Jahrzehnten immer so gepasst, wird in der Zukunft aber nur noch passen, wenn es sich um eine sehr attraktive Kanzlei handelt.

Das Umsatzverfahren ist auch heute noch das wichtigste Bewertungsverfahren, jedoch wird das Ertragswertverfahren im Hinblick auf die zunehmende Digitalisierung und Automatisierung immer wichtiger. Das ist aus Sicht des Käufers auch verständlich, da dieser eine »Gewinnmaschine« kaufen möchte und keine »Umsatzmaschine«.

Vereinfacht gesagt beträgt der Kanzleiwert gemäß Ertragswertverfahren: Geplanter durchschnittlicher Gewinn in der Zukunft (ohne Unternehmerlohn) multipliziert mit einem Kapitalisierungszins für einen bestimmten Zeitraum. Zu den Berechnungen im Detail verweise ich auf die einschlägige Fachliteratur, die die Berechnung des Ertragswertes bis ins kleinste Detail erklären kann. Das soll an dieser Stelle nicht weiter besprochen werden.

Mir ist hier jedoch Folgendes wichtig: Die Digitalisierung und Automatisierung wird ganz sicher die meisten Arbeitsabläufe in einer Kanzlei so verändern, dass sie danach mit weniger Menschen und weniger Material und viel schneller als zuvor ablaufen werden. Es werden sogar Tätigkeiten und Prozesse möglich sein, die heute technisch noch gar nicht machbar sind. Verstaubte Steuerkanzleien, die behäbig laufen und unterdurchschnittliche Gewinne abwerfen, haben in Zukunft beim Ertragswertverfahren keine Chancen mehr, zu einem guten Preis verkauft werden zu können.

Was bedeutet Digitalisierung und Automatisierung für die Bewertung einer Steuerkanzlei?

Bei zunehmender Digitalisierung und Automatisierung werden die EDV-Kosten steigen und die Personalkosten sinken. Kanzleien werden zunehmend in kleinere Räumlichkeiten umziehen, da sie nicht mehr so viel Fläche benötigen. Die Kosten für Büromaterial, Porto, Kommunikationsmedien und Versicherungen werden sinken, da mehr digital läuft. Dies führt zu einer Gewinnerhöhung – was auf den ersten Blick positiv ist.

Auf den zweiten Blick ist das jedoch nur positiv, wenn der Umsatz trotz sinkender Kosten steigt. Erst dann ist eine Digitalisierungsstrategie erfolgreich umgesetzt. Wenn die Umsätze allerdings genauso oder sogar noch stärker sinken, als die Kosten fallen, dann bekommen diese Kanzleien ein echtes Existenzproblem. Das bedeutet unter dem Strich: Die unattraktiven und nicht anpassungsfähigen Kanzleien werden massiv und sehr schnell in den nächsten Jahren an Wert verlieren. Die attraktiven und anpassungsfähigen Kanzleien werden zumindest nicht an Wert verlieren, sondern eher an Wert gewinnen. Entscheiden Sie heute selbst, zu welcher Gruppe Sie gehören möchten.

Die gute Nachricht lautet: Wenn Sie in den nächsten Wochen und Monaten, nachdem Sie dieses Buch zu Ende gelesen haben, damit beginnen, Ihre gesamte Kanzlei auf allen Ebenen attraktiver, moderner und schneller zu machen, bleibt Ihnen noch genügend Zeit, zur Gruppe der Gewinner zu gehören. Wenn Sie diese Entscheidung erst in fünf Jahren treffen, werden Sie sehr sicher zu der Gruppe der Verlierer gehören. Ich habe dieses Buch geschrieben, damit Ihnen das nicht passiert, denn mir liegt unser Berufsstand sehr am Herzen.

Welche großen Fehler sollten Steuerberater in Zukunft bei ihrer Altersvorsorge nicht mehr machen?

Erst wenn Sie folgende gravierenden Fehler bei der Altersvorsorge *nicht* mehr machen, können Sie mit einem professionellen Vermögensaufbau beginnen:

Eigenheim voll kreditfinanziert auf dem Land erwerben

Auf wenn ich Gefahr laufe, einen Aufschrei unter den Hausbesitzern zu provozieren, lehne ich mich gegen die heile Welt der Bausparkassenwerbung auf: Ein schönes Eigenheim auf dem Land mit Garten, eine hübsche Familie mit zwei Kindern und Hund, die in ihrer heilen Welt immer glücklich sind. Die Realität sieht leider völlig anders aus. Hier meine Gründe, die gegen das Eigenheim sprechen:

- Ein voll kreditfinanziertes Eigenheim auf dem Land nimmt Ihnen die Flexibilität und Freiheit, Ihr Geld in andere sinnvolle Geldanlagen zu stecken, da Sie die monatliche Kreditrate bedienen müssen. Müssen, nicht können.
- Zinsen und alle anderen Hauskosten können Sie steuerlich nicht geltend machen.
- Auf dem Land ist der Wiederverkaufswert viel schlechter als in Städten. In unserer heutigen Zeit ist das Leben viel flexibler als früher, was bedeutet, dass Sie öfter umziehen werden, als Sie das beim Hauskauf ahnen.
- Jeder Umzug kostet eine Menge Geld, das Sie zuvor nicht eingeplant haben.
- Hier einige Fälle, warum Sie das Haus irgendwann wieder vorzeitig verlassen werden: Scheidung, Insolvenz, Kinder kommen dazu, Kinder ziehen aus, keine Barrierefreiheit, schwere Krankheit, Pflegefall, hohe Wegekosten zur Arbeit, hoher Zeitverlust auf Weg zur Arbeit, Lebenshaltungskosten auf dem Land genauso hoch wie in der Stadt, Sie müssen sich zeitintensiv selbst ums Haus kümmern u. v. m.

Alle genannten Gründe führen dazu, dass Sie aus Ihrem einstigen Traumhaus ausziehen und dieses entweder notverkaufen oder notvermieten müssen. Beides ist wirtschaftlich sehr schlecht für Sie.

Lösung: Mieten Sie eine schöne Wohnung oder ein schönes Haus in der Nähe Ihrer Kanzlei, damit Sie einen kurzen und schnellen Anfahrtsweg haben. Ich persönlich wohne privat zur Miete ca. vier km von meiner Kanzlei entfernt. Die Miete wird selbstverständlich aus Eigenkapital bezahlt. Ich bleibe dadurch für alle Fälle flexibel und kann mir nebenbei Vermögen aufbauen.

Heirat ohne Ehevertrag

Die Hochzeit ist für viele Menschen der schönste Tag ihres Lebens. Und sie soll auch nur einmal im Leben gefeiert werden. Die Realität sieht allerdings ganz anders aus. Mehr als die Hälfte aller Ehen hält nicht, bis der Tod sie scheidet, sondern bis der Richter sie scheidet. Steuerberater gehören nicht zu den ärmeren Menschen dieser Nation, deshalb haben sie im Falle einer Scheidung auch viel zu verlieren. Sie haben echte Werte geschaffen wie zum Beispiel Ihren Kanzleiwert, Ihre Altersvorsorge im Versorgungswerk oder Immobilien. Eine Scheidung ohne Ehevertrag wird oft nicht nur sehr teuer, sondern auch teilweise existenzbedrohend. So schön eine Hochzeit und eine Ehe ist, Sie sollten trotzdem schon vor Beginn an deren Ende denken und sich schützen.

Lösung: Schließen Sie einen umfassenden Ehe-/Erbvertrag vor der Hochzeit ab oder heiraten Sie einfach gar nicht. Lassen Sie sich von einem spezialisierten Anwalt für Ehe- und Erbrecht beraten und den Vertrag alle ein bis zwei Jahre auf Aktualität überprüfen. Wichtig ist, dass beide zukünftigen Ehegatten den Vertrag komplett verstanden und akzeptiert haben. Ohne einen solchen Vertrag würde ich Ihnen und genauso meinen Kunden niemals eine Ehe empfehlen. Da bin ich sehr streng, da ich schon Kunden betreut habe, die nach der Scheidung vor dem Ruin standen.

Altersvorsorge in kapitalbildenden Versicherungen aller Art (Leben, Rente, Rürup, Riester)

Es gibt nur zwei Profiteure dieser Versicherungsprodukte: die Versicherung und der Makler, der Ihnen diesen Unsinn angedreht hat. Fahren Sie einmal durch Frankfurt am Main und schauen sich die Banken- und Versicherungstürme an. Wer hat die wohl bezahlt? Sie! Wollen Sie das weiterbezahlen? Was macht eigentlich eine private Rentenversicherung mit ihrem sauer verdienten Geld? Sie nimmt es, bezahlt erst mal den ganzen Wasserkopf im Unternehmen und den Makler, muss dann niedrigverzinste Anlageformen wählen, die eine Rückzahlung des Geldes an Sie garantieren, und den letzten kleinen Rest legt sie am Aktienmarkt an, damit überhaupt noch eine kleine Rendite herauskommt. Ich behaupte, dass Sie das auch ohne großes Finanzwissen besser und kostengünstiger selbst hinbekommen.

Lösung: Lassen Sie prüfen, ob Sie alle Verträge stilllegen oder kündigen sollen. Schließen Sie niemals mehr solche Verträge ab, auch wenn Verwandte oder Freunde die Makler sind. Legen Sie das freiwerdende Geld in sinnvollere Geldanlagen an, zu denen ich noch komme. Wenn Sie einen Todesfallschutz benötigen, schließen Sie besser eine günstige Risikolebensversicherung als eine teure Kapitallebensversicherung ab.

Pflichtbeiträge in die Deutsche Rentenversicherung statt ins Versorgungswerk einzahlen

Wenn Sie noch auf die wahnwitzige Idee gekommen sind, Ihr gutes Geld in das schwarze Loch Deutsche Rentenversicherung zu stecken, dann muss Ihnen schnell geholfen werden.

Lösung: Zahlen Sie ab sofort Ihre Pflichtbeiträge in das für Sie zuständige Versorgungswerk für Steuerberater. Dort erhalten Sie wenigstens eine positive Rendite, in der Deutschen Rentenversicherung ist sie oft sogar negativ.

Teure Konsumschulden im Privatbereich

Es gibt immer mehr Menschen, die nach dem Prinzip »Jetzt kaufen, später zahlen« überteuerte und steuerlich nicht absetzbare Konsumkredite aufgenommen haben, die sie leicht in eine Schuldenspirale drängen. Da werden private Dinge wie zum Beispiel Privat-Pkw, Möbel, TV, Urlaub u. v. m. sofort gekauft, um sie später in Raten abzuzahlen. Teurer kann man nicht konsumieren.

Lösung: Nehmen Sie niemals Schulden für Ausgaben für Ihren Privatbereich auf, da zum einen die Zinsen überdurchschnittlich teuer sind und sie außerdem steuerlich nicht absetzbar sind. Tilgen Sie schnellstmöglich bereits laufende Konsumkredite. Private Ausgaben müssen immer mit Eigenkapital sofort bezahlt werden.

Altersvorsorge in Produkten, die niemand auf Anhieb versteht

Meistens sind das irgendwelche sinnlosen Kombiprodukte, an denen nur der Vermittler und der Anbieter verdienen. Ich verweise auf Punkt 3.

Lösung: Wenn Sie schon eine Stunde benötigen, um überhaupt ansatzweise zu verstehen, wie das Anlageprodukt funktioniert und welche Chancen und Risiken es hat, dann lassen Sie es besser sein.

Bürgen

Bürgschaftserklärungen sind brandgefährlich, egal für wen, egal warum, egal wie hoch. Der Gläubiger kann sich nach seinem Belieben entweder an den Vertragspartner oder den Bürgen halten. Das kann für den Bürgen sehr teuer werden, da er mit seinem Vermögen für eine andere Person geradestehen muss. Und das kann sehr schnell gehen.

Lösung: Bürgen Sie niemals! Für niemanden! Auch nicht für Verwandte und Freunde! Machen Sie keine Ausnahmen!

Mangelndes Finanzwissen

Mangelndes Finanzwissen ist eines der Hauptprobleme aller Menschen. Daraus resultieren eine Menge sehr teurer Fehlentscheidungen, die später das Einkommen und Vermögen im Ruhestand erheblich reduzieren oder sogar vernichten können.

Lösung: Bilden Sie sich im Bereich Finanzwissen und Altersvorsorge weiter. Abonnieren Sie Börsenzeitschriften oder schauen Sie Wirtschaftsnachrichten. Kaufen Sie sich Bücher von Menschen, die mindestens Millionär oder Milliardär sind, denn die wissen am besten, wie man Vermögen aufbaut. Schauen Sie YouTube-Beiträge von erfolgreichen Menschen und großen Investoren an. Lernen Sie nur von den besten! Und nicht von ihrem angestellten Bankberater, der nicht wirklich weiß, wie man große Vermögen aufbaut. Sonst würde er ja nicht als angestellter Bankberater arbeiten, nicht wahr?

Wie können Steuerberater in Zukunft ihre Altersvorsorge professionell aufbauen?

Nachdem Sie nun gelesen haben, was Sie alles nicht tun sollten, komme ich zur Positivliste – wie können Sie als Steuerberater Ihre Altersvorsorge professionell aufbauen?

Optimierung Ihrer eigenen Steuerkanzlei

Setzen Sie möglichst viele Handlungsempfehlungen aus diesem Buch in die Praxis um und Sie erhalten nach ca. zwei Jahren einen Kanzleiwertzuwachs, den Sie nicht erwartet hätten. Sorgen Sie dafür, dass Ihre Kanzlei eine Umsatzrendite von dauerhaft über 35 % vor Steuern erzielt.

Kauf einer modernen und attraktiven Steuerkanzlei

Nach wie vor wird eine moderne, attraktive und gut geführte Steuerkanzlei einen wesentlichen Baustein Ihrer Altersvorsorge bilden.

Eine solche Kanzlei muss – kurz gesagt – gut ausgebildete Mitarbeiter, eine top Organisation, moderne EDV und einen nicht zu alten Kundenstamm aufweisen. Sie sollte schon seit Jahren eine Umsatzrendite von über 35 % vor Steuern erwirtschaften, eine geringe Fluktuation von Mitarbeitern haben und einen professionellen Gesamteindruck machen.

Der Kaufpreis sollte niedrig verzinst per Kredit sofort bezahlt werden, einer lebenslangen Rente stehe ich persönlich skeptisch gegenüber. Sie wissen nicht, wie lange der Verkäufer lebt und je länger die Rentenzahlung dauert, desto mehr erhöht sich der Frust des Käufers. Warum? Weil er noch so viele Jahre für etwas bezahlt, das er längst besitzt und für das er nun selbst arbeitet. Beim Kanzleikauf müssen noch sehr viele weitere Dinge beachtet werden, die ein eigenes Buch füllen könnten. Lassen Sie sich auf jeden Fall von einem Profi beraten und begleiten.

Pflichtbeiträge in das Versorgungswerk der Steuerberater

Diese Beiträge sind gesetzlich festgeschrieben und einkommensabhängig. Steuerberater, die gut verdienen, zahlen den Höchstbeitrag in Höhe des jeweils aktuellen Rentenversicherungssatzes. Bei angestellten Steuerberatern zahlt der Arbeitgeber die Hälfte hinzu. Selbständige Steuerberater haben keinen Arbeitgeber, also müssen sie den gesamten Beitrag alleine stemmen. Das wird in der Regel der Höchstbeitrag von über 1.200 Euro pro Monat sein. Dieser Betrag fehlt leider für bessere Geldanlagen, die nun folgen.

Sparplan in Aktien-ETF (replizierend) oder aktiv gemanagte Aktienfonds
Aktien sind neben Ihrer optimierten Kanzlei langfristig die beste Geldanlage der Welt. Das zeigen alle Statistiken, wenn man sie auf einen Anlagehorizont von Jahrzehnten sieht. Natürlich wird durch kurzfristiges Spekulieren und Zocken an der Börse selten jemand reich, durch einen überlegten langfristigen Vermögensaufbau schon. Wenn Sie eine Aktie besitzen, sind Sie Miteigentümer einer Aktiengesellschaft (AG). Und diese AG hat jeden Tag das Ziel, mehr wert zu werden, und zusätzlich schüttet sie oft auch ihre Gewinne aus (Dividende). Sie investieren also in einen echten Sachwert, der langfristig immer mehr wert werden wird und zusätzlich Gewinne an Sie ausschüttet. Aber da dieser Wertzuwachs und die Gewinnausschüttung nicht ganz sicher sind, streuen Sie einfach Ihr Vermögen und verteilen es auf verschiedene Aktiengesellschaften weltweit über alle interessanten Branchen hinweg. Streuung bedeutet somit Risikominimierung.

Ein ETF (Exchange Traded Fund) ist ein börsengehandelter Fonds, der die Wertentwicklung eines Indexes abbildet. Ein bekannter Index ist zum Beispiel der Deutsche Aktien Index (DAX), der die 30 größten deutschen Aktiengesellschaften abbildet. Wenn Sie nun einen ETF auf den DAX kaufen, sind Sie damit an allen 30 DAX-AGs in derselben prozentualen Gewichtung des DAX beteiligt. Sie müssen dann nicht aufwendig alle 30 Aktien der Gesellschaften einzeln kaufen. Großer Vorteil des ETF ist, dass er sehr kostengünstig ist – es gibt keinen aktiven Fondsmanager, der viel Geld kostet. Es handelt sich somit um einen passiven Fonds. Bei einem klassischen Aktienfonds sind Fondsmanager aktiv, die Aktien an- und verkaufen, wie es den Statuten des Aktienfonds entspricht. Das erhöht wiederum die Gebühren für den Anleger. Aktienfonds kaufe ich persönlich nur, wenn es für mein Thema, in das ich investieren möchte, keinen passenden ETF gibt.

Stellen Sie sich Ihre persönlichen Anlageregeln auf, die Sie einhalten sollten. Nachfolgend sehen Sie meine persönlichen Anlageregeln, die Sie als Anhaltspunkte verwenden können:

BEISPIEL

Anlageregeln für die Vermögensanlage mit Aktien

- Vermögensstreuung: Vermögen wird weltweit und breit in mehrere Hundert Aktiengesellschaften investiert, gestreut nach Land, Branche und Größe der AG
- Vermögensmix:
  Land: Weltweit mit Schwerpunkten USA, BRD, Europa, Emerging Markets, sonstige Länder (in abnehmender Gewichtung)
  Davon: Branche: Gesundheit, Industrie, Umwelt, Sonstiges (in abnehmender Gewichtung)

Davon: 70 % ETFs replizierend (nicht swapbasierend) in Aktienindizes (Anzahl 7) und 30 % in Aktienfonds (Anzahl 3)
Davon: ca. 50 % Substanzwerte und ca. 50 % Wachstumswerte
Davon: ca. 50 % kleinere Nebenwerte/Mittelwerte und 50 % große Blue Chips
Beimischung von ausgewählten Einzelaktien ist möglich.

- Anlageprodukt: Es werden nahezu ausschließlich ETFs gekauft, da sie Kostenvorteile vor Aktienfonds haben und sehr breit verschiedene Indizes nachbilden. Nur in interessanten Ausnahmefällen sollen aktiv gemanagte Aktienfonds gekauft werden.
- Anlageart: Substanzwerte haben Vorrang vor Wachstumswerten, wegen der höheren Dividendenrendite und der solideren Gewinnbasis. Kleinere Nebenwerte haben Vorrang vor großen Blue Chips, wegen der höheren Rendite.
- Sparplan: Es werden monatlich gleiche Raten immer zum 15. des Monats investiert. Es wird hier der Cost-Average-Effekt genutzt, bei dem zu schwachen Börsenzeiten mehr Anteile für die gleiche Monatsrate gekauft werden und in guten Zeiten entsprechend weniger.
- Vermögensumschichtungen: Einmal pro Jahr am 31.07. wird das Depot auf dessen Zusammensetzung überprüft und ggf. finden hier Verkäufe statt. Das Depot wird einmal pro Jahr auf die oben genannten Anlageregeln angepasst.
- Allgemeine Regeln: Es darf kein Kredit zur Vermögensanlage aufgenommen werden. Es wird nur Vermögen angelegt, das man nicht zum täglichen Leben benötigt und auf das man langfristig nicht zugreifen darf.
- Ziel: Vermögensaufbau mit mehr als 8 % Rendite vor Steuern im Jahr bis zum Jahr 2040 zur Altersversorgung.

Diese Regeln stellen keine Vermögensberatung für Sie dar, das möchte ich klarstellen. Ich möchte Ihnen lediglich eine Hilfe an die Hand geben, wie Sie Ihren Vermögensaufbau selbst gestalten können.

Wichtig zu wissen: An der Börse läuft vieles nicht so rational, wie Sie vielleicht denken mögen. Die Aktie einer guten erfolgreichen AG kann von heute auf morgen aufgrund eines negativen Gerüchtes abstürzen und anders herum. Die Börse bewertet Aktien immer nach den Zukunftsaussichten der jeweiligen AG in Verbindung mit der zukünftigen Zins- und Währungsentwicklung auf der Welt. Es wird also immer die Zukunft gehandelt. Genauso sollten Sie antizyklisch denken und handeln. Antizyklische Anleger kaufen Aktien in Krisenzeiten zu billigen Kurspreisen ein und verkaufen sie nach Beendigung der Krise wieder zu einem meist wesentlich höheren Wert. Kurz gesagt: Kaufen Sie billig Aktien, wenn sie niemand haben will und angeblich die Welt untergeht und verkaufen Sie teuer Aktien, wenn in der Bild-Zeitung steht, dass man mit Aktien reich wird.

Technisch habe ich auch meine Geldanlage in Aktien automatisiert. Ich halte meine Aktien bei einem Onlinebroker, der von meinem Geschäftskonto den Anlagebetrag jeden Monat abbucht und einige Tage später damit neue Aktien ETFs kauft. Alles voll automatisch – ich musste alles nur einmal anlegen. Ich mache damit das Gleiche wie Banken und Versicherungen, die ihre Kundengelder an der Börse einrichten. Einfacher und günstiger geht es nicht.

Vermietete Immobilien

Sie können auch in ausgewählte vermietete Immobilien investieren, die eine gute Rendite abwerfen. Auch hierfür sollten Sie Ihre eigenen Anlageregeln entwickeln, in welche Immobilien Sie investieren möchten. Das ist allerdings ein so weites Feld, dass ich das nicht in wenigen Sätzen zusammenfassen kann. Hier einige allgemeine Tipps, die Ihr Investment erfolgreicher machen können:

- Kaufpreis sollte 20 Jahresnettokaltmieten nicht wesentlich übersteigen (ist in der jetzigen Hochphase schwierig)
- Lage ist entscheidend: Landeshauptstadt oder/und Universitätsstadt, Stadt muss langfristig wachsen und viele Arbeitsplätze bieten, nicht auf dem Land investieren
- Kleine 1- bis 2-Zimmer-Wohnungen
- Gute Bausubstanz
- Barrierefreiheit
- Überdurchschnittliche Miete
- Nicht zu große Eigentümergemeinschaft
- Kein Streit in der Eigentümergemeinschaft laut Versammlungsprotokollen
- Ausreichend hohe Instandhaltungsrücklage vorhanden
- Finanzierung des Kaufpreises zu 100 % durch Annuitätendarlehen mit 5–10 % Sondertilgungsmöglichkeit
- Zinsbindung 15 Jahre in einer Niedrigzinsphase
- Finanzierung der Kaufnebenkosten durch Eigenkapital
- Vermietung mit Küche und Möbeln erhöht die Miete

  Hier noch einige Tipps, um den richtigen Mieter zu finden:

Folgende Unterlagen und Informationen sollten vom Mieter vor Übergabe der Wohnung vorgelegt bzw. bezahlt werden können:

- Personalausweis kopieren
- Gehaltsnachweis der letzten drei Monate einfordern
- Aktuelle Bankverbindung nachfragen
- Selbstauskunft ausfüllen lassen (Formulare verwenden die Makler)
- Aktuelle Schufa-Auskunft einholen lassen
- Die Warmmiete sollte maximal 35 % des Nettoeinkommens betragen

- Mietschuldenfreiheitsbestätigung vom letzten Vermieter einholen, damit dort keine Mietschulden mehr existieren. Den letzten Vermieter kann man auch fragen, ob es ein ordentlicher Mieter war.
- Zahlung der ersten Monatsmiete vor Übergabe der Wohnung fordern
- Zahlung der Kaution von drei Monatskaltmieten vor Schlüsselübergabe der Wohnung in bar oder Überweisung fordern, keine Bürgschaft akzeptieren
- Vereinbaren Sie eine automatische jährliche Mietsteigerung in Höhe der jeweils aktuellen Inflationsrate
- Vereinbaren Sie immer die Kaltmiete zzgl. Umlage und auch, welche Nebenkosten in der Umlage enthalten sind
- Bitte verwenden Sie immer einen aktuellen Mietvertrag, da sich das Mietrecht ständig ändert

Wenn die oben genannten Informationen und Unterlagen dem Vermieter ohne Probleme und Zögern vorgelegt werden können und der Mieter die geforderten Summen vor der Wohnungsübergabe zahlt, dann haben Sie als Vermieter alles Mögliche getan, um einen ordentlichen und zahlungskräftigen Mieter zu finden. Werden nur teilweise oder verzögert die Unterlagen vorgelegt, nehmen Sie bitte von diesem Mieter Abstand. Das klingt hart, aber einen Mieter zu kündigen und aus der Wohnung hinauszuklagen, ist sehr aufwendig, langwierig und teuer.

Übrigens: Alle die genannten Tipps für eine gute Altersvorsorge sollten Sie auch Ihren Mitarbeitern und Kunden empfehlen. Vielleicht können Sie nebenbei ein neues Geschäftsfeld eröffnen?

Handlungsempfehlungen

- Beginnen Sie nach dem Lesen dieses Buches damit, Ihre Kanzlei »verkaufsfertig« zu machen. Auch wenn Sie sie erst in 20 Jahren verkaufen oder an Ihre Kinder übertragen wollen.
- Beginnen Sie, Ihre Kanzlei attraktiv für einen potenziellen Käufer zu machen. Setzen Sie dabei die Brille des Käufers auf. Wenn Sie diese Brille aufbehalten, werden Sie automatisch viele Dinge ändern und optimieren.
- Sehen Sie Ihre Kanzlei als Hauptbaustein Ihrer Altersversorgung und beachten Sie, dass sie das nur ist, wenn sie modern und attraktiv ist und hohe Renditen über 35 % dauerhaft erwirtschaftet.
- Machen Sie nicht die aufgezählten Fehler bei Ihrer Altersversorgung.
- Legen Sie Ihr übrig gebliebenes Geld in Aktien und/oder vermieteten Immobilien an und beachten Sie Ihre eigenen Anlageregeln.

37 Digitalisierung: bitte ein Bit!

ERFOLGSIMPULS

Den Einstieg in die Digitalisierung und Automatisierung Ihrer Steuerkanzlei finden Sie in vielen kleinen Schritten – die Sie gehen müssen, wenn Sie Ihre Kanzlei auf eine langfristig stabile Basis stellen wollen. Der allererste Schritt dafür ist eine Digitalisierungs- und Automatisierungsstrategie, die Sie gemeinsam mit Ihren Mitarbeitern beschließen. Anschließend können Sie geeignete Maßnahmen umsetzen, für die ich Ihnen hier konkrete Anregungen liefere.

Digitalisierung – Automatisierung – was ist das eigentlich?

Alle reden von Digitalisierung und nur wenige wissen, was sich dahinter konkret verbirgt. Auch das Wort »Automatisierung« taucht im Zusammenhang mit der Digitalisierung oft auf. Ist damit aber nicht dasselbe gemeint wie Digitalisierung? Zeit für eine genaue Definition:

- »Der Begriff Digitalisierung bezeichnet allgemein die Veränderungen von Prozessen, Objekten und Ereignissen, die bei einer zunehmenden Nutzung digitaler Geräte erfolgt. Im weiteren (und heute meist üblichen) Sinn steht der Begriff insgesamt für den Wandel hin zu digitalen Prozessen mittels Informations- und Kommunikationstechnik.« (Seite »Digitalisierung«, in: Wikipedia, Die freie Enzyklopädie, abgerufen: 19. Juni 2018)
- Die Automatisierung meint die »Übertragung von Funktionen des Produktionsprozesses, insbesondere *Prozesssteuerungs- und -regelungsaufgaben* vom Menschen auf künstliche Systeme.« (https://wirtschaftslexikon.gabler.de/definition/automatisierung-27138/version-250801)

Erkennen Sie den Unterschied? Durch Digitalisierung lassen sich ehemals analoge Prozesse digital abbilden, das heißt aber noch nicht, dass sie dann auch automatisiert laufen. Die Digitalisierung ist in der Regel die Vorstufe zu einer Automatisierung. Das Ziel ist für mich ganz klar: Automatisierung ist wichtiger als Digitalisierung. Alle möglichen Prozesse einer Steuerkanzlei sollen so weit wie möglich automatisiert sein. Warum? Sie erinnern sich, welche Frage ich mir seit Beginn meiner Selbständigkeit stelle? Sie lautet: »Wie geht alles schneller?« Antwort: Durch Automatisierung! Was nicht automatisiert ist, sollte zumindest digitalisiert sein. Somit greift beides ineinander. Digitalisierung und Automatisierung sind meistens untrennbar miteinander verbunden.

In diesem Zusammenhang ebenfalls wichtig ist das Mooresche Gesetz (englisch Moore's law; deutsch »Gesetz« im Sinne von »Gesetzmäßigkeit«). Es besagt, dass sich die Komplexität integrierter Schaltkreise mit minimalen Komponentenkosten regelmäßig verdoppelt; je nach Quelle werden 12 bis 24 Monate als Zeitraum genannt. Unter Komplexität verstand Gordon Moore – der das Gesetz 1965 formulierte – die Anzahl der Schaltkreiskomponenten auf einem integrierten Schaltkreis. Gelegentlich ist auch von einer Verdoppelung der Integrationsdichte die Rede, also der Anzahl an Transistoren pro Flächeneinheit. Diese technische Entwicklung bildet eine wesentliche Grundlage der »digitalen Revolution«. (Seite »Digitale Revolution«, in: Wikipedia, Die freie Enzyklopädie, abgerufen: 19. Juni 2018)

Zusammengefasst heißt das, dass sich alle ein bis zwei Jahre die Geschwindigkeit von Prozessoren in Computern und anderen Geräten verdoppelt. Das Gesetz gilt schon seit 1965 bis heute unverändert und wird noch einige Jahre Bestand haben – einige Experten erwarten bis etwa 2030, aber dazu herrscht noch große Unsicherheit. Stellen Sie sich einen Computerchip vor, der heute ca. fünf Gigahertz schnell ist. Dieser wird in etwa 1,5 Jahren zehn Gigahertz schnell sein, in drei Jahren 20 Gigahertz und in sechs Jahren 40 Gigahertz und so weiter. Zum Beispiel stecken heute schon viel leistungsfähigere Prozessoren in unseren kleinen Handys als in der großen Apollo-Rakete, die die ersten Menschen auf den Mond gebracht hat.

Diese Entwicklung hat bereits enorme Auswirkungen auf unser Leben gehabt und wird sie auch weiter haben. Alles wird in Zukunft besser messbar sein, die weltweite Vernetzung von Dingen wird weiter rasant zunehmen und vieles wird schneller und in Echtzeit ablaufen.

In vielen kleinen Schritten zum Erfolg

Große Veränderungen hat es aber schon immer gegeben, der einzige Unterschied liegt in der zunehmenden Geschwindigkeit, in der sie ablaufen. Und genau das überfordert viele Menschen. Sie fühlen sich digital abgehängt und meinen, sie hätten den Anschluss verpasst. Aber warum erzähle ich Ihnen das?

Weil auch viele Steuerkanzleien mit den aktuellen rasanten Entwicklungen nur schwer mitkommen. Viele haben noch nicht wirklich mit der Digitalisierung begonnen. Viele wissen wirklich nicht, wie und wo sie damit in ihrer eigenen Kanzlei starten sollen. Dabei geht es darum, mit kleinen Schritten den Einstieg in einen jahrelangen Prozess zu finden, der in Etappen zur digitalisierten und automatisierten Steuerkanzlei führt.

Ich nenne einige Beispiele, damit Sie sehen können, dass nahezu alle Kanzleien heute schon ein bisschen digital arbeiten: Wurden früher noch Briefe und Faxe geschrieben und verschickt, versenden viele Kanzleien heute E-Mails. Umsatzsteuer-Voranmeldungen, Lohnsteuer-Anmeldungen, Bilanzen und Einkommenssteuer-Erklärungen auf Papier gehören heute alle der Vergangenheit an – sie werden elektronisch versendet.

Bemerkenswert an der Digitalisierung unseres Berufsstandes ist, dass der Staat uns dazu zwingt – würde er das nicht tun, würden wahrscheinlich noch viel mehr Steuerkanzleien Tonnen von Papier bedrucken und per Post verschicken. Die großen Softwareunternehmen, die Steuerberatersoftware herstellen, sind ebenfalls von sich aus wenig innovativ und treiben die Digitalisierung und Automatisierung nicht wirklich schnell voran. Sie bewegen sich im Schneckentempo und setzen nur das um, was der Staat vorgibt.

Meine Hoffnung ruht auf den kleinen Softwareunternehmen, die zurzeit wie Pilze aus dem Boden schießen. Sie entwickeln in einem hohen Tempo neue intelligente Lösungen, die Steuerkanzleien wirklich weiterbringen. Der Grund dafür ist simpel und traurig zugleich: Sie wurden von den großen Softwareanbietern mit wichtigen Problemen im Stich gelassen, also entwickeln sie nun eigene Lösungen, die es zuvor noch gar nicht gab. Die etablierten Softwarehäuser müssen aufpassen, den Anschluss nicht zu verlieren und sich nicht in Belanglosigkeiten und Randthemen zu verzetteln. Hier ist weniger mehr. Die Softwareanbieter sollten sich auf nutzerfreundliche, einfache, praxisorientierte, intelligente und gut vernetzte Software konzentrieren, die von der breiten Masse der Steuerkanzleien wirklich benötigt wird. Dazu gehört auch ein CRM-System, eine optimale Anbindung an Telefonanlagen und leichter zu bedienende Schnittstellen zu allen Programmteilen. Zusätzlich sollten die Softwareanbieter ihre Software nur noch von innovativen und modernen Steuerkanzleien testen lassen. Nur dann kommt meines Erachtens ein Ergebnis heraus, das alle weiterbringt. Die DATEV hat wirklich hervorragende Programme entwickelt, allerdings fehlen immer noch viele sinnvolle Programmierungen, die uns helfen würden. Ich würde mir zum Beispiel Folgendes wünschen:

Ein programmübergreifendes Auswertungszentrum, in dem von allen über 200 Programmteilen aus gemailt, gefaxt, gedruckt, in das DMS oder Unternehmen Online abgelegt werden kann. Darin könnte ich mir beliebig viele Schriftstücke, Excel-Tabellen, Honorarrechnungen und Programmauswertungen in beliebiger Reihenfolge aus allen Programmteilen in Paketen zusammenstellen und an die Kunden oder auch an alle möglichen Institutionen verschlüsselt senden.

Eine Einstellungsmöglichkeit auf Kanzleiebene, in der ich die Einstellungen aller Programmteile zentral für alle Kunden steuern kann. Bislang muss man in jedem der 200 Programmteile die Einstellungen manuell anpassen, teilweise sogar immer wieder dieselben Einstellungen bei vielen verschiedenen Kunden auf Kundenebene vornehmen. Das sind sehr zeitraubende Faktoren. Außerdem bietet die DATEV im Einkommensteuerprogramm oder anderswo keinen Lohnsteuerrechner an. Ständig müssen wir auf Tools im Internet zurückgreifen, das kostet Nerven und Zeit. Das ist zwar nur eine Kleinigkeit, aber wir brauchen diese Tools oft – und die DATEV bietet keine Lösung. Genauso wenig ist die DATEV in ihren Programmen darauf ausgerichtet, alle möglichen Auswertungen zu mailen anstatt zu drucken. Mailen ist meistens erst nach lästigen Zwischenschritten möglich, das behindert eine digital arbeitende Kanzlei enorm.

Wenn nun ein großes Technologieunternehmen wie zum Beispiel Google, Amazon oder Microsoft auf die Idee käme, eine völlig neu aufgesetzte Steuersoftware für den deutschen Markt zu programmieren, die einfach, schnell und kostengünstig ist – dann würden sie das einfach machen. Sie haben die Mittel, viel Geld sehr schnell in den Markt zu pumpen, sich alle Softwareentwickler von der DATEV und deren Konkurrenz für enorme Gehälter einzukaufen und die gewünschte Software in Rekordtempo auf den Markt zu bringen. Unternehmen wie die DATEV würden das Nachsehen haben – weil sie zu lange ihre Monopolstellung ausgenutzt haben.

Wie können Sie nun Ihre Digitalisierungs- und Automatisierungsstrategie beginnen?

Eine Digitalisierungs- und Automatisierungsstrategie zu entwerfen ist Chefsache. Die Kanzleileitung hat die Aufgabe, eine solche Strategie auszuarbeiten und dann mit allen Mitarbeitern ausführlich zu besprechen. Hierfür eignen sich wieder die regelmäßigen Teamgespräche. Die Mitarbeiter müssen über jedes Detail Bescheid wissen, da sie die Strategie später in die Praxis umsetzen müssen. Diese Strategie muss schriftlich in einem Projektplan niedergeschrieben werden, der beinhaltet, wer was bis wann in welcher Qualität erledigen muss. Bitte nutzen Sie jedes weitere Teamgespräch als Fortschrittskontrolle, damit der Projektplan eingehalten wird. Die Kanzleileitung und alle Mitarbeiter sollten gedanklich alle Weichen auf digital und automatisch stellen. Im Projektplan werden alle analogen Prozesse analysiert und dann möglichst in digitale Prozesse überführt.

Wie können Sie den Bereich Kanzleiorganisation digitalisieren und automatisieren?

Im Projektplan könnte zum Beispiel stehen, dass zuerst damit begonnen wird, mehr per E-Mail zu kommunizieren und Informationen auszutauschen. Alle Mitarbeiter benötigen also ihre eigene E-Mail-Adresse. Dazu muss die EDV-Firma die technischen Voraussetzungen schaffen, beispielsweise einen neuen Server anschaffen etc.

Wenn jeder Mitarbeiter seine eigene Mailadresse hat und alles erfolgreich getestet wurde, dann können weitere Veränderungen angegangen werden, die auf einer eigenen Mailadresse basieren. Zum Beispiel könnte im Teamgespräch entschieden werden, dass ab sofort alle Finanzbuchhaltungsauswertungen und Lohnauswertungen nur noch verschlüsselt per E-Mail an die Kunden verschickt werden sollen. So machen wir es zum Beispiel. Das spart enorm Zeit, Porto, Toner, Papier, Umschläge, Wege zur Post usw. Weiterhin sollten Stellvertreterregelungen festgelegt werden, wer welche Mails in Abwesenheitszeiten von Kollegen bekommen oder nicht bekommen soll. Dann wird entschieden, dass intern nur noch per Mail kommuniziert werden soll, es sei denn, dass ein persönlicher Austausch schneller gehen würde usw.

Sie sehen also, dass eine einzige Veränderung eine Menge Konsequenzen nach sich zieht. Insgesamt werden die Änderungen in aller Regel viel Geld sparen und Ihre Prozesse enorm beschleunigen. Sie können sich gerne in einem Live-Seminar in unserer Kanzlei davon überzeugen, inklusive Führung durch die Kanzlei.

Weitere Maßnahmen könnten folgende sein:

- E-Mail hat Vorrang vor Fax hat Vorrang vor Brief
- Nutzung der Vorlagenverwaltung
- Nutzung eines Dokumentenmanagementsystems (DMS)
- Postein- und -ausgang wird vollständig eingescannt
- Faxe gehen als E-Mail ein
- Faxe können papierlos vom Bildschirm der Mitarbeiter versendet werden
- Urlaubsanträge werden papierlos über Outlook gestellt und genehmigt
- Wochenpläne werden als Datei zur Kanzleileitung gemailt
- Die Toolbox von DATEV wird zum Beispiel für Fragebögen zur steuerlichen Erfassung genutzt
- Übertragung der geschriebenen Honorarrechnungen über eine interne Schnittstelle in die Kanzleibuchhaltung in Kanzlei-Rechnungswesen
- Übertragung Honorarrechnungen mit Lastschrifteinzug über eine interne Schnittstelle in das Programm Zahlungsverkehr, in dem per Smartcard alle Lastschriften auf einmal eingezogen werden können
- Ein Steuerberatungsvertrag spart den Ausdruck von Hunderten Rechnungen jedes Jahr, da Pauschalen vereinbart sind, die papierlos von den Kundenkonten eingezogen werden
- Durch das Ideenmanagement liefern alle Mitarbeiter öfters Ideen zur Digitalisierung und Automatisierung

Wie können Sie den Bereich Finanzbuchhaltung digitalisieren und automatisieren?

Es gibt einen großen Bereich, in dem die Digitalisierung und Automatisierung in den nächsten Jahren massive Veränderungen mit sich bringen wird. Es ist unser größtes Geschäftsfeld – der Bereich Finanzbuchhaltung. Dort ist der aktuelle Platzhirsch der gute alte Pendelordner. Ich kann mich noch an ein Seminar erinnern, das den einheitlichen Pendelordner als das Maß aller Dinge angepriesen hatte. Das war im Jahr 2002. Seitdem wurden Programme entwickelt, die eingescannte Belege oder PDF-Dateien gut lesen können (OCR-Erkennung). Es wurden schon enorme Fortschritte erzielt, aber der große Durchbruch wird innerhalb der nächsten drei bis fünf Jahre kommen. Es werden zurzeit selbstlernende Buchungsautomaten entwickelt, die schon bald die meisten Belege selbständig erkennen und richtig verbuchen können. Wenn sich das etabliert hat, läuft die Finanzbuchhaltung zu 90–95 % voll automatisch durch. Mitarbeiter klären dann nur noch die letzten 5 %, die die Maschine noch nicht selbständig verarbeiten kann. Aber durch künstliche Intelligenz werden auch diese letzten Prozente wahrscheinlich irgendwann ganz verschwinden.

Einen »Störfaktor« habe ich bisher noch nicht erwähnt: Es ist der Kunde – denn er ist meistens noch analog unterwegs. Der Kunde muss deshalb im Prozess der Digitalisierung mitgenommen werden. Sie geben zum Beispiel als konkretes Ziel aus: »Der Pendelordner wird abgeschafft!« Dafür müssen Sie in der Prozesskette zurück an die Quelle, den Kunden. Dort müssen Sie dafür sorgen, dass kein Papier entsteht, sondern eine Datei, die Sie im späteren Prozess digital weiterleiten und weiterbearbeiten können. Dazu sollten Sie Ihre Kunden animieren, alle Lieferanten und Vertragspartner anzuschreiben und zu verlangen, dass sie alle Rechnungen in Zukunft nur noch zum Beispiel als PDF-Datei in der Anlage einer E-Mail senden.

Und nun denken Sie wahrscheinlich, dass das im Jahr 2018 kein Problem für die Lieferanten sein sollte. Doch weit gefehlt. Ich habe selbst im Januar 2018 alle meine Lieferanten angeschrieben und um eine Rechnungszusendung per Mail gebeten. Ich nenne keine Namen, aber es war eine Zumutung. Das zeigt, wie wenig (auch in großen Unternehmen in Deutschland) die Digitalisierung angekommen ist.

Alle Belege, die noch nicht als Datei bei Ihrem Kunden eingehen, müssen von ihm eingescannt oder mit dem Handy fotografiert werden. Dadurch werden die notwendigen Dateien erzeugt. Ziel ist es natürlich, möglichst wenig zu scannen und zu fotografieren, das dürfen nur Ausnahmefälle sein. Wenn Ihr Kunde nun eine Rechnung als Datei erhält, geben Sie ihm vor, was er wie bis wann und in welcher Qualität zu erledigen hat. Sie sorgen dafür, dass Ihr Kunde einen einfachen Weg ohne viel Arbeit bereitgestellt bekommt, alle notwendigen Dateien an die Steuerkanzlei zu schicken, dort hochzuladen oder Ihnen ein Zugriffsrecht zum Server zu geben, damit Ihre Mitarbeiter sich die Dateien holen können. Der Weg ist egal, er darf aber Ihrem Kunden am wenigsten Arbeit machen. Zur Verdeutlichung sage ich dazu immer: Die Belege müssen barrierefrei in die Kanzlei kommen. Wenn die Dateien erst einmal in der Steuersoftware der Kanzlei sind, kann die Erstellung der Finanzbuchhaltung richtig beginnen. Dort sollten wiederum Programme laufen, die die Dateien auslesen und möglichst automatisiert verbuchen können.

In der Zukunft wird dieser Prozess in Kurzform wie folgt laufen:

Ein Beleg entsteht immer als Datei; er wird elektronisch zum Kunden gesandt oder aus einem Internetportal geholt; der Kunde lädt den Beleg zur Steuerkanzlei hoch oder die Kanzlei holt ihn sich beim Kunden vom Server; der Beleg wird vollautomatisch in der Steuersoftware der Kanzlei verarbeitet, archiviert und verbucht; Buchhaltungsauswertungen werden vollautomatisch zum Kunden gemailt; Umsatzsteuer-Voranmeldung wird vollautomatisch zum Finanzamt gesendet.

In diesem Prozess ist der Pendelordner abgeschafft und er läuft von Anfang bis Ende papierlos, medienbruchfrei und ohne Menschenhand. Dieser Prozessablauf sollte Ihr schon heute erklärtes Ziel zusammen mit Mitarbeitern, Kunden und Lieferanten sein.

Weitere Maßnahmen sollten folgende sein:

- Nutzung Kontoauszugsmanager inkl. perfekt gepflegter Lerndatei (Bitte kontrollieren Sie das als Kanzleileitung, sonst gibt es negative Überraschungen.)
- Nutzung aller Softwareschnittstellen zur Kundensoftware (insbesondere für Debitoren)
- Nutzung von Schnittstellen zu Kassensystemen des Kunden
- Nutzung von GOBD-fähigen Online-Kassenbüchern
- Informationsaustausch zwischen Kunde und Kanzlei vorrangig per E-Mail
- Alle Auswertungen werden an Kunden gemailt
- Alle Umsatzsteuer-Voranmeldungen werden elektronisch an die Finanzämter gesendet
- Nutzung von wiederkehrenden Buchungen
- Nutzung von unterjährigen Abschreibungsbuchungen
- Nutzung von einheitlichen Arbeitspapiermappen (APM), die alle wesentlichen Zahlen erläutern; diese werden in Excel geführt
- Nutzung von DATEV-Smart-Transfer ist überlegenswert

Wie können Sie den Bereich Lohnbuchhaltung digitalisieren und automatisieren?

Auch im Bereich der Lohnbuchhaltung ist die Informationsbeschaffung schwierig und teilweise langwierig. Ohne vollständige Informationen kann oft gar keine Lohnabrechnung erstellt werden, da das vom Programm her nicht zulässig ist. Das ist aber gleichzeitig auch ein Vorteil – Informationen müssen schnell besorgt werden, sonst werden der Kunde und dessen Mitarbeiter drängen. Es entsteht also Zeitdruck, der sich jedoch leicht an den Kunden weitergeben lässt. Dies ist ein Vorteil, den man in anderen Bereichen der Kanzlei leider nicht hat.

Wir benutzen Personalfragebögen, die als PDF auf unserer Homepage zum Download bereitstehen. Wenn es dafür bessere Lösungen gibt, werden wir dies verändern. Diese Fragebögen werden zwar durch viele Kunden nicht immer vollständig ausgefüllt, sodass wir hinterher telefonieren müssen. Trotzdem helfen uns die Fragebögen, schneller und sicherer zu arbeiten. Diese werden selbstverständlich eingescannt und im DMS archiviert.

Weitere Maßnahmen könnten folgende sein:

- Alle Lohnauswertungen werden an Kunden gemailt.
- Alle Beitragsnachweise werden elektronisch an die Krankenkassen gesendet.
- Alle Lohnsteuer-Anmeldungen werden elektronisch an die Finanzämter gesendet.
- Alle BG-Meldungen werden elektronisch an die Berufsgenossenschaften gesendet.
- Alle Lohnbuchungen werden automatisch über die interne Schnittstelle ins Programm Kanzlei-Rechnungswesen übertragen.
- Früher wurden alle Gegenstandswerte automatisch in die Rechnungsschreibung übertragen, so dass alle Gebührenpositionen schon vorbelegt waren. Heute haben wir meistens unseren Steuerberatungsvertrag im Einsatz, der feste Pauschalen auch für die Löhne vorsieht.

Wie können Sie den Bereich Jahresabschluss und Betriebssteuererklärungen digitalisieren und automatisieren?

In diesem Bereich haben Sie folgende Möglichkeiten:

- Alle E-Bilanzen werden elektronisch an die Finanzämter gesendet.
- Alle Handelsbilanzen von Kapitalgesellschaften werden elektronisch an den Bundesanzeiger gesendet.
- Alle Einnahmenüberschussrechnungen werden nicht mehr im Programm Bilanzbericht oder im Programm Kanzlei-Rechnungswesen erstellt, sondern daraus direkt in das Einkommensteuerprogramm in die Anlage EÜR über eine interne Schnittstelle übertragen.

- Das Anlagenverzeichnis von Einnahmenüberschussrechnungen wird ebenfalls direkt in das Einkommensteuerprogramm in die Anlage AVEÜR über eine interne Schnittstelle übertragen.
- Alle Betriebssteuererklärungen werden über interne Schnittstellen aus dem Kanzlei-Rechnungswesen automatisch »gefüttert« und umgekehrt.
- Wir nutzen für alle Kunden das Programm »Steuerkonto Online«, das alle zu zahlenden, alle gezahlten und alle offenen Steuern aktuell anzeigt.
- Es werden alle Gegenstandswerte automatisch in die Rechnungsschreibung übertragen, sodass alle Gebührenpositionen schon vorbelegt sind. Ausnahme: Wenn wir unseren Steuerberatungsvertrag im Einsatz haben, wird keine Jahresrechnung mehr gestellt, da alle Leistungen in den festen Pauschalen enthalten sind.
- Wir scannen alle Belege nach Abschluss der Erklärungen und Jahresabschlüsse ein und archivieren sie im DMS. Damit stehen sie elektronisch für alle anderen Mitarbeiter und für das Folgejahr zur Verfügung und blockieren nicht unsere Aktenschränke.
- In unseren Aktenschränken stehen jeweils nur zwei Ordner pro Unternehmenskunde (Vorjahr und aktuelles Jahr). In den Ordnern darf nur das Papier sein, das für die aktuelle oder nächste Erklärung benötigt wird.

Wie können Sie den Bereich private Einkommensteuererklärungen digitalisieren und automatisieren?

In diesem Bereich haben Sie folgende Möglichkeiten:

- Alle privaten Einkommensteuererklärungen werden über interne Schnittstellen aus dem Kanzlei-Rechnungswesen automatisch »gefüttert«.
- Wir nutzen für die privaten Einkommensteuererklärungen für alle Kunden die Vollmachtsdatenbank, die viele Informationen automatisch in das Einkommensteuerprogramm einliest.
- Es werden alle Gegenstandswerte automatisch in die Rechnungsschreibung übertragen, sodass alle Gebührenpositionen schon vorbelegt sind.
- Wir scannen alle Belege nach Abschluss der Erklärungen ein und archivieren sie im DMS. Damit stehen sie elektronisch für alle anderen Mitarbeiter und für das Folgejahr zur Verfügung und blockieren nicht unsere Aktenschränke.
- In unseren Aktenschränken steht jeweils nur ein A-Z-Ordner pro Mitarbeiter. Unsere Privatkunden haben jeweils nur eine Lasche darin. In den Ordnern darf nur das Papier sein, das für die aktuelle oder nächste Erklärung benötigt wird.

Durch Digitalisierung muss eine Win-Win-Situation entstehen

Es gibt Hunderte von kleinen und großen Möglichkeiten, alle Prozesse Ihrer Kanzlei zu digitalisieren. Aber auch die Digitalisierung hat ihre Grenzen – nämlich dort, wo sie eine deutliche Mehrarbeit für den Kunden bedeutet. Zum Beispiel haben viele Kanzleien für sich beschlossen, dass alle zukünftigen und die meisten Bestandskunden ihre Belege digital einreichen müssen. Das ist nicht verkehrt. Es gibt jedoch Kunden, die von ihrer Kanzlei regelrecht genötigt wurden, deutlich mehr Vorbereitungsarbeit zu leisten, damit die Kanzlei es mundgerecht serviert bekam. Hier kenne ich mehr als einen Fall. Der »Dank« für den Kunden ist dann meistens, dass die Kanzlei sogar noch die Honorare erhöht, was die Kunden oft veranlasst, die Kanzlei zu wechseln. Hier ist die Grenze der Digitalisierung erreicht. Durch Digitalisierung muss eine Win-Win-Situation entstehen, das heißt, dass sowohl Kunden als auch Steuerkanzlei dadurch Vorteile erzielen. Wenn dies nicht der Fall ist, wird der Kunde die Digitalisierungsmaßnahme verständlicherweise ablehnen. Es darf keine Verlierer geben, sonst bleibt die Zukunft in einem großen Papierberg stecken.

Handlungsempfehlungen

- Entwickeln Sie als Kanzleileitung eine Digitalisierungs- und Automatisierungsstrategie, besprechen Sie diese mit Ihren Mitarbeitern in Teamgesprächen, schreiben Sie eine große Projektliste und setzen Sie diese im Team konsequent um.
- Gehen Sie das gesamte Buch und dessen Handlungsempfehlungen noch einmal durch, denn überall sind Beiträge und Vorschläge zur Digitalisierung und Automatisierung zu lesen.
- Gehen Sie die oben genannten Vorschläge noch einmal durch und überlegen Sie sich, ob und wie sie diese in Ihrer Kanzlei zusammen mit Ihren Mitarbeitern umsetzen können.
- Feiern Sie jeden kleinen Schritt in Richtung Digitalisierung und Automatisierung und passen Sie sich in Zukunft permanent an die Realität und den Stand der Technik an. Und das lebenslang. Dann werden Sie zu den Gewinnern der Digitalisierung und Automatisierung gehören.

38 Steuerberatung 2030 – der Steuerberater unter Artenschutz

ERFOLGSIMPULS

Der schlimmste Fehler, den Sie derzeit machen können, ist, die Modernisierung und Weiterentwicklung Ihrer Kanzlei zu vernachlässigen. Setzen Sie Ihre Zukunft nicht aufs Spiel!

Die Hälfte aller Steuerkanzleien wird untergehen

Der Artenschutz ist in Deutschland im Bundesnaturschutzgesetz geregelt; es gilt allerdings nur für die Tier- und Pflanzenwelt. Hoffentlich wird es bis zum Jahr 2030 nicht auch auf Steuerberater ausgeweitet. So schlimm wird es wohl nicht werden, aber dennoch gilt:

- Die Zeit des »Weiter so!« ist schon heute vorbei.
- Die Digitalisierung und Automatisierung wird bis 2030 alle schwachen und nicht anpassungsfähigen Steuerkanzleien untergehen lassen.
- Nur die starken und anpassungsfähigen Steuerkanzleien werden bis 2030 und darüber hinaus überleben.
- Ich rechne damit, dass die Anzahl der Steuerkanzleien im Jahr 2030 um etwa 50 % gegenüber heute sinken wird.
- Ich möchte Sie heftig wachrütteln, damit Sie sich schon jetzt auf die Zukunft einstellen.

Dies sind die sieben fatalsten Fehler, die Sie Ihre Zukunft kosten

1. Warten Sie nicht darauf, dass die Politik unsere Probleme löst. Politiker werden uns nicht helfen, auch wenn sie eisern das Gegenteil behaupten.
2. Warten Sie nicht, bis die EU alle Schutzzäune unseres Berufstandes niedergerissen hat und uns zum Freiwild für die gewerbliche Billigkonkurrenz macht. Sie wird bald die StBVV, die Kapitalbindung und die Vorbehaltstätigkeiten abschaffen. Elektronisch eingereichte Steuererklärungen werden dann nur noch von Computern bearbeitet. Und wenn dann schlecht ausgebildete Mit-

arbeiter unserer gewerblichen Konkurrenz Fehler machen, bügelt die der Computer der Finanzverwaltung wieder aus. Wir werden für die Deklaration dann kaum noch gebraucht.
3. Warten Sie nicht, bis die Welt irgendwann einmal beschließt, dass die Digitalisierung und Automatisierung doch Quatsch waren. Sie werden immer stärker werden, ob Sie das wollen oder nicht.
4. Warten Sie nicht, bis die künstliche Intelligenz uns die Arbeit zum größten Teil wegnimmt.
5. Warten Sie nicht, bis Ihre konkurrierende Steuerkanzlei in Ihrer Nähe pleitegeht und Sie dann alle Kunden übernehmen können – denn es könnte Ihre Kanzlei vorher treffen.
6. Warten Sie nicht darauf, dass jemand von alleine auf die Idee kommt, Ihnen bei der Weiterentwicklung Ihrer Kanzlei zu helfen. Fordern Sie selbst Unterstützung an! Haben Sie keine Angst davor, diese Hilfe in Anspruch zu nehmen.
7. Warten Sie nicht, sondern nutzen Sie heute schon die Zeit, sich hinzusetzen und zu überlegen, wie jeder einzelne Prozess Ihrer Kanzlei digitalisiert oder automatisiert ablaufen könnte. Das ist Ihr Job als Unternehmer.

Wie könnte sich unser Beruf bis 2030 entwickeln?

Lassen Sie uns spinnen. Hier ein mögliches Szenario bis 2030:

- 2019: Alle obersten Bundesbehörden empfangen Eingangsrechnungen nur noch elektronisch. Deren Lieferanten und Vertragspartner dürfen nur noch elektronische Rechnungen stellen.
- 2020: Alle übrigen öffentlichen Auftraggeber (Länder, Kommunen u. v. m.) empfangen Eingangsrechnungen nur noch elektronisch. Deren Lieferanten und Vertragspartner dürfen nur noch elektronische Rechnungen stellen.
- 2022: Modernisierung des Besteuerungsverfahrens ist abgeschlossen.
- 2022: Portallösung beim Finanzamt: Automatischer Vorschlag der Einkommensteuererklärung, Möglichkeit zum Hochladen von Belegen, Kommunikation zwischen Finanzamt und Steuerpflichtigen nur noch über das Portal, Bescheidbekanntgabe von Steuerbescheiden u. v. m.
- 2023: Die EU fordert vom deutschen Gesetzgeber die Abschaffung der StBVV, der Vorbehaltsaufgaben und der Kapitalbindung. Folge: Der Steuerberatungsmarkt wird bis 2025 dereguliert und der EU-weiten Konkurrenz freigegeben.
- 2025: Die meisten Steuerkanzleien arbeiten voll digital. Es wird ein flächendeckendes Gigabit-Glasfasernetz laufen, an das alle Unternehmen und Haushalte angeschlossen sind. Die Kanzleiwerte sinken rapide und nähern sich der Marke von 1/3 des durchschnittlichen Jahresumsatzes. Dadurch wird die Altersversorgung vieler Kollegen vernichtet.

- 2025: Die Generation Z tritt verstärkt in den Arbeitsmarkt ein. Das sind die Menschen, die zwischen 1998 und 2010 geboren wurden. Sie sind durch und durch digital aufgewachsen und werden sich weigern, in offline agierenden Kanzleien zu arbeiten. Wenn überhaupt, dann nur in durchdigitalisierten, modernen und attraktiven Kanzleien. Sie bringen viel frischen und modernen Wind in die Kanzleien, aber Achtung: Sie sehen jeden Arbeitsplatz nur als kurzfristiges Projekt und ziehen schnell weiter. Auch darauf müssen sich die Kanzleien einstellen.
- 2027: Die erste große Pleitewelle rollt durch den Steuerberatungsmarkt. Gründe: Digitalisierung, Automatisierung, billigere gewerbliche Anbieter, Widerstand gegen die Modernisierung der Kanzlei, Ignoranz.
- 2030: Buchführung, Lohnabrechnungen, Steuererklärungen und Jahresabschlüsse laufen weitgehend automatisiert durch Softwareprogramme. Das Finanzamt kann aus den vorliegenden Daten die Bemessungsgrundlagen für die Steuern selbst errechnen. Menschen haben nur noch eine Überwachungsfunktion für die Deklaration. Was übriggeblieben ist, ist die betriebswirtschaftliche, organisatorische und steuerliche Beratung, die die künstliche Intelligenz noch nicht schafft. Die Versorgungswerke der Steuerberater werden in die Deutsche Rentenversicherung eingegliedert und wir verlieren einen Teil der zu erwartenden Renten.
- 2030: Die vor drei Jahren begonnene große Pleitewelle hat ihr Ende erreicht. Es sind nur noch 50 % der ehemaligen Kanzleien übrig. Alle anderen sind pleite, in Rente oder billig verkauft an große Steuerkanzleiaufkäufer.

Dieses Szenario soll für Sie ein Zeitplan sein, an dem Sie sich ungefähr ausrichten können. Er zeigt, dass noch nicht modernisierte Kanzleien keine Zeit mehr haben und die Modernisierung nicht weiter aufschieben können.

Sie haben es nun fast geschafft. Lesen Sie nun noch das nächste und letzte Kapitel – das hoffentlich seinen Teil dazu beitragen wird, dass wir Steuerberater nicht irgendwann tatsächlich unter Artenschutz gestellt werden müssen.

Handlungsempfehlung

Ich habe diesmal nur eine Handlungsempfehlung für Sie: Warten Sie nicht länger, handeln Sie jetzt!

39 Brauchen Steuerberater einen Kanzleicoach?

ERFOLGSIMPULS

Prüfen Sie genau, ob ein Steuerberater Ihnen Dinge abnehmen kann, die Sie normalerweise intern bearbeiten, beispielsweise Ihre Finanzbuchhaltung, Lohnbuchhaltung, Steuererklärungen und Gewinnermittlung, und ob dies wirtschaftlich Sinn ergibt. Und lassen Sie sich in allen strategischen und organisationalen Fragen von einem Profi beraten, der sich in Ihrer Branche auskennt.

Brauchen Steuerberater einen Steuerberater?

Brauchen Steuerberater einen Steuerberater? Früher hätte ich die Frage wahrscheinlich verneint. Ich hätte es für unnötig gehalten, auf einem Gebiet, auf dem ich mich auskannte, fremde Hilfe in Anspruch zu nehmen. Wie jeder andere Steuerberater auch erstellte ich meine eigene Finanzbuchführung, Lohnbuchführung, Steuererklärungen und Gewinnermittlungen. Und ich beriet mich auch betriebswirtschaftlich selbst. Das war Ehrensache. Meine ureigene Arbeit von einem Kollegen bearbeiten zu lassen oder mich von ihm betriebswirtschaftlich beraten zu lassen? Undenkbar! Wie peinlich wäre das denn gewesen! Ich bin doch Steuerberater, ich berate auch meine Kunden. Ich weiß schon, wie das alles geht. Außerdem hätte der Konkurrent dann in meine Zahlen schauen und sich vielleicht insgeheim lächerlich darüber machen oder sie an Freunde und Familie weitergeben können. Als Steuerberater und Mitglied eines elitären Berufsstandes hätte ich das nicht riskiert. So mancher Steuerberater wird heute noch so denken, aber ist das noch zeitgemäß?

Aus der Sicht eines Unternehmers und eines Kunden lautet die Antwort ganz eindeutig: Nein, ist es nicht. Unternehmer lassen arbeiten. Warum lassen wir, liebe Kolleginnen und Kollegen, nicht unsere Steuerangelegenheiten von einer anderen Steuerkanzlei erstellen? Und warum lassen wir uns nicht im Bereich Strategie, Führung, Organisation, Marketing oder EDV von anderen Kanzleicoaches beraten? Jede Kanzlei sollte in allen Bereichen immer mit Experten zusammenarbeiten und eher machen lassen, als immer alles selbst zu machen. Das ist übrigens auch ein wichtiges Merkmal für einen erfolgreichen Unternehmer. Er lässt machen und macht fast nichts selbst.

Viele Steuerberater scheuen die Investition in einen anderen Kollegen, die durchaus mehrere Tausend Euro im Jahr betragen können. Aber warum nicht einfach einmal machen lassen und sich selbst in die Rolle des Kunden begeben? Das schärft den Blick auf die eigene Kanzlei. Dazu können Sie sich folgende Fragen stellen:

- Denkt und arbeitet der Steuerberaterkollege kunden- und serviceorientiert?
- Werden Sie als Kunde/König behandelt?
- Sind seine Mitarbeiter freundlich und kommunizieren sie gut?
- Werden die Fristen leicht eingehalten oder arbeiten alle am Anschlag?
- Wird modern mit vielen einfachen Tools und Digitalisierungselementen gearbeitet oder altmodisch?
- Arbeitet er in attraktiven Kanzleiräumen und gibt es eine gute Verkehrsanbindung?
- Ist seine Arbeitsweise modern und schnell?
- Nimmt er Ihnen wirklich Arbeit ab oder müssen Sie ihm alles mit großem Aufwand mundgerecht liefern?
- Und dafür auch noch mehr bezahlen, als es Ihrer Meinung nach sein müsste?
- Reden Sie über eine schnelle und reibungslose Zusammenarbeit und über weitere Optimierungen?
- Berät Sie der Kollege aktiv von sich aus oder reagiert er nur, wenn Sie sich melden?
- Wie gut ist seine Fehlerkultur?
- Werden Fehler unter den Teppich gekehrt oder wird offen und klar darüber kommuniziert?
- Hatten Sie andere Vorstellungen in der Zusammenarbeit? Sprechen Sie ausführlich darüber?

Fragen über Fragen, die Ihnen den Spiegel vorhalten. Stellen Sie sich all diese Fragen, denn Ihre Kunden tun das auch und nehmen das Obengenannte wahr. Vergleichen Sie die Kanzlei des Kollegen mit Ihrer. Was ist besser, was schlechter? Welche guten Dinge können Sie für Ihre Kanzlei übernehmen, welche sollten Sie in Ihrem Haus besser abstellen? Als Kunde erhalten Sie einen einmaligen und unbezahlbaren Blick auf einen Kollegen und dessen Arbeitsweise.

Diese Punkte sind wichtig, wenn Sie mit einem Steuerberater zusammenarbeiten

Was sollten Sie bei einer professionellen Zusammenarbeit alles beachten und fordern? Folgende Punkte helfen Ihnen bei der Orientierung – und denken Sie immer daran: Sie sind jetzt der Kunde!

- Kommunizieren Sie Ihre Erwartungen an den Kollegen und dessen Mitarbeiter möglichst klar.
- Fordern Sie Ihren Kollegen. Sie sind der Kunde. Sie sind der König.
- Akzeptieren Sie keine Fristversäumnisse und kündigen Sie in solch einem Fall sofort das Mandat. Sie arbeiten nur mit Profis zusammen und Profis versäumen keine einzige Frist.
- Der Kollege muss schnell, modern und digital arbeiten, sonst zahlen Sie zu viel Honorar.
- Wenn der Kollege in Ihren Augen nicht gut arbeitet, suchen Sie sich schnell einen neuen.
- Vermeiden Sie gute Freunde und Bekannte, da sie in der Regel nicht so professionell für Sie arbeiten wie fremde Berater.
- Zahlen Sie gerne für einen guten Steuerberater, der Ihnen viel Arbeit abnimmt und viel Zeit spart. Hier sind wir beim Thema Opportunitätskosten angelangt. Rechnen Sie sich aus, ob sich Ihr Steuerberater auch finanziell für Sie lohnt. Betrachten Sie sein Honorar als Investition und nicht als Kosten. Rechnen Sie die von Ihnen benötigte Zeit für Ihre Finanzbuchhaltung, Lohnbuchhaltung, Steuererklärungen und Gewinnermittlung im Jahr zusammen und multiplizieren Sie sie mit Ihrem Stundensatz. Dieser Wert stellt Ihren verlorenen Umsatz dar, den Sie Kunden nicht in Rechnung stellen konnten, da Sie Ihre internen Verwaltungstätigkeiten erledigt haben. Jetzt vergleichen Sie diese Zahl mit dem Jahreshonorar des Kollegen abzüglich Ihrer Steuerersparnis. Wenn dann der Kollege etwa gleich liegt oder günstiger ist, dann sollten Sie ganz klar diese Leistungen an ihn outsourcen. Wenn er viel teurer ist, dann machen Sie einfach selbst weiter. Falls Sie sich nun fragen, ob ich auch alles von anderen Kollegen erstellen lasse, dann erhalten Sie folgende Antwort: Durch den modernen Einsatz aller möglichen Schnittstellen dauert meine monatliche Buchführung mit etwa 350 Buchungssätzen ca. eine Stunde, die monatlichen Lohnabrechnungen ca. zehn Minuten inklusive Verteilung der Abrechnungen, alle Steuererklärungen und die Gewinnermittlung ca. fünf Stunden. Das ergibt etwa 19 Stunden pro Jahr. Ein Kollege würde dafür ca. 4000–5000 Euro an Honorar verlangen, was durch den Zeitaufwand geteilt zwischen 210 und 263 Euro je Stunde ergeben würde. So viel kann ich keinem meiner Kunden je Stunde in Rechnung stellen, also ist mir diese Variante zu teuer. Rechnen Sie es für sich selbst aus und entscheiden Sie sich dann.

- Lernen Sie vom Kollegen: Übernehmen Sie das Positive und vermeiden Sie das Negative.

Brauchen Steuerberater einen Kanzleicoach?

Im Jahr 2018 fragen sich nur wenige Steuerberater, ob sie mit einem Kanzleicoach zusammenarbeiten wollen. Warum auch? Es läuft doch alles ganz toll. Jeder hat genug Arbeit und Geld. Warum sollte man ein Coaching machen? Das ist anstrengend und teuer!

Genau in dieser Haltung liegt das Problem. Wir kommen immer wieder zum selben Punkt: Unserer Branche geht es noch viel zu gut. Deshalb ist die Veränderungsbereitschaft so gering. Es ist ein bisschen wie bei einem Herzinfarkt-Kandidaten: Der Arzt ermahnt ihn immer wieder, sich gesünder zu ernähren, mehr Sport zu treiben, das Rauchen aufzugeben. Der Patient ignoriert diese Ermahnungen jedoch geflissentlich, isst, raucht, bewegt sich nicht, und das geht sogar jahrzehntelang gut. Bis ihn eines Tages aus vermeintlich heiterem Himmel der Herzinfarkt auf die Intensivstation bringt. Es folgt eine monatelange Reha und so etwas wie eine Läuterung, denn nun *muss* der Patient schlagartig seine schlechten Gewohnheiten abstellen und sie durch neue positive ersetzen.

Wir Menschen sind die Summe unserer Gewohnheiten. Das ist beim Essen, Trinken, in der Freizeit oder beim Einkaufen so und auch bei der Arbeit. Jede Änderung unserer Gewohnheiten ist immer anstrengend, aber nur so können wir uns weiterentwickeln. Wir entwickeln uns nicht weiter, wenn immer alles so bleibt, wie es war, sondern erst, wenn wir unsere Komfortzone verlassen. Als Folge daraus dehnen wir unsere Komfortzone immer weiter aus, was uns immer weiter verbessert. Die ehemals neuen Gewohnheiten werden zu unseren gewohnten Gewohnheiten – und das sollte stets so weitergehen. Wachstum, Veränderung, Entwicklung bringt jeden weiter – Stillstand ist der Tod.

Was hat die Fußball-Bundesliga mit der Steuerberatungsbranche zu tun?

Was die Frage »Coach – ja oder nein?« angeht, ist die Bundesliga schon deutlich weiter als die Steuerberatungsbranche. Sie zieht sich nicht auf die bequeme Position zurück: »Wir haben doch schon seit Jahrzehnten tolle Spieler, tolle Fans, ein tolles Stadion und eine tolle Organisation! Das reicht doch, um immer weiter ganz vorne mitspielen zu können!« Dass eine solche Haltung für die F-Jugend reicht, jedoch nicht für den Profisport, ist den Bundesligisten auch klar. Oder glauben Sie, dass der FC Bayern München auf die Idee käme, ohne einen Trainer zu spielen? Auch der FC Bayern leistet sich sehr teure Trainer und Coaches, die die Mannschaft immer wieder aus der Komfortzone reißen, sie taktisch und strategisch neu aufstellen und das in einer immer wieder neuen Zusammensetzung.

Die Unterschiede zwischen einer Fußballmannschaft und der Mitarbeitermannschaft in Ihrer Kanzlei sind im Grunde marginal. Beim Fußball ist lediglich das Veränderungstempo noch höher – hier vergeht kaum eine Woche, in der nicht irgendetwas verändert würde. Fußballmannschaften und deren Coaches sind also ein hervorragendes Vorbild für die Entwicklung einer Steuerkanzlei. Denn in Zukunft werden auch die Kanzleien nicht darum herumkommen, sich mit Hilfe eines Kanzleicoaches weiterzuentwickeln, wenn sie weiterhin in der Profiliga mitspielen wollen.

Welche Nachteile hat ein Kanzleicoach?

Ein Kanzleicoach berät Sie in allen Bereichen, die nichts mit der fachlichen Tätigkeit einer Steuerkanzlei zu tun haben. Aber auch er hat einige Nachteile:

- Investitionen fallen an.
- Hoher Zeitaufwand muss investiert werden.
- Dem Coach muss absolut vertraut werden, das ist gerade zu Beginn für einige Kanzleileitungen schwierig.
- Dem Coach muss alles offengelegt werden, sonst kann er seine Arbeit nicht gut machen.
- Die Handlungsempfehlungen des Coaches müssen umgesetzt werden, um erfolgreich zu sein.
- Coaching ist anstrengend.

Welche Vorteile hat ein Kanzleicoach?

- Der Kanzleierfolg ist langfristig sehr viel höher als die Investition.
- Kanzleileitung und Mitarbeiter lernen viel Neues, das sie langfristig anwenden können.
- Mitarbeiter und Kunden werden an die Kanzlei gebunden, da sie attraktiver wird.
- Alle Prozesse werden beschleunigt und vereinfacht.
- Auch die strategische Neuausrichtung der Kanzlei macht sie attraktiver.
- Die interne Kommunikation wird verbessert und beschleunigt.
- Die EDV wird besser und schneller genutzt.
- Die Kanzlei arbeitet nur noch mit den richtigen Mitarbeitern und Kunden zusammen.
- Der Außenauftritt der Kanzlei wird attraktiver und zieht mehr passende Mitarbeiter und Kunden an.
- Alle Jahresabschlüsse liegen im 1. Quartal des Folgejahres nahezu fertig vor.
- Haftungsrisiken werden erheblich gesenkt.
- Durch eine Unternehmenskultur werden interne Spielregeln festgelegt.
- Sie finden in meinen Webinaren noch über 200 mehr Gründe.

Wie habe ich mich zum Kanzleicoach entwickelt?
Seit ich 2005 selbständiger Steuerberater geworden bin, habe ich immer eines gemacht: Ich habe von den Besten gelernt.

Wenn Sie Millionär werden wollen, müssen Sie von anderen Millionären lernen und nicht vom armen angestellten Vermögensberater einer Bank oder eines Strukturvertriebs. Wenn sie abnehmen wollen, müssen Sie von einem schlanken Ernährungsberater lernen und nicht von einem dicken. Wenn Sie Mister Universum werden wollen, müssen Sie von einem ehemaligen Mister Universum lernen und nicht von einem schlaffen Ex-Bodybuilder. Sie müssen immer von den Besten lernen, denn die haben bereits bewiesen, dass sie es können.

Weiterhin habe ich alle Bücher in deutscher Sprache gelesen, die ich über Kanzleimanagement und Kanzleiorganisation einer Steuerkanzlei gefunden habe. Es waren etwa 20. Zusätzlich habe ich noch weit über 100 andere Bücher zu Themen rund um Unternehmen gelesen. Daraus habe ich immer alle Punkte herausgezogen, die ich für meine Kanzleientwicklung wichtig fand, und habe diese in meiner Praxis ausprobiert. Daraus habe ich wieder viel gelernt. Diese Punkte habe ich dann immer weiter auf meine Bedürfnisse angepasst, bis alles optimal war. Das Gleiche habe ich mit Wissen und Ideen von meinen Mentoren, aus dem Internet, aus Xing, aus YouTube, aus Blogs, von Steuerfachverlagen und von Softwareunternehmen gemacht. Ich habe viele außerfachliche Seminare der verschiedensten Anbieter besucht und wieder viel gelernt.

Ich lerne sehr viel in unserem Benchmarkingkurs bei der Firma Weigert & Fischer Unternehmensberatung GmbH in Neumarkt, in dem vierteljährlich zehn bis zwölf Steuerkanzleien aus ihrer täglichen Arbeit, von ihren Problemen und Erfolgen berichten. Zusätzlich analysiere und bespreche ich die Geschäftszahlen bis ins kleinste Detail, was auch sehr aufschlussreich ist. Ich habe Coachings von verschiedenen Anbietern besucht oder online im Internet gebucht. Teilweise ging es um die Steuerkanzlei, aber auch oft um andere Themen wie Marketing oder Führung.

Mit das Wichtigste kommt zum Schluss und ist die Umsetzung des erlangten Wissens in das aktive Handeln in der Kanzlei. Das läuft bei mir immer nach dem gleichen Schema ab: Wissen und Ideen sammeln, aufschreiben, mit Mitarbeitern im Teamgespräch besprechen, in der Praxis ausprobieren, wieder im Teamgespräch besprechen und weiter ausprobieren und optimieren, bis es irgendwann passt.

Hier nochmal eine kleine Zusammenfassung:

- Von den Besten lernen
- Bücher
- Internet
- Seminare

- Benchmarking
- Coachings
- Umsetzung des Wissens in der Praxis
- Immer weiter lernen und niemals aufhören

Was biete ich als Kanzlei- und Digitalisierungscoach an?
Überwiegend biete ich meinen KOP-Videokurs an, die ich speziell für Steuerkanzleien konzipiert habe und in denen ich mein gesamtes Detailwissen aus 20 Jahren Berufserfahrung in vielen Videos der gesamten Steuerberatungsbranche anbiete. Dabei ist mir eines sehr wichtig: Die Webinare enthalten mein Wissen, das ich in meiner Kanzlei bereits mehrfach ausprobiert und für sehr gut befunden habe. Sozusagen vom Praktiker für Praktiker. Der weitere Vorteil ist: Die Webinare sind preiswert, Sie müssen nicht persönlich irgendwo hinfahren und Sie und Ihre Mitarbeiter können sich alles in aller Ruhe so oft anschauen, wie Sie möchten.

Es kann allerdings auch sein, dass mich Kanzleien persönlich buchen möchten und ich zu ihnen komme, um vor Ort zu coachen. Dabei gehe ich nach den folgenden vier Maximen vor, auf die ich mein gesamtes Handeln ausgerichtet habe:

1. **Wir gehen den Weg von innen nach außen. Beruflich und privat.** Ich coache und optimiere in der Reihenfolge dieses Buches. Eine erfolgreiche Optimierung findet immer von innen nach außen statt. Das bedeutet, dass sich zuerst die Kanzleileitung optimiert, dann die Mitarbeiter, dann die Kanzleiorganisation und zum Schluss die Kunden. Diese Reihenfolge ist wichtig, denn das Optimierungsprogramm ist so aufgebaut. Anders herum macht es keinen Sinn; das Sprichwort »Der Fisch stinkt immer vom Kopf her« und seinen Hintergrund kennen Sie sicher.
2. **Wir akzeptieren, dass Mitarbeiter wichtiger als Kunden sind.** Mitarbeiter sind wesentlich wichtiger als Kunden, da sie immer viele Kunden auf einmal betreuen und somit ein Erfolgsmultiplikator sind. Außerdem gibt es nur etwa 200.000 potenzielle Mitarbeiter, aber über vier Millionen potenzielle Unternehmenskunden und noch mehr Privatkunden. Neue Kunden bekomme ich an jeder Ecke, neue gute Mitarbeiter nur schwer.
3. **Wir gehen den Weg von der Kundenorientierung hin zur Leistungsorientierung.** Wir sind oft zu stark auf den Kunden fixiert, um ihm alles recht zu machen. Dauernd steht der Kunde im Mittelpunkt und oft werden die Mitarbeiter als zweitrangig angesehen. Ein fatales Fehlverhalten. Wenn ein Kunde geht, verlieren Sie ein kleines Honorar, wenn ein Mitarbeiter geht, bricht das große Organisationschaos aus und Sie verlieren viele Kunden und viel Zeit, um einen neuen Mitarbeiter einzuarbeiten. Folglich gehen wir den Weg von der Kunden- zur Leistungsorientierung, weil Ihre Kunden nur aus einem Grund in Ihrer Kanzlei Kunden sind: Weil sie Ihre Leistungen benötigen.

4. **Wir sehen die Kanzlei als beste Geldanlage. Deshalb machen wir sie so attraktiv, dass sie jederzeit ohne Probleme zu einem sehr guten Preis verkauft werden könnte.** Wenn Sie Ihre Kanzlei als beste Geldanlage und beste Form Ihrer Altersvorsorge sehen, dann werden Sie sie bewusst und unbewusst so attraktiv wie möglich machen. Denn wer kauft schon unattraktive Steuerkanzleien? Heute schon kaum jemand und in zehn Jahren niemand mehr.

Handlungsempfehlungen

- Gehen Sie dieses Buch noch einmal gründlich durch und setzen Sie die Handlungsempfehlungen um, die zu Ihrer Kanzlei passen.
- Schenken Sie dieses Buch Ihren Mitgesellschaftern, Ihren Mitarbeitern und Ihren befreundeten Berufskollegen. Damit drücken Sie Ihre Wertschätzung aus und signalisieren, dass alle bei der bald beginnenden Modernisierung dabei sein müssen. Nebenbei sind dann alle auf dem gleichen Wissensstand wie Sie selbst.
- Wenn alle in Ihrer Kanzlei das Buch gelesen haben, besprechen Sie die zukünftige Kanzleientwicklung zuerst auf der Ebene der Kanzleileitung und danach mit allen Mitarbeitern.
- Wenn Mitglieder der Kanzleileitung lieber am Altbewährten festhalten und sich nicht weiterentwickeln wollen, müssen sie schnellstmöglich entlassen werden. Eine Kanzlei kann sich nicht erneuern und weiterentwickeln, wenn solche Störenfriede noch das Sagen haben.
- Wenn Mitarbeiter lieber am Altbewährten festhalten und sich nicht weiterentwickeln wollen, müssen sie schnellstmöglich entlassen werden.
- Erneuern Sie danach Ihre EDV-Hardware und erhöhen Sie deren Geschwindigkeit. Bleiben Sie ab sofort auf dem Stand der Technik.
- Vernetzen Sie noch mehr Ihre Software und nutzen Sie diese noch mehr als bisher. Meistens kann die Software mehr, als Sie ahnen und einsetzen. Bilden Sie sich entsprechend in diesen Dingen fort und erhöhen Sie somit die Bearbeitungsgeschwindigkeit.
- Überprüfen Sie alle Prozesse, die in Ihrer Kanzlei existieren – vom Posteingang bis zur Buchhaltung. Hinterfragen Sie alles, was bei Ihnen läuft. Lassen Sie unsinnige Prozessschritte weg, vereinfachen Sie vieles, damit alle Prozesse schneller laufen als bisher. Das ist Ihr erklärtes Hauptziel. Und dazu nutzen Sie und Ihr zusätzlich geschultes Personal alle sinnvollen technischen und organisatorischen Hilfsmittel. Jeder Bearbeitungsschritt muss schneller laufen, ich kann mich nicht oft genug wiederholen.
- Kündigen Sie alle Kunden, mit denen Sie nicht mehr zusammenarbeiten möchten und nehmen Sie nur noch Ihre idealen Kunden neu auf. Optimieren Sie so

Ihren Kundenstamm. Das erhöht wiederum Ihre Bearbeitungsgeschwindigkeit und Ihren Gewinn.

- Kündigen Sie alle Lieferanten, Subunternehmer und sonstige Vertragspartner, die nicht professionell mit Ihnen zusammenarbeiten. Sie spüren das, wenn es auf Dauer nicht funktioniert. Sie haben gerade ein paar Namen im Kopf? Schreiben Sie diese auf und suchen Sie sich neue Partner zu besseren Konditionen.
- Durchforsten Sie alle Ihre Betriebskosten und Privatkosten und sparen Sie unnötige Kosten ein. Kündigen Sie einfach viele Verträge und verhandeln Sie dann neu. Sie werden wahre Wunder erleben, was Sie alles sparen können.
- Überlegen Sie sich neue Leistungen, die Sie anbieten können. Die Deklarationsleistungen werden abnehmen, dafür müssen Sonderleistungen zunehmen. Werden Sie Herr von möglichst vielen Daten des Kunden, das wird in Zukunft immer wichtiger, weil Sie daraus neue Leistungen anbieten können, die heute technisch noch gar nicht möglich sind. Einige Beispiele von neuen Sonderleistungen, die eigentlich gar nicht so neu sind: Beratung zum optimalen Firmenwagen, Dienstreisen, Organisation beim Kunden, Finanzierungen, Investitionen, Nettolohnoptimierung, Planungen, Umstrukturierungen, Rechtsformwechsel, Steuerhochrechnungen, Controlling und viele mehr. Stellen Sie sich dazu folgende Frage: Was kann noch keine künstliche Intelligenz leisten? Das bieten Sie dann als Steuerberater an.
- Haben Sie keine Angst vor der großen Erneuerung. Angst spielt sich immer nur im Kopf ab und ist niemals real. Holen Sie sich Hilfe, bilden Sie sich im außersteuerlichen Bereich permanent weiter und gehen Sie einen Schritt nach dem anderen. Haben Sie keine Angst vor Überforderung oder dass Sie das nicht schaffen, Sie schaffen das! Sie schaffen auch seit Jahren eine 60-Stunden-Woche. Also schaffen Sie auch die Erneuerung. Haben Sie keine Angst vor Ihren Mitarbeitern. Sie müssen mitziehen oder gehen, aber lassen Sie sich davon nicht zurückwerfen. Haben Sie keine Angst vor Ihren Kunden – auch sie müssen mitziehen oder gehen. Aber auch das ist nicht schlimm, da es sowieso so kommen wird. Dafür bekommen Sie bessere neue Mitarbeiter und Kunden, das verspreche ich Ihnen.
- Rufen Sie einen Zwei-Jahres-Plan zur Kanzleimodernisierung ins Leben. Planen Sie für die komplette Modernisierung Ihrer Kanzlei etwa ein bis zwei Jahre ein. Nehmen Sie Ihre Mitarbeiter als wichtigste Erfolgsfaktoren mit auf Ihre Reise. Danach befinden Sie sich unter den besten 20 % aller Steuerkanzleien in Deutschland. Wenn Sie sich auch danach stetig Stück für Stück weiterentwickeln, haben Sie sehr gute Chancen, in die absolute Spitzenklasse aufzusteigen und zu den besten Kanzleien unseres Landes zu gehören. Dann haben Sie sich selbst optimiert, Sie haben optimierte Mitarbeiter, eine optimierte Organisation, einen optimierten Kundenstamm und eine optimierte Lebensqualität mit optimalem Gewinn.

40 Checklisten Handlungsempfehlungen

Nachfolgend erhalten Sie alle im Buch genannten 250 Handlungsempfehlungen als Checkliste. Bitte setzen Sie möglichst alle genannten Empfehlungen in der Reihenfolge des Buches in die Praxis um. Sie können die Kästchen links zum Ankreuzen verwenden, wenn Sie den jeweiligen Punkt umgesetzt haben.

Das wird das größte und erfolgreichste Projekt Ihrer Kanzleientwicklung werden, das verspreche ich Ihnen!

Kapitel 1: Vergangenheitsverklärung

☐ Akzeptieren Sie den technischen Fortschritt und die zunehmende Digitalisierung. Beides ist nicht aufzuhalten.

☐ Stellen Sie Ihre Kanzleiorganisation neu auf.

☐ Entwickeln Sie Ihre Mitarbeiter weiter. Auch sie müssen beim Fortschritt dabei sein und den stetigen Wandel mittragen.

☐ Stellen Sie Ihre Kanzlei allgemein auf den Prüfstand. Hinterfragen Sie alles. Jede Tätigkeit sollte so ausgeübt werden, wie es moderne Kanzleien heute schon tun. Erfinden Sie sich permanent neu.

☐ Interessieren Sie sich für neue Erfindungen, neue Software, neue Techniken, neue Arbeitsweisen und für die modern arbeitende Konkurrenz. Best Practice heißt die Devise. Lernen Sie von den Besten.

☐ Holen Sie sich für die Modernisierung Ihrer Kanzlei erfahrene Coaches oder buchen Sie ein Coachingprogramm.

Kapitel 2: Vom Steuerberater zum Unternehmensberater

- ☐ Erstellen Sie eine Stammdatenliste, in der alle Unternehmenskunden mit den wichtigsten Informationen aufgelistet werden: zum Beispiel Rechtsform, Gewinnermittlungsart, Branche, Jahresumsatz, Jahresgewinn, Unternehmertyp, Unternehmerhobbys, Gründungsjahr usw.
- ☐ Besprechen Sie diese Liste mit Ihren Mitarbeitern, da sie noch wichtige Informationen über die jeweiligen Unternehmen haben könnten. Ergänzen Sie dann die Liste um die weiteren Informationen.
- ☐ Befragen Sie Ihre Kunden, was sie zusätzlich zur klassischen Steuerberatung noch benötigen. Dies kann durch eine schriftliche Umfrage oder besser durch eine persönliche Befragung geschehen.
- ☐ Entwickeln Sie zusammen mit Ihren Mitarbeitern neue Dienstleistungsangebote, die sich aus der Kundenbefragung ergeben haben. Gründlichkeit geht hier vor Schnelligkeit.
- ☐ Wählen Sie Pilotkunden aus, die zusammen mit Ihnen die neuen Dienstleistungsangebote testen wollen. Kommunizieren Sie offen, dass sie Pilotkunden sind und dass sie dafür kein Honorar bezahlen müssen. Halten Sie immer wieder Rücksprache mit den Kunden und den Mitarbeitern, wie erfolgreich oder erfolglos die neuen Dienstleistungen sind.
- ☐ Beenden Sie erfolglose Dienstleistungen schnell und bieten Sie sie nicht mehr an. Rollen Sie dann die erfolgreichen Angebote aus und bieten Sie sie allen relevanten Unternehmenskunden aktiv an. Erster Anbieter ist immer die Kanzleileitung, nicht die Mitarbeiter. Die Mitarbeiter müssen die Dienstleistungen später ausführen, aber nicht zuerst anbieten.
- ☐ Die neuen Angebote werden an immer mehr Kunden verkauft, getestet und verfeinert, bis sie für den jeweiligen Einzelfall optimal laufen.
- ☐ Durch diese aktive und hoffentlich erfolgreiche betriebswirtschaftliche Beratung werden immer mehr Unternehmenskunden zu aktiven Weiterempfehlern für die Kanzlei. Das ist ein großer Marketing-Erfolg. Die Weiterempfehlungsquote steigt und die bestehenden Kunden sind zufriedener, manch einer sogar begeistert – eine Win-win-Situation für die Kanzlei, die Bestandskunden und neue Kunden.

Kapitel 3: Leitbild oder Leidbild?

☐ Ziehen Sie sich als Kanzleileitung für ein bis drei Tage an einen schönen Ort außerhalb der Kanzlei zurück.
☐ Dort formulieren Sie schriftlich Ihr privates und geschäftliches Wertesystem und anschließend das Leitbild der Kanzlei.
☐ Berufen Sie ein bis zwei Teamgespräche mit allen Mitarbeitern ein, in denen Sie Wertesystem und Leitbild diskutieren, anpassen und verabschieden.
☐ Machen Sie Wertesystem und Leitbild zu einem Teil der Unternehmenskultur der Kanzlei.
☐ Veröffentlichen Sie Wertesystem und Leitbild auf der Internet-Seite der Kanzlei.
☐ Begegnen Sie Unsicherheit und Angstgefühlen Ihrer Mitarbeiter gegenüber den Veränderungen mit intensiver Kommunikation.

Kapitel 4: Ohne Ziel ist jeder Schuss kein Treffer

☐ Wählen Sie Ziele nach der SMART-Methode aus (5 Eigenschaften).
☐ Teilen Sie Ziele in 5- und 1-Jahres-Ziele ein.
☐ Priorisieren Sie Ziele in einem Projektplan, am besten in Excel.
☐ Diskutieren und beschließen Sie Ziele gemeinsam mit Ihren Mitarbeitern (in Teamgesprächen).
☐ Arbeiten Sie Ihren Projektplan ab und erreichen Sie so Ihre Ziele planmäßig und fokussiert.
☐ Überprüfen Sie Ihre Ziele regelmäßig und passen Sie sie an die Realität an (Projektplan ändern).
☐ Verlieren Sie Ihre Ziele nicht aus den Augen schieben Sie nichts auf.
☐ Setzen Sie Konsequenzen bei Nichterreichen von Zielen durch.
☐ Halten Sie Ihr Leben in Balance; alle sieben Lebensbereiche sollten ausgewogen sein.

Kapitel 5: Planlos oder doch eine Strategie?

☐ Führen Sie einen Strategie-Workshop mit der gesamten Kanzleileitung durch.
☐ Blicken Sie auf Leitbild, Werte, Kultur, Vision, Ziele und Strategie des Vorjahres zurück und lernen Sie daraus.

- ☐ Legen Sie Leitbild, Werte, Kultur, Vision, Ziele und Strategie neu fest, justieren Sie alles nach, diskutieren Sie alles in Ruhe durch und entscheiden Sie zum Schluss.
- ☐ Schreiben Sie alles auf. Schreiben Sie eine große Projektliste, die alle Maßnahmen enthält, wer, was, bis wann, in welcher Qualität im Folgejahr erledigen muss. Sinnvoll wäre, diese Liste in Excel oder einem vergleichbaren Programm zu führen und transparent in der Kanzlei zu veröffentlichen. Diese Liste wird Ihr Umsetzungsplan, der Sie wirklich weiterbringt!
- ☐ Halten Sie unmittelbar nach Ihrer Rückkehr in die Kanzlei ein Teamgespräch mit allen Mitarbeitern ab. Klartextkommunikation ist dabei das Wichtigste! Jeder soll offen und ehrlich diskutieren, Ideen einbringen und zum Schluss den Projektplan verabschieden.
- ☐ Der Projektplan wird konsequent von den zuständigen Personen abgearbeitet. Unterjährig wird diese Liste immer wieder an die Realität angepasst und wiederum laufend in Teamgesprächen besprochen.

Kapitel 6: Zeitmanagement

- ☐ Arbeiten Sie nur noch mit den »richtigen« Mitarbeitern und Kunden zusammen. Zeiträuber dürfen Sie nicht tolerieren.
- ☐ Vermeiden Sie die häufigsten sieben Zeitdiebe, so oft Sie können.
- ☐ Reservieren Sie feste Zeiten im Kalender für die privaten fünf Lebensbereiche (Gesundheit, Geheim, Gesellschaft, Geil, Geist).
- ☐ Priorisieren Sie Ihre Aufgaben und Zeiten jede Woche: Die fünf privaten Lebensbereiche haben Vorrang vor den Bereichen Geschäft und Geld. Das Arbeiten *an* der Kanzlei hat Vorrang vor dem Arbeiten *in* der Kanzlei. Arbeiten Sie um die privaten Zeiten herum, sonst erreichen Sie keine Lebensbalance aller sieben Bereiche. Umgekehrt funktioniert es nicht.
- ☐ Führen Sie einen verbindlichen Wochenplan für sich und Ihre Mitarbeiter ein.
- ☐ Führen Sie verbindliche störungsfreie Zeiten für sich und Ihre Mitarbeiter ein.
- ☐ Bieten Sie allen Mitarbeitern die Möglichkeit, im Homeoffice zu arbeiten.
- ☐ Schließen Sie Kooperationen, die Ihnen in vielen Fragen viel Zeit sparen helfen.
- ☐ Nutzen Sie die frei gewordene Zeit für alles, was Ihr Herz erfreut.

Kapitel 7: Notfallkoffer

- ☐ Wählen Sie einen Praxisvertreter aus und lassen Sie ihn bei der Steuerberaterkammer registrieren.
- ☐ Legen Sie einen Ordner an und arbeiten Sie eine Notfall-Checkliste durch.
- ☐ Besprechen Sie mit allen Ihnen wichtigen Menschen, was im Notfall zu tun ist.
- ☐ Leben Sie gesund und tun Sie alles dafür, dass der Notfall nie eintritt.

Kapitel 8: Controlling und Benchmarking

- ☐ Führen Sie Ihre eigene Buchführung auf Jahresabschlussniveau und erstellen nur für sich selbst eine Handelsbilanz, die die Lage der Kanzlei genauer beschreibt.
- ☐ Stellen Sie Ihren Jahresabschluss im Januar des Folgejahres fertig.
- ☐ Schaffen Sie Dauerfristverlängerungen bei den Umsatzsteuer-Voranmeldungen ab, da diese dazu verleiten, Ihre Geschäftszahlen zu spät zu haben.
- ☐ Kreieren Sie einen Controllingbericht, der alle Kennzahlen enthält, die Ihnen wichtig sind.
- ☐ Analysieren Sie monatlich die Zahlen aus dem Bericht, besprechen Sie diese ggf. mit Ihren Mitarbeitern und vertrauten Berufskollegen und ergreifen Sie sinnvolle Maßnahmen zur Verbesserung der Lage.
- ☐ Melden Sie sich beim Benchmarking an, um einen externen Kanzleivergleich und neue Ideen zu erhalten.

Kapitel 9: Führung durch Vorbild

- ☐ Behandeln und führen Sie Ihre Mitarbeiter mit Respekt, Wertschätzung und Lob.
- ☐ Seien Sie immer ein gutes Vorbild und gehen Sie voran.
- ☐ Übernehmen Sie die oben genannten Führungsgrundsätze von Fredmund Malik und mir für Ihre Kanzlei.

Kapitel 10: »Gute Mitarbeiter sind rar«

- ☐ Machen Sie Schritt für Schritt Ihre Kanzlei attraktiver für bestehende und neue Mitarbeiter. Wechseln Sie dazu die Rolle, seien Sie selbst der Bewerber und fragen sich: Finde ich diese Kanzlei so attraktiv, dass ich darin lange und gerne arbeiten will?
- ☐ Wenn Sie trotz aller Anstrengungen keine neuen Mitarbeiter gewinnen können und keine Initiativbewerbungen erhalten, dann ist Ihre Kanzlei immer noch nicht attraktiv genug. Passen Sie Ihre Außendarstellung an, z. B. mit neuen Fotos, neuen Videos, neuen Bewerbungstexten, mehr Aktivität in Social-Media-Kanälen u. v. m. Binden Sie Ihre Mitarbeiter mit ein und lassen Sie sich von externen Beratern und Coaches beraten, was Sie noch alles machen können.
- ☐ Lernen Sie von den Homepages der Konkurrenz – was setzen diese besser um als Sie?
- ☐ Sorgen Sie immer für ein sehr gutes Arbeitsklima durch Respekt, Wertschätzung und gute Laune. Loben Sie Ihre Mitarbeiter wie ein Weltmeister, aber immer ernsthaft.
- ☐ Bieten Sie allen Mitarbeitern Homeoffice-Plätze an.
- ☐ Stellen Sie neuen Mitarbeitern in der Probezeit einen Paten zu Seite.
- ☐ Führen Sie alle zwei Wochen ein Teamgespräch und ein- bis zweimal im Jahr ein großes Mitarbeiterentwicklungsgespräch durch.
- ☐ Digitalisieren und automatisieren Sie konsequent nach und nach immer mehr Prozesse.
- ☐ Geben Sie Ihren Mitarbeitern umfassende Mitspracherechte und große Eigenverantwortung.

Kapitel 11: Unternehmenskultur

- ☐ Verwenden Sie unsere Vorlage, um eine gute Basis für die Ausformulierung Ihrer eigenen Unternehmenskultur zu haben.
- ☐ Diskutieren Sie diese Basis gemeinsam mit allen Mitarbeitern. Ändern Sie, passen Sie an und lassen Sie am Ende alle Ihre Mitarbeiter unterschreiben. Nur wenn alle mitentscheiden, wird sie von allen akzeptiert.
- ☐ Passen Sie die Unternehmenskultur regelmäßig an die Realität an und aktualisieren Sie sie ein- bis zweimal im Jahr.

Kapitel 12: Teamgespräche

☐ Legen Sie den Wochentag und die Uhrzeit für die Teamgespräche fest. Diese Termine müssen als Dauertermine in den Outlookkalendern der Kanzleileitung und aller Mitarbeiter eingetragen werden und haben Vorrang vor anderen Terminen. Teamgespräche finden auch bei Krankheit von einzelnen Mitarbeitern statt. Auch Teilzeitkräfte müssen zu den Teamgesprächen in die Kanzlei kommen, selbst wenn das nicht ihre eigentlichen Arbeitstage sind.
☐ Formulieren Sie eine schriftliche Agenda und nutzen Sie sie bei den Teamgesprächen.
☐ Animieren Sie Ihre Mitarbeiter, sich vor der Gruppe zu öffnen und ihre Themen und Ideen vorzutragen.
☐ Bauen Sie Ideenmanagement ein (Details im nächsten Kapitel).
☐ Nutzen Sie Brainstorming.

Kapitel 13: Ideen- und Wissensmanagement

☐ Stellen Sie einen Wissensmanagementplan auf.
☐ Führen Sie ein Ideenmanagement verpflichtend ein, freiwillig funktioniert das nicht.
☐ Schicken Sie alle Mitarbeiter und sich selbst mindestens vier Tage pro Jahr auf Fachseminare.
☐ Schicken Sie alle Mitarbeiter und sich selbst auf einige interessante außerfachliche Seminare.
☐ Abonnieren Sie ausreichend Wissensdatenbanken für sich selbst und alle Mitarbeiter.
☐ Nutzen Sie die Teamgespräche für die interne Fortbildung und den Wissensimport von externen Seminaren. Das Teamgespräch ist die Wissensdrehscheibe für alle!

Kapitel 14: Mitarbeiterbindung

☐ Führen Sie regelmäßige Mitarbeiterbefragungen durch.
☐ Setzen Sie ein- bis zweimal im Jahr Mitarbeiterentwicklungsgespräche an.

☐ Verpflichten Sie Ihre Mitarbeiter mindestens einmal im Jahr zu einem externen Workshop, in dem Sie gemeinsam die langfristig anstehenden Themen besprechen.

- ☐ Sorgen Sie durch verschiedene Maßnahmen für ein dauerhaft gutes und wertschätzendes Betriebsklima, in dem alle gemeinsam gerne arbeiten.

Kapitel 15: Mitarbeiterkündigung

- ☐ Bringt ein Mitarbeiter nicht die gewünschte Leistung, muss die Kanzleileitung mit ihm reden, versuchen, ihn positiv zu entwickeln und eine neue »Probezeit« von maximal sechs Monaten für diese Entwicklung einräumen. Ist es danach gut, kann der Mitarbeiter bleiben; ist es danach gleich oder schlechter, muss er nach sechs Monaten fristgerecht gekündigt werden.
- ☐ Identifiziert die Kanzleileitung einen Mitarbeiter als »Terroristen«, ist dieser sofort fristgerecht zu kündigen und freizustellen. Ohne Wenn und Aber! Wehren Sie Schaden von Ihrer Kanzlei ab!
- ☐ Genießen Sie die Ruhe nach dem Sturm. Genießen Sie das bessere Betriebsklima. Seien Sie stolz auf sich, dass Sie eine berechtigte Kündigung ausgesprochen haben.

Kapitel 16: Mitarbeitergewinnung

- ☐ Machen Sie eine Kapazitätsanalyse und reagieren Sie entsprechend, wenn das Ergebnis feststeht.
- ☐ Optimieren Sie Ihren Kundenstamm und beschleunigen Sie Ihre interne Organisation. Beschleunigen heißt: vereinfachen, digitalisieren, automatisieren.
- ☐ Stellen Sie erst neue Mitarbeiter ein, wenn Sie diese beiden oben genannten Punkte erledigt haben.
- ☐ Schauen Sie sich als Einstieg auf meiner Homepage www.patrikluzius.de/kanzlei/jobs die 25 Gründe an, warum sich jemand bei mir bewerben sollte.
- ☐ Machen Sie Ihre Kanzlei durch und durch attraktiv für neue Mitarbeiter. Durchdenken Sie alles. Fragen Sie Ihre bisherigen Mitarbeiter und Ihre Freunde, wie die Kanzlei noch attraktiver werden kann. Stellen Sie sich hierbei immer selbst die Frage: »Würde ich hier gerne und langfristig arbeiten?«
- ☐ Suchen Sie mit andersartigen und auffälligen Anzeigen neue Mitarbeiter, nicht mit altbackenen »Todesanzeigen«. Gestalten Sie Ihre Anzeige und deren Inhalt gehirngerecht nach folgendem Schema: neu, bedeutsam, wichtig, sinnvoll, interessant und glaubwürdig. Das erhöht Ihre Erfolgschancen.

- ☐ Nutzen Sie moderne Medien für die Suche. Mit Facebook haben wir gute Erfahrungen gemacht.
- ☐ Stellen Sie nur gutes Personal ein, das Ihren Einstellungsfilter erfolgreich durchlaufen hat.

Kapitel 17: Kanzlei(alp)träume

- ☐ Fördern Sie aktiv und ständig die Gesundheit Ihrer Mitarbeiter.
- ☐ Schaffen Sie optisch und funktionell schöne und attraktive Kanzleiräume.
- ☐ Betreiben Sie die Kanzlei an einem attraktiven Standort.
- ☐ Achten Sie darauf, dass Ihre Ausstattung auf dem Stand der Technik ist und jeder damit effizient arbeiten kann.
- ☐ Achten Sie auf absolute Diskretion in den Kanzleiräumen.

Kapitel 18: EDV

- ☐ Schaffen Sie sich etwa alle drei Jahre neue EDV-Hardware an, um auf dem Stand der Technik zu bleiben und nicht zurückzufallen. Die Konkurrenz schläft nicht.
- ☐ Nutzen Sie Ihre Software bestmöglich aus und nutzen Sie alles, was diese kann. Sparen Sie an dieser Stelle nicht an Softwareschulungen – eine falsche oder umständliche Handhabung kostet langfristig immer mehr als die Schulungen.
- ☐ Nutzen Sie die Software, um effektive und effiziente Prozesse umzusetzen. So spart zum Beispiel der Einsatz des Kontoauszugsmanagers durchschnittlich 50 % Arbeitszeit bei gleichem Honorar.
- ☐ Durchdenken Sie alle Kanzleiprozesse und suchen Sie nach schnelleren Abläufen. Setzen Sie dazu sinnvoll Ihre jetzige oder auch neue Software ein. Die beste Frage, die Sie sich dabei stellen können, lautet: »Wie geht der Prozess noch schneller als heute?«
- ☐ Suchen Sie sich einen passenden, ortsnahen und preiswerten IT-Dienstleister, der Ihre Kanzlei professionell unterstützt.

Kapitel 19: Zeiterfassung

- ☐ Kanzleileitung und Mitarbeiter stellen zusammen in mehreren Teamgesprächen möglichst klare und einfache Regeln für die LEA auf, diskutieren alles und verabschieden sie zusammen.
- ☐ Die Regeln zur LEA werden in die Unternehmenskultur aufgenommen und von allen unterschrieben.
- ☐ Integrierte Software wie zum Beispiel von der DATEV sollte vorrangig vor anderen Insellösungen genutzt werden.
- ☐ Jeder in der Kanzlei führt täglich, lückenlos und regelkonform die LEA.

Kapitel 20: Auftragsplanung

- ☐ Führen Sie eine Kapazitätsplanung aller Mitarbeiter durch (s. Kapitel 30).
- ☐ Passen Sie ggf. Mandatszuständigkeiten oder Mandatskündigungen an die Erkenntnisse der Kapazitätsplanung an.
- ☐ Durchdenken Sie ein neues System zur Auftragsplanung an einer Magnetwand zunächst innerhalb der Kanzleileitung.
- ☐ Stellen Sie das System im Teamgespräch den Mitarbeitern vor und diskutieren Sie es gemeinsam.
- ☐ Legen Sie zusammen schriftlich die Regeln zur Auftragsplanung fest und verabschieden Sie sie gemeinsam.
- ☐ Besorgen Sie das Material: Magnetwand, abwaschbare Stifte, abwaschbare Magnete (Investition bei uns: ca. 1.000 Euro).
- ☐ Weisen Sie alle Mitarbeiter vor der Tafel ein, klären Sie alle Fragen, passen Sie ggf. die schriftlichen Regeln an und los geht's!

Kapitel 21: Vorlagenverwaltung

- ☐ Führen Sie das Programm »Vorlagenverwaltung« der DATEV oder eines vergleichbaren anderen Anbieters in Ihrer Kanzlei ein.
- ☐ Lassen Sie das gesamte Kanzleiteam professionell in dem Programm schulen.
- ☐ Kanzleileitung, Sekretariat und Mitarbeiter stellen zentral alle Dokumente zusammen, die häufig und immer wieder genutzt werden.
- ☐ Legen Sie ein einheitliches Kanzleiformat für alle Vorlagen fest, das zur Kanzlei passt.

- ☐ Legen Sie zuerst die am häufigsten genutzten 50 Vorlagen an und ergänzen diese nach und nach.
- ☐ Bauen Sie sinnvolle Platzhalter in die Vorlagen ein und testen, testen, testen Sie.
- ☐ Nutzen Sie täglich möglichst viele Vorlagen und aktualisieren Sie sie immer wieder.

Kapitel 22: Mandantenvertrag als Dauerrechnung

- ☐ Lassen Sie einen Steuerberatungsvertrag von einem Spezialanwalt entwerfen. Oder Sie nutzen unsere Vertragsvorlage, die Sie in meinem Webinarkurs (ab Gold-Paket) gratis erhalten.
- ☐ Führen Sie die Diskussion mit allen Mitarbeitern, bis der Vertrag steht.
- ☐ Regeln Sie alle Rechte und Pflichten von Kunde und Steuerberater inkl. AGB im Vertrag.
- ☐ Machen Sie den Vertrag zur Dauerrechnung im Sinne des Umsatzsteuergesetzes.
- ☐ Sehen Sie den Vertrag als Effizienzsteigerungsmaßnahme. Nutzen Sie dazu die zuvor genannten Einzelmaßnahmen.
- ☐ Stellen Sie Ihr Honorarmodell um und vereinbaren Sie feste Pauschalen – sozusagen eine Flatrate für die Erstellung der regelmäßigen Leistungen ohne Sonderleistungen.
- ☐ Machen Sie persönliche Termine mit allen Unternehmenskunden, denen Sie den Vertrag erklären wollen. Bieten Sie dem Kunden nicht die Wahl, bei dem alten System zu bleiben, sondern strahlen Sie Stärke und Entschlossenheit aus. Erzählen Sie, dass Sie den Vertrag bei allen anderen Kunden genauso einführen. Der Kunde hat nur Vorteile, die Sie natürlich alle aufzählen. Damit lassen sich nahezu alle überzeugen.
- ☐ Wenn der Kunde den Vertrag nicht unterschreiben möchte, fragen Sie nach dem Warum. Versuchen Sie alle Fragen zu beantworten und Unklarheiten zu beseitigen. Wenn er immer noch nicht unterschreibt, prüfen Sie, wie wichtig er für die Kanzlei ist und ob er mit Ihnen spielt. Sie können dann das Honorar erhöhen oder ihm auch kündigen. Der Vertrag ist übrigens ein guter Anlass, einige »terroristisch« veranlagte Kunden zu kündigen, die Sie schon immer loshaben wollten.
- ☐ Durch diesen Vertrag bestimmen Sie die neuen Spielregeln und erhalten zur Belohnung Kunden, die diese akzeptieren und jede Menge Effizienzsteigerung durch weniger Verwaltung. Unternehmerherz, was willst du mehr?

Kapitel 23: Kanzleiorganisation

- ☐ In der Kanzlei sollte grundsätzlich Ordnung herrschen. Jeder sollte wissen, was an welchem Platz zu finden ist.
- ☐ Alle Kanzleiprozesse sollten gründlich analysiert, schriftlich fixiert und mit allen Mitarbeitern besprochen werden.
- ☐ Nach der Analyse sollten die Prozesse auf Zeitersparnis überprüft werden und die Prozesse entsprechend geändert werden. Meistens werden die Prozesse dadurch sogar vereinfacht.
- ☐ Testen Sie die neuen Prozessabläufe, ob sie optimal sind oder noch weiter beschleunigt und vereinfacht werden können.
- ☐ Wenn alles reibungslos läuft, fügen Sie alle schriftlichen Prozessbeschreibungen in das Kanzleihandbuch ein. Aktualisieren Sie das ganze Handbuch laufend, spätestens einmal pro Jahr komplett.

Kapitel 24: Auftragsmarketing

- ☐ Verlassen Sie sich nicht mehr auf die Marketingmaschine Finanzamt, sondern nehmen Sie Ihr Marketing selbst in die Hand.
- ☐ Definieren Sie schriftlich Ihren idealen Kunden und suchen Sie gezielt nach ihm (mehr dazu in Kapitel 25).
- ☐ Bauen Sie ein Kundenpflegeprogramm für Ihre bestehenden Kunden auf (mehr dazu in Kapitel 26).
- ☐ Bauen Sie ein Empfehlungsmarketing auf, das Ihnen von selbst neue Kunden bringt (mehr dazu in Kapitel 29).
- ☐ Machen Sie Ihre Kanzlei attraktiv für alte und neue Kunden (mehr dazu in allen Kapiteln).

Kapitel 25: Der ideale Kunde

- ☐ Kündigen Sie in einem Teamgespräch vor allen Mitarbeitern an, welche idealen Kunden in Zukunft in die Kanzlei aufgenommen werden sollen.
- ☐ Erarbeiten Sie zusammen nach den oben genannten Kriterien eine schriftliche Definition des idealen Kunden und beschließen sie sie zusammen.

- ☐ Alle neuen Kunden werden ab sofort auf die neuen Kriterien überprüft und nur diese Kunden aufgenommen, die sie erfüllen. Hören Sie bei der Neuaufnahme unbedingt auf Ihr Bauchgefühl! Es lässt Sie nie im Stich.
- ☐ Alle Mitarbeiter überprüfen ihre Bestandskunden, ob sie ungefähr den Kriterien entsprechen und geben der Kanzleileitung entsprechende Rückmeldung.
- ☐ Die Kanzleileitung entscheidet, ob die Bestandskunden weiter betreut werden oder nicht. Und wenn ja, zu welchen Konditionen.
- ☐ Halten Sie sich konsequent an die Kriterien, da Sie ansonsten viele Nachteile haben werden.
- ☐ Richten Sie Ihre gesamten Marketingaktivitäten zur Neukundengewinnung nach den Kriterien aus. Sie werden dadurch viel mehr Ihrer idealen Kunden bekommen, das ist sicher.

Kapitel 26: Kundenpflegeprogramm

- ☐ Analysieren Sie zusammen mit Ihren Mitarbeitern Ihre Kunden und stufen Sie sie in ABCT-Kategorien ein.
- ☐ Pflegen Sie am meisten die A-Kunden, vor den B- und vor den C-Kunden. T-Kunden müssen sofort gekündigt werden.
- ☐ Machen Sie ständig Bedarfsanalysen, indem Sie bei jeder kleinen Gelegenheit Ihre Kunden fragen, was Sie besser machen können und was sich die Kunden wünschen.
- ☐ Gestalten Sie alle Berührungspunkte mit den Kunden kundenfreundlich und serviceorientiert. Binden Sie Ihre Mitarbeiter mit ein.
- ☐ Regeln Sie Maßnahmen zur Kundenpflege in Ihrer Unternehmenskultur, damit die Mitarbeiter dazu verpflichtet werden.
- ☐ Lassen Sie sich und Ihre Mitarbeiter in Sachen Kundenpflege regelmäßig von einem externen Coach coachen.
- ☐ Belohnen Sie Ihre loyalsten Kunden mit Geschenken.
- ☐ Setzen Sie möglichst viele Maßnahmen aus der Beispielliste für exzellenten Service in die Praxis um. Fangen Sie mit den einfachsten Dingen an und arbeiten sich zu den längerfristigen durch. Je mehr, desto erfolgreicher werden Sie sein.

Kapitel 27: Homepage

- ☐ Wenn Sie noch keine Homepage haben, lassen Sie sich schnellstmöglich eine aufbauen.
- ☐ Setzen Sie alle oben genannten Punkte um.
- ☐ Warten Sie nicht! Handeln Sie jetzt!

Kapitel 28: Kundengewinnung

- ☐ Schütteln Sie das Werbeverbot der Vergangenheit auch innerlich ab. Sie dürfen jede Werbung machen, die Sie wollen und die nicht unlauter ist. Das gilt für alle anderen Unternehmen auch.
- ☐ Bauen Sie die Kanzlei als Marke auf. Lassen Sie sich dafür am besten beraten und coachen.
- ☐ Legen Sie eine einheitliche Corporate Identity fest.
- ☐ Positionieren Sie sich als Kanzlei oder Experte mit klar definierter Zielgruppe, Kompetenzen, Leistungen, Akquise Maßnahmen, Honoraren etc.
- ☐ Halten Sie bei potenziellen Neukunden immer die erarbeiteten Kriterien für Ihre idealen Neukunden ein.
- ☐ Nehmen Sie für alle geplanten Projekte Ihre Mitarbeiter mit ins Boot, kommunizieren Sie viel in Teamgesprächen mit ihnen. Nur mit deren Hilfe werden die Projekte zum Erfolg kommen.
- ☐ Führen Sie eine Personalkapazitätsberechnung durch. Wenn Sie neue Kunden aufnehmen möchten, dann benötigen Sie vorher mehr Personal, das die zusätzlichen Aufträge bearbeiten kann. Schaffen Sie neue Kapazitäten, die Sie füllen können, warten Sie nicht, bis die ersten Aufträge da sind und dann unbearbeitet liegen bleiben. Das lässt Sie gegenüber Ihren Neukunden unprofessionell wirken. Gegebenenfalls benötigen Sie auch eine neue oder erweiterte EDV oder größere Räume oder ein eigenes Filmstudio. Planen Sie das alles vor dem konkreten Start des Neukundengewinnungsprogramms ein, sonst wird bei Ihnen das Chaos ausbrechen.
- ☐ Starten Sie das Neukundengewinnungsprogramm, wenn Sie ausreichende Ressourcen haben. Setzen Sie möglichst alle vorgeschlagenen oben genannten Punkte in die Praxis um.
- ☐ Genießen Sie nach einigen Monaten die steigende Anzahl an Neukunden.
- ☐ Vernachlässigen Sie Ihre Bestandskunden nicht. Mit ihnen verdienen Sie immer noch sehr gutes Geld und diese Treue sollten Sie belohnen.

Kapitel 29: Empfehlungen

- ☐ Setzen Sie insbesondere die Handlungsempfehlungen der zuletzt gelesenen fünf Kapitel in die Praxis um. Sie erhalten dann ein sehr gutes Empfehlungsmarketingsystem, das Ihnen automatisch und laufend neue passende Kunden liefert.
- ☐ Verwalten Sie das Empfehlungsmarketingsystem in Excel und gewinnen Sie wichtige Kennzahlen daraus.
- ☐ Stellen Sie immer wieder allen A- und B-Kunden die Empfehlerfrage. C-Kunden brauchen Sie nicht befragen, sie sind für den Kanzleierfolg nicht wichtig genug. Werten Sie die Ergebnisse aus, besprechen Sie sie mit Ihren Mitarbeitern und verhalten sich danach entsprechend.
- ☐ Stecken Sie und Ihre Mitarbeiter mehr Zeit und Energie die Kunden, die neun und zehn gesagt haben. Begeistern Sie die Kunden, die sieben und acht gesagt haben, so dass diese beginnen, Sie weiterzuempfehlen. Verabschieden Sie sich mittelfristig von den Kunden, die eins bis sechs gesagt haben. Planen Sie für diese zukünftigen Ex-Kunden bereits neue passende Kunden in Ihrer Kapazitätsplanung ein.
- ☐ Verbessern Sie kontinuierlich Ihren Kundenstamm durch die Neuaufnahme von passenden empfohlenen Kunden und durch die Kündigung derjenigen, deren Antwort zwischen eins und sechs lag.
- ☐ Bauen Sie nur ein effektives Empfehlungsmarketingsystem auf, wenn Sie ausreichend Personalkapazitäten haben oder kurzfristig haben werden. Nur dann können Sie passende Neukunden in kurzer Zeit aufnehmen und schnell bearbeiten. Eine lange Bearbeitungszeit im ersten Jahr der Zusammenarbeit wäre unprofessionell.

Kapitel 30: Überkapazität und ABCT-Analyse

- ☐ Lassen Sie die ABCT-Analyse des Kundenstamms zuerst von allen Mitarbeitern durchführen.
- ☐ Analysieren Sie die Ergebnisse und besprechen Sie sie dann im nächsten Teamgespräch. Wenn es keine regelmäßigen Teamgespräche gibt, dann sollten Sie ein spezielles Teamgespräch zur Analyse der Ergebnisse initiieren.
- ☐ Nach der Analyse erstellen Sie eine Kapazitätsplanung, um alle Mitarbeiter gleichmäßig gut auszulasten und ggf. freie Überkapazitäten zu ermitteln. Am besten ist sie in Excel zu erstellen.

- ☐ Legen Sie fest, welche Kunden Sie als T-Kunden definieren und kündigen Sie sie anschließend.
- ☐ Nach der Kündigungswelle aktualisieren Sie Ihre Kapazitätsplanung.
- ☐ Legen Sie die Kunden fest, bei denen Sie eine Leistungsreduzierung (Zeiteinsparung bei gleichem Honorar) durchgesetzt bekommen.
- ☐ Aktualisieren Sie die Kapazitätsplanung anschließend.
- ☐ Legen Sie die Kunden fest, bei denen Sie Ihr Honorar bei gleicher Leistung anheben.
- ☐ Legen Sie die Kunden fest, die Sie ab sofort von einem anderen Mitarbeiter betreuen lassen wollen.
- ☐ Aktualisieren Sie anschließend wieder die Kapazitätsplanung.
- ☐ Legen Sie die gewollten permanenten Überkapazitäten auf Basis der aktuellsten bereinigten Kapazitätsplanung fest. Meine Empfehlung: Halten Sie 5–10 % der Gesamtarbeitszeit aller Mitarbeiter (ohne Kanzleileitung) an Überkapazität für lukrative Neukunden ständig bereit.
- ☐ Aktualisieren Sie die Kapazitätsplanung halbjährlich.
- ☐ Wiederholen Sie ABCT-Analyse halbjährlich, um den Kundenstamm immer weiter zu optimieren.

Kapitel 31: Kundenerziehung

- ☐ Verinnerlichen Sie die neue Denkweise, dass die Kanzlei den Kunden konsequent vorgibt, was sie bis wann und in welcher Qualität von ihnen haben möchte.
- ☐ Die Kanzleileitung entwickelt Regeln der Zusammenarbeit zwischen Kunde und Kanzlei und fixiert sie schriftlich.
- ☐ Dieses Regelwerk muss mit allen Mitarbeitern im Rahmen von Teamgesprächen diskutiert, verbessert und verabschiedet werden.
- ☐ Die Regeln müssen in der Praxis gegenüber dem Kunden kommuniziert, vorgelebt und überwacht werden. Konsequenzen bei Regelverstößen müssen den Kunden frühzeitig kommuniziert werden.
- ☐ Das Regelwerk sollte in die Steuerberatungsverträge als Vertragsbestandteile aufgenommen werden. Alte Verträge sollten um die neuen Spielregeln ergänzt werden.
- ☐ Rechnen Sie konsequent und zeitnah Sonderleistungen ab, spätestens jedes Vierteljahr. Die Grundlage hierfür ist, dass jeweils ein vierteljährlicher Sonderauftrag je Kunde in der EDV angelegt wird, damit die Mitarbeiter eine einfache Möglichkeit haben, ihre Zeiten zu erfassen.

☐ Bleiben Sie gerecht und konsequent in Ihren Erziehungsmaßnahmen. Es wird einige Monate dauern, bis sich die Kunden an den neuen Wind in der Kanzlei gewöhnt haben. Für die meisten wird es kein Problem darstellen, einige wenige werden sich dagegen auflehnen und versuchen, die Regeln zu ignorieren. Bleiben Sie hart und verfolgen Sie Ihre neue Linie weiter. Kunden, die nicht mitziehen, sollten Sie kündigen. Der Erfolg wird Ihnen Recht geben, viele Reibereien werden aufhören und Ihr Gewinn wird dadurch steigen.

Kapitel 32: Mahnwesen

☐ Stellen Sie Ihr allgemeines Zahlungsziel für alle Kunden auf sieben Tage nach Rechnungsdatum um.

☐ Versuchen Sie systematisch, mehr SEPA-Basislastschriftverfahren bei Ihren Kunden durchzusetzen. Rufen Sie einfach alle an und fragen Sie sie, ob sie einverstanden sind.

☐ Stornieren Sie Ihre Dauerfristverlängerung für die Umsatzsteuer, damit Sie Ihre Buchhaltung und Ihr Mahnwesen innerhalb von drei Tagen nach dem Monatswechsel fertig haben.

☐ Drucken Sie sich Ihre Offene-Posten-Liste aus und markieren die überfälligen Forderungen, egal um welchen Kunden es sich handelt. Das Markieren ist Sache der Kanzleileitung, die Mahnungen selbst erstellt. Alle Kunden müssen gleich behandelt werden. Alle Kunden müssen Ihnen den gleichen Respekt zollen.

☐ Führen Sie kanzleiweit das dreistufige Mahnverfahren ein, das wie folgt funktioniert:

☐ Zahlungserinnerung Nr. 1: Freundlich formulierte Zahlungserinnerung mit Zahlungsziel sieben Tage

☐ Mahnung Nr. 2: Bestimmt und klar formulierte Aufforderung der Zahlung mit Androhung von Zinsen inkl. 10 Euro Mahngebühren mit Zahlungsziel sieben Tage

☐ Mahnung Nr. 3: Letzte Fristsetzung und Ankündigung des sofortigen kanzleiweiten Arbeitsstopps und Mitteilung von negativen Konsequenzen inkl. 20 Euro Mahngebühren mit Zahlungsziel sieben Tage

☐ Führen Sie bei Nichtzahlung nur ein gerichtliches Mahnverfahren durch, wenn Sie sehr gute Chancen auf Zahlung haben. Wenn nicht, warten Sie lieber, dass irgendwann gezahlt wird.

☐ Wenn irgendwann später Ihre Forderungen doch noch beglichen worden sind, legen Sie das Mandat trotzdem nieder, weil es zu 99 % nicht mehr besser wird. Nehmen Sie stattdessen lieber gute und zahlungskräftige neue Kunden auf.

Kapitel 33: Erfolgsreporting

☐ Analysieren Sie Ihren Kundenstamm und wählen die für das ER passenden Kunden aus. Das sind in der Regel alle A-Kunden und die meisten der B-Kunden.
☐ Besprechen Sie die Auswahl im Teamgespräch mit Ihren Mitarbeitern, die über jeden Schritt auf dem Laufenden sein müssen.
☐ Erstellen Sie zwei unterschiedliche APM-Vorlagen in Excel – eine ausführliche für bilanzierende Kunden und eine abgespeckte für Einnahmenüberschussrechner. Alternativ können Sie die Vorlagen in meinen Live-Workshops erhalten.
☐ Erstellen Sie einen neuen Steuerberatungsvertrag inklusive aller Rechte und Pflichten und dem neuen Honorarmodell. Dieser ersetzt sogar die AGB. Alternativ können Sie die Vorlage in meinen Live-Workshops erhalten.
☐ Erstellen Sie einen schriftlichen Prozessablauf, wie Sie Ihren Kunden das ER präsentieren. Kalkulieren Sie dabei die bisherigen Honorare für Buchhaltung, Löhne, Steuererklärungen und Jahresabschluss und rechnen Sie diese als neue Monatspauschale um. Wir haben die meisten Honorare zunächst im ersten Jahr unverändert gelassen. Sie könnten die Umstellung jedoch auch zu einer Honorarerhöhung nutzen. Dann sollten Sie dem Kunden aber zusätzlichen Nutzen kommunizieren.
☐ Beginnen Sie das ER zunächst bei drei bis fünf Kunden zu präsentieren. Sie erhalten dadurch Übung und Erfahrung, bevor Sie auf alle anderen Kunden zugehen.

Kapitel 34: Bierdeckelsteuer

☐ Erwarten Sie nicht mehr, dass sich das deutsche Steuerrecht vereinfachen wird.
☐ Entwickeln Sie sich schon sehr bald vom hauptberuflichen Steuerberater zum hauptberuflichen Unternehmensberater und nehmen Sie Ihre Mitarbeiter mit.
☐ Modernisieren Sie technisch Ihre Kanzlei stetig weiter, sodass Sie die zukünftigen Tätigkeiten abbilden können.

Kapitel 35: Steuerberatervergütungsverordnung

- ☐ Bereiten Sie sich heute schon mental und tatsächlich auf die Abschaffung der StBVV vor.
- ☐ Verpflichten Sie Ihre Mitarbeiter, Ihnen unrentable Aufträge schnell und laufend mitzuteilen. Reagieren Sie darauf mit Honorarerhöhungen, Leistungsreduzierungen, Bearbeitungszeitreduzierungen, Kündigung oder Verkauf des Mandats.
- ☐ Überarbeiten Sie Ihre Regeln zur Zeiterfassung, sodass die Honorare auftragsbezogen kalkuliert werden können.
- ☐ Legen Sie vierteljährliche Sonderleistungsaufträge für jeden Kunden an, damit die Zeiten von jedem Mitarbeiter leicht auf diese Aufträge erfasst werden können. Diese Zeiten sollten selbstverständlich auch vierteljährlich dem Kunden in Rechnung gestellt werden. Stellen Sie klare Regeln auf, was Sonderleistungen sind. Haben Sie keine Angst vor Ärger, seien Sie stolz auf Ihre Leistungen! Sie wurden bestellt, also muss auch gezahlt werden!
- ☐ Legen Sie Stundensätze für Kanzleileitung und alle Mitarbeiter fest, die Sie extern verrechnen werden. Sie müssen hoch genug sein, damit die Kanzlei einen hohen Gewinn erzielen kann.
- ☐ Kommunizieren Sie immer *vor* einer geplanten Honorarerhöhung dem Kunden die Gründe – und nicht danach.
- ☐ Erhöhen Sie jedes Jahr alle Honorare für alle Kunden um 3 % über der jeweils aktuellen Inflationsrate.
- ☐ Betreuen Sie nur lukrative Kunden, erhöhen Sie konsequent bei unrentableren Kunden das Honorar stärker als normalerweise und werfen Sie »Terroristen« sofort hinaus.
- ☐ Setzen Sie Ihre Honorare bei Neukunden viel höher als bei Bestandskunden an. Hören Sie auf Ihr Bauchgefühl und bieten Sie Ihren »Bauchwehpreis« an.
- ☐ Stellen Sie keine »13. Buchhaltungsrechnung« mehr, das provoziert Mandatskündigungen.
- ☐ Erstellen Sie eine Liste über Sonderleistungen, die Sie Ihren Kunden anbieten können. Manchmal sind es auch nur die kleinen schnellen Leistungen, die Sie in großer Menge mitnehmen und abrechnen können. Sprechen Sie ausführlich in Teamgesprächen mit Ihren Mitarbeitern darüber, denn sie müssen die meisten Sonderleistungen durchführen.
- ☐ Setzen Sie sich eine Benchmark von zum Beispiel 100 Euro je Stunde durchweg für alle Kunden und kontrollieren Sie das auch unterjährig immer wieder. Diese Kennzahl kann ich täglich aktuell aus meinem Kanzleibericht ablesen, den ich ausführlich in meinen Live-Workshops vorstelle und bespreche. So können Sie einfach sehen, welche Kunden je Stunde rentabler sind als andere.

In der Praxis sind oft die kleineren Kunden je Stunde rentabler als die großen. Deshalb ist es besonders bei den großen und wichtigen A- und B-Kunden wichtig, dass deren Honorare je Stunde immer wieder angepasst werden. Ziehen Sie alle Mandate innerhalb der nächsten ein bis zwei Jahre zur Benchmark hoch.

Kapitel 36: Die Kanzlei als Altersvorsorge

- ☐ Beginnen Sie nach dem Lesen dieses Buches damit, Ihre Kanzlei »verkaufsfertig« zu machen. Auch wenn Sie sie erst in 20 Jahren verkaufen oder an Ihre Kinder übertragen wollen.
- ☐ Beginnen Sie, Ihre Kanzlei attraktiv für einen potenziellen Käufer zu machen. Setzen Sie dabei die Brille des Käufers auf. Wenn Sie diese Brille aufbehalten, werden Sie automatisch viele Dinge ändern und optimieren.
- ☐ Sehen Sie Ihre Kanzlei als Hauptbaustein Ihrer Altersversorgung und beachten Sie, dass sie das nur ist, wenn sie modern und attraktiv ist und hohe Renditen über 35 % dauerhaft erwirtschaftet.
- ☐ Machen Sie nicht die aufgezählten Fehler bei Ihrer Altersversorgung.
- ☐ Legen Sie Ihr übrig gebliebenes Geld in Aktien und/oder vermieteten Immobilien an und beachten Sie Ihre eigenen Anlageregeln.

Kapitel 37: Digitalisierung

- ☐ Entwickeln Sie als Kanzleileitung eine Digitalisierungs- und Automatisierungsstrategie, besprechen Sie diese mit Ihren Mitarbeitern in Teamgesprächen, schreiben Sie eine große Projektliste und setzen Sie diese im Team konsequent um.
- ☐ Gehen Sie das gesamte Buch und dessen Handlungsempfehlungen noch einmal durch, denn überall sind Beiträge und Vorschläge zur Digitalisierung und Automatisierung zu lesen.
- ☐ Gehen Sie die oben genannten Vorschläge noch einmal durch und überlegen Sie sich, ob und wie sie diese in Ihrer Kanzlei zusammen mit Ihren Mitarbeitern umsetzen können.
- ☐ Feiern Sie jeden kleinen Schritt in Richtung Digitalisierung und Automatisierung und passen Sie sich in Zukunft permanent an die Realität und den Stand

der Technik an. Und das lebenslang. Dann werden Sie zu den Gewinnern der Digitalisierung und Automatisierung gehören.

Kapitel 38: Steuerberatung 2030

- ☐ Ich habe diesmal nur eine Handlungsempfehlung für Sie: Warten Sie nicht länger, handeln Sie jetzt!

Kapitel 39: Kanzleicoach

- ☐ Gehen Sie dieses Buch noch einmal gründlich durch und setzen Sie die Handlungsempfehlungen um, die zu Ihrer Kanzlei passen.
- ☐ Schenken Sie dieses Buch Ihren Mitgesellschaftern, Ihren Mitarbeitern und Ihren befreundeten Berufskollegen. Damit drücken Sie Ihre Wertschätzung aus und signalisieren, dass alle bei der bald beginnenden Modernisierung dabei sein müssen. Nebenbei sind dann alle auf dem gleichen Wissensstand wie Sie selbst.
- ☐ Wenn alle in Ihrer Kanzlei das Buch gelesen haben, besprechen Sie die zukünftige Kanzleientwicklung zuerst auf der Ebene der Kanzleileitung und danach mit allen Mitarbeitern.
- ☐ Wenn Mitglieder der Kanzleileitung lieber am Altbewährten festhalten und sich nicht weiterentwickeln wollen, müssen sie schnellstmöglich entlassen werden. Eine Kanzlei kann sich nicht erneuern und weiterentwickeln, wenn solche Störenfriede noch das Sagen haben.
- ☐ Wenn Mitarbeiter lieber am Altbewährten festhalten und sich nicht weiterentwickeln wollen, müssen sie schnellstmöglich entlassen werden.
- ☐ Erneuern Sie danach Ihre EDV-Hardware und erhöhen Sie deren Geschwindigkeit. Bleiben Sie ab sofort auf dem Stand der Technik.
- ☐ Vernetzen Sie noch mehr Ihre Software und nutzen Sie diese noch mehr als bisher. Meistens kann die Software mehr, als Sie ahnen und einsetzen. Bilden Sie sich entsprechend in diesen Dingen fort und erhöhen Sie somit die Bearbeitungsgeschwindigkeit.
- ☐ Überprüfen Sie alle Prozesse, die in Ihrer Kanzlei existieren – vom Posteingang bis zur Buchhaltung. Hinterfragen Sie alles, was bei Ihnen läuft. Lassen Sie unsinnige Prozessschritte weg, vereinfachen Sie vieles, damit alle Prozesse schneller laufen als bisher. Das ist Ihr erklärtes Hauptziel. Und dazu nutzen

Sie und Ihr zusätzlich geschultes Personal alle sinnvollen technischen und organisatorischen Hilfsmittel. Jeder Bearbeitungsschritt muss schneller laufen, ich kann mich nicht oft genug wiederholen.

- ☐ Kündigen Sie alle Kunden, mit denen Sie nicht mehr zusammenarbeiten möchten und nehmen Sie nur noch Ihre idealen Kunden neu auf. Optimieren Sie so Ihren Kundenstamm. Das erhöht wiederum Ihre Bearbeitungsgeschwindigkeit und Ihren Gewinn.
- ☐ Kündigen Sie alle Lieferanten, Subunternehmer und sonstige Vertragspartner, die nicht professionell mit Ihnen zusammenarbeiten. Sie spüren das, wenn es auf Dauer nicht funktioniert. Sie haben gerade ein paar Namen im Kopf? Schreiben Sie diese auf und suchen Sie sich neue Partner zu besseren Konditionen.
- ☐ Durchforsten Sie alle Ihre Betriebskosten und Privatkosten und sparen Sie unnötige Kosten ein. Kündigen Sie einfach viele Verträge und verhandeln Sie dann neu. Sie werden wahre Wunder erleben, was Sie alles sparen können.
- ☐ Überlegen Sie sich neue Leistungen, die Sie anbieten können. Die Deklarationsleistungen werden abnehmen, dafür müssen Sonderleistungen zunehmen. Werden Sie Herr von möglichst vielen Daten des Kunden, das wird in Zukunft immer wichtiger, weil Sie daraus neue Leistungen anbieten können, die heute technisch noch gar nicht möglich sind. Einige Beispiele von neuen Sonderleistungen, die eigentlich gar nicht so neu sind: Beratung zum optimalen Firmenwagen, Dienstreisen, Organisation beim Kunden, Finanzierungen, Investitionen, Nettolohnoptimierung, Planungen, Umstrukturierungen, Rechtsformwechsel, Steuerhochrechnungen, Controlling und viele mehr. Stellen Sie sich dazu folgende Frage: Was kann noch keine künstliche Intelligenz leisten? Das bieten Sie dann als Steuerberater an.
- ☐ Haben Sie keine Angst vor der großen Erneuerung. Angst spielt sich immer nur im Kopf ab und ist niemals real. Holen Sie sich Hilfe, bilden Sie sich im außersteuerlichen Bereich permanent weiter und gehen Sie einen Schritt nach dem anderen. Haben Sie keine Angst vor Überforderung oder dass Sie das nicht schaffen, Sie schaffen das! Sie schaffen auch seit Jahren eine 60-Stunden-Woche. Also schaffen Sie auch die Erneuerung. Haben Sie keine Angst vor Ihren Mitarbeitern. Sie müssen mitziehen oder gehen, aber lassen Sie sich davon nicht zurückwerfen. Haben Sie keine Angst vor Ihren Kunden – auch sie müssen mitziehen oder gehen. Aber auch das ist nicht schlimm, da es sowieso so kommen wird. Dafür bekommen Sie bessere neue Mitarbeiter und Kunden, das verspreche ich Ihnen.
- ☐ Rufen Sie einen Zwei-Jahres-Plan zur Kanzleimodernisierung ins Leben. Planen Sie für die komplette Modernisierung Ihrer Kanzlei etwa ein bis zwei Jahre ein. Nehmen Sie Ihre Mitarbeiter als wichtigste Erfolgsfaktoren mit auf

Ihre Reise. Danach befinden Sie sich unter den besten 20 % aller Steuerkanzleien in Deutschland. Wenn Sie sich auch danach stetig Stück für Stück weiterentwickeln, haben Sie sehr gute Chancen, in die absolute Spitzenklasse aufzusteigen und zu den besten Kanzleien unseres Landes zu gehören. Dann haben Sie sich selbst optimiert, Sie haben optimierte Mitarbeiter, eine optimierte Organisation, einen optimierten Kundenstamm und eine optimierte Lebensqualität mit optimalem Gewinn.

Dank

Ich danke meiner Familie sehr, sehr herzlich für die große emotionale Unterstützung und Motivation, dieses Buch zu schreiben. Ihr habt mich zu dem gemacht, der ich heute bin, und das habt ihr gut gemacht! Ich bin sehr stolz und glücklich, dass es euch gibt!

Ich danke ganz herzlich meinen Mitarbeitern für Ihre offenen Ohren und Ideen. Und dafür, dass Sie während der Zeit des Schreibens das Tagesgeschäft in der Kanzlei nahezu selbständig erledigt haben. Ich bin sehr stolz auf euch!

Ich danke dem Schäffer-Poeschel Verlag sehr für die exzellente Unterstützung und Abwicklung dieses Buchprojektes, insbesondere Sie, Frau Lange und Herrn Steinleitner, haben hervorragende Arbeit geleistet!

Ich bedanke mich sehr herzlich bei meiner Ghostwriterin Frau Dorothee Köhler, die meinen Rohtext in eine exzellente Sprache verwandelt hat, ohne meine Inhalte zu verändern. Die Zusammenarbeit mit Ihnen, Frau Köhler, war exzellent!

Ich danke sehr Frau Dr. Petra Begemann, die das Exposé zu diesem Buch verfasst und den Kontakt zum Verlag hergestellt hat. Ohne das hervorragende Exposé und ihre Ideen zum Aufbau dieses Buches würden wir alle heute vor leeren Seiten sitzen. Herzlichen Dank Frau Dr. Begemann!

Ich möchte sehr herzlich meinem Personal Trainer Bär von Schilling danken, der mich seit über 10 Jahren fit hält und dafür sorgt, dass ich keine körperlichen Beschwerden habe. Dir lieber Bär, herzlichen Dank für deine Geduld und dein offenes Ohr!

Ich bedanke mich sehr bei meinem Psychologen Herrn Michael Funk, der mich in vielen persönlichen Fragen exzellent beraten und mir viele neue Wege und Denkweisen aufgezeigt hat. Herzlichen Dank, lieber Herr Funk!

Ich danke sehr meinem Coach Christian Besant für das ganze Online-Marketing und den Aufbau meiner neuen Homepage www.patrikluzius.com. Er hat mich großartig unterstützt und ich habe sehr viel von ihm gelernt. Herzlichen Dank für deine tollen Leistungen, lieber Christian!

Ich bedanke mich sehr herzlich bei meinem Kundengewinnungscoach Herrn Andre Schneider, der mir sehr viel bei der Umsetzung meiner Akademie für Steuerkanzleioptimierung (AFS) geholfen hat. Herzlichen Dank, Herr Schneider, für Ihre exzellente Arbeit!

Ich danke sehr meinem IT-Dienstleister, der Firma netmatics GmbH, der die gesamte Technik immer wunderbar am Laufen hält und reibungslos mit uns zusammenarbeitet, insbesondere Ihnen, Herr Mika und Herr Schwarz, danke ich wirklich sehr!

Ich bedanke mich sehr herzlich bei der Firma Weigert + Fischer Unternehmensberatung GmbH für die großartige Unterstützung für dieses Buch und die tollen Ideen, die ich aus dem Benchmarking ziehen kann. Vielen lieben Dank insbesondere euch, Sandra Weigert und Josef Weigert!

Ich möchte mich ganz herzlich bei Dieter Lutz und seinem Team bedanken, für viel Inspiration und Training. Herzlichen Dank, lieber Dieter!

Ich danke sehr meinem Mentor und Vorbild Hermann Scherer, der mein Mindset für dieses Buch erst möglich gemacht hat und von dem ich sehr viel über den Büchermarkt gelernt habe. Besonderen Dank gilt auch dir, Kerstin Scherer, für deine Tiefgründigkeit und Spiritualität. Herzlichen Dank, liebe Kerstin und lieber Hermann!

Ich bedanke mich sehr bei meinem Mentor und Vorbild Herrn Bodo Schäfer, von dem ich lerne, wie ich richtig spare, richtig investiere und mich mit meinen Unternehmen richtig positioniere.

Ich bedanke mich sehr bei meinem Mentor und Vorbild Herrn Christian Bischoff, von dem ich lerne, wie ich selbstbewusster werde und mehr Lebensqualität erreiche.

Ich bedanke mich sehr bei meinem Mentor und Vorbild Herrn Dirk Kreuter, von dem ich lerne, wie man richtig verkauft.

Ich bedanke mich sehr bei meinem Mentor und Vorbild Herrn Gerald Hörhan, von dem ich auf eine sehr coole Art lerne, wie ich Geld richtig anlege und keine großen Finanzfehler begehe.

Alle genannten Personen haben auf ihre Art dazu beigetragen, dass dieses Buch entstanden ist und ein Erfolg werden wird. Davon bin ich fest überzeugt. Vielen herzlichen Dank an alle! Ihr seid die Größten!

Mainz, im Juli 2018
Ihr Patrik Luzius